Changes & Innovations in
AIR TRANSPORT MARKETS:
Evolving in Strategies & Policies

항공시장의 변화와 혁신

정책과 전략의 진화

윤문길 · 임재욱 · 한도희 · 이휘영 공저

한 경 사

항공시장의 변화와 혁신: 정책과 전략의 진화

저 자 윤문길, 임재욱, 한도희, 이휘영
발 행 일 2020년 8월 31일 2쇄
발 행 처 한경사
발 행 인 이계남
등록사항 제10-1951호 2000년 4월 14일
주 소 서울시 마포구 신수로 59-1 (3층)
전화번호 02-717-7264~5
팩스번호 02-717-7226
홈페이지 hankyungsa.co.kr
전자우편 hankyungsa@hanmail.net
I S B N 978-89-6844-202-5 93320
가 격 35,000원

| 차례 |

| 머리말 |

21세기 들어서면서 세계 항공시장은 커다란 변혁을 경험하고 있다. 종이항공권은 사라진 지 이미 오래되었고, 전통적인 규제 산업으로 여겨져 온 항공산업에서 규제 완화가 빠른 속도로 확산되고 있다. 항공산업에서의 협력 양상이 다양하고 복잡하게 진행되고, 지역시장 통합이 확산되면서 항공사 설립에 대한 국적 규제도 완화되고 있다. 무엇보다 새로운 기술과 혁신적 비즈니스 모형으로 등장한 새로운 저비용 항공사와 디지털 및 모바일 기술의 활용이 능숙한 스마트 소비자의 확대는 전통적인 항공사 사업방식과 정책에 대한 혁신을 요구하면서 시장성장을 이끌고 있다.

우리나라 항공산업이 발전하기 위해서는 다양한 관점의 정책 분석과 전략대안 분석이 필요하고, 산업계, 정부, 연구기관 및 학계의 열린 토론을 통해 공통의 발전 지향점을 모색하는 것이 필요하다. 공공 연구기관의 연구활동뿐만 아니라 민간부문의 활발한 연구활동이 경쟁과 조화를 이루면서 논의를 이루어야 한다. 따라서 우리나라 항공산업 분야의 다양한 민간 연구활동이 요구되고 있다.

본 저서는 항공산업 분야의 비영리 순수 민간 연구기관인 한국항공전략연구원에서 약 3년에 걸쳐 세계 항공시장의 변화와 혁신에 대한 학술논문을 분석하고 정리하여 출판한 것이다. 본 저서는 2017년 발간한 "항공산업의 혁신과 과제"의 후속 연구 분석 자료이고, 약 450편의 연구논문을 조사하여 분석하고 국내 환경에 적용할 수 있도록 정리한 것이다. 특히, 저자들은 항공산업 현장 및 학계에서 30년 이상의 경험을 바탕으로 우리나라 항공산업의 지속 가능한 성장을 위한 새로운 혁신의 방향을 제시하고자 하였다.

우리나라 항공산업이 글로벌 경쟁력을 가지면서 지속 가능한 성장을 위해 필요한 조건들을 탐색하는 것은 정책부서인 정부, 사업부서인 항공사 및 공항운영사업자, 관련 산업체 모두의 생존을 위해 매우 중요하다. 과거의 정책과 전략을 답습하는 관행의 정책과 관행의 비즈니스로는 변화하는 글로벌 시장에서는 생존하는 것 자체가 불가능할 수 있다. 대부분의 글로벌 경쟁력을 갖는 국가의 정책부서와 항공운송 사업자는 이미 혁신적인 정책과 사업전략을 통해 변화하는 시장에서의 경쟁력을 확대하면서 시장을 이끌고 있다.

본 서는 총 9개의 장으로 구성되어 있다. 항공산업이 지역경제에 미치는 영향, 항공사의 경영전략의 변화와 혁신, 항공시장의 경쟁력 분석, 협력전략, 저비용항공사의 진화와 대응전략 등을 주제로 다루고 있다. 또한, 관광과 항공의 융합과 협력, 고객의 행동분석에 대한 주제도 다루고 있다. 특히, 최근에 중요한 수익 수단으로 등장한 부가서비스에 대한 진화 방안 및 상품개발, 부가수익을 고려한 수익경영의 발전 방안 등도 다루고 있다. 본 서에서 다루는 모든 주제는 최근 3년 이내에 학계에서 발표된 논문을 중심으로 실증 분석된 내용들로 국내 항공시장 환경에 많은 시사점을 남겨주고 있다.

우리나라 민간 항공운송이 50년이 넘어 발전해 왔다. 앞으로 새로운 반세기를 준비하면서 글로벌 항공시장에서의 경쟁력을 확보하고 지속 가능한 발전을 통해 국가 경제 발전에 기여할 수 있는 정책과 사업전략 마련이 필요한 시점이다. 이를 위해 우리나라 항공산업에서의 혁신은 매우 중요한 과제이므로 혁신을 유도하고 촉진할 수 있는 정부의 정책수립과, 혁신을 통해 고객 확보와 수익성 개선을 이룰 수 있는 항공운송 사업자의 노력이 필요하다. 본 서가 우리나라 항공산업의 발전을 위한 혁신과제를 수립하고 활용하는 데 도움이 되기를 기대한다.

2019년 7월

저자 일동

항공시장의 변화와 혁신: 정책과 전략의 진화

Changes & Innovations in Air Transport Markets: Evolving in Strategies & Policies

| 들어가는 글 |

항공산업의 글로벌 경쟁력: 새로운 반세기의 준비

2019년은 우리나라가 실질적으로 민간항공 50년이 되는 해이다. 해방 이후 부분적으로 민간항공사의 운항이 있었으나, 한진상사의 대한항공공사 인수 이후를 실질적인 민간항공시대로 볼 수 있다. 이후 국내 항공운송산업은 여러 변화가 있었으나, 2008년 글로벌 경제위기 이후 국내 항공시장이 크게 성장하면서 항공사의 수익성도 크게 개선되었다. 최근 수년간의 국내 항공산업의 발전은 국내 기존 항공사의 성장 정체에도 불구하고 저비용 항공사의 약진 결과로 보고 있다. 이러한 결과는 주변 국가뿐만 아니라 전 세계 항공시장의 성장 추세와 비교해 보아도 두드러지는 성과로 볼 수 있다. 따라서 이 같은 성장의 원천이 무엇인가 되짚어 보고, 향후 새로운 반세기를 위해 준비할 것이 무엇인가를 돌아볼 필요가 있다.

우리나라 항공시장에서 최근 나타난 성장의 주된 동력이 무엇이었는지 살펴볼 필요

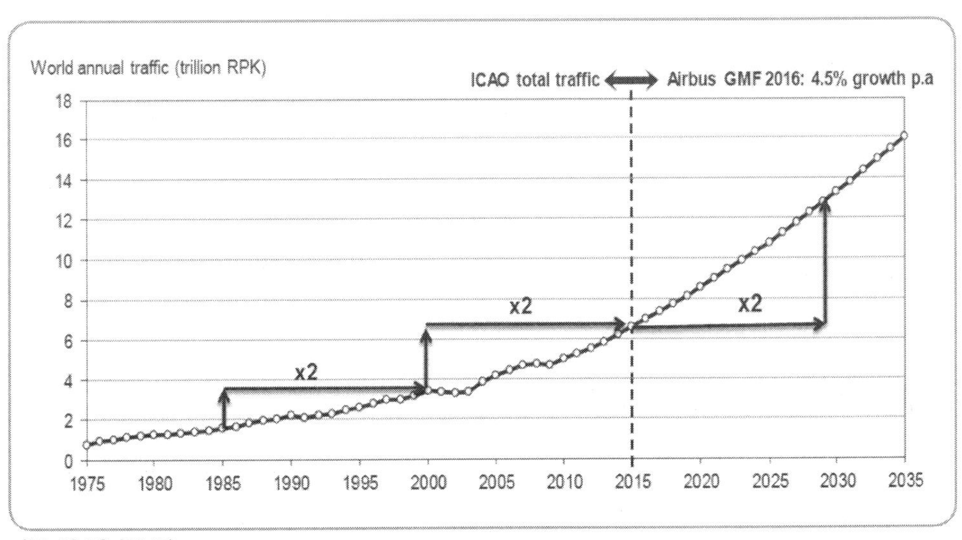

자료: ICAO (2015).

〈그림 0-1〉 세계 항공트래픽 발전 추세

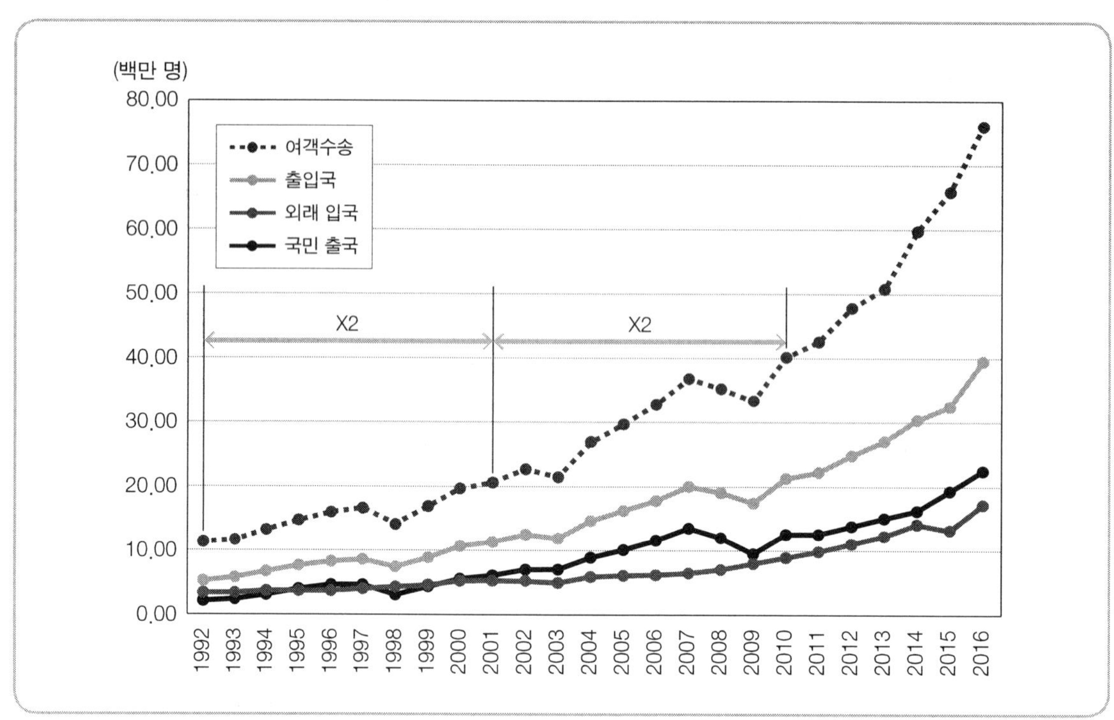

〈그림 0-2〉 우리나라 국민 출국, 외래객 입국 및 국제선 여객 추세

가 있다. 항공산업이 변화하는 국내외 경제환경에서 발전하고 성장하기 위해서는 ① 항공사의 높은 경쟁력, ② 혁신적인 서비스 수준의 개선, ③ 고객 감동적인 서비스 개발과 제공, ④ 수익성 개선을 위한 혁신적 비즈니스 개선, ⑤ 이를 뒷받침하기 위한 정책 혁신 노력이 필요하다.

새로운 세기가 들어서 20년 가까운 시간이 지났지만, 우리나라 항공산업의 성장이 이루어진 배경에는 이 같은 변화가 영향을 미쳤다는 증거는 찾아보기 힘들다. 그러면 무엇이 국내 항공사의 이 같은 성장을 견인하고 수익성을 높였을까? 자기 혁신과 비즈니스 모형 개발, 고객 기반의 서비스 개발이 없이도 어떻게 높은 성장을 유지할 수 있었을까?

국내 항공사의 경쟁력 원천

지난 10년간의 성장을 가져온 가장 큰 원인으로 꼽히는 것이 출국자의 폭발적인 증가와 폐쇄적 시장보호 정책에 따른 국적 항공사의 제한된 내부경쟁을 들 수 있다. 즉, 해외 출국자가 지난 10년간 2배 이상 증가하였지만, 국내 항공사업 면허의 철저한 자국보

호주의에 따라 해외 법인의 국내 합작법인 진출이 무산되었다. 지난 10년간의 우리나라 항공시장은 풍부한 내국인 출국 수요를 기반으로 국내 기존 항공사와 신생 항공사 중심의 경쟁무대가 되었으며, 글로벌 시장에서의 경쟁력 확대를 위한 적극적인 해외 진출의 사례는 찾아보기 어렵다.

그러면 우리나라 항공시장에서 높은 성장을 이루고 있는 우리나라 항공사들의 글로벌 시장에서의 경쟁력은 어느 정도나 될까? 국내 항공사들은 해외시장에서 다른 나라 항공사들과의 경쟁을 통해 여객을 확보한 실적이 낮은 것으로 평가되고 있다. 국내 항공시장에 대한 지나친 보호주의 정책으로 글로벌 경쟁력 없이도 국내시장 기반의 양적 성장을 하는데 문제가 없었기 때문에, 국내 항공사들이 글로벌 경쟁력을 키우기 위한 노력이 부족했던 것으로 보인다.

2015년 국내를 뒤흔들었던 중동호흡기증후군(메르스) 사태를 되돌아보자. 해외로부터 입국하는 외국인은 크게 감소하였고 이에 따라 국내 관광업계의 영업실적은 매우 저조하였다. 반면에 2015년 출국자 수는 전년보다 20% 증가한 1,930만 명에 달하였고, 이에 따라 국내 항공사의 영업실적은 크게 증가하였다. 2017년 THAAD의 영향에 따른 중국인의 방한 급감은 국내 관광업계에는 커다란 타격을 주었다. 그럼에도 불구하고 국내 출국자는 전년보다 700만 명이 증가한 2,630만 명이었고, 이에 따라 국내 항공사의 수익도 크게 증가하였다. 반면에, 2008년 후반 시작된 글로벌 경제위기는 2009년 내국인 출국자가 2007년보다 약 30% 감소한 950만 명이었고, 외국인 입국자는 2009년은 약 780만 명으로 크게 증가되었음에도 불구하고 국내 항공사는 매우 저조한 영업성과를 거두었다.

이 같은 사례는 국내 항공사들이 내국인 출국수요에 지나치게 의존하면서 얼마나 취약한 수익구조를 가지고 있는지를 보여주는 사례이다. 이 같이 국적 항공사는 과거 50년 동안 정부의 시장보호 정책에 따라 비교적 손쉬운 내국인 출국 시장에 기대어 사업활동을 전개함으로써 치열한 경쟁력 확보를 위한 투자 없이 양적 성장을 이루어 왔다고 볼 수 있다.

국내 항공사의 성장과 고객 편익

국내 항공사의 양적 성장이 국민의 편익증가와 서비스 향상으로 이어졌는가?

항공업계의 서비스 수준은 전 세계적으로 저하되어 왔고 점차 나빠지고 있는 것이 큰 추세이다. 낮아진 서비스 수준을 운임인하로 보상하여 새로운 항공수요를 창출하려는 항공사의 전략과, 낮은 운임으로 항공서비스를 이용하려는 고객의 욕구가 맞으면서 나타나고 있는 추세이다. 유럽과 미국, 동남아 시장에서 성장하고 있는 저비용 항공사가 이 같은 추세를 입증하고 있다.

그러나 국내 항공시장은 이 같은 추세의 일부만 나타나고 있다. 즉, 서비스 수준은 세계적 추세를 따라 낮아지고 있으나, 대표적인 고객 편익으로 나타나는 운임의 인하는 기대에 미치지 못하고 있다. 물론, 새로운 노선의 개설, 공급석의 확대 등에 따른 고객 편익은 크게 증가된 것으로 보인다. 그러나 기존 항공사에서조차도 기내 편의서비스의 감소, 인적 서비스의 감축, 디지털 환경에 익숙하지 못한 고객에 대한 배려 미흡, 효율성과 수익성을 강조하는 기업문화에 따라 고객의 편익은 크게 감소한 것으로 나타나고 있다.

국내 항공시장에서 새롭게 진입한 저비용 항공사의 경우 가격인하를 통해 고객의 편익을 증가시키는 데 큰 기여를 하였다. 그러나 이 같은 결과 역시 경쟁이 심한 특정 노선에 편중되어 발생하고 있는 일부 현상일 뿐이고, 독과점 노선에서는 기존 항공사와 저비용 항공사의 운임차이가 서비스 수준 차이를 넘지 못하고 있는 것이 현실이다. 즉, 저비용 항공사가 제공하는 서비스는 기존 항공사에 비하여 낮은 서비스를 제공하지만, 고객은 서비스 수준의 하락에 따른 만큼의 충분히 낮은 운임을 제공받지 못하고 있다는 것이다. 다만, 경쟁이 심한 특정 노선 및 특정 지역에서는 가격경쟁에 의한 낮은 운임이 새로운 수요를 창출하면서 국민 출국을 견인시키는 효과를 가져왔다. 2017년 나타난 대표적인 지역이 일본과 베트남 지역이다.

국내 항공사의 성장과 글로벌 경쟁력

국적 항공사의 양적 성장이 글로벌 경쟁력 향상에 도움이 되고 있나?

국적 항공사는 정부의 시장보호주의 정책에 따라 외국항공사의 국내시장 직접 진입이 억제되고 국내 항공사 간의 경쟁만을 대응하면서 해외시장에서의 경쟁력을 키우기보다는 손쉬운 내수 중심의 성장을 이루어 왔다. 아시아 지역의 대표적인 저비용 항공사인 에어아시아에 비하여 국내 대형항공사의 경쟁력이 높다고 할 수 있을까? 수년전에 에어아시아의 국내 합작시장 진출이 시도된 적이 있지만 어떤 이유에서인지 정부로부터 허가를 받지 못한 것으로 알려졌다.

에어아시아는 해외에 5개의 합작회사를 설립하여 아시아지역에서 풍부하고 다양한

〈표 0-1〉 동남아시아 합작항공사 투자현황 (2014년 5월)

합작 항공사	해외항공사 (지분률)	현지 협력사 (지분률)	모기지 공항 (도시)
타이 에어아시아	에어아시아 그룹 (45%)	Asia Aviation (55%)	돈무앙 공항 (태국, 방콕)
인도네시아 에어아시아	에어아시아 그룹 (49%)	Fersindo Nusaperkasa (51%)	수카르노 하타 공항 (인도네시아, 자카르타)
필리핀 에어아시아	에어아시아 그룹 (40%)	Alfredo Yao, Antonio Cojuangco, Michael Romero, Hontiveros (60%)	니노이아키노 국제공항 (필리핀, 마닐라)
에어아시아 제스트	필리핀 에어 아시아 (49%)	AMCY Holdings (51%)	니노이아키노 국제공항 (필리핀, 마닐라)
말린도 에어	라이온에어 그룹 (49%)	National Areospace and Defense Industry (51%)	쿠알라룸프르 국제공항 (말레이시아, 쿠알랄룸푸르)
타이 라이온에어	라이온에어 그룹 (49%)	Thai Domestic Partners (51%)	돈무앙 공항 (태국, 방콕)
타이거에어 만다라	타이거항공 그룹 (33%)	Saratoga Investment (51%0	수카르노 하타 공항 (인도네시아, 자카르타)
젯스타 아시아	콴타스 그룹 (49%)	Westbrook Investment (51%)	창이공항 (싱가포르)
젯스타 퍼시픽	콴타스 그룹 (30%)	Vietnam Airlines (70%)	탄손낫 공항 (호치민, 베트남)

다원 네트워크를 구성하여 그물처럼 노선망을 연결하고 있다. 호주의 젯스타, 인도네시아의 Lion항공 등도 해외 합작법인을 설립하여 그물 같은 항공 노선망 구성을 통한 기재 운영 효율성을 높이면서 시장확대를 시도하고 있다.

이에 비하여 국내 항공사들은 많은 국제선 도시를 운항하고 있지만 대부분 인천공항을 중심으로 하는 선형 노선망으로 네트워크를 구성하고 있어 연결성이 제한적이므로 성장에 한계를 가지고 있다. 이와 같이 국적 항공사의 해외 투자 시도가 없는 이유는 정부의 보호하에 있는 내국인 출국시장의 풍부한 수요를 국적 항공사 중심으로 향유하고 있기 때문으로 분석되고 있다.

항공수요 창출 과제

내수 중심의 영업활동만으로는 항공사의 지속 가능한 성장을 기대할 수 없다. 국민소득 3만 달러 내외의 수준에서 이미 국민 100명당 60명의 출국자 수준을 보이고 있는 국내 환경에서 우리 국민의 출국이 얼마나 더 증가될 수 있을까? 우리나라 생산가능 인구는 이미 2015년부터 감소하기 시작하고 있고, 70대 이상의 노인 인구가 급격하게 증가하고 있으며, 청년 실업문제는 단기간에 개선되기 어려울 것으로 전망되고 있다. 아울러, 소득증가가 눈에 띄게 개선될 가능성도 부족하다.

2030년 우리나라 국민의 해외 출국자는 약 3,100만 명으로 추정되고 있다(정민철·윤문길, 2018). 2018년 약 2,850만 명에 비해 증가할 것이지만, 연평균 증가율이 1% 수준으로 추정되고 있다. 외래객 입국은 최근 2년간 외부환경의 영향으로 증가추세가 감소하였지만, 최근 5년간의 증가추세를 고려하는 경우 2030년 연간 약 2,600만 정도로 추정된다. 그러나 국내 항공시장의 공급수준은 매년 중견 저비용 항공사가 하나씩 설립되는 수준으로 증가하고 있다. 현재의 공급추세가 지속된다면 향후 5년 내에 국민 1인당 연간 1회 이상의 해외여행이 이루어져야 이 같은 공급석 증가 추세와 균형을 이룰 수 있을 것으로 전망하고 있다.

2008~2016년 자료를 이용한 분석에서 국적 항공사의 국민 출국수요 유인계수는 0.88, 외래객 입국수요의 유인계수는 0.32로 나타나고 있고, 외항사의 국민 출국수요

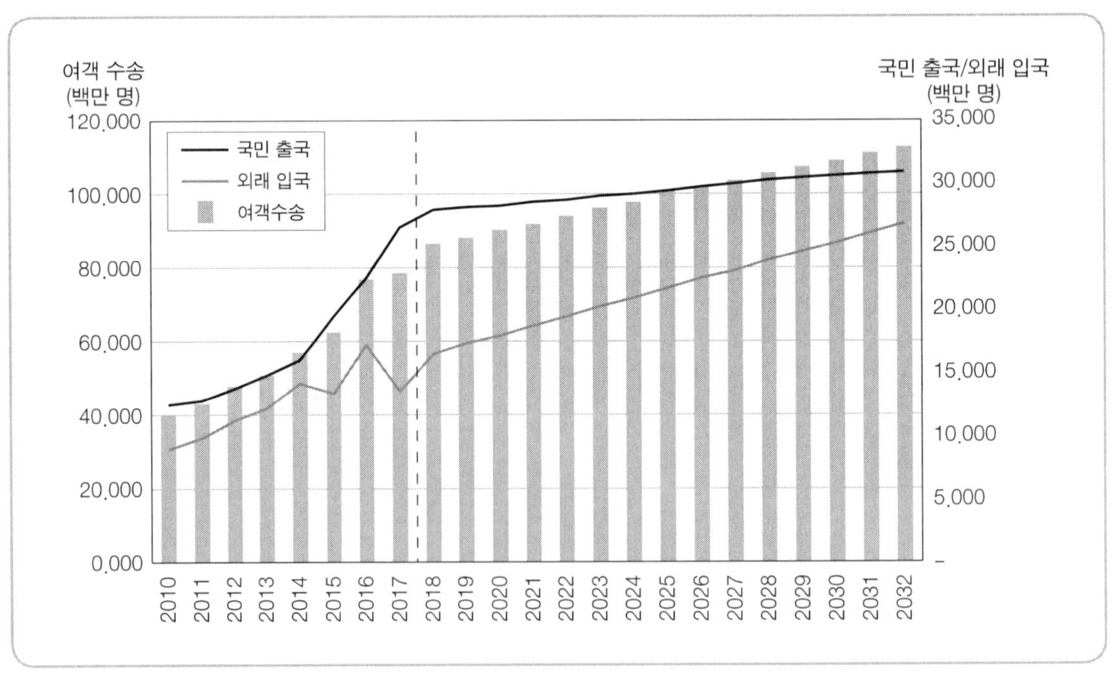

자료: 정민철·윤문길 (2018).

〈그림 0-3〉 중장기 국민출국, 외래입국 및 국제선 여객수송 변동

〈표 0-2〉 보편적 시나리오 환경에서 항공여객수요 분석 (단위: 백만 명)

연도	국민 출국	외래객 입국	항공여객수송		
			국적 항공사	외항사	국적사 점유율
2017	26.50	13.34	54.18	24.06	69.3%
2022	28.74	19.45	61.90	32.75	65.4%
2027	30.10	23.12	66.55	37.97	63.7%
2032	30.88	26.79	70.21	43.06	62.0%
연평균 증가율	1.0%	4.8%	1.7%	4.0%	−0.7%

자료: 정민철·윤문길 (2018).

유인계수는 0.12, 외래객 입국수요 유인계수는 0.68로 나타나고 있다(정민철·윤문길, 2018). 즉, 국적 항공사는 국민 출국시장의 대부분인 88%를 흡수하고, 외래객 입국 시장에서 32%의 수요를 유인하여 여객수송 실적을 나타내고 있다. 반면에 외항사의 경우 국민 출국시장점유율이 12%에 달해 외항사의 국내시장에서의 경쟁력이 낮은 것으로 분석되고 있다.

따라서 미래의 항공수요 기반이 되는 출입국 수요 변동에서 국민 출국수요는 정체될 것으로 전망되고, 외래객 입국수요는 크게 증가할 것으로 전망되고 있어 국적 항공사의 사업전략 수정이 필요할 것으로 보인다. 즉, 운임 및 서비스 경쟁, 제휴확대 등을 통한 국민 출국시장 기반의 사업전략에서 탈피하여 해외시장에서의 수요유인을 위한 경쟁력 확보가 우선적으로 필요할 것으로 분석된다. 이를 위해 적극적인 해외시장 개발이 필요하고, 해외 합작항공사 설립을 통한 해외 진출, 해외 허브기지 구축, 글로벌 항공사와의 자본제휴를 통한 실질적 사업협력 확대 등의 전략 변화가 필요하다. 중장기적인 관점에서 해외시장 개발 없이는 국적 항공사의 지속 가능한 성장을 기대하기 어려움으로, 항공정책 방향 역시 국적 항공사의 해외 진출과 글로벌 경쟁력 증대를 지원할 수 있는 방향으로 전환되어야 한다.

그러면 앞으로 10년 동안 항공수요가 어떻게 만들어질 수 있을까? 향후 10년 동안 지금보다 더 높은 경제성장률이 달성될 수 있을까? 국민 1인당 연간 1회의 해외 출국 수요가 우리나라 경제수준에서 달성 가능할 수 있을까?

다른 나라의 사례를 살펴보면, 국민소득 4만 달러 수준을 보이는 이탈리아와 스페인

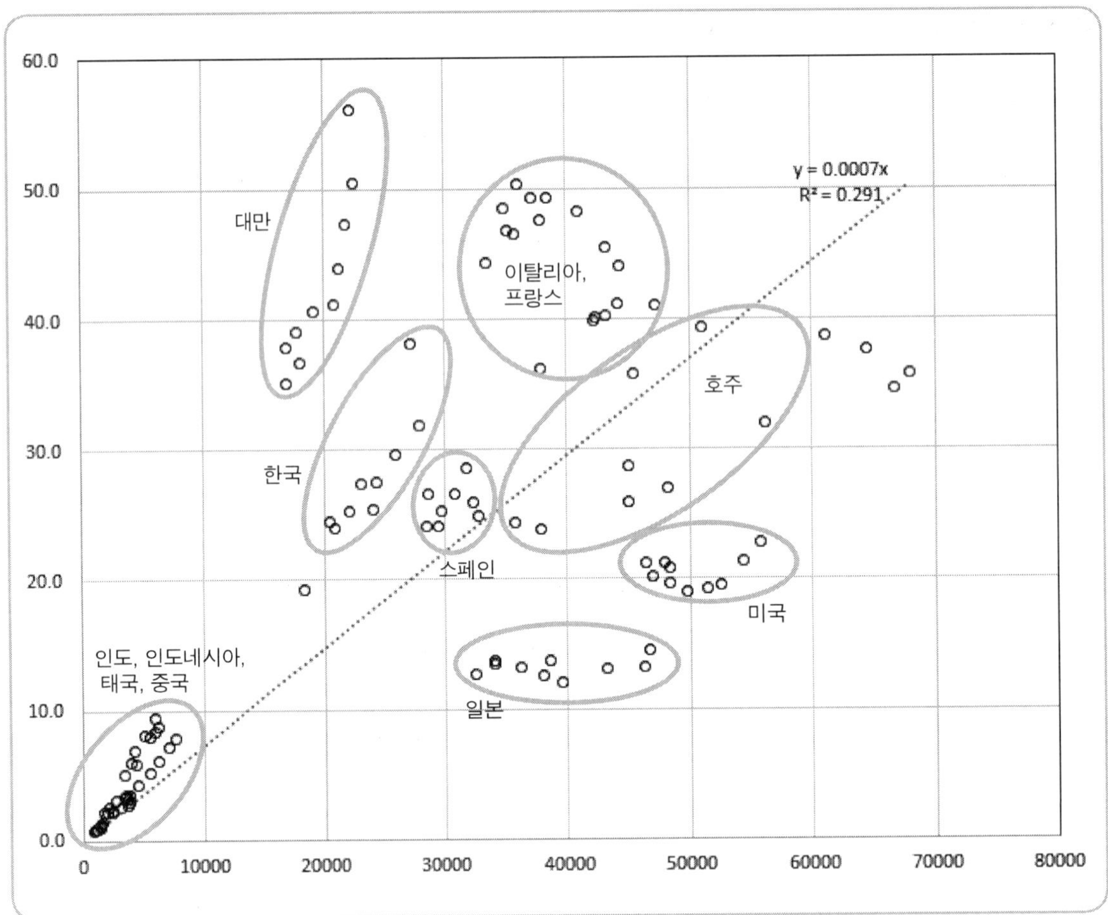

원시자료: JNTO (2016).

〈그림 0-4〉 1인당 GDP와 100명당 출국자 수 관계

의 경우 국민 100명당 45명 수준의 해외출국 수준을 보이고 있고, 독일과 영국이 1인당 연간 1회 이상의 해외 출국 추세를 보이고 있다. 해외출국 수준은 국가마다 문화적인 차이와 사회 환경, 지리적 여건에 따라 달라질 수 있어 직접적인 비교는 어렵지만, 상대적으로 높은 우리나라 국민의 해외출국 성향을 감안하더라도 향후 5년 내 1인당 연간 1회의 해외출국을 전망하는 것은 쉬운 일이 아니다.

국내 항공시장 성장의 핵심으로 인식되는 국민 해외출국 수요를 어떻게 확대할 수 있을까? 우리 국민이 자발적으로 해외여행을 증대할 것인가? 항공산업의 발전을 위해 정부가 나서서 국민의 해외 출국을 지원해 주어야 할까? 어느 것도 합리적인 대안이 되기는 어렵다. 항공시장의 수요는 항공사의 수요 유지와 수요창출 노력으로 이루어져야 하기 때문이다. 국민의 해외 출국은 경제성장과 긴밀한 관계를 갖기 때문에 현재의 급격한 출국 증가추세가 향후에도 지속될 것으로 보이지 않는다.

국내 항공사의 지속 가능한 성장을 위해서는 수요기반을 국내시장(내수시장) 중심에서 해외시장(외국인 입국)으로 눈을 돌려야 한다. 국내 출국 시장의 성장 정체가 예상되므로 해외시장의 개척이 필요하기 때문이다. 해외 판매망 구축에는 많은 시간과 노력, 투자가 필요하고, 현지 국적 항공사와의 치열한 경쟁이 불가피하다. 해외시장에시의 경쟁에 익숙하지 않은 국내 항공사에게는 달갑지 않은 과제이고 적응하기 힘든 일일 수 있다. 그러나 이 같은 과정을 통해 정부의 시장보호라는 온실에서 탈피하여 치열한 경쟁시장에서 스스로 생존할 수 있는 경쟁력을 키워야 할 것이다.

해외시장의 수요 창출을 위한 또 다른 대안이 해외 합작법인의 설립이다. 항공산업의 해외 합작법인에 대해서는 해외의 많은 성공사례를 찾아볼 수 있다. 특히, 아시아 지역의 저비용 항공시장에서 성공한 사례를 분석하면 좋은 대안이 만들어질 수 있을 것이다. 해외 합작법인의 설립은 단순한 재무적 투자 차원을 떠나서 브랜드 공유를 통해 항공협정을 우회하는 노선운영, 선형 노선망 네트워크 구조에서 그물형 노선망 네트워크로 변화하여 기재, 승무원 및 인력운영, 정비 부문의 효율성 등 많은 장점을 가지고 있다. 특히, 해외 거점의 허브공항 역할이 가능하여 다양한 네트워크 확장으로 시장 확대가 가능하게 된다.

그러나 해외 합작 항공사 설립의 경우 대부분 국가에서 항공 주권에 대한 보호주의로 인해 해당 국가의 정부 승인과정에서 어려움이 있을 수 있다. 이런 부분들은 정부가 나서서 적극 도움을 주어야 할 것이다. 아울러 우리나라 항공시장의 일정 부분을 해외에 개방하여 상호개방의 균형을 이뤄야 할 것이다. 균형된 시장개방 정책을 통해 국적 항공사의 글로벌 경쟁력을 키우고, 내수 중심의 수요창출에서 해외 수요창출을 바탕으로 수익기반을 다원화할 필요가 있다. 이 같은 경쟁환경의 조성은 실질적인 국민의 항공서비스 편익 증대 효과뿐만 아니라, 글로벌 항공시장에서 국적 항공사의 경쟁력을 키우는 밑거름이 된다. 즉, 글로벌 항공시장에서의 리더십과 시장지배력 확대를 통해 지속 가능한 성장과 발전으로 국가 경제에 기여할 수 있게 되고 명실상부한 글로벌 항공사로 발전할 수 있게 된다.

항공산업 도약을 위한 과제

지난 반세기의 우리나라 항공산업에서 운영해 온 비즈니스 모형의 답습으로는 더 이상 새로운 반세기의 생존을 기대할 수 없다. 이미, 선진 항공사에서는 다양한 비즈니스 모형의 혁신과 가격파괴, 항공정책 부문의 각종 규제 완화 등을 통해 시장 중심의 정책과 전략시행으로 글로벌 경쟁력을 키우면서 새로운 시장 환경에서의 성장을 준비하고 있다.

변화된 시장환경과 고객 욕구수준의 분석 등을 통해 시장 중심적인 사업모형의 개발과 자기혁신만이 새로운 반세기의 생존을 위한 경쟁력을 확보할 수 있다. 아울러 국내 항공시장 보호주의의 정책에서 적극적인 해외 투자 유도를 통해 국적 항공사의 성장기반 다원화를 추구할 필요가 있고, 이 과정에서 상호 균형적인 시장개방이 필요할 것이다. 따라서 항공운송 사업자의 자기혁신과 끊임없는 비즈니스 혁신 노력, 정부의 균형된 개방정책으로 우리나라 항공산업이 새로운 반세기에도 경쟁력을 가지고 성장할 수 있도록 준비해야 할 것이다.

항공산업의 혁신은 과거의 관행을 답습하는 관행의 비즈니스와 정책에서 탈피하는 것에서 시작점을 찾아야 한다. 시장 중심의 비즈니스 재설계와 정책 혁신으로 새로운 반세기의 생존을 위한 경쟁력을 높여야 한다. 따라서 국적 항공사 및 공항운영사업자의 경

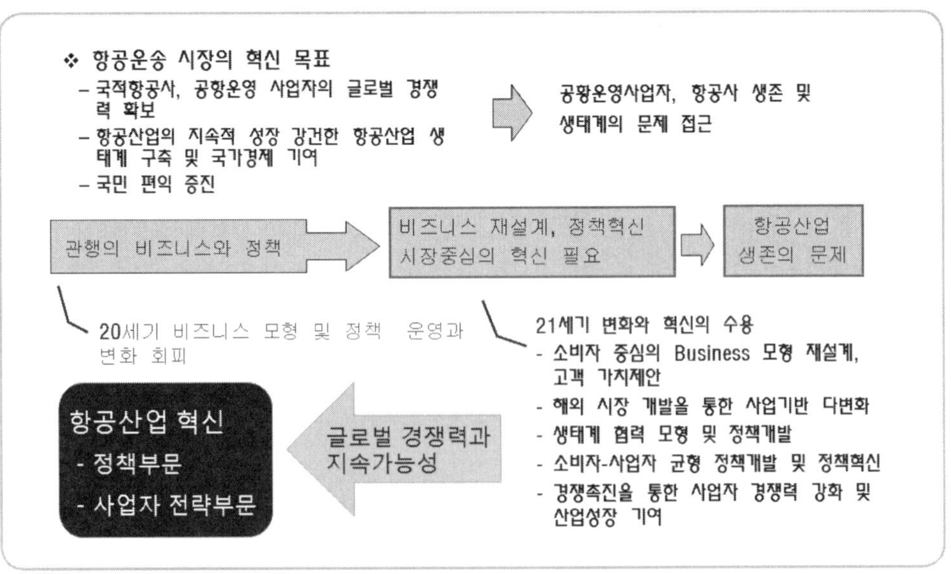

〈그림 0-5〉 항공산업 혁신목표

정책개발의 혁신
- 고객 중심의 정책개발 : 항공산업 생태계에 미치는 영향분석
- 사업자의 혁신을 유도할 수 있는 정책 과제 개발
- Policy Engineering 도입으로 정책 정교화
- 정책 시뮬레이션 시스템 구현 등 정부의 선도적 자기개발 노력

서비스 및 비즈니스 혁신
- 항공운송 사업자의 고객기반 서비스 혁신
- 비즈니스 프로세스의 혁신을 통한 효율성 촉진
- 비즈니스 모형 개발과 혁신을 위한 연구개발 투자 확대

항공업계 협력 및 공동 대응
- 항공산업 내부협력 및 공동시장 창출
- 항공-관광부문 등 생태계 균형발전

〈그림 0-6〉 항공산업 혁신과제

쟁력 확보와, 국민 편익증진과 강건한 항공생태계 구축을 항공산업 혁신의 목표로 설정하여 우리나라 항공산업의 지속 가능한 성장동력을 유지해야 한다.

항공산업 혁신을 위한 과제는 정부의 정책혁신, 사업자의 서비스 및 비즈니스 혁신, 항공업계 공동의 협력 및 대응과제로 나눠볼 수 있다.

- 정책부문의 혁신: 항공산업 발전을 위한 정책 방향을 시장중심의 정책개발로 전환되어야 한다. 특히, 항공정책이 미치는 영향을 항공산업 생태계 전반에 미치는 영향으로 확대하여 분석하여 정책을 수립할 필요가 있다. 항공산업이 규제산업으로 출발하였지만, 항공안전과 보안 부문을 제외한 경제적 규제는 산업의 활성화를 위해 대부분 완화되고 있는 추세이다. 이 과정에서 사업자의 혁신을 유도할 수 있는 정책과제를 개발해야 한다. 이를 위해 Policy Engineering 개념의 도입으로 정책수립의 정교함과 선도적 자기개발이 필요하다.
- 서비스 및 비즈니스 혁신: 항공운송 사업자 및 공항운영 사업자의 수익추구는 사업의 지속성을 위해 유지되어야 한다. 그러나 정부의 보호정책에 기반한 수익창출은 스스로의 경쟁력을 약화시키는 원천이 된다. 따라서 고객에게 충분한 가치를 제공하면서 수익을 창출하는 혁신의 노력과 프로세스 혁신을 통한 경영 효율화, 고객 지향적인 서비스 개발 등 비즈니스 혁신을 위한 연구개발 및 투자를 확대해야 한다.
- 항공업계의 공동대응: 항공산업은 네트워크 산업으로 협력의 효과가 크게 나타나는 산업이다. 항공산업 생태계 내부의 협력뿐만 아니라 관광부문 등 인접산업과의 협력을 통하여 공동시장을 창출하는 등 성장기반을 확대해야 한다.

이 같은 혁신은 정부 또는 사업자의 일시적인 관심과 투자로 이루어질 수 없다. 정부와 공공기관, 연구기관, 학계, 민간항공 사업자 부문에서 연구 및 정책개발(Research &

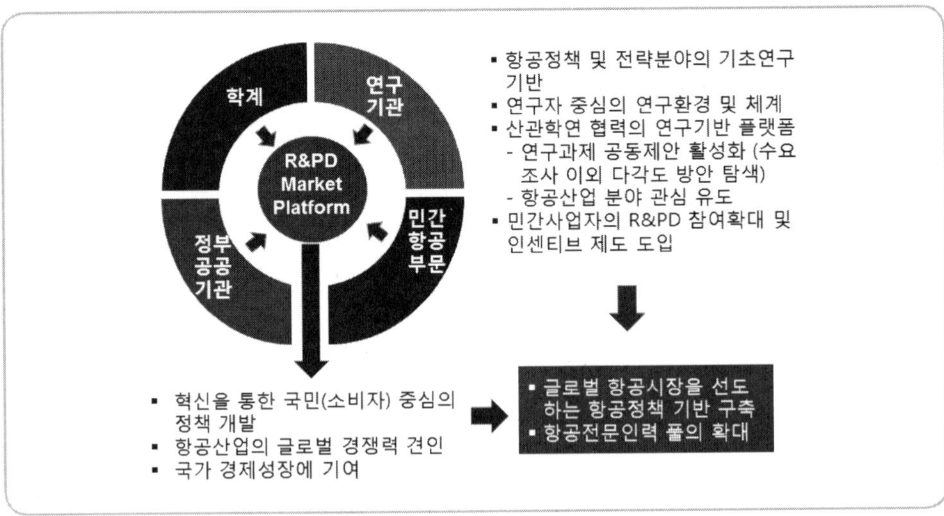

〈그림 0-7〉 항공산업 연구 및 정책개발 방향

Policy Development)을 위한 노력이 필요하다. 따라서 지속적으로 우수인재를 항공산업으로 유인하고, 혁신을 견인할 수 있는 연구개발 투자로 우리나라 항공산업이 글로벌 시장에서 지속 가능한 경쟁력을 가지고 성장할 수 있는 기반을 만들어야 한다.

참고문헌

문화체육관광부 (2013). 제4차 관광진흥 5개년 계획(안).

윤문길 (2017). 2018 우리나라 항공여객수요전망. 한국항공전략연구원.

윤문길·박광식 (2014). 2014년 주요지역 국제선 항공수송 수요전망", 항공진흥, 61, 33-51.

윤문길 (2018). 항공정책 및 전략 R&PD 역할과 과제. 2018 항공정책 및 전략 R&PD Initiative Fair, 2018. 4. 20. 한국항공대학교 우주센터.

이휘영·윤문길 (2008). 수익경영을 위한 항공수요 예측에 관한 연구. 한국항공경영학회지, 6(1), 59-71.

임재욱·윤문길 (2014). 국내 항공사 부가서비스에 대한 고객행동에 관한 탐색적 연구. 한국항공경영학회지, 14(1), 57-73.

정민철·윤문길 (2018). 우리나라 국제선 여객수요에 대한 탐색적 연구. 한국항공경영학회지 16(5), 51-68.

통계청 (2016). 장래인구추계: 2015~2065년.

한국관광공사 (2012). 2011 방한 관광시장 분석.

한국교통연구원 (2012). 항공수요예측.

Amstrong, J.S. (2001). Principles of Forecasting, Kluwer Academic Pub.

Andrawis, R.R., Atiya, A.F., Shishiny, E.L. (2011). Combination of long term and short term forecasts, with application to tourism demand forecasting. International Journal of Forecasting, 27, 870-886.

Bermudez, J.D., Segura, J.V., Vercher, E. (2007). Holt-Winters forecasting: an alternative formulation applied to UK air passenger data. Journal of Applied Statistics, 34, 1075-1090.

Chu, F.-L. (2009). Forecasting tourism demand with ARMA-based methods. Tourism Management, 30, 740-751.

Gardner, E.S. (2006). Exponential smoothing: the state of the art-part II. International Journal of Forecasting, 22, 637-666.

Goh, C., Law, R. (2002). Modeling and forecasting tourism demand for arrivals with stochastic nonstationary seasonality and intervention. Tourism Management, 23(5), 499-510.

Grosche, T., Rothlauf, F., Heinzl, A. (2007). Gravity models for airline passenger volume estimation. Journal of Air Transport Management, 13, 175-183.

IATA. (2013). 2014 Air Passenger Market Analysis.

Japan National Tourism Organization. (2016). JNTO 訪日旅行データハンドブック2016.

Lee. C.K., Song, H.J., Bendle, L.J. (2010). The Impact of Visa-free Entry on Outbound Tourism: A Case Study of South Korean Travellers Visiting Japan. Tourism Geograohies, 12(2), 302-323.

Lim, C., McAleer, M. (2001). Forecasting tourist arrivals. Annals of Tourism Research, 28, 965-977.

Makridakis, S. (1996). Forecasting: its role and value for planning and strategy. International Journal of Forecasting, 12, 513-537.

Makridakis, S., Wheelwright, S.C., Hyndman, R.J. (1998). Forecasting: methods and applications (3rd ed.). Wiley.

OECD. (2018). Tourism Trends and Policies.

Shen, S. Li, G., Song, H. (2009). Effect of Seasonality Treatment on the Forecasting Performance of Tourism Demand Models. Tourism Economics, 15(4), 693-708.

Song, H., Li, G. (2008). Tourism demand modelling and forecasting-a review of recent research. Tourism Management, 29, 203-220.

Suryani, E., Chou, S., Chen, S. (2010). Air passenger demand forecasting and passenger terminal capacity expansion: a system dynamics framework. Expert Systems Applications, 37(3), 2324-2339.

1 장

항공시장의 확대와 지역개발

1.1 항공자유화의 역할과 과제

1.1.1 항공자유화 연구동향

항공산업은 1970년대 후반 미국에서 항공시장에 가해졌던 규제가 완화되고, 항공운송에 대한 자유화가 시작되었다. 특히, 항공자유화는 국가 간 항공운수권 제한을 완화하거나 완전 자유화하는 것으로 다양한 형태로 나타나고 있다. 항공자유화에 따른 영향은 비단 항공산업에만 국한되는 것이 아니라, 연관 산업으로의 파급효과가 높아 많은 연구가 진행되어 왔다.

항공자유화에 대한 연구는 주로 다음과 같은 이유에서 찾아볼 수 있다.

첫째, 기존의 항공시장에 대한 보호정책에서 완전 경쟁까지도 가능한 자유화 정책으로의 전환은 항공운송산업의 전반적인 부분에서 예전에 없었던 새로운 패러다임의 변화로 인식되었다. 항공운송 시장의 자유화 정책으로 인해 경쟁에 직면하게 되면서 신규 항공사의 진입과 기존 항공사의 대응에 따른 노선 조정을 통한 네트워크 구조조정에 대한 통찰력이 필요하였다.

둘째, 일반적으로 시장경제하에서는 생산자가 생산수단을 변경하는 것이 용이하다. 그러나 항공운송산업에서는 생산자인 항공사가 생산수단인 항공기, 승무원 또는 운영노선 등의 변경이 용이하지 않다. 비록, 생산시설에 대하여 국제적인 표준화가 잘 정립되어 있지만(기반시설, 운항절차, 조종사 면허 및 사용언어 등), 이 같은 시설을 갖추기 위해 투입된 투자비용이 크기 때문에 이전이나 변경이 매우 어렵다. 따라서 항공운송 시장의 자유화에 따른 네트워크 변경 등에 대한 더 많은 분석이 요구되었다.

셋째, 항공운송서비스의 제공은 제한된 일부 글로벌 사업자에 의해 스케줄 조회 등이 가능하였기 때문에 네트워크를 분석하고 변화를 추적하는 것이 상대적으로 용이하였다. 그러나 자유화에 따라 더 많은 항공사가 시장에 진입하고 더 많은 네트워크 구성이 나타나면서 여객과 화물에 대한 이동 및 관리에 대한 효과적인 통제방안이 필요하였다.

항공자유화는 항공사에만 영향이 나타나는 것은 아니고, 고객에게 편의만 제공하는 것도 아니다. 항공운송에 대한 정부의 규제가 제거되면서 항공사는 수익성이 낮은 노선에서 철수하거나 운항 편수를 줄이는 것이 가능하게 되었고, 경쟁수준이 낮은 노선에서는 운임인상도 가능하게 되었다. 즉, 경쟁이 심한 노선에서는 운항 편수의 증대, 운임인하 등을 통한 고객의 편익이 증대될 수 있으나, 소외 지역의 경우에는 정부의 직접적인 통제가 사라지면서 편익이 감소할 수도 있다.

따라서 항공사들이 경쟁력을 유지하기 위한 허브-스포크 네트워크 구성, 경쟁동향, 저비용 항공사의 출현에 따른 영향 등에 대한 연구뿐만 아니라, 공공서비스 유지를 위한 서비스 의무규정 등에 대한 연구도 필요하게 되었다. 이러한 연구는 북미 지역을 중심으로 활발히 연구되었고 유럽에서도 유사한 연구가 수행되었다.

1.1.2 항공자유화의 연구과제

항공자유화에 대한 많은 연구노력에도 불구하고 항공자유화를 둘러싼 몇 가지 쟁점이 여전히 주목을 받고 있다.

첫째, 항공자유화는 아직도 일부 지역에서만 시행되거나 검토되고 있다. EU와 미국은 2007년 항공자유화 협정에 서명했으나, EU는 주변 국가들과 유사한 협정을 위해 아직도 노력하고 있다. 기존의 항공자유화 체계에 새로운 국가가 추가되는 경우, 그 영향력은 복잡한 동적관계를 통해 분석되어야 한다. 즉, EU와 미국이 항공자유화 협정을 체결하고 있기 때문에, EU와 주변 국가가 항공자유화를 추진하는 경우 그 파급효과는 EU와 해당 국가 만 영향을 받는 것이 아니기 때문이다.

둘째, 항공자유화에 따른 신흥국가와 개발도상국의 영향에 대한 분석이 필요하다. 미국, EU 등 항공운송 시장에서 경쟁력을 가지고 있는 국가와 신흥국 또는 개발도상국과의 항공자유화 협정은 단순한 시장 수요에 따른 영향만 나타나는 것이 아니다. 항공노선의 확대는 인적, 물적 교류의 확대를 가져와 정치, 경제 및 사회 전반에 걸쳐 상호 영향을 받을 수 있기 때문이다. 따라서 항공자유화협정이 미치는 정치적, 사회적 영향과 지역효과에 대한 연구가 필요하다.

셋째, 항공자유화와 관련된 많은 연구가 항공사의 경쟁력과 네트워크 구조의 변화, 소비자의 편익 등에 집중되어 있다. 그러나 항공사는 항공자유화에 따른 취항 도시의 선택에 관심을 두고 있다. Ryanair가 벨기에의 Brussels South Charleroi 공항과 모로코 동부의 Oujda 간 노선을 개설했을 때, Ryanair가 벨기에에 거주하는 모로코인의 상당 부분이 Oujda에서 왔음을 분석했을 것으로 추정할 수 있다. 즉, 벨기에가 모로코로부터 많은 관광객을 끌어들이지는 못하지만 친구 및 친지방문 수요에 의해 시장이 형성될 수 있음을 의미하고 있다. Ryanair가 북부 폴란드 Gdansk와 영국의 여섯 개 도시 간을 운항할 때에도 두 도시 간의 상호관계 분석을 통해 상당한 수요가 있음을 분석한 것으로 추정된다. 이 경우에 국제간의 이주 패턴에 대한 분석이 유용하게 활용될 수 있다. 이탈리아 Alitalia항공은 밀라노와 로마의 두 개 허브공항을 운용해 왔으나, 하나의 허브공항만을 운용하는 디허빙을 경험하였다. Alitalia 항공은 디허빙 결정과정에서 남북으로 구분되는 국내의 정치적 고려와 함께 두 도시의 경제력과 정치력의 균형을 고려하였다(Dobruszkes & Graham, 2016).

넷째, 항공산업이 이미 성숙되고 자유화된 시장에서도 항공자유화는 계속 진화하고 있다. 미국과 EU 모든 국가에서 주요 항공사는 합병을 통해 항공운송 네트워크에 큰 영향을 미치고 있고, 저비용 항공사는 예상하지 못했던 큰 규모의 운송네트워크를 구축하였다. 또한, 치열한 경쟁은 기존 항공사로 하여금 사업모형에 대한 재검토와 노선구조의 조정 등 항공사 비즈니스 모형이 다양화되었다. 이러한 다양성은 정기 항공사로 전환하는 전세 항공사도 포함하고 있고, 기존 항공사에서도 비용을 절감하기 위해 저비용 항공사의 사업모형을 일부 도입하고 있다. 저비용 항공사 역시 도시의 외곽공항 이용전략에서 대형 공항으로 이용공항을 이동하고, 기존 항공사와의 제휴를 시도하고 있어 항공산업의 새로운 형태의 비즈니스 모형에 대한 연구가 요구되고 있다.

항공자유화에 대한 많은 연구를 통해 다양한 시사점과 통찰력을 제공하고 있지만, 지리적 여건, 사회적 여건 또는 정치적 환경에 따라 다양한 형태의 영향이 나타나고 있다. Njoya(2016)는 신흥국가나 개발도상국가의 항공시장에 대한 분석으로 아프리카 시장을 분석하였다. Njoya(2016)는 아프리카의 최근 개발상황을 조사하고 결정된 항공자유화 체제로의 움직임이 아프리카 대륙의 여러 국가에서 매우 다르게 나타나고 있음을 확인하였다. Njoya(2016)는 항공자유화의 장애물을 줄이기 위해 항공사 간 협력강화와 항공정책 시행 기관의 역할강화를 제안하고 있다.

중국의 국내선 및 국제선 시장에서의 변화에 대한 연구 결과도 발표되고 있다. 중국에서도 항공자유화가 진행되고 있지만, 중국에서 항공운송 규제는 국가의 경제적, 사회적 발전에 중요한 역할을 해 왔다. Wang et al.(2016)은 시장경쟁 및 집중지수를 사용하여 네트워크 범위, 시장구조 및 비행편 수에 대한 중국 항공운송 시장의 경쟁변화를 분석하였다. 많은 노선에서 항공사의 경쟁이 치열해지면서 정부가 규제를 유지하였고, 주요 노선에서 항공사들의 역할을 강화한 결과 주요 3대 항공사가 중국 시장의 대부분을 지배하게 되었다. 중국은 국내선의 경쟁력 강화와 병행하여 미국과 항공자유화 협정을 시도하였다. Lei et al.(2016)은 2004년과 2007년의 미국-중국 항공협정을 분석하여 미국-중국 간의 항공자유화에 대한 세부사항을 분석하였다. Lei et al.(2016)의 분석에서 양국 간의 항공교통량이 급격히 증가하고 경쟁이 증가한 것으로 나타났다. 또한, 다른 아시아 국가의 허브공항을 통한 여객유출이 중국 공항에 미치는 영향이 제한적이긴 하지만 중국 항공사의 운영 및 재무성과가 점차 개선되고 있는 것으로 나타났다.

또 다른 중요한 신흥시장은 브라질이다. Oliveira et al.(2016)은 규제 완화 이후 주요 공항의 교통량이 크게 변화되면서 2006년부터 2007년까지 대규모 항공편 감소와 항공교통 사고가 나타나는 블랙아웃(Black-out)이 있었음을 제시하였다. Oliveira et al.(2016)은 블랙아웃 기간 동안 브라질 항공운송 시스템의 취약성이 나타난 것으로 분석하였다. 이 같은 연구 결과는 규제 완화된 항공시장에 적응하기 위한 위기관리 관점의 항공사 네트워크 재구성 방법을 제시하고 있다.

유럽의 항공자유화는 중서부 유럽지역에서 서유럽보다 늦게 도입되었으며, 저비용 항공사의 급격한 시장 확장과 함께 진행되었다. Jankiewicz & Huderek-Glapska(2016)는 2004년 8개 회원국에 초점을 맞추어 항공자유화의 계량경제 분석을 실시하였다. 이 과정은 항공자유화가 새로운 노선의 개발과 교통량 증가에 유의한 영향을 미쳤지만, 변화의 정도는 개별 국가의 사회적, 경제적 환경에 따라 다르게 나타나고 있음을 확인하였다. 중서유럽 항공자유화에서 폴란드, 체코, 헝가리에서 가장 발전된 형태로 나타나고 있다.

de Wit & Zuidberg(2016)는 유럽 항공자유화의 가장 가시적인 결과 중 하나인 저비용 항공사에 대한 분석을 실시하였다. 저비용 항공사의 큰 특징은 운항하는 도시의 차별화로 볼 수 있다. 즉, 시장 상황에 따라 운항노선의 중단과 변경이 저비용 항공사 운영의 일반적인 관행으로 나타나고 있다. 따라서 항공자유화는 일부 도시의 항공운항에 대한 불확실성을 확대시킨 결과를 보이고 있다. 특히, de Wit & Zuidberg(2016)는 2002~2012년 사이의 항공자유화 이후 서유럽의 경쟁구도의 변화에 대한 분석을 실시하였다. 유럽 내 항공자유화와 관련되어 Lieshout et al.(2016)의 분석에서는 영국, 스페인 및 이탈리아 등에서 경쟁이 증가하였고, 스칸디나비아, 프랑스 및 스페인의 일부 지역에서는 경쟁증가가 발생하지 않은 것으로 나타났다.

Koo et al.(2016)은 유럽 항공자유화에 따라 공항운영자의 위험이 증가했음을 분석하였다. 항공서비스는 공간적, 시간적 측면에서 공항 의존성이 높게 나타나고 있다. Suau-Sanchez et al.(2016)은 항공자유화의 중요 사안의 하나인 허브공항을 통한 런던 및 영국 지역공항의 연결성을 평가하였다. 2013년 런던 히드로 공항은 영국 항공운송의 중요한 공항으로 상당한 트래픽 발생의 이점을 얻었지만, 지역시장은 많은 목적지로의 서비스를 위해 외국 허브공항에 크게 의존하고 있었다. 이러한 의존성은 영국의 항공산업에는 취약성으로 보일 수 있지만, 다른 한편으로 런던 공항의 혼잡문제를 완화시킬 잠재적 대안으로 볼 수 있다.

Christidis(2016)는 미국, 러시아, 모로코 및 터키의 4개 주요 국가와 EU의 항공협정 관계를 고려하여 항공자유화 영향을 분석하였다. 항공자유화는 이들 각국의 시장성숙 단계마다 다르지만, 모로코만이 항공자유화 과정을 통해 항공시장의 성장이 가속화되었고, 공항 연결성의 분포가 개선된 것으로 분석되었다.

Dobruszkes et al.(2016)은 항공자유화가 관광부문의 성장을 촉진하는 수단으로 사용될 수 있음을 제시하였으나, 관련된 영향의 정도를 보다 정확하고 발전된 방법론과 개선된 데이터를 사용하여 철저하게 평가해야 할 필요성이 있음을 제시하였다.

항공자유화는 여러 가지 효과와 영향을 미치고 있지만, 지역의 특성에 따라 영향의 정도는 다르게 나타날 수 있다. 예를 들면 미국은 개발도상국을 포함한 광범위한 국가와 수십 개의 항공자유화 협정을 체결하고 있지만, 파급효과에 대한 지역적 특성 등에 대한 분석은 이뤄지지 않고 있다.

방법론적 측면에서 항공자유화의 정도를 평가하는 것은 쉬운 일이 아니지만 중요한 과제이다. 그러나 항공자유화에 대하여 국가 간의 영향을 평가하기 위한 시도는 있으나, 국내선 시장에 대한 연구는 이뤄지지 않고 있다. 또한, 항공자유화가 세계적으로 확산되고 있으나 그 영향은 지역의 사회적, 정치적, 경제적 환경에 따라 다르게 나타날 수 있어 아직도 확실한 평가가 이뤄지지 않고 있다. 그럼에도 불구하고 항공자유화의 확대를 주장하는 것은 파급효과에 대한 분석의 결과보다는 이상적인 이론적 주장일 수 있음을 시사하고 있다.

항공자유화의 발전과정에 대한 분석도 필요하다. 항공자유화에 따른 영공개방의 합의가 공급 변화를 약화시키는 경우가 있었고, 역으로 규제의 보호를 받고 있지만 역동적인 시장이 존재하는 경우가 있다. 이것은 항공운송시장의 역동성이 규제의 존재 여부만이 아니라 다양한 요인에 의해 나타나고 있음을 의미한다. 따라서 항공자유화와 관련된 다양한 관점의 분석과 지역적 차별성 등에 대한 평가를 통해 항공운송자유화에 대한 새로운 통찰력과 시사점을 찾아야 한다.

1.2 항공자유화의 성과와 과제: 중국-미국 사례[1]

1978년 미국과 네덜란드 사이에 최초의 항공자유화 협정이 체결된 이래, 미국은 전 세계적으로 항공자유화 확대를 추진해 왔다. 항공자유화는 전 세계적으로 항공운송을 크게 확대할 수 있는 기회가 되었지만, 상대적으로 항공시장의 경쟁력이 부족한 국가에서는 자국의 항공시장 잠식을 우려해 소극적인 입장을 취해왔다. 그러나 항공자유화 협정은 단순히 항공사의 공급석 확대로 항공산업에만 영향을 미친 것이 아니라, 항공산업과 연관된 산업의 활성화를 통한 지역의 경제성장에 기여하는 것으로 평가되고 있다.

항공자유화 협정은 협정 당사국 모두 혜택의 균형이 이루어지는 경우에 가능했기 때문에, 항공운송 시장에서 경쟁력이 약하다고 판단한 국가에서는 소극적인 입장을 취해왔다. 미국의 입장에서는 전 세계적으로 항공자유화 협정의 확대를 추진해 왔고, 우리나라를 포함한 많은 국가와 항공자유화 협정을 체결하여 시행하고 있다. 그러나 미국의 주요 무역 상대국이면서 항공시장 및 경제가 가장 빠르게 성장하는 중국과는 항공자유화 협정에서 진전을 보지 못하고 있었다. 중국 입장에서는 미국의 항공사에 비해 중국의 항공사가 경쟁력이 부족한 것으로 판단하여 항공자유화가 중국의 이익에 기여하지 못할 것으로 판단했기 때문이다.

그러나 2004년과 2007년에 미-중 항공협상의 주요 돌파구가 된 2개의 의정서가 체결되었는데, 이 의정서들로 인해 미국과 중국 간의 항공운수권이 대폭 자유화되었으며 기존의 양국 간 규제위주 체제가 자유화된 시장으로 변화하게 되었다. 항공자유화에 대한 중국의 이 같은 입장 변화가 발생하게 된 배경을 살펴볼 필요가 있다. 중국 입장에서 2004년 및 2007년 의정서 합의 과정에서 중국이 중요하게 고려한 사항이 무엇이었고, 이후 미국과 중국 항공시장에 미친 정책적 효과가 어떻게 나타나고 있는지 파악하는 것은 항공협상의 중요성을 분석하는 데 큰 의미가 있다.

1.2.1 중국의 국내선 규제 완화와 국제선 자유화정책

1950년대 초에 시작된 중국 항공운송산업은 중국의 민간항공을 총괄하는 기관인 CAAC(중국민항총국)를 군에서 통제해 왔었다. 이후 CAAC는 군부로부터 분리되어 1980

---

[1] John F. O'Connell et al., "Liberalization of China-US air transport market: Assessing the impacts of the 2004 & 2007 protocols", Journal of Transport Geography 50 (2016) 24-32. 논문의 일부를 수정하여 정리한 것임.

년대 중국 국무원 직할 6개 지역 사무소를 가진 민간기구가 되었다. 1980~1986년 CAAC는 민간항공산업에 대한 규제기관이면서 중국의 유일한 항공사인 중국민항의 소유주로 항공사를 운영하였다. 이 기간 동안 중국의 항공운송산업과 관련된 시장진입, 노선권 배분, 운항 횟수, 운임, 항공기 구매, 자본조달 및 여객의 항공기 탑승자격에 이르기까지 모든 분야를 CAAC가 통제하고 있었다.

이와 같은 중앙 통제체계는 1980년대 중반 항공운송산업의 급속한 성장으로 여러 신규 항공사가 설립되면서 권한이 분산되었으며 1986년 이후 다양한 개혁이 추진되었다. 특히, 2002년 CAAC의 통제를 받던 9개 항공사가 합병되어 3개의 항공사 그룹인 중국민항, 동방항공, 남방항공이 탄생하였다. 2002년 항공사 합병 이후 중국정부는 점진적으로 중국 국내 항공시장의 규제를 완화하였고, 항공사들은 보다 자유롭게 신규노선 진출입이 가능해졌으며 항공운임 결정에도 재량권이 넓어졌다. 이러한 과정에서 CAAC도 규제 및 운영자에서 순수 항공운송산업의 감시기구로 변신하게 되었다.

2002년부터 진행된 중국의 항공사 합병은 2005년 완료되었으며, 중국 내 항공사에 대한 개인투자 제약이 폐지되었다. 즉, 중국 항공시장에 민간 자본에 의한 항공사 설립이 가능하게 되었다. 이에 따라 2008년 말까지 대부분 중국 국내 민간 투자자들에 의한 정기 여객항공사 14개가 신규로 승인되었다. 신규 항공사 진입은 국내시장에서의 경쟁을 심화시켰다. 2014년 말까지 중국 국내 항공시장에서 항공사들은 공항의 슬롯(Slot)이 가능한 경우에는 노선진입이 비교적 자유로웠으며, 시장에서 결정된 수준으로 가격을 설정할 수 있었다. 운임의 경우에도 중국 내의 프리미엄 가격은 2012년 완전 자유화되었으나, 소비자를 보호하기 위한 국내선 일반석 운임은 2015년에도 상한선을 두어 규제하고 있었다.

국제선 시장에서도 중국은 자국 항공사 보호를 목적으로 1990년대 말까지 보수적인 정책을 유지하였다. 중국은 항공운송을 국가경제 발전을 지원하는 전략분야로 인식하기보다는 중국의 외교적인 필요에 의한 정치적인 도구로 간주했던 것으로 보인다(O'Connell et al., 2016). 이러한 중국의 인식은 중국경제가 세계경제에 통합되고 외부세계에 노출됨으로 인해 점진적으로 변하게 되었다.

2003년에 CAAC는 중국 항공운송 시장을 능동적이고 점진적이며 질서 있는 관리 하에서 국제적인 자유화 추세를 수용하는 태도를 취할 것이라고 발표하였다. 그 이후로 중국 항공운송산업 규제기관에서는 자유화 및 국제협력을 지원하도록 국제정책을 재조정하기 시작하였고 초기 몇 년간은 매우 급진적인 조치들을 취하였다. 그동안 중국은 외국과의 운수권 협상에서 자국 항공사의 이익을 최우선적으로 고려해 왔다. 그러나 CAAC의 이 같은 원칙이 변화되어 운수권 협상에서 더 이상 자국 항공사들의 이해득실을 유일하고 배타적인 협상기준으로 고려하지 않게 되었다. 당시 CAAC가 발표한 국제항공운송 정책의 주요 원칙은 다음과 같다.

- 세계적인 항공자유화 추세를 능동적으로 수용
- 중국의 전반적인 외교정책 지원
- 국가 개방정책 및 사회, 경제 발전목표 지원
- 외국무역 및 관광산업에 필요한 국제항공운송 수요 충족에 대한 특별 고려
- 중국 서부, 동북부, 중앙지역의 국제 항공 연결망 수립 및 개선을 위한 특별지원
- 국가이익, 공공이익, 산업계 이익 사이의 균형유지
- 중국 내 허브공항 개발 촉진
- 전체 산업의 전반적인 경쟁력 향상

2014년까지 이러한 새로운 인식에 의한 중국의 국제항공정책은 다음과 같은 성과로 나타나고 있다.

- 115개 항공협정을 맺은 86개 국가와 복수 목적지 취항
- 27개 항공협정은 노선 자유화
- 21개 항공협정은 항공화물 운송의 3/4 자유 무제한 허용 도입
- 8개국과 화물 5자유 운수권 합의

중국은 항공운임 승인제도 완화를 위해 "소재국 승인 원칙(country of origin principle)" 혹은 "양국 불승인 원칙(double disapproval principle)"[2] 채택을 합의하였다. 이러한 정책성과 중에서도 2004년 및 2007년 미국과의 의정서가 가장 주목할 만하며 중국 항공정책 자유화의 이정표로 간주되고 있다. 중국이 10년간 많은 국가와 항공자유화 협상을 추진하였으나, 가장 자유롭고 유연한 양국 간 항공협정의 하나가 미국과 체결한 것이었다.

1.2.2 미-중 항공협정의 진전

중국과 미국은 1979년 1월 1일 외교관계를 수립하였다. 중-미 간의 항공 노선은 양

---

[2] 상대국에서 허용한 것을 채택(country of origin principle)하거나, 양국이 모두 거절하지 않는 한 채택하는(double disapproval principle) 체계.

〈표 1-1〉 1980년대 미국-중국 항공협정의 주요 내용

항목	주요 내용
노선	노선 A : 베이징, 상해, 도쿄 또는 일본의 기타 지점 - 호놀룰루, LA, 샌프란시스코, 뉴욕 노선 B : 베이징, 광조우, 상하이, 도쿄 및 일본 기타지점 - 호놀룰루/시애틀-LA, 샌프란시스코, 시카고
항공사 지정	양국에서 각 2개 항공사
운항 편수	양국 각 주 2회. 1980년대 말까지 주 6회로 증편

국 간 항공운송협정이 체결된 지 1년 후에 공식적으로 개시되었고, 양국에서 각각 2개의 항공사만이 지정되어 운항이 허가되었다. 이 같은 운항 개시를 시작으로 1982, 1992, 1995, 1999, 2004, 2007년에 걸쳐 6회의 항공협정 개정이 진행되었다. 이러한 변화 중에서 2004년과 2007년 의정서가 중국의 가장 적극적인 항공자유화 노력으로 간주되고 있다. 2004년 협상 이전의 4년 동안 중국과 미국 사이에 항공여행이 크게 증가하였고, 특히 2001년 중국의 WTO 가입 이후 양국 간 여행이 활발하게 증가하였다.[3] 이러한 시장 성장 추세에 따라 미국 항공사들은 중국시장에 대한 추가 운항확대를 시도하였으나 기존 항공협정의 공급제약에 따라 추가적인 운항이 불가능하였다.

미국 항공사들은 1999년 의정서의 서명 2년 후인 2001년에 주 54회 공급을 모두 사용하였다. 따라서 증가하는 항공수요를 확보하기 위해 미국 항공사들의 유일한 해결책은 협정의 개정을 통한 추가 항공편을 확보하는 것이었다. 반면, 중국 항공사들은 미-중 노선의 공급증대에 미온적이었다. 미국 항공사에 비하여 중국 항공사가 전반적으로 경쟁력에서 열세라고 인식했기 때문이다.

중국 항공운송산업 전체의 국제선 운송실적은 2000년도에 약 103억 여객마일(revenue passenger mile)이었는데, 같은 기간 United항공 또는 Northwest항공의 태평양 운송실적의 절반에도 못 미치는 수준이었다. 또한, 2002년 중국의 국제선 전체 화물 수송량은 화물톤마일 기준으로 미국의 1/8 수준이었다. 이 같은 결과를 가져온 이유 중의 하나가 중국 항공사들이 국내선 자유화로 인해 국제선보다는 수익성 높은 국내선에 집중했기 때문이다. 즉, 국내선 수익이 국제선을 훨씬 상회하였다. 또 다른 이유로는 2001년 중국 3대 항공사가 약 1천만 달러의 손실을 기록함으로써 중국 항공사들의 취약한 재

3 연간 평균 증가율은 여객운송이 10%, 항공화물이 28%로 나타나고 있다(1999~2003년).

무상태로 인해 공급확대에 소극적이었다는 것이다. 특히, 중국-미국 시장에서는 중국 항공사가 매년 적자를 나타내고 있었다. 이러한 결과로 중국은 2003년 하계 스케줄 기준으로 주간 총 54회의 운항가능 스케줄 중 81% 수준인 주간 44회만을 운항하고 있었다.

여러 차례 협상 결과로 2004년 의정서가 합의되었고, 주요 합의 내용은 〈표 1-2〉에 정리되어 있다. 1999년과 2004년도 의정서를 비교하면, 새로운 의정서는 중-미 항공운송관계를 크게 발전시켰다. 양국의 지정항공사는 종전 각각 4개사에서 9개사로 증가하였다. 운항도시는 노선 A에서는 복합 및 화물운송을 포함하여 중국내 5개 지점, 미국 내 12개 지점에서 중국 내 모든 지점과 미국 내 모든 지점으로 정기국제선 운항이 개방되었다. 주간 운항 편수는 195편이 증가되어 2010년까지 양국이 각각 주간 249회까지 운항할 수 있게 되었다.

특히, 운항 횟수를 명시할 때 중국 항공시장을 3개 권역으로 나누었는데, 베이징, 상하이, 광저우 등 권역 1, 동부 및 해안지역(안휘, 복건, 광동/광저우 제외, 화북, 호남, 산동, 천진, 절강성 등)의 권역 2, 중앙, 서부, 동북지역(충칭, 흑룡강성, 내몽고, 길림, 티벳, 신장,

〈표 1-2〉 미국-중국 항공협정 개정 주요 내용(1999, 2004, 2007년)

주요 항목	1999년 협정	2004년 협정	2007년 협정
지정 항공사	양국 각 4개 항공사	단계적으로 2010년까지 각 9개 항공사	2007년 8월1일까지 중국은 무제한, 미국은 노선 B에 대해 2011년 3월 25일까지는 무제한, 중국의 권역 3에 대해 무제한
취항 지역	노선 A (화물 및 복합운송) : 미국 항공사는 중국내 5지점, 중국 항공사는 미국내 12개 지점 노선 B (화물) : 미국, 중국 모든 지점 및 이원	미국-중국 모든 지점 간 국제선, 미국 항공사의 중국내 화물 허브 허용	2004년과 동일
공급석/운항 편수	단계적으로 2001년 4월 1일까지 각 주 54편	단계적으로 2011년까지 각 주 249편, 중국의 지역 3에 대해서는 무제한	2012년 3월까지 중국의 권역 1, 권역 2에 대해 각 주 70편 추가. 중국의 권역 3에 대해서는 무제한
코드쉐어링	사전 결정된 지점 간 미국, 중국의 지정항공사 간의 코드쉐어링 허용	국내선, 양자협의, 제3국 코드쉐어링 허용	추가 코드쉐어 협정
운임	국가별 승인 체계	2004. 8. 1.-2008. 3. 24. 출발지 국가 승인, 2008. 3. 25.부터 양국-미승인	양국-불승인 체계

해남도 등)의 권역 3으로 구분하였다. 이러한 지리적인 구분은 중국시장에만 적용되었고, 미국은 단일 시장으로 간주되었다. 이 같은 구분은 경제발전 수준의 차이 때문으로, 권역 1은 중국 내에서 가장 발전된 지역, 권역 2는 그 다음으로 발전된 지역, 권역 3은 가장 개발이 늦은 지역으로 구분될 수 있기 때문이다. 이 같은 구분을 통해 CAAC는 서부, 동북부 및 중앙지역의 국제선 항공운송을 지원하려는 중국 정부의 정책을 반영하고자 하였다. 따라서 권역 1, 권역 2에는 249회의 최대운항 편수 제한이 있는 반면, 권역 3에는 모든 운항에 제한을 두지 않았다. 특히 중국 출발 운송이 베이징, 상하이 및 광저우에 집중되어 있어, 이러한 도시에 대한 운항 편수 제약은 중국 항공사의 운항을 보호하기 위한 것이었다.

2004년 의정서에는 다수의 특기할 만한 요소가 포함되어 있다. 외국항공사에 대해 최초로 완전한 운수권을 갖는 중국 내 화물 허브공항 설립이 허용되었다. 또한, 항공운임 승인 제도를 양국 승인제도(double approval)에서 "양국 불승인(double disapproval)" 체제로 완화했는데 이것은 중국의 시장규제 전통 및 중국 주요 항공사들의 취약한 재무 상태를 감안할 때 이례적인 것이었다. 또한, 국내선뿐만 아니라 양자 간 및 제3국간 편명공유가 허용되었는데 상대국의 제3국간 편명공유는 상대방 항공사의 합의가 필요하며 경우에 따라서는 정부의 허가 사항이기도 한 것이었다. 또 하나의 중요한 진전은 영업활동 제약에 대한 단계적 완화였다.

2004년 의정서는 미국이 의도한 것과 같은 완전한 항공자유화는 아니었지만, 중국이 주요 무역 상대국과 체결한 협정 중에서 가장 자유화된 협정이었으며 중국과의 지역적인 항공자유화를 효과적으로 조성하였으므로 미국에서는 항공자유화로 간주하였다. 이 2004년 의정서의 획기적인 점의 하나는 이후의 항공협정을 2006년에 개최하기로 일정을 규정한 것이었다.

이후 수차례의 추가 협상을 거쳐 항공협정은 2007년에 개정되었는데, 취항 목적지, 공급규모, 화물운항에 대한 규제가 추가로 완화되었으며, 전세기 운항, 제3국간 항공편명 공유, 여객의 5자유 운수권에 대한 기본적인 제약만 남게 되었다. 2007년 8월 1일부로 중국 항공사에 대해 미국 내 운항목적지 제한이 폐지되었으며, 동시에 미국 항공사에 대해서는 2011년 3월 노선 B가 자유화되었다. 따라서 2004년 공급석에 비하여 중국 내 권역 1 및 권역 2에 대해 주간 여객기 운항 횟수가 70회 추가되었으며, 2011년 3월 화물 공급제한이 철폐되었다. 권역 3 운항은 완전 자유화되어 양측 모두 목적지 및 운항 횟수 제약이 사라졌다. 또한, 양국 항공운송시장의 완전한 자유화가 상호 최종 목표임을 인식하고, 가능한 빠른 시일 내에 신규 협정을 체결하기로 합의하였다.

1.2.3 2004년/2007년 의정서 합의와 중국의 시장환경

미국과 중국 간에는 경제 및 정책 시스템뿐만 아니라 항공사의 규모 면에서도 매우 큰 차이가 나타나고 있음에도 불구하고, 단기간 내에 이루어진 항공협정 개정은 획기적인 일로 평가되고 있다. 미국은 항공협상 시 항공자유화 추구를 일관되게 주장해 왔기 때문에 미국의 입장은 쉽게 이해가 된다. 그러나 중국 입장에 대해서는 잘 알려지지 않고 있다.

미국과 중국의 항공협상과 합의 결과를 이해하기 위해서는 당시의 정치적인 상황을 이해할 필요가 있다. 중국의 정치 및 외교적 필요성, 미국-중국의 국가 간 관계 개선에 대한 고려가 중국으로 하여금 2004년, 2007년 의정서를 합의하게 한 주요 동인으로 분석된다. 미국과의 강력한 양자관계가 당시 중국의 최우선 과제였으며, 운수권 조정은 전반적인 국가 외교관계에서 중요한 요소였다. 따라서 국제항공시장 개방과정에서 중국은 미국과의 항공자유화 협상을 최우선 안건으로 삼았으며, 양자 간 항공시장의 개방 확대를 통해 사람과 물자의 교류를 촉진하여 양국관계의 개선에 기여하고자 하였다.

당시 WTO 회원 가입을 추진하던 중국 입장에서는 미국의 지원이 매우 중요하였다. 더 나아가 중국은 ICAO 위원회의 Part 1 회원국으로 선출되기를 원했었으며 ICAO의 자유화 요청에 대한 긍정적인 태도가 도움이 될 수 있었다. 실제로 중국은 2004년 10월에 Part 1 회원 자격을 획득했으며, 이것은 2004년 의정서와 함께 중국 항공 역사상 커다란 성과로 평가되고 있다.

2006년 이래 CAAC의 항공자유화 입장은 정치적 상황에 의해 영향을 받았으며, 미국의 요청에 의해 중-미 간 SED(전략경제대화)의 안건이 되었다. SED는 2006년 미국 부시 대통령과 중국 후진타오 주석에 의해 시작되었으며 양국 간 최상위급 회담이었다. SED의 중요한 목적은 양국 간 전략적 중요 문제들을 협의하기 위한 최고위층의 정기적인 만남을 위한 것이었다. SED 협상 안건으로 항공운수권이 포함됨으로써 미국은 산업계 차원에서 해결해야 할 애로사항을 극복하려고 하였다. SED 프로그램의 영향으로 양국 항공회담 개최 시 미국과 중국 모두에게 어떠한 협상결과라도 논의해야 하는 압력을 받게 되었다. Schofield(2007)는 중국이 항공시장을 미국 항공사에게 개방함으로써 얻을 수 있는 다양한 이득이 많지 않았기 때문에 항공자유화가 타 분야에서 미국의 양보를 이끌어 내기 위해 의도적으로 희생되었다고 분석하였다.

2004 및 2007년 의정서 협상 시 중국의 두 번째 고려사항은 국가 발전전략과 관련된 것이다. 1999년 이래로 미국은 중국의 최대 무역 상대국이었으며, 중국은 2004년도 미국의 5위 교역국, 2007년에는 3위 교역국으로 발전하였다. 경제발전 측면에서 중국은 더 많은 미국 투자를 유치하고 무역관계 강화를 위해 항공자유화의 진전이 필수적이었다. 중국은 미국의 주요 무역 상대국 중 거의 유일하게 항공자유화 협정을 맺지 않은 국가였다. 특히, 중국의 무역규모는 수년간 급속한 성장이 예상되었으며, 항공운송이 이러한 교역에서 핵심적인 역할을 할 것으로 기대되었다.

중국에서는 항공화물 운수권 자유화를 통해 중국의 대외 교역과 수출지향 경제를 지원하려는 의도가 있었다. 중국의 화물항공사들은 전통적으로 경쟁력이 취약하여 자체적으로 화물 허브를 구축할 역량이 없었기 때문에, 2004년 의정서의 "화물 허브" 조항은 미국 화물운영사의 중국 내 허브 설립을 지원하려는 의도가 있었다. 이를 통해 중국의 전반적인 투자, 경제 및 무역환경의 개선을 도모하였다.

미국 화물산업에서 항공화물이 가장 빠르게 성장하는 분야이며, 미국-중국 간 항공화물 성장기회는 미국의 첨단기술 및 고가 상품의 대중국 수출을 통해 확대될 수 있었다. 중국은 중국산업의 추가 발전을 위해서는 미국 선진기술의 지원 및 도움에 의존하고 있었기 때문에 미국과의 항공관계 및 협력이 필수적이었다. 또한, 항공자유화는 더 많은 미국 항공사, 사업자 및 여행객에게 양국 간 무역증가로 인해 혜택이 증가될 수 있음을 의미하였다. 따라서 미국은 전 협상과정을 통해 운수권 조정을 전반적인 양국 간 항공관계의 중요한 부문으로 간주하여 강력하게 압박했으며, CAAC로서도 이러한 미국의 주장을 진지하게 고려하게 되었다.

중국은 지방과 도시의 균형된 발전을 위해 다양한 고려를 하고 있었다. 중국지역을 권역별로 살펴보면 완전 자유화된 권역 3은 "서부개발", "동북지역 재건" 전략을 통해 지역의 경제와 사회발전을 활성화하기 위한 중국의 의도를 지원하기 위해 제안되었다. 따라서 지방정부는 더 많은 국제선 항공편을 통해 지역 경제 및 투자를 촉진하고자 하였으며, 항공자유화를 강력하게 추진하였다. 특히 주요 허브가 되기를 원하는 중국 공항들은 가능한 다수의 국제선 항공편 운항을 기대하고, 미국 연결 편을 최우선 순위에 두었는데 운항 항공사가 중국 항공사인지 또는 미국 항공사인지에 대해서는 관심을 두지 않았다.

허브에 대한 관심은 2004, 2007년 협상에서 제3국으로의 여객이전을 방지하는 차원에서 진행되어 왔다. 항공운송시장에 대한 규제는 노선 망과 상호 연관되어 여타 시장에도 파급효과를 일으킨다. 여객운송 시장에서 여객의 이전은 이미 항공 노선망을 자유화한 국가로 혜택이 돌아가게 된다. 즉, 항공 노선을 자유화한 국가에서는 많은 지역으로부터 여객운송을 받아들일 수 있는데, 해당 지역으로 가기를 원하는 여객은 거주지역의 직항뿐만 아니라 주변지역의 환승을 통해서 편리한 일정으로 항공자유화 국가로 갈 수 있는 기회가 증가하기 때문이다. 따라서 항공 노선 자유화는 동일 시장 내 규제 노선에 대한 대체뿐만 아니라 다른 노선까지도 영향을 미칠 수 있다. 결과적으로 자유화된 연결시장을 갖고도 규제를 시행하는 국가의 항공 노선은 주변국가의 허브공항에 대한 주변지역으로 전락할 위험성이 있고, 실제로 이러한 현상이 중국 내에서 나타나기 시작하였다.

2003년 말까지 미국은 한국, 일본, 싱가포르, 말레이시아 및 대만을 포함한 10개 아시아 국가들과 항공자유화 협정을 체결하였다. 이러한 항공자유화를 통해 미국 항공사는 아시아-태평양 지역 내 허브공항에서의 노선망 확장에 크게 기여하였다. 예를 들어 대한항공 및 일본항공은 중국과 미국 구간 화물운송 시 6자유 운수권을 활용하여 서울 및 도쿄를 경유하는 판매를 할 수 있었다. 여객운송의 경우에도 한국의 인천, 일본의 나리타 공항은 허브 경쟁에서 중국 공항을 훨씬 능가하게 되었다. 이러한 장점으로 인해 이들 국가는 미국과의 국제항공운송 자유화정책 확대를 추진하였으며, 중국 역시 2004년까지 보다 규제지향적인 운수권 체제 유지를 탈피하여 중국 공항의 허브화를 시행하게 되었다. 따라서 항공협상에 임하는 중국의 중요한 고려사항은 제3국으로의 여객유출을 줄이면서, 자체 허브공항을 구축할 수 있도록 지원하는 것이었다.

중국이 전향적인 항공협정에 임하게 된 마지막 요인은 국제적인 자유화 추세에 부응하려는 자세였다. 항공산업 정책 결정자들은 문을 닫아두고 두드릴 때까지 개방을 기다리는 대신에, 중국 항공사들을 외국 경쟁사들과의 치열한 경쟁에 노출함으로써 보다 강력하고, 경쟁력을 가진 우수한 항공사로 성장시킬 기회를 갖고자 하였다.

1.2.4 2004년 및 2007년 의정서의 효과

항공자유화는 대규모 운송증대를 유발하였음이 밝혀졌다. 〈표 1-3〉에서는 중국-미국 시장에서도 동일한 현상이 나타나고 있음을 보여준다. 미국 항공사들 간의 중국시장 진입 경쟁은 2004년 의정서 서명 이전부터 시작되었다. Delta, American, Continental항공이 경쟁에서 승리하여 신규 취항 목적지를 확보했으며, 기존 항공사들도 신규 노선을 취항하거나 종전 노선을 증편하였다. 주간 111회 추가 운항에 대한 미국 내 경쟁은 치열하게 전개되어 미국 교통성(DOT)은 200편 이상의 운항신청을 접수하였다. Fedex는 주간 6회까지 운항할 수 있게 되었으며, 광저우에 허브를 구성하기 시작하였고, Polar Air

〈표 1-3〉 미국-중국 시장의 여객항공사 수와 취항 공항 수의 변화

연도	항공사 수		항공사 국적별 취항공항 쌍					
					중국 항공사		미국 항공사	
	중국	미국	합계	단일 항공사	소계	단일 항공사	소계	단일 항공사
2001	3	2	7	5	4	4	4	4
2002	3	1	5	3	4	4	2	2
2003	3	1	7	6	6	6	2	2
2004	3	1	8	7	6	6	3	3
2005	3	2	9	8	5	5	5	5
2006	3	3	9	7	5	5	5	4
2007	3	3	11	9	6	6	6	5
2008	4	4	13	11	7	7	7	6
2009	4	5	15	13	7	7	9	8
2010	4	4	14	10	7	7	9	7
2011	4	4	16	11	7	7	12	9
2012	4	3	16	11	8	8	11	8
2013	4	3	18	12	10	10	12	9
2014	4	4	22	14	14	14	15	12

자료: Lei et al. (2016).

Cargo도 신규로 화물전용 노선을 취항하였다.

중국 항공업계는 "상하이 국제화물", "하이난항공" 등 중국-미국의 항공협정에 따라 신규 운항을 통해 직접적인 혜택을 받는 일부 항공사를 제외하고는 큰 혼란에 직면하였다. 중국-미국 항공협정 서명 후 일주일 동안 중국의 동방항공, 남방항공의 주가는 폭락하였으며, 대신에 주요 미국 항공사 주식은 상승하였다.

중국과 미국 항공시장을 운항하는 항공사는 2004년 4개사에서 2014년 8개사로 2배 증가하였다(표 1-3). 항공사들은 주로 운항도시 또는 운항공항 단위로 경쟁했는데 운항 항공사의 증가가 반드시 경쟁심화를 의미하는 것은 아니었다. 중-미 간 항공기 운항공항은 2004년 8개에서 2014년 22개 공항으로 급격히 증가했으며, 2개 항공사 이상 운항하는 공항이 2004년 1개에서 2014년 8개 공항으로 늘어났다. 미국은 공공의 이익 부합여부를 최우선으로 고려하여 운수권을 배분한 반면, 중국은 1노선 1항공사 정책을 취했기

때문에 중-미 항공시장에서 1개 중국 항공사만 중국출발 노선을 운항할 수 있었다. 이러한 조치는 중국 항공사들을 자국 항공사들과의 경쟁으로부터 보호하고 지정항공사에 대해 각 미국 도시별 시장에 대한 잠재적 성장을 지원하기 위한 것으로 분석된다.

미국과 중국 간의 운항노선에서 운항공항의 약 절반은 1개 항공사만 운항하였다. 이것은 항공자유화에도 불구하고 지역 경쟁의 부족을 의미하였다. 그럼에도 불구하고 중국 및 미국 국내선 연결망의 다양함으로 인해 각 도시 구간에 대한 전체 운송 중에서 연결편 여객이 많은 비중을 점유하였다.

항공운송 시장에서 노선 운영의 핵심은 경쟁력에 있다. 예를 들어 필라델피아에서 베이징으로 여행하는 여객은(직항 편이 없는 도시) 유나이티드항공의 동부 허브인 워싱턴, 에어 차이나의 뉴욕(JFK), 컨티넨탈항공의 Newark(EWR)을 경유하거나, 유나이티드 혹은 아메리칸 항공을 통해 시카고를 거쳐 갈 수 있다. 다섯 가지 선택 가능성은 모두 동일한 편리성을 보이고 있는데, 각 항공사가 어떻게 여객유치 경쟁을 할 것인지에 따라 경쟁력이 달라진다. 즉, 더 많은 노선을 운항할수록 고객의 선택을 더 많이 받을 수 있게 되며 항공사 간의 경쟁을 촉진할 수 있게 된다.

미국-중국 간의 주간 운항 횟수는 2004년 53회에서 2014년 251회로 증가했으며, 공급좌석은 17,174석에서 71,074석으로 연평균 15.3% 성장하였다. 2001~2004년 기간 중 연평균 성장률이 2.4%였던 점을 고려하면 매우 큰 성장임을 확인할 수 있다. 특히, 2002~2004년 미국 항공사의 공급석 점유율은 대폭 감소하였다. 이것은 주로 Northwest 항공의 아시아 시장전략의 변경이 원인이었다. 2001년 9.11 사태이전까지 Northwest는 미국-중국 노선에 주 13회 직항편을 운항했는데, 2002년에는 모든 항공편을 5자유 운수권을 활용하여 동경 경유여정으로 조정하였다. 이러한 운항편 변경은 미국 항공사의 전체 공급좌석에 큰 영향을 미쳤는데, Northwest가 미국-중국 노선을 운항하는 주요 항공사였기 때문이다. 물론, 9.11 사태로 인해 미국 출발 항공시장이 대폭 축소된 원인도 있었다.

항공자유화로 인한 미국의 긍정적인 효과는 2004년 이후에 확인해 볼 수 있다. 미국 항공사는 주간 공급좌석 기준 2005년도 시장점유율 54%로 중국 항공사가 주도하던 시장을 역전시켰다. 이것은 전년대비 78% 증가한 수준으로 중국 항공사의 성장률은 2% 수준이었다. 미국 항공사의 시장 주도는 수년간 지속되었는데, 2011년에는 주간 공급석 기준 34%까지 차이가 나게 되었다. 특히, 2007년 의정서 적용으로 인해 세계적인 금융위기로 당시 미국의 전체 국제항공시장 규모가 15% 감소했음에도 불구하고 미국-중국 노선의 운송량은 증가하였다.

중국 항공사들은 2007~2009년 주간 공급석이 축소되었다. 중국에서는 2009년을 시작으로 2014년까지 공급석 증대를 지속했는데, 주간 공급석 기준 중국 항공사의 시장점유율은 미국 항공사와 동일한 수준이 되었다. 이 같은 중국 항공사의 실적개선은 중국인의 급격한 미국행 여행증가에 기인하였다. 2004년 항공자유화 초기에는 미국인의 중국행 여행자는 130만 명으로 당시 중국인의 미국행 여행객의 6배 이상이었다.

중국 경제의 급속한 성장과 중국인에 대한 비자완화로 인해 양방향 여행객의 흐름은 균형을 이루게 되었다. 2013년 중국인의 미국 방문객은 197만 명으로 전체 미국인 중국 방문객 209만 명과 균형을 이루게 되었다. 마케팅, 문화 및 언어상의 이유로 중국 여행객들이 미국 항공사를 이용하는 것보다 주로 중국 항공사를 이용한 여행을 선호함에 따라 중국인 여행객 증가가 중국 항공사의 미국-중국 항공시장점유율 확대에 기여하였다.

중국시장에 대한 미국 항공사들의 시장점유율 제약은 대다수 미국 항공사의 운항이 베이징 및 상하이 노선에 집중된 것도 주요 요인이다. 반대로 미국 내 중국 항공사들의 운항지점은 전통적인 취항지인 LA, 샌프란시스코에서 보스턴, 호놀룰루, 워싱턴, 휴스턴, 뉴욕, 시카고 및 시애틀 등으로 확대되었다. 이러한 지형 변화는 주요 미국 공항들을 운항하는 중국 항공사들에게 유리했는데, 베이징 및 상하이는 매우 붐비는 공항으로 추가 슬롯(slot) 취득이 곤란하였고 중국 시장에서 미국 항공사의 공급확대에 제약이 되었기 때문이다.

2007년에 미국 항공사의 권역 3 공항에 대한 운수권이 무제한 허용되었지만 미국 항공사들은 베이징, 상하이 이외 공항 취항에는 관심이 높지 않았다. 이것은 대다수의 미국 출발 항공편이 베이징, 상하이에 집중되었으며, 여타 지역에 대한 직항편 취항은 미국 항공사에게는 경제적 실익이 없었다. 이러한 도시들은 도쿄, 서울, 홍콩을 경유하여 항공편명 공유형태로 운항하였다. 결과적으로 미국 항공사의 중국 출발 주간 운항 편수는 2011년 109회에서 2014년 129회로 증가한 반면, 중국 항공사들의 운항 편수는 2011년 주간 51편에서 2014년 122편으로 2배 이상 증가하였다.

중국인 여행객의 증가에 따른 시장 활성화에도 불구하고 미국 항공사들은 중국 내 시장 확대에 어려움이 있었으며 점차적으로 중국 경쟁사에게 시장점유율을 잠식당하였다. 이것은 2004년, 2007년 의정서 협상 시 중국 CAAC의 장기전략이 주효했음을 입증하고 있다.

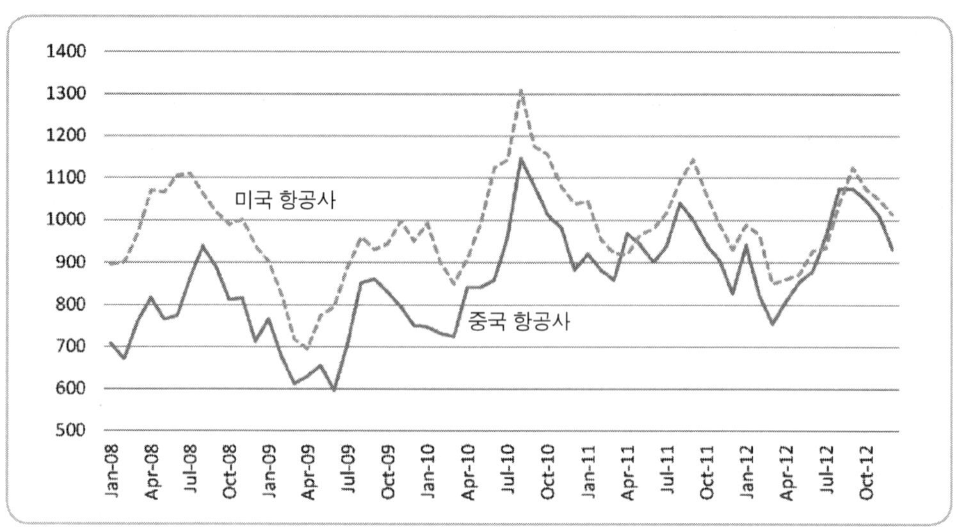

자료: Lei et al. (2016)

〈그림 1-1〉 중국-미국 노선 항공시장의 평균 운임 추세 (US$)

항공운임도 자유화 정책의 주요 고려사항이다. 〈그림 1-1〉은 2008년 이후 미-중 노선에서의 중국 및 미국 항공사의 월간 평균 시장가격[4]을 나타낸다. 항공자유화가 시작된 이래로 2008년 1월~2012년 3월 기간 중 중국 항공사의 항공운임은 미국 항공사대비 20% 저렴하였다. 그러나 중국 항공사의 운임은 2012년 4월부터 상승하기 시작하였다. 2012년 6월~9월 기간 중 중국 항공사의 운임은 미국 항공사와 유사한 수준이었는데, 이것은 중국 항공사의 재정상태가 개선되었음을 의미한다.

중국의 항공시장 자유화에 대한 중요한 고려사항의 하나가 항공여객의 제3국 유출을 방지하는 것이었다. 그러나 〈그림 1-2〉에 나타난 것처럼 다른 국가의 허브공항으로의 여객유출은 지난 수년간 악화되었다. 미국-중국 노선의 여행객은 PaxIS 자료기준, 2008년 130만 명에서 2013년 270만 명으로 2배 이상 증가하였다. 2008년에는 14%의 여객이 중국-미국 노선에서 여타 국가를 경유했는데, 97% 이상이 도쿄, 서울, 홍콩으로 연결되었다. 2013년에는 제3국 여객유출이 20%로 증가했는데 86%가 서울, 홍콩, 도쿄를 경유하였다. 홍콩은 중국의 특별 자치구이므로 서울, 도쿄 경유 여객유출은 중국에서는 주목할 만한 사안으로 중국 공항의 허브전략에 대한 심각한 문제로 인식되었다.

이와 같은 높은 여객유출의 이유는 다음과 같이 설명되고 있다. 첫째, 미국 항공사

---

[4] IATA PaxIS 데이터베이스를 통해 산출한 실제 가격임.

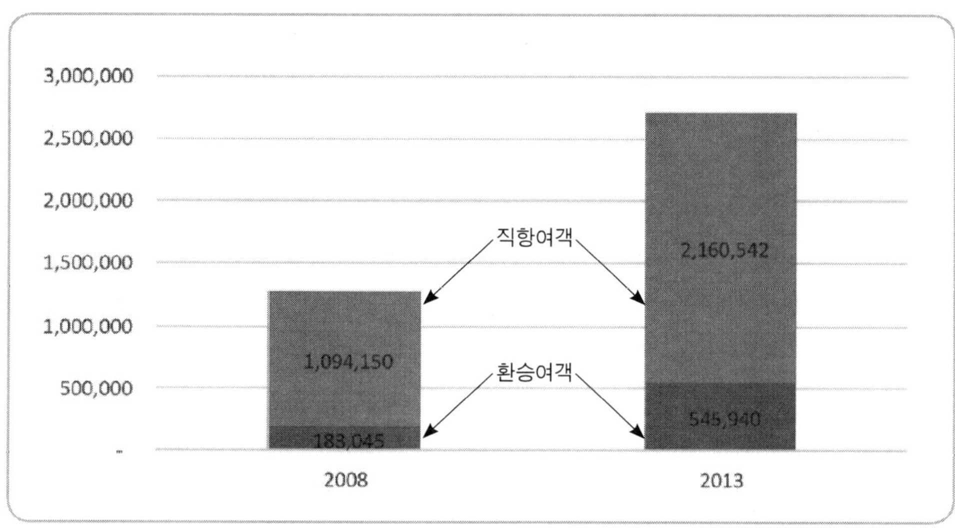

자료: Lei et al. (2016)

〈그림 1-2〉 중국-미국 노선의 여객 이용변화

〈표 1-4〉 미국-중국 시장에서의 여객유출 효과 (2008년/2013년)

2008			2013		
공항	환승여객	환승점유율	공항	환승여객	환승점유율
NRT	84,228	46.0%	ICN	172,705	31.6%
ICN	54,832	30.0%	HKG	160,447	29.4%
HKG	38,313	20.9%	NRT	137,764	25.2%
YVR	1,825	1.0%	YYZ	18,804	3.4%
YYZ	1,539	0.8%	YVR	12,922	2.4%
CDG	442	0.2%	DOH	9,525	1.7%
LHR	309	0.2%	HND	7,873	1.4%
MNL	277	0.2%	DBX	7,089	1.3%
KIX	240	0.1%	MNL	3,185	0.6%
FRA	226	0.1%	IST	3,120	0.6%
BKK	173	0.1%	TPE	2,354	0.4%
DXB	110	0.1%	PUS	1,329	0.2%
SIN	103	0.1%	LHR	1,216	0.2%
MUC	91	0.0%	KIX	1,019	0.2%

자료: PaxIS DB 이용(Lei et al., 2016).

들이 전통적으로 도쿄를 아시아의 허브로 활용한다는 것이다. 또 다른 이유는 일본 및 한국 항공사들의 미국 내 직항 목적지에 대한 연결 운항 편수가 많고 운임이 저렴하기 때문이다. 이러한 이유로 상당한 중국 여객이 인천 및 나리타 경유편을 이용한 것으로 나타나고 있다.

일본과 한국을 경유하는 운송 여객의 증가로 인해 미국이 요청하는 보다 자유로운 제3국 간 항공편명 공유 변경은 중국으로서는 수용이 불가능한 것이었다. 일본 및 한국은 강력하고 성숙한 대 중국 항공 노선망을 구축하고 있다. 미국 항공사들이 일본, 한국과의 항공편명 공유를 통해 미국 항공사들은 중국의 운항 편수 제약을 극복할 수 있으며, 동시에 중국에 신규 취항 없이도 운항도시를 확대할 수 있게 된다. 이러한 조정은 중국의 여타 도시들과 미국 간의 직항 항공편을 개발하려는 중국의 정책에 반함을 의미한다. 일본 및 한국도 이러한 운항을 통해 혜택을 받는데, 미국 항공사들이 경유여객을 제공함으로써 공급석을 채울 수 있기 때문이다. 이것을 통해 중국-일본, 중국-한국 노선에서 경쟁력을 키우면서 아시아 허브로서의 강점을 강화시킬 것이기 때문이다.

1.2.5 중-미 항공자유화의 시사점과 과제

2004년과 2007년 미국과 중국의 항공운송 의정서는 미-중 노선에 중대한 영향을 초래하였다. 두 개의 의정서는 중국의 급속한 경제성장과 미국과의 무역확대와 연계되어 신속한 운송 규모 확대를 가져왔으며, 2003년과 비교 시 운항 횟수, 좌석공급 측면에서 크게 증가하였다. 동시에 운항 항공사의 증가로 인해 경쟁이 심화되었으며 직항노선이 대폭 증가되었다. 비록 대다수 노선은 아직도 단일 항공사가 운항하지만 여객들은 항공사 및 여정 측면에서 선택의 폭이 넓어졌다. 이런 현상은 미국에서 현저하게 나타나는데, 일반적으로 허브-스포크(hub-spoke) 노선망으로 허브에 1개 노선이 추가되면 선택 가능 여정은 매우 크게 증가하기 때문이다.

미국 항공사들이 자유화 초기에는 중국의 경쟁사에 비해 상당히 높은 시장점유율을 유지하였으며, 중국 항공사들은 2010년 이후 점유율 차이를 줄일 수 있었고 미-중 항공시장에서 재무적인 실적은 지속적으로 개선되고 있다. 미-중 노선의 경쟁구도의 변화는 두 가지 요인에 기인한다. 첫째는 중국인의 미국행 출국자 수의 급격한 증가이다. 다른 요인은 중국 항공사들은 베이징 및 상하이에서 출발하여 다수의 미국 공항으로 운항하며 아직까지 공급의 여유가 있으나, 미국 항공사들의 중국 내 운항은 베이징 및 상하이에 집중됨으로써 슬롯 확보의 어려움 등으로 공급의 제약을 받고 있기 때문이다.

따라서 미국 항공사들은 공급증대를 통한 미-중 노선의 활성화에 따른 혜택을 받기 어렵다. 그러나 이러한 상황은 2019년 북경 제2공항 개항 시에는 개선될 것으로 보인다. 2025년까지 매년 7,200만 명을 수용하고 장기적으로 1억 명을 수용함으로써, 신공항으로 인한 베이징 지역의 공급은 충분해 질 것으로 보인다. 이와 같은 공급제약 해소로 인해 미국 항공사들은 더 많은 항공편의 베이징 운항이 가능해질 것이다.

중국의 허브 수립전략이 서울과 도쿄의 허브와 경쟁에서 큰 도전에 직면하고 있는데, 양 공항을 경유하여 미-중 노선 여객의 상당규모가 유출되고 있기 때문이다. 중국 항공사들은 미국 항공사들과 공동편명 운항 전략을 고려하고 있다. 이러한 협력을 통해 중국 및 미국 항공사들이 노선, 스케줄, 상품, 운임을 조정하고, 이론적으로 비용절감, 공급투입의 합리화를 통해 양측의 경쟁력이 개선될 것이다. 이러한 개선효과를 통해 여객에게 운임인하, 고부가가치의 상품 및 서비스를 제공하게 된다면 서울, 도쿄 경유 항공연결편의 매력도를 감소시킬 것이다.

일반적으로 중국 항공사의 대다수 고객은 가격에 민감한 수요이기 때문에 운임경쟁 없이 수요를 확보할 수 있는 협력방안인 조인트벤처(Joint Venture) 운영을 중국 항공사에서는 중요하게 인식하고 있다. 그러나 완전한 조인트벤처 운영은 미국 정부의 반독점 면제조치가 선결되어야 하며, 미-중노선 항공자유화 협정이 서명되고 항공사 결합이 경쟁에 부정적인 영향이 없다고 확인되기 이전에는 어려운 문제이다. Delta와 동방항공의 전략적 동반자 발표는 보다 깊이 있고 강력한 관계수립 단계의 진입을 의미하지만, 이러한 주제들이 중국과 미국 모두에게 이익이 되는 관계가 되기 위해서는 향후 협상에서 충분히 논의되어야 한다.

1.3 항공산업과 지역개발

1.3.1 항공서비스와 지역경제

항공운송산업이 발전하면서 각국의 정부 또는 지방정부에서는 항공운송산업이 미치는 지역경제 효과 및 사회적 효과에 관심을 두기 시작하였고, 항공운송 사업자 유치를 위한 다양한 정책을 개발하여 시행하고 있다. 미국의 지역공항과 지역사회는 지역에 새로운 항공 노선을 유치(Tampa)하거나 또는 중단된 전략적 노선을 복구(Portland)하거나, 항공사의 허브 네트워크로부터 포인트 투 포인트로 운항하도록 유도(Cleveland)하기 위해 보조금 지급 등 매우 활동적인 정책을 시행하고 있다.[5] 이러한 정부정책에 대한 보편적 정당성은 항공 서비스가 지역 경제성장을 위해 매우 중요한 것으로 평가되기 때문이다. 항공운송은 사업자들에게 신속한 교통서비스를 제공함으로 비즈니스 활동을 촉진하고, 대면 접촉을 촉진시켜 혁신을 유도하는 등 많은 산업 활동에서 필수적으로 영향을 미치고 있음이 확인되고 있다. 그러나 항공운송서비스를 포함한 다른 수송형태가 얼마나 지역 경제에 중요하게 작용하고 있는지에 대한 근거는 명확히 제시되지 않고 있다.

항공운송서비스가 경제성장에 긍정적인 효과를 나타냄으로 정책부서에서는 다양한 방법으로 항공운송서비스의 확대를 추진하고 있다. 그러나 일반적으로 항공운송서비스와 같은 운송서비스의 경제적 편익을 추정하는 것이 쉽지는 않다. 항공운송서비스 제공과 지역의 성장이 상호 강한 의존성을 나타내기 때문이다. 즉, 항공운송서비스의 발전이 지역발전에 영향을 주기도 하지만, 지역의 발전이 항공운송서비스의 발전에도 매우 큰 영향을 미치기 때문이다. 더 빠른 경제성장을 이루는 지역에서는 수송 서비스의 기반시설에 더 많은 투자를 하는 경향이 있고, 안정적인 수송 서비스의 가용성이 지역개발을 더욱 촉진시키기 때문이다. 따라서 지역발전과 항공운송서비스 간에는 높은 상호의존성이 존재함을 알 수 있다. Brueckner(2003)는 대도시 지역(MSA)에서 항공사 교통량 효과를 고용측면에서 분석하였는데, 여객탑승의 10% 증가는 대도시 지역에서 대략 1% 정도 고용증가가 유발된다는 것을 발견하였다.

지역특성 요소들이 항공운송서비스만큼 지역의 경제성장에 영향을 주지만, 허브공항 문제는 대도시 지역의 현재와 향후 성장에서 중요한 요인으로 작용할 수 있다. Green(2007)은 83개 대도시 지역의 정보를 이용하여 지역 발전에서 항공운송서비스가 미치는 효과를 추정하였다. 1990~2000년 동안 인당 탑승이 10% 증가하면 3.9%의 높은 인구성장과 2.8%의 높은 고용성장이 창출됨을 발견하였다. 물론, 인구증가, 고용률 개선, 항공운송서비스와 같은 경제적인 성과는 지속적인 경제활동 과정에서 창출된 산출물임으로 특정 요인의 결과로만 볼 수는 없다.

1978년 미국 항공운송 시장의 규제 완화 이후 항공산업의 변화를 살펴보면 법률제정 이후 몇 년 동안 항공운송산업은 매우 빠르게 규제 완화가 진행 되었다. 엄격한 정책 제한에서 자유 시장 환경으로 전환되었는데, 이러한 전환은 규제하에서 항공운송서

---

[5] 2009년 북미국제공항협의회의 조사에서 조사에 응한 52개 공항 중 33개 공항은 국내 항공서비스에 대한 인센티브 제도에 동의하였고, 23개 공항은 국제 항공서비스에 대한 인센티브에도 동의한 것으로 나타나고 있다.

비스를 확대하기 어려웠던 많은 도시 사이에 새로운 항공운송서비스가 도입되는 결과로 나타났다.

〈그림 1-3〉은 1977~1983년 기간 동안의 규제 완화에 따른 도시규모별 지역 간의 항공운송서비스의 상대적인 변화를 나타내고 있다. 1978년 항공 규제 완화로 도시 지역 간의 항공운송서비스 제공이 상당한 규모로 다양한 곳에 영향을 미치고 있는 것으로 나타나고 있다. 대부분 대규모 도시 간의 항공운송서비스가 확대되었고, 수익성이 낮은 중소 규모 도시의 항공운송서비스는 감소되고 있음을 알 수 있다.

1969~1991년 기간 동안 263개 대도시 지역에 대한 경제와 항공운송 지표에 대한 자료를 기준으로 항공여객의 변화가 지역발전에 미친 영향을 분석하였으나, 규제 완화 이후 시간의 경과에 따라 발생하는 항공여객의 변화 크기는 도시의 성장 과정과 관련이 없는 것으로 나타났으며, 통계적 인과관계 분석에서도 지역 발전과정에 항공여객의 인과관계 효과는 나타나지 않고 있다.

항공운송과 도시 발전에 대한 분석 결과 특정 도시에서 항공여객수송량 증가율이 50% 증가하는 경우에는 평균적으로 연간 인구증가율이 1.55~4.22%까지 증가하는 것으

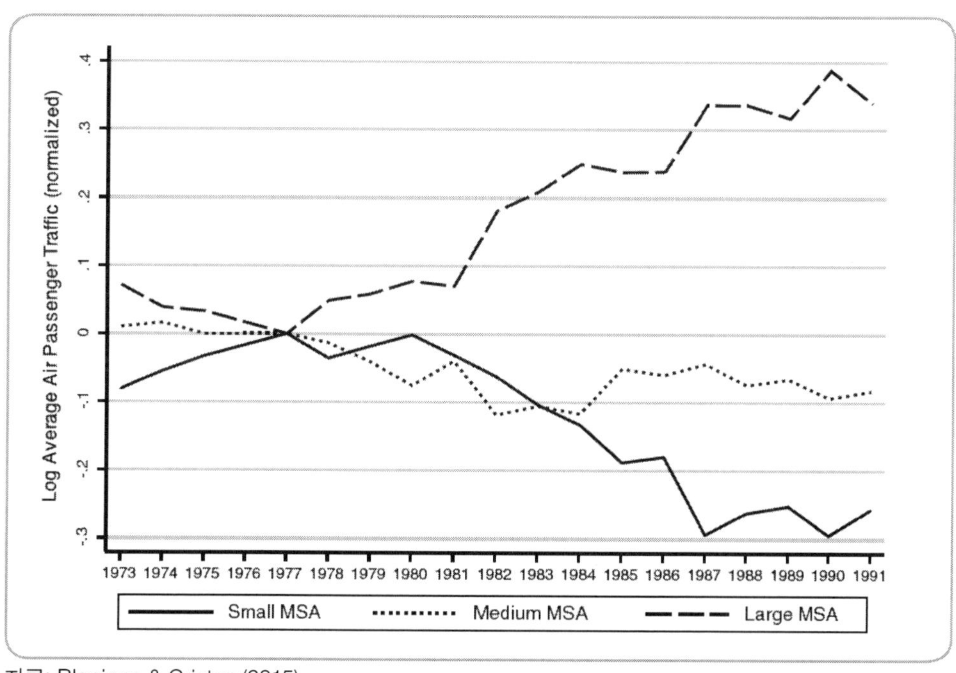

자료: Blonigen & Cristea (2015).

〈그림 1-3〉 도시규모에 따른 여객 추세

로 나타났다. 이 결과를 반영하는 경우 20년 이후 도시의 평균 인구 수준이 0.42~1.14% 증가하는 것으로 추정해 볼 수 있다. 또한, 도시의 항공운송량이 50% 증가하면 연간 소득 성장률이 1.65~3.45% 증가하고, 평균적으로 연간 고용률 성장이 2.7~4.7% 증가하는 것으로 분석되었다. 결국, 항공운송서비스와 지역경제발전 관계에서 부문별 고용효과에 미친 영향은 특히 서비스와 소매 산업에서 큰 성장이 나타남을 확인할 수 있다.

1.3.2 1978년 항공운송산업 규제 완화와 지역발전 효과

미국의 1978년 항공규제 완화법(ADA)은 항공운송산업에 신속하고 극적인 변화를 준 중대한 정책변화였다. 1978년 이전 항공산업의 활동은 민간항공위원회(CAB)에서 감독하고 있었다. CAB는 항공사 설립에 대해 새로운 진입을 허가하거나 승인하였으며, 저렴한 항공운임으로 운영해야 하는 노선을 지정하였다. 항공기 공급좌석과 운항 횟수를 제외하고, 시장의 진입과 탈퇴, 노선배분, 시장경쟁의 수준, 가격수준과 같은 모든 운영의 결정은 CAB가 종합적으로 결정하였다(Morrison & Winston, 1986). 항공시장에 대한 새로운 진입(신규 항공사의 설립)은 엄격히 통제되었으며, 신규 항공사 설립 허가는 특정노선의 상황에 따라 제한적으로 부여하였다(Bailey et al., 1985). CAB 규정들은 항공운송산업의 효율성 보다는 기존 항공사들의 기득권을 보호하기 위해 것이었다. 이 같은 규제는 시장경쟁을 억제하고 항공사들이 노선 간의 상호보조를 통해 사업성과를 달성하는데 기여하였다(Dempsey, 1987). 1970년대 초반 정부의 개입으로 CAB는 새로운 항공운송 사업자의 승인을 중지했으며, 기존 항공사의 새로운 노선 진입에 대한 요청도 거부하였다(Borenstein, 1992).

1970년대 중반 미국이 경기 침체에 직면하면서 1974년 경제 정상회담에서 포드 행정부는 연방정부의 규제 완화의 필요성을 인식하게 되었다. CAB가 우선적인 대상이 되었으며 1975년 상원 청문회에서 규제가 가격제한과 소비자 편익의 감소를 가져왔음을 경제적 관점에서 확인되었다. 카터 행정부가 1976년 규제 완화를 신청했을 때 전반적으로 정치권에서의 지원이 있었으며 1978년 의회를 통과하였다. 1978년 규제 완화법이 통과되기 이전인 1977년부터 CAB은 할인운임의 승인과 노선권을 일부 승인하면서 중요한 개혁을 시작하였다. 즉, CAB의 개입없이 새로운 노선의 진입과 철수를 승인한 것이다(Bailey et al., 1985). 항공운송산업 규제 완화법은 1983년 1월1일까지 모든 규제를 완화하는 것으로 발표하였지만, CAB는 이미 항공사들에게 전체 노선에서 유연성을 갖도록 승인했으며, 새로운 항공사들이 시장에 진입하는 것도 승인하였다.

또 다른 중요한 특징은 항공 규제 완화의 궁극적인 효과가 불확실하며, 신속한 규제 완화 과정이 항공시장에서 기대한 것과는 다른 결과를 초래했다는 것이다. 항공운송산업은 규제 완화 이후 경쟁이 심화될 것이고, 더 큰 효율성으로 항공여행을 위해 더 낮은 가격이 제시될 것이라고 기대하였다. 그러나 규제 완화 이후 실제로 항공운송산업에 나타난 실질적인 변화는 예측했던 것과 다른 결과를 가져왔다(Kahn, 1988). 예상하지 못했던 결과의 하나가 항공사에 나타난 노선망 구조의 변화였다. 즉, 종전에 지점 간 운송서비스를 제공하던 노선망 구조가 허브-스포크 네트워크로 변화된 것이다. 이러한 변화는 항공편당 높은 탑승률을 확보함과 동시에, 더 높은 공급 가동률을 통해 효율성을 증가시켰다(Borenstein & Rose, 2011). 그러나 허브공항에서는 더 많은 출발 편과 더 많은 유연성이 가능했지만, 규모가 작은 공항에서는 연결 편 및 여행거리의 증가로 여러 가지 추가적인 비용이 발생하게 되었다. 공항 규모에 따른 직항 목적지의 구조변화는 중·소규모의 도시에서는 직항 노선의 수가 감소하는 것을 의미하였다(Dempsey, 1987). 반면에, 대규모 도시에서는 항공운송서비스가 더 많이 증가했는데, 이같이 대규모 도시에 항공사의 허브가 지연스럽게 위치하게 되었다.

항공 규제 완화의 또 다른 특징은 항공운송서비스 정책으로 지역 간 발생한 효과가 서로 다르게 나타나고 있다는 것이다. CAB는 작은 지역사회에 서비스를 보장하기 위해 많은 노력을 기울여 왔다. 실제로 CAB는 의도적으로 400마일 이상(일반적으로 크고 밀집된 시장) 떨어진 양 도시의 시장에서는 비용이상으로 운임을 설정했으며, 단거리의 양 도시 시장에서는 비용보다 낮은 운임을 설정하였다(Bailey et al., 1985). 많은 작은 (그리고 중간 규모조차도) 도시에서는 항공운송서비스 사업자의 실제적인 손실이 발생하지만, 장거리의 대규모 시장에서는 이익이 발생하게 되는 규제 구조를 유지해 왔다. 규제 완화를 고려할 때 이 같은 교차 시장 보조금의 폐지가 정부당국의 주된 관심이었다. 통근용 항공운송서비스가 해당 공동체에서 기존의 항공사 서비스로 가능한지에 대한 것뿐만 아니라, 필수적으로 운영해야 하는 항공운송서비스 제도가 실제로 규모가 작은 공동체에 직접적인 보조가 되기 때문에 입법자들이 규제 완화에 관심을 갖게 되었다.

결론적으로 CAB에 의해 설정된 가격 수준과 노선 할당은 규모가 작은 공동체에는 우호적이지만, 역으로 항공운송서비스의 성장과 발전에 가려져 있는 경쟁억제와 높은 운임이 존재하는 큰 도시 지역에서는 손실이 발생하고 있다는 것도 사실이다. 따라서 규제의 영향은 시장의 규모에 따라 차이를 나타내고 있다.

도시 규모에 따른 항공운송 패턴의 왜곡에 대한 현상은 데이터에서 나타나고 있다.

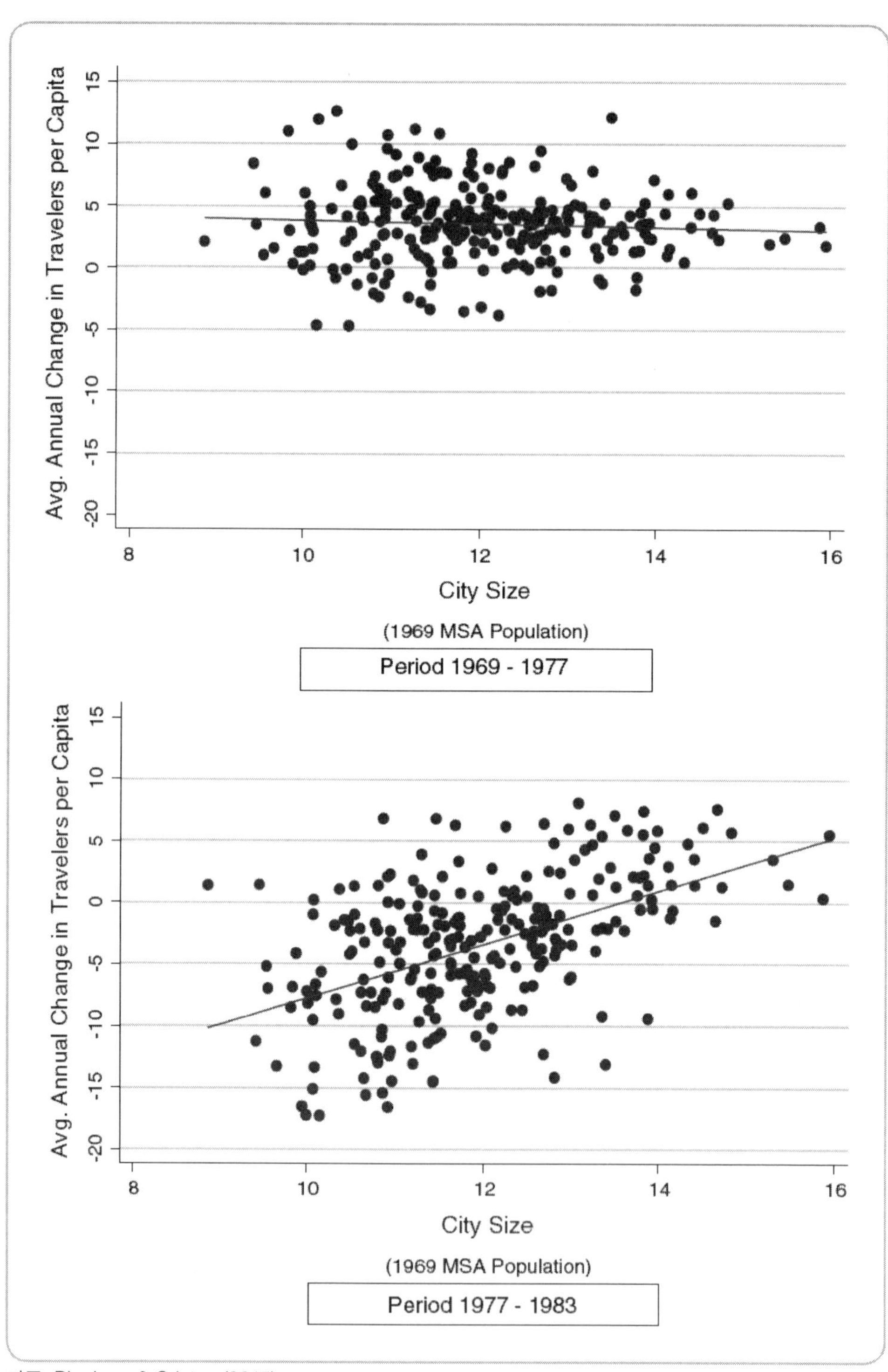

자료: Blonigen & Cristea (2015).

〈그림 1-4〉 규제 완화 전후의 도시 간 1인당 항공여객의 변화

〈그림 1-4〉는 규제 완화 이전과 이후의 1년 동안 도시 규모에 따른 평균 항공여객의 변화를 나타내고 있다. 1978년 이전에는 규모가 작은 지역사회에서 항공운송의 성장이 크게 나타나고 있다. 이는 CAB 정책인 노선에 따른 교차보조가 대도시 지역의 비용으로 소규모 도시에 있는 항공운송서비스를 자극하는데 효과적이었다는 것을 입증하고 있다.

1978년 항공사 규제 완화법에 따라, 소규모 도시가 항공운송서비스 제공에서 부정적인 영향으로 어려움을 받고 있는 반면, 대도시 지역은 상대적으로 항공여객 성장률이 증가하는 혜택을 받았다. 규제체제의 전환에 의해 촉발된 이러한 추세반전은 1978년 이전 CAB에 의해 도입된 공급제한과 가격설정 규제가 제거되면서 예상되는 항공교통의 변화와 일치하고 있다.

〈그림 1-4〉에서는 도시 규모에 따른 항공여객 흐름에서 규제기간과 규제 완화 기간 동안에 항공교통 성장률의 차이점을 설명하고 있다. 시간이 지남에 따라 항공교통의 변화에서 도시 간 차이가 있음을 보여준다. 평균적으로 중·소규모의 도시들은 대도시보다 항공교통 성장에서 부정적인 결과가 나타나고 있고, 특정도시 규모에서 볼 때 정책유발 효과에서 변화가 나타나고 있다.

항공산업의 규제 완화가 이루어진 시기에 또 다른 두 가지 중요한 변화가 발생하는데, 이들의 변화는 항공산업 규제 완화의 유발효과를 분석하는 데 중요한 영향을 주고 있다.

첫 번째 사건은 항공규제 완화 이후에 발생된 1979년 오일쇼크였다. 1980년 초반 유가와 에너지 가격의 가파른 상승은 항공운송산업의 성장뿐만 아니라 전반적인 경제에도 영향을 주었다. 이러한 충격의 정도는 도시의 경제성장에 도시 규모에 따라 차등적인 영향을 미쳤다.

두 번째 사건은 동일한 기간에 다른 산업에서 발생한 규제 완화이다. 특히 주목할 것이 트럭 및 철도 산업이다. 항공산업과 다르게 이러한 규제 완화가 지역 간 경제활동에서 구조적으로 서로 다른 변화가 발생한 것은 확인되지 않고 있다. 규제 완화로 경쟁이 증가되고 비효율성이 개선되어 산업 확장과 급속한 성장이 전국적으로 나타나고 있었다.

1.3.3 항공운송서비스의 경제적 효과

항공운송서비스는 지역사회의 생산수준을 증진시키며 지역민의 삶의 질을 향상시키는 긍정적인 효과가 있다. 항공운송서비스가 지역의 경제적 변화, 즉 인구의 변화, 일자리 변화, 개인 소득의 변화에 영향을 미치고 있다. 지역의 인구, 인당 소득 또는 고용 수준은 시간이 지남에 따라 서서히 변화하게 된다. 이 같은 효과를 미국의 항공시장 규제 완화 전과 후의 효과를 분석하여, 규제 완화가 미친 경제적 영향을 분석할 수 있다. 항공교통은 장기적으로 지역성장에 영향을 미치는 것으로 나타나고 있다. 특히, 미국 시장에 대한 분석 결과 지역 간 차별화의 규모가 항공교통의 규모와 인구 및 총고용에서 높은 상관관계를 나타내고 있다.

Blonigen & Cristea(2015)는 공항의 항공운송서비스가 지역경제에 미친 파급효과를 1969~1991년 미국 자료를 이용하여 분석하였다. 미국 교통부(DOT)와 연방항공국(FAA)의 자료에서 60석 이상의 항공기를 운항하는 대형 항공사의 운항 통계를 활용하였다. 분석은 규제 완화의 효과를 분석하기 위해 1977년을 기준으로 전후 기간을 정하여 263개 지역을 대상으로 분석하였다. 분석 결과 1969~1977년, 1977~1991년 동안 항공 여객 운송에서 두 기간 동안 성장률에서 상당한 변화가 있음을 알 수 있다.

항공운송에서 지역 수준에 따라 차이가 있지만, 항공교통 성장은 인구증가에 긍정적인 영향을 미쳤다. 지역 발전에 미친 다른 요인을 분석하기 위해 인구증가에 30년의 시차를 적용하여 분석하였으나 항공운송서비스의 효과는 많이 감소하지만 긍정적이고 유의하게 존재하고 있는 것으로 나타나고 있다. 특히, 지역의 산업구조가 지역성장의 중요한 결정요인임이 밝혀졌다. 따라서 지역성장의 속도가 초기 지역의 산업구조의 구성에 따라 변화할 수 있음을 알 수 있었다. 예상한 바와 같이 지역의 산업구조의 차이는 지역성장에 영향을 줄 뿐 아니라 항공운송서비스의 성장에도 영향을 주는 것으로 나타나고 있다. 항공운송서비스가 지역성장에 미치는 영향으로는 지역의 다양한 특수성을 고려해야 하지만 이를 측정하는 것은 매우 어렵다. 이러한 특성 중 일부는 지리적인 위치, 천연자원 또는 기후와 같이 시간적으로 변하지 않는 것이 있다.

대형 허브공항이 있는 지역의 지역성장에서 항공교통의 효과가 크게 감소하지만, 여전히 긍정적이고 중요하게 영향을 미치고 있다. 즉, 특정 지역에서만 항공운송서비스가 지역성장에 영향을 미치는 것이 아니라 정도의 차이는 있지만 지역성장에 긍정적인 효과가 있음이 확인되고 있다. 전반적으로 인구 규모 측면에서 지역의 성장이 항공운송서비스의 제공에 의해 직접적으로 영향을 받고 있음을 나타내고 있다.

항공운송서비스는 생산성 변화에 중요한 요인으로 작용하고 개인의 소득에도 긍정적이고 중요한 영향을 미치고 있다. 항공운송서비스가 개인의 소득에 미치는 영향은 지역의 발전에 미치는 영향에 비해 작게 나타나지만 여전히 중요한 영향으로 나타나고 있다. 즉, 항공여객 성장률의 50% 증가는 연평균 개인 소득 성장률이 평균적으로 1.65%

증가하는 것을 나타내고 있다. 물론 지역성장은 이보다 약간 높은 연평균 1.76% 성장하는 것으로 나타난다. 이러한 효과들은 대형 허브 도시에서도 유사하게 나타난다.

인구 증가뿐만 아니라 고용률도 지역성장의 지표로서 중요한 지표가 되고 있다. 고용률에 대한 항공여객 서비스의 영향은 생산성 효과뿐만 아니라 삶의 질(도시 편리성)도 고려될 수 있다. Blonigen & Cristea(2015)는 항공교통 성장률이 50% 증가하는 경우에는 연간 고용성장이 평균 2.7% 증가하는 것으로 분석하였다. 즉, 고용률 면에서 항공운송서비스의 성장이 인구에 미치는 영향보다 크게 나타나고 있다. 대형 허브공항 도시에서 이 같은 효과가 크게 나타나지만, 이를 제외하는 경우에도 전체적으로 항공운송서비스가 고용효과에 큰 영향을 미치는 것으로 나타나고 있다.

도시성장 지표에서 인구성장은 항공교통의 효과가 긍정적이고 통계적으로 유의하게 영향을 미치는 것으로 나타나고 있다. 50% 항공여객 성장률의 증가는 연간 인구 증가율을 평균 4.15%까지 증가시킨다(Blonigen & Cristea, 2015). 교통 기반시설은 생산성이 낮고, 소득이 적고 성장속도가 낮은 지역에서 불균형으로 투자되어 있다. 다르게 말하면, 규제기간 동안 지역성장의 원인 중 관찰하지 못한 요소들은 CAB가 공동체 사회 간 비효율적인 항공운송서비스의 제공, 빠르게 성장하는 지역의 비용으로 성장이 더딘 지역에 대한 투자(과잉 공급) 등이 고려될 수 있다.

일인당 소득 증가에 대한 항공교통의 효과는 긍정적이며, 항공여객 성장률이 50% 증가하면 평균적으로 연간 일인당 소득 증가율은 3.2%가 증가되는 것으로 확인되고 있다. 운송 산업에 대한 기반시설 투자는 도매 및 소매 산업에 대하여 시장접근을 개선하고 낮은 물류비용으로 효과가 나타나고 있음을 알 수 있다(Michaels, 2008). 항공운송서비스 부문에서 물류비용 절감 효과는 유사하게 나타나고 있고, 고용률의 변화에 미치는 영향도 긍정적인 것으로 나타나고 있다.

서비스산업 및 무역산업에서 규제 완화의 효과가 고용률 증가에 영향을 주는 것으로 알려져 있다. 항공교통이 지역 산업에 미친 영향이 긍정적이고 중요한 것으로 이미 인식되고 있다. 그러나 지역경제 발전이 기존 기업의 생산성 증가나 새로운 기업의 진입 등에 의한 원인인지 또는 규제 완화에 따른 항공운송서비스의 발전이 가져온 결과인지는 불분명하다. 비슷한 규모의 지역에서 항공교통의 변화가 지역 산업체 수의 증가에 긍정적이고 중요한 영향을 미치고 있다. 특히, 항공교통이 50% 성장하는 경우 기업 증가는 2~6.75%로 나타나고 있다(Blonigen & Cristea, 2015). 또한 CAB의 규제기간 동안 성장이 낮은 지역은 항공운송서비스가 부적절하게 제공되고 있었음도 확인되고 있다.

항공산업 규제 완화 이후의 영향이 미치는 기간의 종료시점을 1991년으로 정하였으나 1991년은 경기 침체기이므로 장기 성장률을 감소시킬 수 있다, 만일 경기 침체가 대도시 지역과 비교하여 중·소도시 지역에서 더 부정적인 영향을 가진다면 특히 문제가 된다. Blonigen & Cristea(2015)의 분석에서도 4개의 시간 구간을 고려하여 분석하였지만, 항공운송서비스의 영향이 시간 간격에 대해 큰 차이가 없는 것으로 나타나고 있다. 미국에서 연방, 주, 지역수준에서 항공운송에 대한 공공 지출은 상업항공이 개시된 이래 2004년까지 기반시설에 총 지출액이 10%에 달할 정도로 지속적으로 증가하고 있다(CBO, 2007). 이러한 자원할당의 편익을 평가하기 위해 지역개발과 경제성장에서 항공운송에 대한 투자의 의미를 이해하는 것이 중요하다.

항공운송서비스의 증가가 지역 성장에 통계적이고 경제적인 면에서 의미 있는 증가로 이어진다는 것이 Blonigen & Cristea(2015)의 연구를 통해 확인되고 있다. 예를 들어 특정 도시에서 50%까지 항공여객 교통량의 연간 성장률의 증가는 1.55%의 인구 성장률을 증가시킨다. 20년 동안 누적 효과는 추가적으로 0.42%의 인구 증가를 나타낸다. 항공교통량 성장에서 50% 증가가 나타난 지역은 20년 이상 수익 효과를 얻을 수 있다. 이것은 할인된 현재가치 측면에서 1978년 기준 총실질 GDP의 평균 7.4% 증가에 해당한다. 또한, 항공 네트워크의 성장과 관련된 산업에서 서비스와 소매 산업의 고용효과에 상당한 성장 효과를 나타내고 있다. 이 같은 결과는 공공 기간사업 투자의 정책 결정에서 항공교통 부문의 투자가 지역의 인구증가, 고용증가 및 소득 증가 등 경제적 발전에 기여하고 있음을 나타낸다.

참고문헌

Bailey, Elizabeth E., Graham, David R., Kaplan, Daniel P. (1985). De-regulating the Airlines. MIT Press, Cambridge, MA.

Beijing New Airport Construction Headquarters. (2015). Overview of Beijing New Airport, Beijing.

Blonign, B.A., Cristea, A.D. (2015). Air service and urban growth: Evidence from a quasi-natural policy experiment. Journal of Urban Economics, 86, 128-146.

Borenstein, S. (1992). The evolution of the U.S. airline competition. Journal of Economic Perspectives, 6(2), 45-73.

Borenstein, S., Rose, N. (2011). How airline markets work or do they? regulatory reform in the airline industry. In: Rose, N.L. (Ed.), Economic Regulation and Its

Reform: What Have We Learned? University of Chicago Press.

Brueckner, J. (2003). Airline traffic and urban economic development. Urban Studies, 40(8), 1455-1469.

Christidis, P. (2016). Four shades of Open Skies: European Union and four main external partners. Journal of Transport Geography, 50, 105-114.

de Wit, J.G., Zuidberg, J. (2016). Route churn: an analysis of low-cost carrier route continuity in Europe. Journal of Transport Geography, 50, 57-67.

Dempsey, P.S. (1987). Dark side of deregulation: its impact on small communities. Administrative Law Review, 39 445-465.

Dobruszkes, F., Graham, A. (2016). Air transport liberalisation and airline network dynamics: Investigating the complex relationships. Journal of Transport Geography, 50, 1-3.

Dobruszkes, F., Mondou, V., Ghedira, A. (2016). Assessing the impacts of aviation liberalisation on tourism: Some methodological considerations derived from the Moroccan and Tunisian cases. Journal of Transport Geography, 50, 115-127.

Dresner, M., Windle, R. (1995). Are U.S. carriers to be feared? Implication of hubbing to north Atlantic competition. Transportation Policy. 2(3), 195-202.

Jankiewicz, J., Huderek-Glapska, S. (2016). The air transport market in Central and Eastern Europe after a decade of liberalisation - Different paths of growth. Journal of Transport Geography, 50, 45-56.

Kahn, A.E. (1988). Surprises of airline deregulation. American Economic Review, 78(2), 316-322.

Koo, T., Halpern, N., Papatheodorou, A., Graham, A., Arvanitis, A. (2016). Air transport liberalisation and airport dependency: developing a composite index. Journal of Transport Geography, 50, 83-93.

Lei, Z., Yu, M., Chen, R. O'Connell, J.F. (2016). Liberalization of China-US air transport market: Assessing the impacts of the 2004 and 2007 protocols. Journal of Transport Geography, 50, 24-32.

Lieshout, R., Malighetti, P., Redondi, R., Burghouwt, G. (2016). The competitive landscape of air transport in Europe. Journal of Transport Geography, 50, 68-82.

Morrison, S.A., Winston, C. (1986). The Economic Effects of Airline Deregulation. The Brookings Institution, Washington, D.C..

Njoya, E.T. (2016). Africa's single aviation market: The progress so far. Journal of Transport Geography, 50, 4-11.

Oliveira, A.V.M., Lohmann, G., Costa, T.G. (2016). Network concentration and airport congestion in a post de-regulation context: A case study of Brazil 2000–2010. Journal of Transport Geography, 50, 33-44.

Suau-Sanchez, P., Voltes-Dorta, A., Rodríguez-Déniz, H. (2016). The role of London airports in providing connectivity for the UK: regional dependence on foreign hubs. Journal of Transport Geography, 50, 94-104.

Wang, J., Bonilla, D., Banister, D. (2016). Air deregulation in China and its impact on airline competition 1994–2012. Journal of Transport Geography, 50, 12-23.

Warnock-Smith, D., Morrell, P. (2008). Air transport liberalization and traffic growth in tourism-dependent economies: a case-history of some US-Caribbean markets. Journal of Air Transport Management, 14(2), 82-91.

Williams, A. (2009). Contemporary Issues Shaping China's Civil Aviation Policy. Ashgate, Aldershot.

Winston, C. (1993). Economic deregulation: days of reckoning for micro economists. Journal of Economic Literature, 31(3), 1263–1289.

Wolf, H. (2001). Network effects of bilaterals: implications for the German air transport policy. Journal of Air Transport Management, 7 (1), 63-74.

Wooldridge, J.M. (2002). Econometric Analysis of Cross Section and Panel Data. MIT Press, Cambridge, MA.

Zhang, A., Chen, H. (2003). Evolution of China's air transport development and policy towards international liberalization. Transportation Journal, 42(3), 31-49.

2장

항공사 경영전략의 변화

2.1 중동 항공사의 시장진입 효과: 미국 시장 사례

2.1.1 중동 항공사의 성장

에미리트항공, 에티하드항공 및 카타르항공 등의 성장은 전 세계 항공산업에 큰 영향을 미치고 있다. 이들 항공사는 각각 1985년, 2003년, 1993년에 설립되었으며, 비즈니스 모형은 아프리카, 아시아, 호주, 유럽, 중동 및 미주 구간을 두바이, 아부다비 및 도하를 허브로 하여 여객수송에 집중하고 있다. 중동 항공사들은 현재 유럽, 아시아, 미주 항공사들과 치열한 경쟁을 하고 있지만, 불과 30년 전만해도 중동의 변방 항공사에 불과하였으나 세계적인 항공사로 부상하면서 세계 항공시장에 큰 변화를 불러일으키고 있다(Kindergan, 2014). 중동 항공사들의 총여객수송은 2008~2013년에 2배로 증가하는 등 폭발적인 성장세[1]에 힘입어 글로벌 항공시장에서 새로운 세력으로 자리매김하고 있으며, 중동지역이 국제항공여행과 무역교류에서 핵심적인 지역임을 재확인시켜주고 있다.

최근 중동 항공사들이 미국 및 기타 지역으로 공급을 확대함에 따라 해당 지역의 항공사들은 수익성 높은 국제선 항공여객 시장을 방어하는 데 주력하고 있다. 중동 항공사가 불공정한 경쟁으로 지역시장과 다른 항공사에 피해를 주고 있다는 주장이 제기되면서 중동 항공사들에 대한 각국의 법적, 정치적인 도전이 시작되었으며, 유럽과 캐나다 항공시장에 대한 추가 접근을 제한해야 한다는 주장까지도 제기되고 있다(de Wit, 2014; Parker, 2012).

Squalli(2014)는 중동 항공사의 주요 성장원인으로 에미리트항공의 실적에 관한 분석 결과, 항공여행 시장의 개방과 UAE 시장에 대한 추가 개방에 의한 항공여행객의 증가, 항공운임의 인하, 고객 편익의 증가 등에 원인이 있는 것으로 결론을 내렸다. 한편, Hazledine(2010)는 호주-뉴질랜드 사이의 타스만 구간 항공시장을 분석한 결과, 에미리트항공이 이 시장에서 저운임으로 공격적인 활동을 했음에도 불구하고 뉴질랜드항공과 콴타스항공에게 가격인하 압력을 행사하지 못한 것으로 나타났다. 또한, 중동을 중심으로 하는 독일 및 아시아 연결 노선 시장에 대한 분석 결과, 에미리트항공 같은 중동 항공사에 의한 경쟁으로 항공수요가 증가하였으나 독일 허브공항의 연결승객 감소와는 무관한 것으로 분석되었다(Grimme, 2011).

Dresner et al.(2015)는 중동 항공사들이 미국 국제선 시장 내에서 미국 항공사의 운

---

[1] 일반적으로 항공여객은 매 15년마다 2배로 성장하는 것으로 나타나고 있다(IATA, 2016).

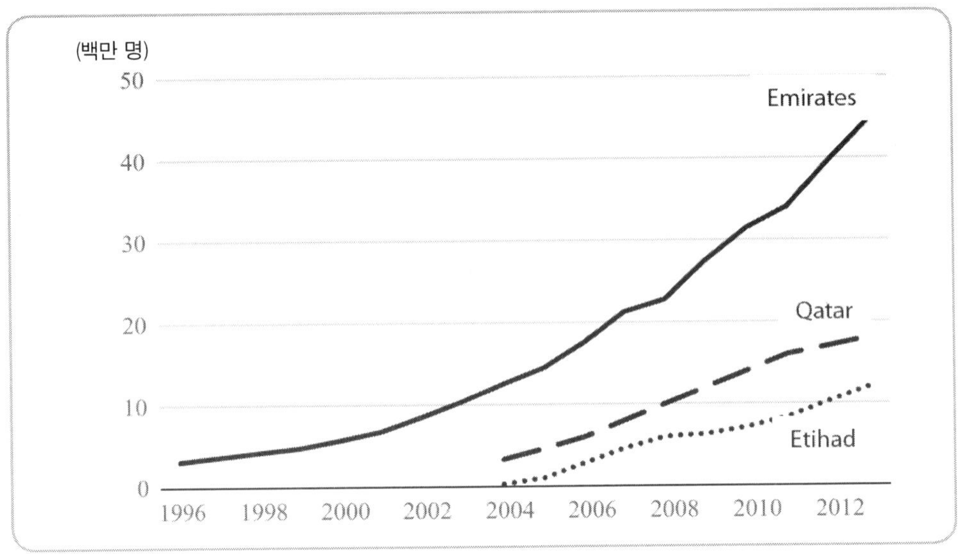

〈그림 2-1〉 중동 항공사 여객수송 실적 추세

송량 및 운임 수준에 미친 영향을 분석하였다. 즉, 미주 항공사와 중동 항공사의 경쟁이 미국과 중동을 연결하는 노선에서 직접적으로 어떤 영향이 있었는지를 분석해 본 것이다. 특히, 에미리트항공 및 UA가 운항 중인 워싱턴발 두바이 노선에서의 영향을 중요하게 분석하였다.

이외에도, 1970년대 미국 항공시장의 규제 완화 이후 많은 연구에서 항공운임과 여객수요 및 항공사 수익성에 대한 경쟁효과를 분석하였다. Morrison(2001)은 사우스웨스트항공에 대해 네트워크 항공사에 대한 시장 및 인접노선 시장에 대한 경쟁효과를 분석하였다. 이 같은 연구에서 경쟁효과는 직항 운송 시장뿐만 아니라 이원시장에 대해서도 분석해야 하고, 항공시장의 경쟁효과는 외국기반 항공사에 의한 국제선 시장 및 경쟁에 대해서도 분석해야 한다. 물론 경쟁이 국내 항공사 및 국민 편익에 부정적인 영향을 줄 수 있다는 점도 분석해야 한다.

2.1.2 중동 항공사 진입에 따른 여객수송 효과

중동 항공사의 미국 시장진입으로 미국과 중동 구간의 전체 여객흐름에 어떠한 영향을 미치고 있는지를 분석한 다수의 연구에서 에미리트항공의 2004년 두바이-뉴욕 노선 운항은 미국 시장에서 중동 시장에 대한 "특별한 연결 사업자"의 진입으로 인식되었다(The Economist). 그 이후 3개 중동 항공사가 미국 내 운송서비스를 확대했으며, 두바

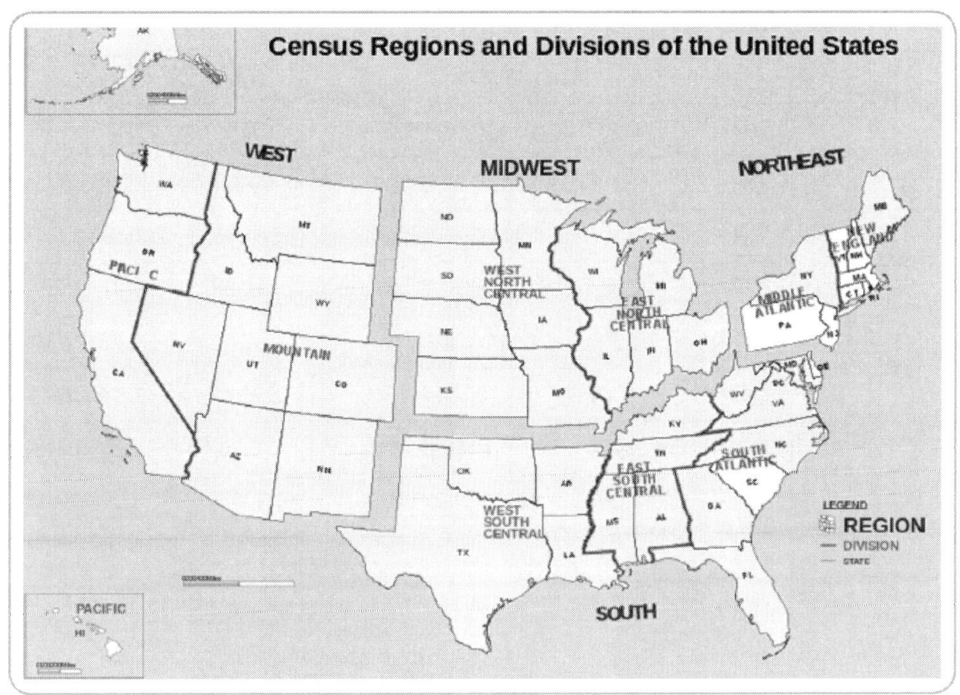

〈그림 2-2〉 미국의 항공여객 조사지역 구분

이, 도하 및 아부다비를 출발하여 미국 내 많은 도시로 운항하였다.

Dresner et al.(2015)의 연구에서는 중동 항공사의 미국 시장진입에 대한 효과 분석을 위해 US DOT T-100 데이터베이스 자료(중동 항공사의 미국 취항 1년 전인 2003년 1분기에서 2011년 3분기까지의 자료)를 분석하였으며, 미국을 〈그림 2-2〉와 같이 4개의 지역(중서부, 북동부, 남부, 서부)으로 구분하여 당시 운항 중인 2개 항공사와 신규 진입한 중동 항공사를 대상으로 중동 항공사의 미국 항공시장의 진입효과를 분석하였다.

이와 관련한 항공여객운송 통계는 〈표 2-1〉과 같다. 〈그림 2-3〉은 각 지역의 미국과 중동간의 월간 여객수송 합계를 나타내며, 수직선은 중동 항공사가 최초로 미국 시장에 진입한 시점을 나타낸다. 〈그림 2-3〉의 여러 사례에서 여객흐름의 구조적인 변화가 나타나고 있음을 확인할 수 있다. 즉, 중동 항공사의 취항과 함께 미국-중동 여객이 급격히 증가한 것을 확인할 수 있고, 특히 미국 중서부 및 서부 시장에서 시장이 크게 확대되었음을 확인할 수 있다.

미국-중동 항공시장의 경쟁에 대한 영향 분석은 미국 4개 지역과 중동 간의 누적여

〈표 2-1〉 항공사 그룹별 미국-중동 여객수송 규모

지역	항공사 그룹	기간	평균	총계
중서부	기존 항공사	2003. 6~2011.10 (101개월)	10,164	1,026,554
	중동 항공사	2009. 9~2011.10 (26개월)	14,408	36,252
북동부	기존 항공사	2003. 1~2011.10 (106개월)	104,635	11,091,279
	중동 항공사	2004. 6~2011.10 (89개월)	44,069	3,922,156
남부	기존 항공사	2006. 4~2011.10 (67개월)	41,510	2,781,143
	중동 항공사	2007. 7~2011.10 (52개월)	34,978	1,818,868
서부	기존 항공사	2006. 7~2011.10 (64개월)	7,234	455,721
	중동 항공사	2008.10~2011.10 (37개월)	29,545	1,093,172

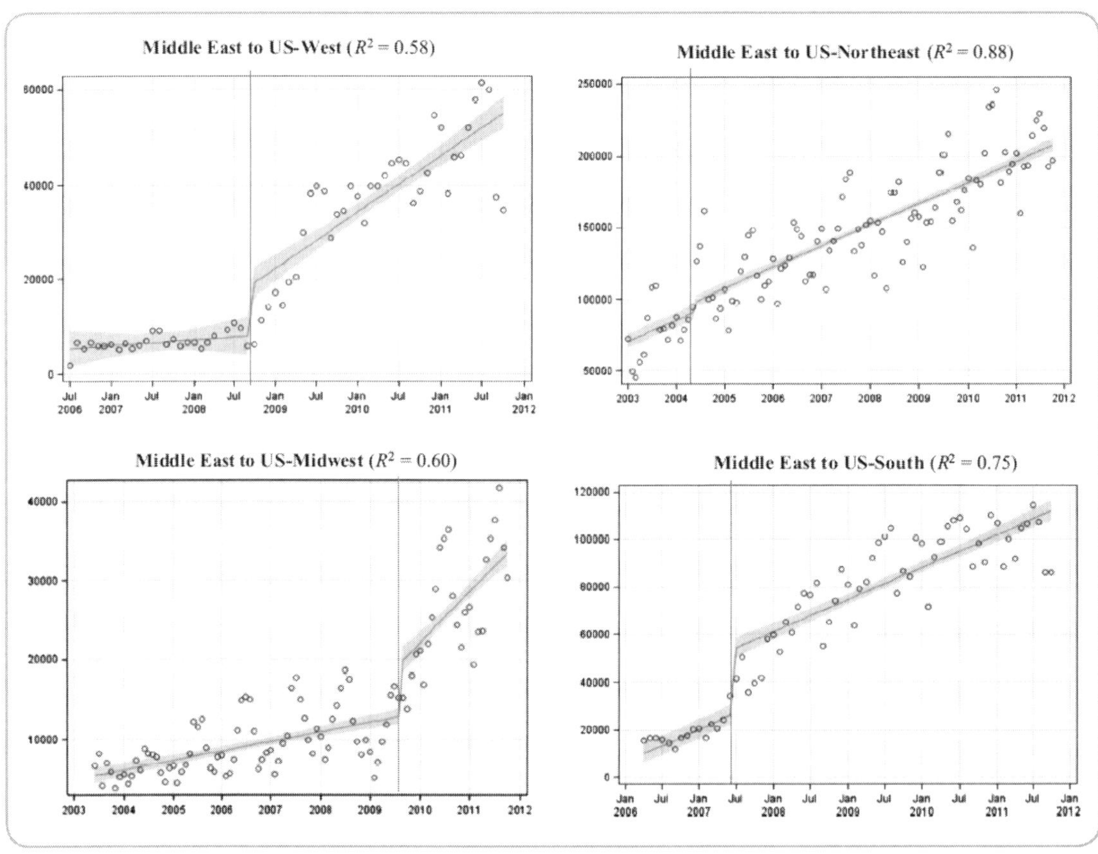

〈그림 2-3〉 미국-중동 시장에서 중동 항공사 진입효과: 규모와 성장률

객의 시계열 분석으로 중동 항공사의 최초 미국 시장에 진입한 이후 미국 출발 중동행 여객 수에서 미국 남부, 중서부 및 서부 지역에서 급격히 증가하는 것을 확인할 수 있다. 즉, 미국 4개 지역 중 3개 지역에서 중동 항공사의 진입으로 항공여객이 증가하였거나 여객성장률이 증가하였다. 중동행 시장에서 이미 성숙한 시장인 미국 북동부 지역만이 중동 항공사의 진입에 따른 여객 규모의 변화가 크게 나타나지 않았다. 그러나 그 이외 지역에서는 전반적으로 미국 시장에 중동 항공사가 진출함으로써 미국과 중동 간 직항 여객노선이 급격하게 증가했음을 알 수 있다. 즉, 미국-중동 시장의 성장은 전반적으로 인근 국제선 시장에서 여객 감소를 초래하였고, 중동 항공사들의 경쟁으로 인해 여객뿐만 아니라 항공운임에도 큰 영향을 미쳤음을 알 수 있다.

2.1.3 중동 항공사의 시장진입과 미국 항공사의 영향

중동을 허브공항으로 하는 중동 항공사의 여객 수를 감안할 때, 아프리카, 아시아, 호주행 노선에서는 미국-중동의 이원 구간에 대한 중동 항공사의 2차적인 영향을 고려해야 한다. Dresner et al.(2015)는 미국 교통성의 국제선 데이터베이스 DB1B에서 2008년 1분기에서 2013년 2분기까지의 자료를 이용하여 중동 항공사의 2차적인 영향을 분석하였다. 해당 기간 미국과 연결된 국제공항 간의 출발-도착 국제선 정기 여객서비스를 제공한 미국 항공사의 평균 여객운임 및 총여객수송량을 추정하였고, 미국의 지역별 중동 항공사의 여객수송량의 직간접 경쟁효과 및 인근지역 경쟁효과를 도출하였다. 특히, 중동 항공사의 뉴욕(JFK) 취항이 미국 항공사의 Newark(EWR), 필라델피아(PHL) 운항에 영향을 미칠 수 있다는 것을 전제로 분석하였다. 여기서 여러 요인이 미국 항공사의 운임 및 수송여객 수에 영향을 미치는 것을 알 수 있었으며, 시장의 경쟁수준이 항공권 가격결정에 중요한 요인으로 작용하는 것 또한 알 수 있었다(Borenstein, 1989).

한편, 공항 간 노선의 직접 경쟁뿐만 아니라 인접노선의 간접적인 경쟁도 운임변동에 영향을 미친다는 연구 또한 제기되었다(Cho et al., 2012). 예를 들어, 델타항공이 뉴욕(JFK) 취리히 구간을 운항하게 되면, 미국 및 여타 국제 항공사들의 미국 북동부와 유럽을 연결하는 노선에서 경쟁이 발생하게 된다. 이것은 카타르항공의 제네바-뉴어크 노선, 스위스 항공의 JFK-취리히 노선, 이베리아 항공의 보스턴-마드리드 노선과의 경쟁을 포함한다. 따라서 항공여행 시장의 경쟁수준을 지역 대 지역 단위로 종합하여 평가해야 한다.

또 다른 항공운임의 중요한 결정요인으로 운항 거리와 항공유 가격을 들 수 있다(Hofer et al., 2005). 여기서 "운항 거리"는 해당 노선의 출발 및 도착 공항 사이의 직항거리를 의미하며, "항공유 가격"은 해당 기간 중 미국 항공사의 국제선 노선에 대한 갤런당 평균 비용을 미국 교통성에서 산출한 자료를 근거로 한다. 이 두 가지 요소는 항공사의 생산비용에 영향을 미치며, 항공운임에도 영향을 미치고 있다.

미국과 해당 국가 간 무역규모 역시 양국 간의 여객수요에 중요한 영향을 미치고 있다. 가격은 여객수요가 많을수록 더 높게 형성되는 것으로 나타나고 있고, 시장집중도가 높고, 장거리일수록 항공운임이 증가하고 있다. 예를 들어 운항 거리의 경우에 출발지 및 도착지 공항 간 거리가 10% 증가하면, 가격은 8.3% 상승하는 것으로 나타나고 있다. 항공유 변수에서는 양의 상관관계가 기대되었지만, 실제로는 통계적으로 영향이 미미한 것으로 나타났다. 즉, 항공유 가격의 변동은 유류할증료의 변동에 포함되어 실질적인 운임변동에는 큰 영향을 미치지 않는 것으로 나타나고 있다. 그러나 중동 항공사의 시장진입에 따른 경쟁이 운임 하락으로 나타났다는 것은 명확히 확인되고 있다.

여객수송에서도 기본 경제이론과 같이 항공권 가격이 인상될수록 여객 수는 감소하였다. 또한, 출발과 도착지 국가 간 무역이 10% 증가하면, 평균 여객수요는 2.1% 증가하는 결과로 나타났다. 특히, 중동 항공사의 여객수송 인원이 증가할수록 미국 항공사의 국제선 여객수송인원에 부정적인 영향을 초래하는 것으로 분석되었다.

중동 항공사의 여객수송은 항공권 가격과 미국 항공사의 여객수송에 직접적인 부정적 효과를 미치고 있지만, 중동 항공사와의 경쟁으로 인한 가격 인하는 2차적인 효과로 미국 항공사의 여객수요 증가에 기여하는 것으로 나타났다. 즉, 수요가 많을수록 항공권 가격은 인상되지만, 실증분석 결과에 의하면 중동 항공사의 미국 및 중동 구간 수송이 1% 증가할 때 미국 항공사의 운임은 0.0913% 하락하고, 미국 항공사의 여객수송은 0.917% 감소하는 것으로 나타났다.

결과적으로 중동 항공사의 미국 취항으로 인해 소비자 측면에서는 운임 하락 효과가 나타났으며, 미국 국제선 항공시장에서 공급곡선이 상향 조정되었고, 수요곡선은 낮춰진 것으로 나타났다. 즉, 중동 항공사의 미국 시장진입으로 운임 하락과 여객 증가가 나타나 소비자 편익이 증가했음을 의미한다. 반면에 미국 항공사들은 중동행 노선에서 운송이 감소했을 뿐만 아니라, 중동 항공사들이 운항하는 아프리카, 아시아 및 오세아니아 같은 이원 구간 노선에서도 승객 감소가 발생하였다. 편리한 허브공항과 남아시아 같은 고성장 지역과의 인접성으로 인해 중동 항공사들은 국제항공시장에서 큰 이점을 누려왔다. 결론적으로 중동 항공사들의 공급 증대 및 경쟁심화의 결과로 인한 운임 하락 압력은 미국 항공사 및 기타 항공사들의 평균 수익 하락 추세로 나타나고 있고, 미국 항공사들은 국제선 운임 하락으로 인해 이익이 감소하면서 공급자 편익이 하락하였다.

미국 항공시장에 신규 항공사의 진입에 따른 미국 전체의 순이익은 소비자 편익 증가와 공급자 편익의 감소의 합으로 결정된다. 중동 항공사의 진입이 미국 사회에 유익했는지, 불리했는지는 명확하지 않지만, 분명한 것은 중동 항공사의 취항으로 인해 보다 경쟁적인 시장균형을 가져왔으며 사회 전체적으로는 편익이 증가한 것으로 볼 수 있다.

미국 시장에서 중동 항공사들의 경쟁이 미국 항공사들에 미친 효과를 미국 USDOT 자료를 이용하여 분석한 결과, 미국 내 다양한 지역에서 상당한 수준의 여객수요가 증가한 것으로 확인되었다. 이 것은 어떤 측면에서는 중동 항공사의 시장진입이 시장성장을 가속화하였다 것을 입증하고 있다. 또한, 중동을 경유하는 이원구간에서의 효과 역시 큰 규모는 아니지만 통계적으로 유의미한 영향을 미치고 있음이 확인되었다. 즉, 중동 항공사의 미국 출발-도착 운송이 1% 증가하면, 미국 항공사의 국제선 여객은 약 0.1% 감소하고 항공운임도 약 0.1% 하락하는 것으로 나타나고 있다.

이와 같은 현상은 소비자 편익 측면에서 볼 때 국제선 항공시장의 경쟁심화에 따른 바람직한 결과이나, 미국 항공사에게는 중동 항공사 진입으로 나타난 부정적인 효과일 수 있다. 이는 어떤 면에서 유럽 및 아시아 항공사들이 중동 항공사의 영향을 더 크게 받고 있기 때문에, 이러한 지역의 항공사들도 여객 및 운임정보 자료를 통해 중동 항공사의 영향을 분석할 필요가 있다. 따라서 기존 시장에서의 외국의 신규 항공사가 취항하는 효과가 해당 국가의 항공사에는 단기적으로 부정적인 효과로 나타날 수 있지만, 중장기적인 소비자측면에서의 편익은 대체적으로 증가하고 있음을 볼 수 있다.

2.2 항공사 해외 진출과 해외 투자 전략

항공운송 시장이 확대되고 발전하면서 항공사의 지배구조와 영업활동에 대한 변화의 필요성이 제기되고 있다. 많은 국가에서 자국 항공산업 보호를 위한 규제의 일환으로 항공사 소유에 대한 외국인의 투자 제한을 설정하여 운영해 왔다. 그러나 항공사 간의 협력이 확대되고 인수합병을 통한 초대규모 항공사가 등장하면서 그동안 항공운송 시장을 지배해 왔던 항공사 국적주의에 대한 개념이 많이 희석되고 있다.

특히, EU의 경우 항공사의 항공기 등록에 대한 제약을 제외하고 소유에 대한 국적 조항의 규제가 불분명해졌다. 또한, 항공자유화가 확대되면서 항공사의 국적 제약이 더 이상 해당 국가 항공사의 이익을 보호하는 데 한계가 있음을 인식하게 되었다. 그러나 아직도 많은 국가에서 항공사 소유에 대한 국적 규제가 존재하고 있어 항공운송산업의 해외 투자 및 진출에 여러 가지 제약이 따르고 있다.

국제 항공서비스에 대한 경제적인 규제는 대부분 완화되었음에도 불구하고, 국가 간 항공사 투자를 제약하는 구조적인 규제는 아직도 많은 나라에서 유지되고 있다. 이러한 문제는 정부 간 항공협상에서 핵심 논란을 야기하고 있으며(예: EU-미국 협정) 거의 30년 간 항공자유화와 관련하여 학계에서 주요 논란 과제로 다루고 있다.

많은 연구에서 항공사의 국적에 따른 소유권 및 통제 문제를 다루어 왔다. 이 같은 문제의 근본 원인을 포함하여, 투자제약에 대한 정책 및 규범적인 정당화와 가능한 해결 방안을 탐색할 필요가 있다. 특히 이 같은 제약으로 항공사의 재무성과가 제한되게 되며, 정부의 소유권 확대와 정치적으로 예속되는 결과를 초래하여 결국은 인위적으로 분열된 항공시장 및 네트워크로 나타나게 된다.

어느 국가에서나 항공사 설립 및 투자체계에 대해서는 ICAO 및 IATA의 지침을 따르게 된다. 해외 항공사 투자에서 항공사 소유권 및 통제에 대한 규제가 완화되어 해외 투자가 촉진되는 경우라도 이에 상응하는 국내법과 유관 분야의 정책이 뒤따라 주어야 한다. 항공산업에 대한 해외 투자제약의 핵심이 각국의 항공사 설립 규제이다. 따라서 항공운송산업의 진정한 자유화를 위해서는 항공사 설립과 관련하여 전 세계 항공사 설립 체계에 대한 광범위한 법적 분석, 특히 항공사 소유권 및 통제와 관련된 법규를 분석할 필요가 있다.

2.2.1 항공사 설립 투자 체제

항공사 설립에 대해 외국 자본의 투자를 법적으로 제약하는 것은 기반시설 및 공익사업 분야에서 흔히 찾아 볼 수 있는 사례인 일반적인 규제이다. 그러나 항공사업 부문에 대한 조치는 보다 복잡한 법규 및 정책에 기반을 두어 제한하고 있다. 우선 항공사 설립 및 투자에 대한 규제 환경을 살펴볼 필요가 있다. 항공사 설립 체계는 일련의 법률 및 정책에 기반을 두고 있다. 이를 통해 해당 국가나 지역의 기업이 국내 및 국제 항공사 활동을 수행할 수 있도록 행정적으로 허용하고 있다. ICAO 기준에 따른 최소한의 기술적인 요건이 국가별로 적용되고 있으며, 해당 국가 민간항공 당국은 항공운항승인절차(AOC)를 확인하여 영업활동이 가능하도록 하고 있다.

안전기준과 더불어 중요한 제약이 경제적 조건이다. 경제적 제약조건을 해당 국가에서 어떻게 적용할 것인가 하는 것은 국가마다 다르게 적용될 수 있으며, 해당 국가에서 선택하게 된다. 그러나 여러 가지 사유에 의해 많은 국가는 항공사의 소유권 및 통제권이 해당 국가 국민에 의해 통제되는 것을 항공사 활동의 조건으로 제시하고 있다. 따라서 대부분의 국가에서 항공사 설립 주관기관이 항공사에 대한 외국투자 문제를 관리하고 있다.

국제선 운항 항공사의 상황은 보다 복잡하다. 항공운송 기업의 국제적인 활동은 국제항공운송에 대한 자국의 면허 및 인가뿐만 아니라 상대편 국가의 승인이 필요하다. 따라서 항공사를 설립하기 위해서는 다음 세 가지 요건이 검토되어야 한다. ① 자국의 항공사 설립 법률 및 정책, ② 국가별 항공사 지정 정책, ③ 외국항공사 승인관련 상대편 국가의 국제협약 및 정책.

항공사를 설립하고자 하는 국가의 투자/설립체계에 따른 요건을 충족하는 것은 해당 항공사의 국내 활동 및 해외 노선 운항에서 지정 항공사가 되기 위한 전제 조건이다. 이러한 사항은 일반적으로 해당 국가의 내부적인 문제이지만, 정부의 항공사 설립, 투자체제 및 정책은 국제 규정 및 정책에 의해 최소한 두 가지 방식으로 영향을 받고 있다.

첫째, 해당국의 투자/설립체계 및 국제선 운항 항공사의 지정 정책은 국제 협약 및 항공사 승인과 관련된 협약 당사국의 정책에 부합되어야 한다. 여기에서 항공사는 지정 국가 및 국적자가 실질적으로 소유하고 통제해야 함을 전제조건으로 하고 있다.

둘째, 국제 및 국내 운항 항공사를 포함하여 모든 항공사 투자/설립체계는 국제 협약에서 제시된 국제 수준, 설립 권한 또는 외국투자 요건에 부합해야 한다.

따라서 항공사의 투자/설립체계는 항공사에 대한 소유권과 통제와 관련된 법적 제약을 포함하게 되는데, 이것들은 해당 국가의 모든 항공사들을 구속하며 국내/국제 구분 없이 적용된다. 추가적으로 항공사 투자 및 설립과 관련된 정책은 국가 전체적으로 적용되며, 투자 및 설립을 위한 국내 및 국제적 법률 조건에 따라 시행된다.

2.2.2 항공사 투자 규정

(1) 투자규제의 근원

어느 국가에서나 항공사 설립, 투자와 관련하여 국내 법률이 가장 기초적인 규제의 원천이 된다. 그러나 각 국의 국내법은 국가에 따라 다양한 수준의 규제를 포함하고 있다. 121개 국가의 항공사 설립 및 투자에 대한 규정을 분석한 결과 다양한 수준의 법규가 존재하고 있으며, 특정항공 법규에 포함되지 않는 항공사의 소유권 및 통제와 관련된 법이 존재하고 있다. 가장 극단적인 경우는 항공사에 대한 외국 투자 제한이 헌법에 규정되어 있는 경우이다. 필리핀은 이 같은 규제를 채택하고 있는데, 필리핀 항공이 자금 부족으로 1998년 운항을 중단하였을 때 이 같은 규제가 비현실적이라는 것이 입증되었다. 그러나 대부분의 국가에서는 항공사 투자를 통상적인 수준으로 규제하고 있다.

통상적으로 항공사에 대한 소유권 및 통제요건은 민간항공법에 포함되어 있다. 그렇지 않은 경우에는 이러한 조건들이 정부 및 부처단위의 민간항공 규정으로 설정되거나(예: 브룬지, 카메룬, 가봉, 쿠웨이트, 이라크, 케냐) 또는 항공당국에 의해 규정되고 있다(예: 이집트, 인디아, 사우디아라비아). 그러나 여러 국가에서 항공 법규에 포함된 규제 조건조차도 통일된 유형을 취하는 것은 아니다.

대다수 국가에서 채택하고 있는 항공사 설립 체계에서는 기술적인 운항인증(AOC)과 경제적인 승인(면허) 과정을 설정하고 있다. AOC는 운항면허를 부여하기 위한 사전 조건이다. 항공사 소유권 및 통제와 관련된 경제적인 기준은 면허과정의 일부가 되지만, 다수 국가에서는 이러한 조건이 AOC의 허용과 연계되어 있다(아프가니스탄, 이집트, 에티오피아, 이라크 등). 특히 일부 국가에서 AOC가 상업 항공사 활동의 유일한 전제 조건이며 여타 경제적인 승인은 불필요한 경우도 있다.

국적 항공사에 대한 외국인 자본투자 제한은 국제항공운송협약에 포함된 소유권 및 통제 규정과 관련되어 있기 때문에 통상 항공법으로 규정하고 있다. 외국인에 대한 투자 제한은 특정 산업 또는 여러 산업 분야에 걸쳐서 적용될 수 있고, 제한 규정들은 일반 투자 법규와 관련되거나(에티오피아, 멕시코) 상법으로 규제하고 있다(바레인, 자유화 이전의 콜롬비아).

각국의 항공사 투자/설립체계는 국제항공법과 연관되어 있다.

첫째, 국내선 항공운송이 취약한 국가에서는 항공사 설립과 관련된 규제조항에 직접적인 소유권 및 통제 조항이 없으며, 항공운송협정에 따른 항공사 자격요건만 규정하고 있다(마케도니아). 이러한 경우, 국적 항공사에 대한 투자는 협정에 제시된 소유권 및 통제조건에 의해서만 영향을 받게 된다.

둘째, 각 국가의 일반적인 책무는 자국의 국내법과 국제적인 협약이 일치하도록 명확히 하는 것이다. 민간항공 분야에서는 국제적인 협약에 따라 투자 또는 설립권한을 일방적으로 행사하거나 또는 상호 호혜적으로 행사한다. 따라서 항공사의 국적요건을 포함하는 국내 항공사 투자/설립체계는 명시적으로 국제 협약 규정으로 정하고 있다(부룬디, 모리타니아, 세르비아, 시에라리온, 우크라이나, EU).

셋째, 일부 국가에서는 자국의 항공사 설립/투자체계를 국제적 협의 기준을 따르고 있다. 이것은 “이익공동체” 내에서 가능하고, 이익공동체의 기본 발상은 항공사의 국적을 국가 그룹별로 공동관리 하는 것이다.

따라서 항공사의 경제적인 면허는 전통적으로 실질적인 소유권 및 효과적인 통제 조건에 따르며, 이러한 조건은 전체 공동체 회원국가 및 국민을 의미할 수도 있다. 이러한 체계에 따라 허용된 면허는 전체 공동체 국가(공동체 항공사 지위) 사이에서 인정된다. 이익공동체에는 다양한 유형이 있으며 어떤 경우에는 전통적인 국적 항공사 면허체제와 공존하기도 한다.

가장 단순한 공동체 항공사 지위는 항공사의 국제선 운항 지점 단위로 승인된 회원국 사이에서만 인정된다. 이것은 국내항공사 투자/설립체계에 직접적으로 영향을 미치지 않는다. 이해 조정을 위한 가장 광범위한 공동체는 해당 공동체 내부의 모든 항공운송을 통일하고 전체 국가별 투자/설립체계를 대신한다. EU는 이와 같은 공동체 항공사의 대표적인 사례이다(협약이 EU 항공체제까지 확대). 이와 유사한 사례가 서아프리카 경제통화연합(WAEMU) 내에서도 나타나고 있다. 항공사 투자 및 면허관련 특별 조항은 동남부 아프리카 공동시장(COMESA)의 국제 규정에도 나타나고 있지만, 이러한 규정이 개별 회원국가에서는 시행되고 있지 않다.

(2) 투자제약의 주체

각국의 항공사 투자/설립체계 내의 소유권 및 통제 제한은 통상 모든 항공사에 적용되며, 항공운송협정의 지정항공사와 승인 규정과 관련되어 있다. 각 국가에서 항공사에 대한 투자제약을 받는 당사자는 상이하게 정의될 수 있다. 또한, 소유권 및 통제 요건이 전체 공공재 부문과 연계될 수 있고(필리핀), 다른 한편으로는 이러한 조건들이 항공사의 특정 분야에 적용되거나 단일 기업에 적용될 수도 있다.

많은 국가에서 국내선 항공사 면허와 국제선 항공사 면허를 분리하여 발급한다. 이러한 경우 지역 내에서 승인된 항공사의 국적기준은 일반적으로 다르게 규정되고 있다(호주, 부룬디, 도미니카공화국, 네팔, 뉴질랜드, 파나마, 르완다, 남아공). 현재 운항되고 있는 국적 항공사들은 해당지역(개인 혹은 국가) 소유권 비율과 관련하여 해당 국가에서 정한 특정 요건을 충족한 항공사들이다. 정부 또는 국가에 의해 부과된 경제적인 규

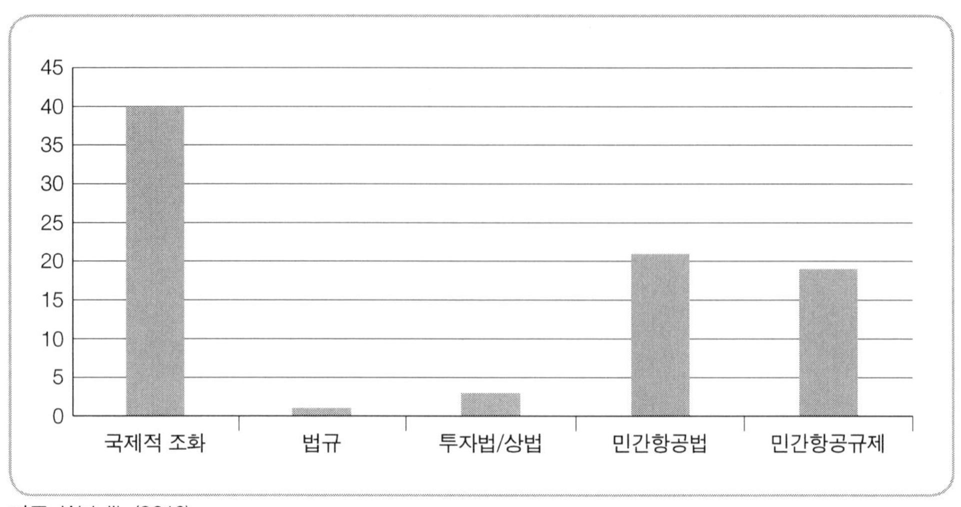

자료: Walulik (2016).

〈그림 2-4〉 소유구조와 통제제약의 수준

제는 거부권 또는 특정 권한을 행사할 수 있는 "황금주"를 인정하는 법률을 통해 보다 강화될 수 있다(에어 캐나다, 에어 뉴질랜드, 콴타스, 말레이시아항공). 이러한 제약은 민영화 법령 또는 국가소유의 독점 항공사에도 종종 나타나고 있다.

(3) 투자제한에 대한 법적 유형

항공사에 대한 투자 제한은 법적인 근거를 가지고 행사되는데, 해당 지역에 등록한 항공사는 면허국의 국민에 의해 실질적으로 소유되고 효과적으로 통제될 것을 요구받는다. 그러나 많은 국가에서 소유권 규정만 고려하고 있고, 일부 국가에서는 통제 요건만 적용하고 있다(예: 콜롬비아, 자메이카, 나카라구아, 나이지리아).

실질적인 소유권 및 실효적 지배와 관련된 국적 관련 개념의 유형을 이해하는 것이 중요하다. 국제항공운송협정에서 항공사의 지정 및 승인 조항에서는 지정 국가의 국민으로 명시하고 있는데, 국민은 국가의 법률로 정의된 자연인 혹은 법인을 나타내고 있다. 국내법에 포함된 이와 같은 정의가 국내 항공사 투자/설립체계에 적용된다. 그러나 전 세계 각국의 국내법들은 이와 같은 개인 및 법인의 관계에 대한 국가의 책임에 대해 일관성을 갖지 못하고 있다. 자연인과 관련하여 '내국인' 조항은 단순히 해당 국가의 시민을 의미할 수도 있지만, 귀화자나 영주권자를 포함할 수도 있다(아르헨티나, 부룬디, 파푸아 뉴기니, 르완다, 남아공, 수리남). 법적 실체와 관련하여 내국인 지위는 다음과 같은 소유권 및 통제에 대한 평가에 따라 항공사 투자/설립체계에 적용되어야 한다.

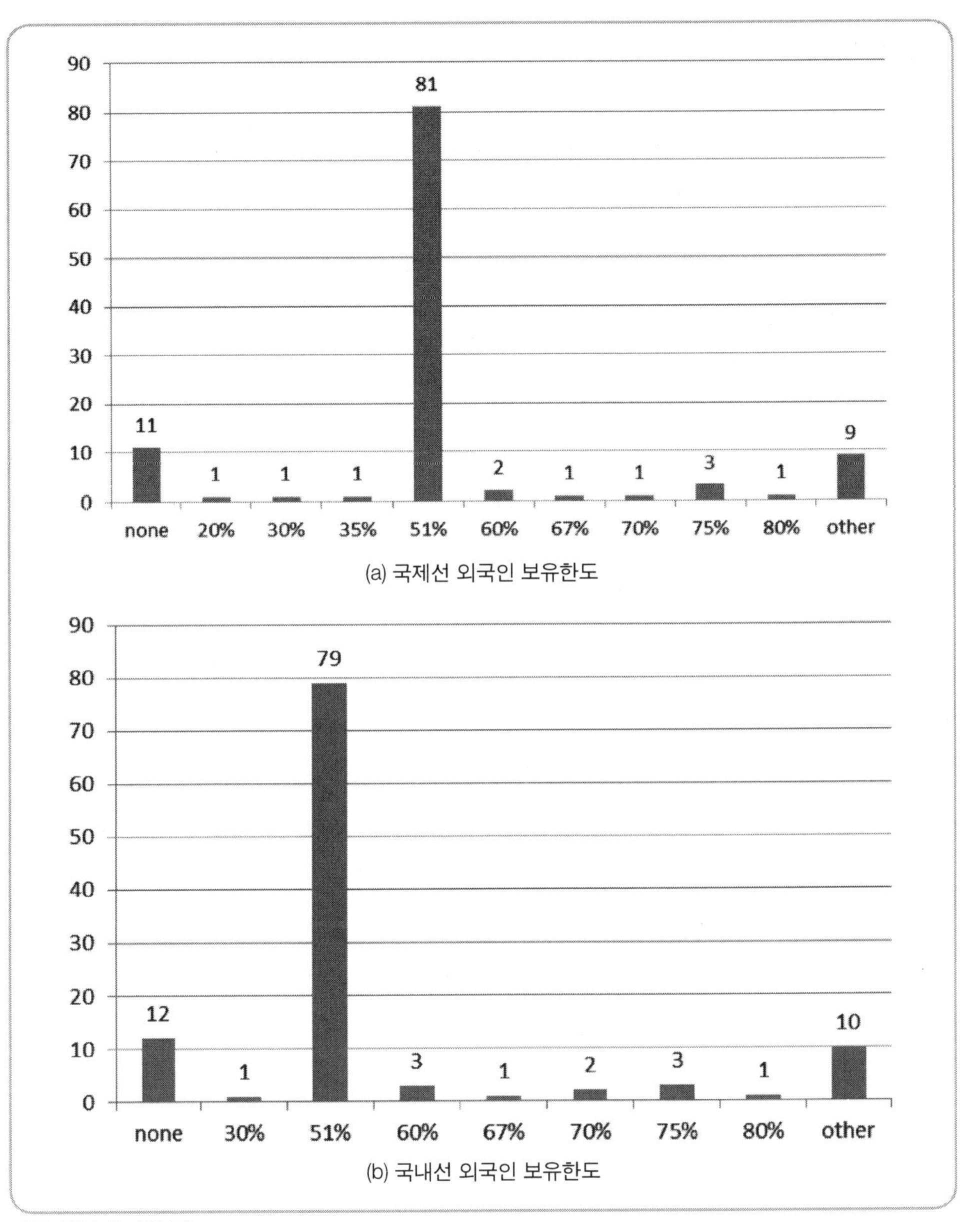

자료: Walulik (2016).

〈그림 2-5〉 외국인 주식 보유한도 제한 분포

1) 소유권 평가

항공사에 적용되는 소유권과 관련된 가장 일반적인 평가 요건은 항공사 소유권을 자국 국민에게 부여하는 것이다. 항공사의 소유권이 국영인지, 자연인이 소유한 개인 기업인지를 평가하는 것은 비교적 용이하다. 후자의 경우, 항공사의 소유권을 규명할 필요가 없는데, 해당 기업의 국적은 소유권자의 국적에 따르며 결국 항공사를 승인한 국가의 법률에 따라 결정된다.

그러나 대부분의 항공사들은 법인으로써 특정 소유권 기준에 따라 국적이 결정된다. 법인의 국적 규정을 위해 다양한 국가에서 여러 가지 형태의 평가가 이루어진다. 그 중 한 가지는 "상당한 소유권(substantial ownership, 인도)"으로 항공협정상 국적조항의 일반적인 표현으로 활용되고 있다. "상당한 소유권"은 일반적으로 과반수 소유권으로 해석되는데, 언어상의 의미와는 다르게 50%의 주식 소유 또는 그 미만인 경우에도 "상당한(substantial)"으로 간주될 수 있다. 121개국을 조사한 결과, 이와 같은 논란을 방지하기 위해 대부분 국가에서는 과반수 이상의 소유권(51% 주식소유, 50% 초과 주식소유)으로 명확하게 규정하고 있다. 일부 국가에서는 현지 국민의 소유권 의무 기준을 보다 높게 설정하기도 한다(예: 60%, 80%).

소유권 제한을 위한 주식의 권리는 의결권 및 비의결권으로 구분될 수 있다. 특히 소유권 조건으로 의결권을 특정 비율로 정하거나(예: 미국, 브라질, 캐나다, 이집트, 멕시코), 의결권을 언급하기도 한다(예: 일본, 케냐, 르완다, 남아공). 만약 법률로 비의결권 주식에 대한 외국인 투자를 제한하지 않는다면 혼란을 야기할 수도 있다. 명목적으로는 외국인이 법정 의결권 제한을 초과하지 않는 경우에도 비의결권 주식의 보유를 통해 항공사 주식의 50% 이상을 소유할 수 있는 것으로 해석될 수도 있다. 이러한 결론은 해당 국가가 항공사에 대한 과반수의 소유권을 요구하는 일반적인 관행일 뿐만 아니라, 항공운송 협정상 대부분의 항공사 국적 조항과 충돌이 발생한다. 그러나 이와 같은 문제는 항공사 소유권에 대한 적절한 통제의 수준을 평가하여 적용함으로써 해소될 수 있다. 또한, 항공사 설립 및 투자 체계에서 주식의 비율을 규정하거나 투표권을 국적자(예: 터키)에게만 부여할 수 있다. 후자의 방법은 소수의 외국인이 과반수의 의결권을 행사하는 것을 방지하기 위한 방안이다.

소유권 결정과 관련된 또 다른 문제는 기업 및 상법체제 차원에서 발생된다. 다수의 법률 체계에서 회사는 기명주식과 무기명주식을 발행할 수 있다. 기명주식은 주식 소유자의 성명이 등록되어 있으며 무기명주식은 시장에서 자유롭게 거래되는 주식으로 해당 주식 소유자를 알 수 없다. 따라서 주식 소유자로 등재한 정부 혹은 해당 국민들이 소수의 주식을 소유하고 있다면, 항공사의 소유권을 명확하게 파악하는 것이 기술적으로 불가능하게 된다.

이러한 문제를 회피하기 위하여 입법기관에서는 항공사들이 합작회사인 경우 기명

주식만 발행할 것을 요구한다(예: 독일). 그러나 궁극적으로 항공당국이 설정한 항공사의 국적 기준에 부합하도록 하는 것은 항공사의 책임이다. 항공사와 관련된 일부 규정은 이러한 규정에 부응하도록 지원하기도 한다(예: 기명 및 무기명주식의 상이한 등급, 보통주 및 우선주, 누진 투표, 주식처분 강제권 등).

우호적인 소유권 역시 중요한 문제이다. 모든 소유권 체제가 항공사 주식을 소유한 지주회사의 지위와 관련하여 명확한 것은 아니다. 일부 체계에서는 지주회사와 항공사 자체를 동일한 국적 기준을 적용하나(예: 미국, EU), 다른 경우에는 지주회사가 해당지역의 등록 조건을 충족해야 한다(예: 아르헨티나, 수리남). 전자의 경우에도 간접적인 소유권으로 인해 우호적인 주식보유자를 결정하는 것이 매우 어렵고, 일부 기업 구조에서는 이러한 구분이 불가능하기도 하다(예: 투자펀드, 무기명주식 혹은 예탁주식을 가진 합자회사를 포함하는 경우).

발행회사의 주식을 구입할 수 있는 권리를 포함하거나 또는 주식 교환이 가능한 증권들은 집행되기 전까지는 소유권으로 간주되지 않음에도 불구하고, 소유권 및 통제요건을 위배하는 것으로 간주될 수 있다. 예를 들어 미국은 항공사가 해외시장에서 전환사채 발행을 승인하기 전에 특정한 조건을 부과하고 있다.

2) 통제권 평가

항공사 설립 및 투자 사례에서 더욱 중요하게 부각되는 것이 "통제권 평가"이다. "통제권 평가"와 관련된 규정상의 표현은 "효과적인 통제"(예: EU), "실질적인 통제"(예: 미국), 또는 단순히 "통제"(예: 아르헨티나, 브루나이, 나이지리아)로 표현하거나 기타 유사한 조건(예: 캐나다, 자메이카, 남아공, 수리남, 터키) 등이 사용되고 있다.

이러한 차이점에도 불구하고 통제권에 대한 평가는 항공사에 대한 경제적인 통제를 의미한다. 일부 개방적인 항공운송협정에서는 경제적인 통제를 "규제적인 통제"로 대체하고 있다. "규제적인 통제"는 국제관계 내에서 지역 항공당국의 약속이며, 이러한 요건은 항공사에 부여하는 조건으로 국내법에 명시적으로 규정되지는 않고 있다.

효과적인 통제 및 실질적인 소유권과 관련하여 다양한 논의가 있어 왔다. 항공사에 대한 통제를 대내외적인 정책을 지시하는 영향력으로 정의한다면, 통상적으로 이사회 혹은 기업 경영층을 의미한다. 이와 같은 유형의 경영 통제는 논란의 여지가 낮으며, 법규로써 비교적 용이하게 규제될 수 있다. 따라서 다수 국가에서는 이사회 구성과 관련된 조건을 규정하고 있다. 일부 항공사 설립체계는 이러한 조건이 충족되어야 하며, "통제"

라는 표현이 없는 국가도 있다(예: 호주, 콜롬비아, 인도네시아, 일본, 한국, 페루, 베트남).

관리자와 소유자로 구분하는 것은 효과적인 통제를 결정하는 문제에서 충분한 설명을 하지 못하고 있다. 예를 들어 실질적인 내국인 주식소유는 항공사의 효과적인 통제에 있어서 외국 주주를 배제하기에 충분하다고 인식된다. 실제로 전 세계적으로 소유와 통제의 분리는 개념이 명확하지 않다. 수동적인 주주 및 능동적인 경영층의 구분은 미국의 기업관리 모형에서 많이 나타나는 특징이다. 특히 일부 국가에서는 다수 소유권 보유자가 지역 이익에 부합하는 한 효과적인 통제는 고려하지 않는 것으로 나타나고 있다. 이 같은 이유로 많은 국가에서 소유권 평가만을 고려하고 통제와 관련된 규정은 반영하지 않고 있다.

반대로 소유권은 단지 최소의 기준으로 간주되며, 통제권이 항공사의 국적을 결정하는 실제 기준으로 작용하기도 한다. 따라서 일부 국가의 항공사 설립체계에서는 통제조건만 고려하기도 한다. 실질적인 소유권은 산술적으로 사전에 판정하는 것이 용이하지만, 통제권 평가를 위해서는 법적 관계뿐만 아니라 실질적인 영향력 관계의 분석이 필요하다. 미국의 1958년 항공법은 항공사의 설립체계에 경제적인 통제 관련 사항을 포함하고 있다.

소유 및 통제에 대한 평가는 상호 독립적이다. 그러나 실질적인 소유권 보유가 효과적인 통제로 연계되지만 상당한 규모의 주식을 소유하지 않더라도 효과적으로 통제권을 행사할 수 있으며, 효과적으로 통제함이 없이 상당량의 주식을 보유하는 것도 가능할 수 있다. 소수 지분 주식 소유자에 의한 통제는 압도적 다수 혹은 불균형 투표권, 주주협약, 거부권, 사업관련성에 의해 가능할 수 있다. 따라서 국가별 통제 요건에 따라 소수 외국 투자자는 승인이 거부되거나 추가 조건부로 승인되는 경우가 있다.

주식에 대한 자본투자에도 불구하고, 통제는 이해당사자 간의 중요 협약, 신용협정, 대출보증, 주식인수조항, 주요 경영진과 주주 간의 개인 및 전문적인 관계, 교차 고용, 항공사 노선망의 의존성 등에 의해 외부적으로 결정될 수 있다. 항공사 설립체계에서 항공사 통제에 대한 논란이 발생하는데, 효과적이고 실질적인 통제 요건은 법인, 특히 기업 및 협회(예: 미국)에 적용되고 있다.

"효과적인 통제"의 의미와 관련된 논란을 피하기 위하여 이러한 용어를 법률 내에 정의하려는 시도도 있다(예: EU). 이러한 시도는 모든 논란을 해결하지는 못했지만 법률적 명확성을 개선하였다. 그럼에도 불구하고 편의성을 위해 대부분 정의에서 사례의 열거 또는 "확고한 영향"과 같은 모호한 용어를 사용하고 있다.

2.2.3 항공사 투자 관련 법률정책

항공사 투자/설립체계에서 가장 주목할 만한 요소는 국적 항공사 면허 당국의 법규(행정) 정책이다. 면허 규정은 국적 항공사와 관련된 개별 결정에 따라(면허/승인 부여 혹은 사후 적합성 조사) 해당 국가의 항공당국에 의해 시행된다. 이러한 결정에는 상당한 규모의 재량권이 포함되어 있고, 면허당국에 부여된 재량권에 따라 항공사 투자/설립 규정의 특징적인 결과가 나타난다.

항공사 투자/설립을 허가하는 항공당국의 재량권으로 인해 소유권 및 통제권 평가에 대한 모호한 표현이 허가 과정에서 불확실성을 키우고 있다. 각 국가의 규제정책 내에서 항공당국은 공표되지 않은 자체의 내부 지침을 허가과정에 적용하게 되는데, 이 같은 지침은 사례별로 개별적으로 적용되며 방법이나 적용추세는 시간이 지나면서 변화하고 있다.

미국 항공당국의 면허정책의 진화는 이러한 과정에 대한 좋은 사례가 된다. 주요 법적 공백이 규제정책으로 채워졌으며, 이러한 규제정책은 미국 항공법규 내의 소유권 평가와 통제권 평가의 불명확성 때문에 나타났다. 대다수 항공운송협정의 국적 조항에서는 두 가지 평가를 동시에 만족할 것을 요구한다. 원래 이런 조항은 1958년 미국 연방항공법상에 반영되지 않았었는데, 항공사 경영진 구성과 관련된 제약으로 포함되었으며 최소한 75%의 항공사 의결권이 미국 시민권자가 소유하거나 통제해야 하는 의무를 지정하였다. 연방항공법의 법규에 포함되지 않음에도 불구하고 미국 항공당국은 항공사로 하여금 미국 시민권자가 항공사를 실질적으로 소유하고 통제하도록 요구하는 해석을 관철시켰다. 1958년 미국 연방항공법과 관련된 이와 같은 해석은 1971년 판결에서 처음 적용되었으며, 이후 여타 결정에서도 정도의 차이는 있지만 유사하게 적용되었다. 이러한 행정정책은 법률적인 의견을 반영하여 2003년 수정법안으로 법제화되었다.

일부 항공당국의 규제정책은 완전히 상반된 방향으로 진행되었다. 비록 소유권이 통제권에 영향을 행사함에도 불구하고 소유 및 통제 요건을 법제화한 국가들이 존재한다. 다수의 아시아 국가들은 공동 브랜드의 합작투자 저비용 항공사 설립을 허가했는데, 경영 및 과반수의 주식은 해당 지역에서 소유하지만 운영 및 마케팅은 대체로 외국 투자자가 행사하고 있다. 이러한 모형은 동남아에서 에어아시아의 투자와 함께 나타났는데, 세계 여타 지역으로 확대되었다.

법규정책에서 규명되어야 할 또 다른 모호한 분야는 "통제"요건에 대한 것이다. 예를 들어 미국 교통성(DOT)에서는 항공사의 "통제"와 관련된 정책은 수많은 다양한 통제 가능 방안이 있으므로 항상 개별 사례에 따라 결정된다고 설명하고 있다. 이러한 관행은 외국의 비의결권 지주회사와 항공사의 실제 통제 사이에서 논란의 여지가 많다. 비록 미국 항공법규에서는 비의결권 주식 투자에 대한 제약이 없지만, 당국에서는 이러한 주식에 대한 투자를 통제의 원천으로 해석해 왔다. 이러한 정책은 추후 자유화되어, 외국 투자자가 미국 항공사의 의결권 주식 25% 및 추가적인 비의결권 주식을 보유할 수 있게 되었다. 이 경우에도 외국인의 총 지분율이 49%를 초과하지 않아야 한다. 미국 운수성은 통상적으로 광범위한 항공정책에서 개방적인 정책을 조건부로 적용하였으나, 미국과 항공자유화 협정이 체결되지 않은 국가출신의 투자자에게는 보다 엄격하게 적용하였다.

121개 국가의 항공사 투자/설립체계에 관한 분석 결과, 항공당국의 행정정책 내에 재량권을 허용하는 법적인 요소가 있는 것으로 나타났다. 특히, 항공사 면허 발급 시 공공의 이익에 부합되는 여부를 조건부로 평가하고, 많은 경우 항공사의 법적 자격기준을 충족한다고 해서 항공사의 면허를 자동적으로 취득할 수 있는 것은 아니다. 다수 국가의 면허 발급 법규에서 조동사 "may"를 사용함으로써 항공당국이 의도적으로 순수한 재량권을 행사할 수 있는 장치를 확보하고 있으며, 동일한 환경에서도 항공사의 승인 및 불인가는 합법적일 수 있도록 하고 있다.

이와 같은 이유로 인해 항공사의 설립체계가 소유권 및 통제요건에서 서류상으로는 제약이 없다고 할지라도 외국인 투자 측면에서 반드시 자유롭다고 간주할 수는 없다. 이러한 체제에서 면허 신청자에게 소유권 구조에 대한 평가를 위해 해당 정보의 제출을 요구하는 것은 단순히 법적 절차이기 때문만은 아니다. 예를 들어 싱가포르에서는 항공사 설립 기준에 소유권 및 통제 요건이 포함되지 않는다. 그러나 싱가포르 법률에서는 항공사의 소유권 및 통제 규정을 항공사 면허의 발급 및 갱신 시에 고려할 수 있도록 규정하고 있다.

국가별 항공사 투자/설립체계 내의 행정 재량권은 일반적으로 국가 항공정책의 탄력성을 보장하기 위해 고안되었다. 그러나 항공사 투자/설립 법률 내의 규제정책에 대한 재량권 여지는 법률에 의해 규정되고 제한된다.

미국 항공사에 대한 외국 자본의 투자 체제는 논의된 행정정책의 범위에 대해 좋은 예시를 보여준다. 2005년에 미국 운수성의 재량권 한계를 평가하는 과정에서 당시 운수성에서는 미국 항공사의 실질적인 통제를 안전, 조직 자료 및 국가 안보 관련 사항으로 재해석해야 하며, 영업적인 사항들은 외국통제하에 유지할 수 있다는 법률안을 공지하였다. 이러한 제안은 법률적인 요건을 회피하려는 시도로써 광범위한 비판을 초래하여 결국 운수성에 의해 철회되었다.

2.2.4 항공사 투자 체제의 변화 추세

지난 40년 동안 경제 자유화는 다소의 차이가 있지만 전 세계적인 항공정책의 변화를 가져왔다. 이러한 변화는 국내적으로는 항공사 시비스의 규제 완화를 초래하면서 국제적으로 확대되었다. 국제관계 속에서 항공사 소유권 및 통제 조건에 대한 규제 완화는 특기할 만한 것은 아니다. 그러나 121개국 법규를 비교하고 검토한 결과 각국의 국적 항공사 설립/투자 체계는 자유화에 대해 소극적이었음이 나타나고 있다.

대다수 국가에서 항공사 서비스의 개혁이 지체되고 있으며 자국인 소유권 및 통제권 관련 조항을 여전히 유지하고 있고, 단지 일부 국가만이 이러한 제약조건을 폐지하였다. 남미 국가들은 이 분야에서 선구적인데, 칠레는 1979년 소유권 및 통제 조건에 대한 규제 완화 조치를 시행하였다. 해당 국가 영토 내에서 항공사 국적 조건을 전면적으로 적용하지 않는 국가는 콜롬비아, 코스타리카, 에콰도르, 홍콩, 엘살바도르, 카자흐스탄, 몰도바, 뉴질랜드 및 싱가포르이다.

많은 국가에서는 항공사 국적기준의 규제 완화를 항공사의 특정 분야에 한정하고 있다. 1988년 뉴질랜드는 국내선 운항 항공사에 한해 외국인 소유권 제한을 철폐했으며, 호주는 1999년 동일한 조치를 취하였다. 방글라데시에서는 1998년 화물항공사 및 국내선 항공사에 한해 무제한 외국인 소유권을 승인하였다.

항공시장에 대한 규제 완화는 해당 시장의 규모가 신규 진입자에게 매력이 있을 정도로 충분한 규모인 경우에 한해 의미가 있다. 이런 유형의 자유화 조치는 국내선에서 시행이 용이한데, 국내선 항공사의 자유화는 국제 항공법 및 정책과 무관하기 때문이다. 반대로 국제선 운항 항공사는 해당 국가의 설립체계뿐만 아니라 항공운송협정상에 포함된 승인 조건을 준수해야 한다. 그러나 이러한 법률 환경의 변화에도 불구하고 항공사의 국내선 외국인 소유를 국제선 항공사 보다 엄격히 규제하는 국가도 있다(예: 도미니카공화국, 네팔, 파나마, 남아공).

상당수 국가에서는 항공사 설립 조건을 자유화하지 않았으면서도 국적별 소유권 제약을 완화하였다.

- 1994년 호주는 외국인 투자자가 호주 국제선 항공사 지분의 49%까지 소유할 수 있

도록 법률을 개정하였다(외국 단일 항공사의 지분은 25%, 전체 외국항공사 지분은 35%까지 제한). 이 규정은 2000년 외국인 지분 소유를 여타 조건 없이 49%로 제한하도록 개정되었다.

- 중국은 1994년 외국인 지분소유 제한을 35%로 상향조정(의결 주식은 25%)했으며, 2002년부터는 외국인 투자자들은 중국 항공사 주식의 49%까지 소유할 수 있도록 허용되었다(단 단일 투자자의 총 지분은 25% 초과 불가). 2007년 대만에서도 유사한 제한조치를 채택하였다.
- 베트남도 2007년에 외국인의 항공사 지분 소유를 49%까지 허용하였다(단일 투자자의 총지분은 30% 초과 불가).
- 1998년 한국은 외국인 지분소유 제한을 20%에서 50% 미만으로 확대하였다.
- 태국도 외국인 소유 제한을 30%에서 49%로 변경하였다.
- 인도의 항공 정책은 격변하였다. 1997년 인도는 외국인 소유 제한을 40%로 제한했으며 외국항공사의 투자를 금지하였다. 정기편 항공사와 관련하여 2008년도에 비항공사에 의한 투자를 40%에서 49%로 상향조정하였으며, 2012년에는 외국항공사로 하여금 인도 항공사 지분의 49%까지 투자할 수 있도록 허용하였다.
- 브라질은 의결권 주식에 대한 외국 소유권 제한을 20%에서 49%로 변경하였다.

일부 국가에서는 외국인 소유지분의 과반수 초과를 허용하는 제도를 도입하였다. 예를 들어 페루는 1997년 외국인 소유 한도를 70%까지 상향조정하였다(도미니카 공화국, 네팔 등). 그러나 일부 주요국가에서의 항공산업 자유화 조치는 실패하였으며 어떤 경우에는 규제가 더욱 강화되었다.

미국 내 항공사 소유권 제한의 자유화 구상은 미국 경제의 하강기에 미국 국내 자본시장에서 자본조달이 어려울 때 등장하였다. 1990년대 초에 외국인 투자자의 의결권 주식을 49%까지 소유할 수 있도록 허용하는 제안이 있었지만, 공식적인 법규로 추진되지는 않았다. 이러한 방안은 2003년 실질적인 통제 요건의 자유화를 원하는 운수성에 의해 재추진되었지만 실패하였으며, 앞서 언급된 바와 같이 "실질적인 통제" 기준이 미국 입법부에 의해 오히려 강화되었다. 소유권 제약의 자유화를 위한 유사한 제안이 캐나다에서도 1993년, 2001년 제출되었지만 부결되었다.

항공사 설립/투자 체계와 관련된 또 하나의 중요한 추세는 국적별 소유권 및 통제 기준에서 국적 기준을 국가들 사이에 공유하는 공동체 항공사 설립체계로 변화한 것이다. 이것은 공동체 내에서 항공사 소유 및 통제를 규정하는 것으로 실질적으로 규제를 완화하는 것이다. 그러나 이러한 유형의 자유화에는 두 가지 유형의 제약이 필요하다.

첫째, 공동체 항공사의 발전 및 외국 투자의 공동참여는 회원국과 제3국 간의 항공운송협정에 포함된 소유권 국적조항 및 통제 조항에 의해 제약을 받는다. 이러한 문제는 항공운송협정상에 공동체 소유권 및 통제 조항을 포함하거나 대체승인 기준을 적용함으로써 해결될 수 있다(예: 주요 사업장 소재지 기준).

둘째, 공동체 항공사는 소유권 및 통제 요건을 공유한다. 따라서 항공사 국적의 자유화 측면에서 이러한 해결책이 극단적인 사례는 아니다. 더 나아가 소유권 및 통제 평가에 부합하기 위하여 공동체 항공사 체계는 이러한 제약을 복수 국가 차원에서 대폭 강화할 위험성이 있다.

121개 국가의 법규를 조사한 결과 해당 국가의 일반적인 경제발전 단계 또는 정치적 자유와 항공사 소유권 및 통제 체제 간에는 중요한 연관성이 존재하지 않았다. 따라서 항공사 투자 법규의 자유화 및 통제 경향에 대한 주요 동인은 교통지형, 지역항공산업의 경쟁력 및 여행운송업의 중요도 또는 국가안보와 같은 요인에서 찾아야 한다.

2.2.5 정책적 시사점

"항공사의 국적" 또는 "항공사 소유권 및 통제"와 관련된 문제는 법률 및 항공정책과 관련하여 국내 및 국제적인 요소가 포함된 매우 복잡한 문제로 인식되고 있다. 항공사 설립과 투자체계에서 가장 중요한 규제요소가 외국인 제한이며 지속적인 항공 서비스의 국제적인 자유화를 저해하고 있고, 이러한 제약은 국제 항공운송의 발전을 저해하는 것으로 인식되고 있다.

121개국의 조사 결과 대다수 국가에서 항공사의 설립 및 투자 체제에 제한이 있음을 확인할 수 있다. 실질적인 소유권 및 통제요건이 여전히 광범위하게 존재하고 있으며, 일부 국가에서는 산술적인 소유권 제한이 자유화되었지만, 일부 소수 국가에서는 실질적인 변화를 통해 항공사 소유권 및 통제기준을 폐기하였다.

항공사 설립 및 투자 체제에서 항공당국의 재량권 허용으로 법적 불확실성이 크게 존재하고 있다. 그러나 이러한 체제는 여러 국가에서 다르게 나타나고 있어 항공사 설립 및 투자를 위한 법률과 정책은 매우 다양한 형태로 존재하고 있다. 항공사 설립과 투자와 관련된 규정들이 다양한 법적 조치(일부에서는 항공법과는 무관하게) 속에서 상이한 수준으로 수립되었으며 서로 다른 항공사들에 적용되었다. 이러한 차이점은 국적의 정의 또는 소유권 구성 및 통제권의 평가 그리고 이들 양자 간의 관계와 같은 구조적인 요인에 영향을 미치고 있다.

일부 국가의 자유화 조치는 항공사 소유권 및 통제기준에 따라 현행 체계 내에서 달성되지만, 장기적으로 이러한 가치가 유지될 것인가에는 의문이 있다. 첫째, 항공당국의 정책이 항공사의 투자 및 설립을 사실상 자유화할지라도, 이러한 정책은 일관성이 결여되며 적용 범위에서 제한적이다. 둘째, 공동체 항공사 체계의 등장이다. 그러나 이런 유형의 개혁은 국제법과 충돌할 수 있고, 공동체의 이해관계가 견고하게 자리 잡으면서 추가 개혁을 저해할 위험성이 있다.

항공사의 소유권 및 통제와 관련된 자유화 조치를 위한 항공사 정책부서의 역량이 대체로 부족한 것으로 나타나고 있다. 통제 제한에 대하여 산술적으로 소유권 한계를 상향조정하거나, 소유권과 통제기준의 제한 및 공유에 대한 행정적인 재해석만으로는 항공자유화를 위한 최선의 해결책으로 보기에는 상당히 미흡하다. 따라서 항공정책 부서에서 항공사 설립 및 투자체계의 국적 기준에 대해 전향적으로 접근할 때만이 국제적으로나 국내적으로 항공산업의 질적인 변화와 발전이 가능하게 된다.

2.3 해외기지 운영전략

2.3.1 항공사 해외기지 운영 배경

항공운송산업은 국제적 산업이지만 항공사의 국제화 전략의 형태나 구동력 및 성공에 관한 관심은 상대적으로 미흡하였다. 항공사가 왜 프로세스를 국제화해야 하고, 어느 곳에 국제화를 위한 투자와 시장진출을 할 것인가에 대한 많은 논의가 진행되어 왔다. 국제화를 위한 해외 진출 지역은 해외법인 설립 등의 직접투자와, 자본 참여 등의 간접투자를 고려할 수 있고, 최근 들어 저비용 항공사의 해외기지 선택 관점에서 탐색적인 연구가 진행되었다. 즉, 항공사의 운영중심 기지의 선택은 항공기 및 승무원의 집결 및 관리의 효율성, 편리한 슬롯시간, 빠른 회항시간, 낮은 이용료 등을 중요하게 고려하여 입지 선택 연구가 진행되어 왔으나, 저비용 항공사 관점에서의 모국의 운영기지 이외에 해외 운영기지를 선택하는 과정은 많은 연구가 수행되지 않았다.

해외 진출에 대한 이유와 진출 지역에 대한 전략적 의사결정 문제를 제외하고, 항공사가 어떻게 국제화할 것인가는 중요한 연구주제가 되고 있다. Ramon-Rodriguez et al.(2011)는 항공사의 국제화 유형의 다양성을 Albers et al.(2010)의 연구를 바탕으로 보완하였는데, 자원기반의 접근과 국제무역 이론 및 경제학의 거래비용 중심으로 분석하여 서로 다른 시장진입 형태가 나타나고 있음을 분석하였다.

Klein et al.(2015)는 유럽 LCCs가 해외에 운영기지를 구축하는 의사결정 사례를 분석하였다. LCCs에 초점을 맞춘 이유는 노선운영 특성 때문이다. 즉 네트워크 항공사는 허브-스포크 네트워크 운영을 위해 해외기지 선택 결정 시 수요와 공급석 운영이 중요하게 고려되어야 하지만, LCCs는 지점 간 운영을 택하기 때문에 네트워크 항공사의 해외기지 결정 요인과 동일하지 않을 수 있다. 항공사들이 규제 완화 환경에서 운영해 온 운영 행태를 유럽연합(EU)에서 LCCs를 중심으로 조사하였다. 유럽 항공사는 유럽 내에서 어느 노선과 어느 공항을 기지로 사용할 것인가를 결정하고, 어느 국가에서 직원을 고용할 것인가에 대하여 규제를 받지 않고 항공서비스를 자유스럽게 제공할 수 있다. Klein et al.(2015)는 항공사의 해외 직접투자(FDI)를 포함하여 항공사의 국제화 방안으로 해외 운영기지 구축을 중심으로 분석하였다.

2.3.2 저비용 항공사의 국제화 전략

기업의 국제화 과정에서 진출 대상 해외시장 선정과 해외시장진입 형태의 선택은 매우 중요한 의사결정 문제가 된다. 국제경영 분야에서는 해외시장진입 형태를 수출, 계약 자원 이전(협력), 해외 직접투자(FDI) 3개의 형태로 일반적으로 구분하고 있다. 이 세 가지 형태에서 FDI가 가장 강력한 형태를 보여주고 있지만, 해외시장에서 자원 위임 수준 면에서 차이가 있다.

항공사 역시 국제화 비즈니스를 수행하는 데 이 같은 세 가지 국제화 유형(수출, 협력, FDI)을 취하고 있다.

첫째, 국제항공의 연결편을 제공하므로 수출을 통하여 국제시장에서 서비스를 하고 있다. 즉, 다른 항공사와 해외공항과의 추가적인 협상없이도 해외 목적지로 정기운항편을 제공할 수 있다(Albers et al., 2010).

둘째, 항공사는 해외 협력 항공사와 협업(코드쉐어링)을 할 수 있는데, 이것은 계약을 통한 자원이전으로 볼 수 있다. 즉, LCCs는 협업을 통해 다른 항공사의 항공권을 판매하면서 자신의 브랜드명을 사용할 수 있다.

마지막으로, 항공사는 해외 합자투자 형태 또는 자회사 형태로 해외 항공사를 인수하거나 투자할 수 있고, 이 경우 한 개 이상의 해외기지를 유지할 수 있다(Albers et al., 2010).

〈표 2-2〉 유럽 저비용 항공사의 국제화 유형 (2007년 기준)

국제화 유형	항공사 사례	유럽 LCC 사례 수
수출(Export)	국제선 운항	29
협력(Cooperation)	국제선 코드쉐어	6
해외 직접투자	해외 항공사와의 Joint Venture 운항	1
	해외 항공사에 대한 자본 참여	1
	해외 항공사 인수	1
	해외 자회사 항공사 설립	1
	해외 자체 운항기지 설립	11

본 절에서는 2007년 29개 유럽 LCC 자료를 이용하여 유럽 LCC의 국제화 유형을 국제선 노선운항(협력), 코드쉐어링(협력), 해외직접투자(FDI) 관점에서 분석한다.

〈표 2-2〉는 유럽 저비용 항공사의 국제화 유형을 나타내고 있다. 모든 29개 LCCs가 국제선(수출)에 참여하여 국제선 목적지로 운항하고 있다. 반면 6개 LCCs는 협력을 통해 회원 항공사로서 국제적인 활동을 하고 있다(코드쉐어링). 2007년 15개 유럽 항공사가 FDI에 참여하고 있으나, 해외공항 기지 구축은 11개의 LCCs이 참여하고 있어 FDI의 대부분을 차지하고 있다. 다른 형태의 FDI는 외국항공사와의 Joint Venture 운항, 해외 항공사에 대한 자본참여, 외국항공사의 인수 또는 해외에서 자회사 설립 등으로 나타나고 있다.

일반적으로 국제화 유형에서 FDI가 가장 강력한 형태로 인식되고 있는 것과 같이, 유럽 LCCs에서도 국제화의 일반적 형태로 FDI가 제시되고 있다. LCCs는 비용을 줄이기 위해 다른 도시를 승무원의 모기지로 결정하여 운영하고 있으며, 항공기의 야간 주기 및 일상정비를 위해 다른 해외기지를 운영하고 있다. 그러나 국가간 시장진입 장벽, 가격통제, 자본흐름에 대한 제약 등이 유럽과 유럽의 일반 항공지역에서는 존재하지 않는다는 것이다. 따라서 유럽 항공사는 유럽 내에서는 FDI를 기본으로 하는 LCC의 국제화에 대한 특별한 제한은 존재하지 않는다. 항공사들이 해외기지를 선정하는 데 있어 국가별로 다른 규제정책을 비교하여 비교적 우호적인 지역을 선정하는 데 비하여, 유럽 내에서는 규제의 차별성이 존재하지 않아 국제화의 동인이 활발하게 진행되고 있다.

〈표 2-3〉 유럽 LCCs의 해외기지 운영 현황(2007년 기준)

항공사	국적	해외기지 수	해외기지 공항
Air Berlin	Germany	2	PMI(Palma de Mallorca, Spain); VIE(Vienna, Austria)
easyJet	United Kingdom	8	CDG(Paris Charles de Gaulle, France); DTM(Dortmund, Germany); LYS(Lyon St. Exupery, France); MAD(Madrid Barajas, Spain); MXP(Milan Malpensa, Italy); NCE(Nice, France); ORY(Paris Orly, France); SXF(Berlin Schönefeld, Germany)
Myair.com	Italy	1	BBU(Bucharest Baneasa, Romania)
Niki	Austria	1	PMI(Palma de Mallorca, Spain)
Norwegian Air Shuttle	Norway	2	ARN(Stockholm Arlanda, Sweden); WAW(Warsaw, Poland)
Ryanair	Ireland	14	ALC(Alicante, Spain); BGY(Milan Bergamo, Italy); BRE(Bremen, Germany); BVA(Paris Beauvais-Tille, France); CIA(Rome Ciampino, Italy); CRL(Brussels Charleroi, Belgium); GRO(Barcelona Girona, Spain); HHN(Frankfurt Hahn, Germany); MAD(Madrid Barajas, Spain); MRS(Marseille Provence, France); NRN(Düsseldorf Weeze, Germany); NYO(Stockholm Skavsta, Sweden); PSA(Pisa, Italy); VLC(Valencia, Spain)
SkyEurope	Slovakia	1	VIE(Vienna, Austria)
Smart Wings	Czech Republic	1	BUD(Budapest, Hungary)
Sterling	Denmark	1	ARN(Stockholm Arlanda, Sweden)
Vueling Airlines	Spain	1	CDG(Paris Charles de Gaulle, France)
Wizz Air	Hungary	9	CLJ(Cluj Napoca, Romania); GDN(Gdansk, Poland); HHN(Frankfurt Hahn, Germany); KTW(Katowice, Poland); OTP(Bucharest Henri Coanda, Romania); POZ(Poznan, Poland); SOF(Sofia, Bulgaria); TGM(Trigu Mures, Romania); WAW(Warsaw, Poland)

〈표 2-3〉은 2007년 기준 유럽 LCCs의 해외기지 운영 현황을 나타내고 있다. 총 11개의 항공사가 41개 해외기지를 사용하고 있는데, 31개가 Ryanair(14개 기지), Wizz Air(9개 기지), easyJet(8개 기지)의 3개 항공사가 운영하고 있으며, 18개 유럽 LCCs는 해외기지를 운영하지 않고 있다.

2.3.3 LCCs의 국제화 동인 및 해외기지 구축

Klein et al.(2015)는 해외기지 공항 이용에 대한 LCCs의 결정에 영향을 주는 주요 동인을 분석하기 위해 경영수준, 조직수준, 환경부문에 대하여 분석하였다.

(1) 경영수준

기업들은 위험감수, 자율선호, 경쟁업체 대비 도전적이고 예방적인 의지에 있어 큰 차이가 있는 것으로 나타나고 있다. 또한, 회사의 기업가적인 자세는 최고경영자의 스타일에 의해 구동 된다. 즉, 기업 지도자들은 이익 또는 성장에 대하여 중요하게 생각하는 분야가 다를 수 있기 때문이다(Covin & Slevin, 1991; Garrett et al., 2009). 기업 리더 중 일부는 빠른 기업성장을 추구하거나 혁신적인 성장을 선호한다.

항공산업은 초기부터 많은 리더가 설립자이거나 설립된 항공사를 인수하여 성장을 촉진하는 전략을 구사하였다(Petzinger, 1996). LCCs에서도 Ryanair의 Michael O'Leary, Air Berlin의 Joachim Hunold는 과감한 성장과 확장을 위한 우호적인 통합 형태를 강력하게 추진하는 경향을 보이고 있다. 국제화는 성장을 나타내는 신호이며 항공사의 해외기지 구축은 항공사 성장의 강력한 신호이면서도 도전적인 과제이다. 성장 지향적 리더들은 해외기지를 통한 LCC의 국제화 확장에 긍정적이며, 성장 지향의 기업지도자에 의해 주도되는 LCCs는 해외기지에 투자할 가능성이 훨씬 크다는 가설이 지지되고 있다.

(2) 조직수준

조직수준에서 공개 주식시장 상장은 LCCs가 자본시장 투자자로부터 상당한 재정적 지원을 받을 수 있는 방법의 하나이다. 주식시장을 통한 거래는 다수의 투자자로부터 현금유입을 촉진할 수 있어 상장된 LCCs는 주식시장을 통해 조달한 자금을 해외공항 기지 투자에 활용할 수 있다. 국제투자는 투자자들에게 사업확장 전략의 신호로 받아들여지며, 투자결정의 건전성에 큰 확신을 줄 수 있다. 따라서 증권거래소를 통한 기업공개는 LCC의 해외기지를 통한 국제화에 긍정적인 영향을 주게 된다.

기업공개 초기에는 비교적 많은 현금 보유가 있을 수 있지만, 해외기지를 통한 국제화 정도는 기업공개를 하지 않은 경쟁자와 크게 다르지 않은 것으로 나타나고 있다. 이것은 해외기지를 통한 국제화가 주로 유동자산의 활용성에 의해 영향받기보다는 오히려 해외기지 구축을 위한 비용 또는 편익이 더 중요하게 고려되고 있음을 나타낸다.

LCCs는 항공사 모기업 없이도 다중의 항공사 집단에 속하거나 독립게 항공사로 운영될 수 있다. 복수의 개별 기업에 있어서 기업경영의 중요한 기능 중 하나는 개별 기업 단위로 전략적으로 자원을 할당할 수 있다는 것이다. 이것은 투자에 대한 비즈니스 단위의 경쟁 결과이다. 대형 항공사 집단으로부터 보조를 받는 LCCs는 내부 혁신이나 시장 개발을 위한 권한이 축소되고(Pearson & Merkert, 2014) 의사결정을 신속히 하지 못하게 모기업으로부터 관리의 간섭이나 통제를 받을 수 있다. 따라서 추가적인 해외기지가 필요할 때 자회사 LCCs는 모기업의 관리지침과 의사결정의 지연으로 적절하게 대응을 못할 수도 있다. 이것은 해당 항공사의 성장과 투자 자율성을 제한하고 해외기지에 대한 투자 감소로 이어질 수 있다. 따라서 항공사 그룹의 자회사는 해외기지를 통한 LCCs의 국제화에 부정적인 것으로 분석되고 있다.

항공사 그룹의 자회사인 LCCs는 독립계 저비용 항공사 보다 상당히 적은 수의 해외기지를 운영하고 있는 것으로 나타나고 있다. 이것은 자회사 LCCs의 투자자유를 제한하는 엄격한 관리지침을 적용하고 있는 모기업으로 인해 자회사 LCCs가 자신의 경영의사결정(해외기지 구축결정)을 구현하는 데 어려움이 있는 것으로 설명될 수 있다. 또한, 항공사 그룹 자회사의 해외기지 유지도 낮게 나타나고 있는 것은 모기업에 의한 자회사의 해외기지 구축 의사결정 지연으로 나타난 결과로 볼 수 있다. 의사결정의 지연은 여러 사업부문을 운영하는 그룹 기업의 전형적인 속성이다. 따라서 항공사 그룹의 자회사는 해외시장을 개척하고 해외기지를 통해 경쟁력을 강화하는 데 느리게 대응하는 것으로 나타나고 있다.

기업의 국제화 역량 증진과 관련하여 국제적 운영 결과의 경험이 국제시장 활동에서 보다 긍정적으로 영향을 미치는 것으로 밝혀졌다(Madhok, 1998). 상대적으로 많은 국제적 운영을 하고 있는 LCCs는 해외시장 특성, 국가기관 및 규정의 지식과 경험을 축적하고 있고, 상대적으로 적은 국제적 운영을 하고 있는 LCCs는 관련된 높은 위험과 탐색비용 때문에 해외에서 기지설립으로부터 우회할 수 있는 다양한 지식이 부족할 수 있다. 특히, LCCs의 국제선 목적지 네트워크가 많아질수록 중단 없는 서비스를 수행하기 위해 더 많은 역량이 필요할 것이고, 이러한 필요성은 해외의 구축 기지에서 해결할 수 있다. 따라서 국제적 운영 경험은 해외기지를 통한 LCCs의 국제화 정도에 긍정적인 영향을 주는 것으로 분석되고 있다.

LCCs는 운항 네트워크를 통해 비행편 수의 변경 또는 유지되는 변동성 또는 안정성에 대한 관리방법에 차이가 있다. FDI는 일반적으로 장기투자로 철수의 어려움이 있을 수 있다. LCC가 해외공항에서 서비스하면서 해외기지 중심의 비행편 수 운영에 부정적일 수 있다. 그러나 안정적인 항공사는 해외공항 기지 구축을 통한 비행편 수 운영에 더 큰 매력을 가질 수 있다. 또한, LCCs는 노선 네트워크에서 더 높은 전략적 우위를 갖는 공항에서 기지를 운영하고자 한다. 따라서 그와 같은 공항에서 상대적으로 더 많은 비행편 수를 운영한다.

해외공항에서 LCCs 비행편 수의 높은 변동성은 해외기지를 통해 LCCs의 국제화를 확장해 가는 데 부정적인 영향을 미칠 수 있다. LCCs의 국제 목적지 관리에 있어서 상대적으로 빈번하게 국제 목적지에 비행편 수를 변경하는 경우, LCCs가 해외기지 투자 가능성이 상당히 낮을 수 있다는 것이 발견되었다. 이 결과는 기지공항에서 잠금 효과의 존재로 설명될 수 있다. 다시 말해, 운항 편수에서 높은 변동성이 있는 네트워크를 갖고 있는 항공사들은 공항으로부터 철수(임시적으로)될 가능성이 있으므로 철수비용에 의해 영향을 받을 가능성이 높다. 그러나 LCC를 위한 특정 해외공항의 전략적 중요성이 있다고 분석되는 경우에는 LCC가 해당 공항을 기반으로 해외기지 운영을 지속할 가능성이 높게 나타나고 있다.

(3) 환경요인

수많은 환경요인이 해외기지를 통한 LCCs의 국제화에 영향을 미칠 수 있다. 일반적으로 해외 지역의 인건비가 FDI 입지 선정에서 중요한 요인들 중의 하나이다(Culem, 1988; Dunning & Lundan, 2008). 특히, 유럽 항공사들에게는 상대적으로 가장 큰 요인으로 고려하는 것이 비용요인이다. 유럽 항공사에서는 조종사와 승무원의 인건비가 가장 높은 비용요소로 총운영비용의 20~35%(Doganis, 2006)에 해당하기 때문이다. 해외기지 구축은 유럽지역 중에서 노동비용의 차이를 이용하여 지상조업과 객실 승무원을 해당 지역에서 계약해서 사용할 수 있는 기회를 LCCs에게 제공하고 있다. 따라서 특정 공항에서 낮은 노동비용은 유럽 LCCs들이 이 공항에서 해외기지를 구축할 가능성을 높이게 된다.

기업이 투자를 위해 해외지역을 평가할 때 자산이나 운영 측면에서 상대적으로 높은 위험을 갖고 있는 지역에 대해 낮은 가치를 부여하게 된다. 국제적 입지 결정에서 주요 위험요인의 하나는 전반적인 정치체계의 안정성과 사회적 간섭정도이다. 예를 들어, 높은 성향의 노동쟁의와 투자를 위태롭게 하는 높은 파업 수준 등이다.

유럽연합이 다른 세계의 지역과 비교하여 상대적으로 높은 정치적, 사회적 안정성이 있으나, 유럽연합 내 국가 간에 존재하는 중요한 차이는 태업율이다. 위에서 언급한 것같이 해외기지는 일시적으로 항공사를 유치하게 되므로 공항에서의 문제를 더 취약하게 만들어 주고 있다. 노동쟁의와 같은 정치체제와 사회불안의 불안정성은 취항 목적지로서 이러한 공항을 운항하는 LCC 보다는 특정 공항의 기지를 유지하는 LCC에게 더욱 중요하다. 따라서 유럽 LCCs들은 높은 정치적, 사회적 안정성이 있는 국가의 공항에 해외기지를 구축하고자 한다.

유럽 LCCs의 환경은 자국의 시장규모에 따라 차이점이 있다. 기업국제화는 자국시장 규모로 인하여 성장의 잠재력이 국내적으로 제한되기 때문에 이에 대한 대응으로 제기되는 것이다(Fan & Phan, 2007; Knight & Cavusgil, 1996). 그러나 항공사는 단순히 국제선 노선의 추가만으로도 단순하게 국제화를 결정할 수 있다. 또한, 육로나 철도와 같은 다른 수송수단과의 경쟁이 규모가 작은 국가에서는 특히 높을 수 있다.

해외공항에 대한 기지 구축은 경쟁압력을 감소시키기 위한 수단으로 이용될 수 있다. 따라서 항공사의 모국 수요규모는 해외공항에서 해외기지를 통한 LCCs의 국제화에 부정적인 영향을 나타내고 있다. 즉, 규모가 작은 모국 시장을 갖고 있는 항공사는 노선 네트워크에 해외공항을 포함하기 위한 노력을 하고 있음이 확인되고 있다. 규모가 작은 모국 시장에서의 제한된 공항 가용성은 항공기단 규모에 대한 운영 및 통제에서도 비효율적이기 때문이다.

참고문헌

Albers, S., Heuermann, C., Koch, B. (2010). Internationalization strategies of EU and Asia-Pacific low fare airlines. Journal of Air Transport Management, 16(5), 244-250.

Andersen, O. (1997). Internationalization and market entry mode: a review of theories and conceptual frameworks. Management International Review, 37(2), 27-42.

Bel, G., Fageda, X. (2010). Privatization, regulation and airport pricing: an empirical analysis for Europe. Journal of Regulation Economics, 37(2), 142–161.

Blomstermo, A., Sharma, D.D., Sallis, J. (2006). Choice of foreign market entry mode in service firms. International Marketing Review, 23(2), 211-229.

Boguslaski, C., Ito, H., Lee, D. (2004). Entry patterns in the southwest airlines route system. Review of Industrial Organization, 25(3), 317-350.

Borenstein, S. (1989). Hubs and high fares: dominance and market power in the U.S. Airline industry. RAND Journal of Economics, 20(3), 344-365.

Brouthers, K.D., Brouthers, L.E., Werner, S. (2003). Transaction cost-enhanced entry mode choices and firm performance. Strategic Management Journal, 24(12), 1239-1248.

Brueckner, J.K., Dyer, N.J., Spiller, P.T. (1992). Fare determination in airline hub-and-spoke networks. RAND Journal of Economics, 23(3), 309-333.

Budd, L., Francis, G., Humphreys, I., Ison, S. (2014). Grounded: characterising the market exit of European low cost airlines. Journal of Air Transport Management, 34, 78–85.

Carney, M., Dostaler, I. (2006). Airline ownership and control: a corporate governance perspective. Journal of Air Transport Management, 12(2), 63-75.

Chang, Y.C., Williams, G. (2001). Changing the rules – amending the Nationality clauses in air services agreements. Journal of Air Transport Management, 7(4), 207–216.

Chang, Y.-C.,Williams, G., Hsu, C.-J. (2004). The evolution of airline ownership and control provisions. Journal of Air Transport Management, 10(3), 161–172.

Cho, W., Windle, R., Hofer, C. (2012). Route competition in multi-airport cities. Transportation Journal, 51(3), 265-288.

Covin, J.G., Slevin, D.P. (1991). A conceptual model of entrepreneurship as firm behavior. Entrepreneurship Theory and Practice, 16(1), 7-26.

Culem, C.G. (1988). The locational determinants of direct investments among industrialized countries. European Economics Review, 32(4), 885–904.

de Wit, J. (2014). Unlevel playing field? Ah yes, you mean protectionism. Journal of Air Transport Management, 41, 22-29.

Doganis, R. (2006). The Airline Business, second ed. Routledge, Milton Park.

Doganis, R. (2010). Flying off course. Airline Economics and Marketing, 4th ed. Routledge, Abingdon.

Dresner, M., Eroglu, C., Hofer, C., Mendez, F., Tan, K. (2015). The impact of Gulf carrier competition on U.S. airlines, Transportation Research Part A, 79, 31-41.

Dunning, J.H., Lundan, S.M. (2008). Multinational Enterprises and the Global Economy, second ed. Edward Elgar, Cheltenham.

easyJet (2007). Annual Report and Accounts 2007. easyJet plc., London..

Fan, T., Phan, P. (2007). International new ventures: revisiting the influences behind the 'born-global' firm. Journal of International Business Studies, 38(7), 1113-1131.

Fu, X., Oum, T.H., Zhang, A. (2010). Air transport liberalization and its impacts on airline competition and air passenger traffic. Transportation Journal, 49(4), 24-41.

Garrett, R.P., Covin, J.G., Slevin, D.P. (2009). Market responsiveness, top management risk taking, and the role of strategic learning as determinants of market pioneering. Journal of Business Research, 62(8), 782–788.

Graham, A. (2013). Understanding the low cost carrier and airport relationship: a critical analysis of the salient issues. Tourism Management, 36, 66-76.

Grimme, W. (2011). The growth of Arabian airlines from a German perspective – a study of the impacts of new air services to Asia. Journal of Air Transport Management, 17(6), 333-338.

Hazledine, T. (2010). Pricing, competition and policy in Australasian air travel markets. Journal of Transport Economic & Policy, 44(1), 37-58.

Herrmann, P., Datta, D.K. (2006). CEO experiences: effects on the choice of FDI entry mode. Journal of Management Studies, 43(4), 755–78.

Hofer, C., Dresner, M., Windle, R. (2005). Financial distress and US Airline fares. Journal of Transport Economic & Policy, 39(3), 323-340.

Hofer, C., Windle, R.J., Dresner, M.F. (2008). Price premiums and low cost carrier competition. Transportation Research Part E, 44(5), 864-882.

Hooper, P. (2014). Has liberalisation stalled? Journal of Air Transport Management, 41, 17-21.

Kindergan, A. (2014). The rise of the Gulf Carriers. The Financialist, <https://www.thefinancialist.com/the-rise-of-the-gulf-carriers/>

Klein, K., Albers, S., Allroggen, F., Malina, R. (2015). Serving vs. settling: What drives the establishment of low-cost carriers' foreign bases? Transportation Research Part A, 79, 17-30.

Knight, G.A., Cavusgil, S.T. (1996). The born global firm: a challenge to traditional internationalization theory. Advanced in International Marketeting Series, 8, 11-16.

Lumpkin, G.T., Dess, G.G. (1996). Clarifying the entrepreneurial orientation construct and linking it to performance. Academy of Management Review, 21(1), 135-172.

Madhok, A. (1998). The nature of multinational firm boundaries: transaction costs, firm capabilities and foreign market entry mode. International Business Review, 7(3), 259-290.

Malina, R., Albers, S., Kroll, N. (2012). Airport incentive programmes: a european perspective. Transportation Review, 32(4), 435-453.

Morrison, S.A. (2001). Actual, adjacent, and potential competition: estimating the full effect of southwest airlines. Journal of Transport Economic & Policy, 35(2), 239-256.

Morschett, D., Schramm-Klein, H., Swoboda, B. (2010). Decades of research on market entry modes: what do we really know about external antecedents of entry mode choice? Journal of International Management, 16(1), 60-77.

Nielsen, B.B., Nielsen, S. (2011). The role of top management team international orientation in international strategic decision-making: the choice of foreign entry mode. Journal of World Business, 46(2), 185-193.

Parker, A. (2012). Emirates: a perspective on issues in Canadian aviation. Air Space Law, 37(6), 419-430.

Pearson, J., Merkert, R. (2014). Airlines-within-airlines: a business model moving East. Journal of Air Transport Management, 38, 21-26.

Petzinger, T. (1996). Hard Landing: The Epic Contest for Power and Profits that Plunged the Airlines into Chaos. Times Business, New York.

Ramon-Rodriguez, A.B., Moreno-Izquierdo, L., Perles-Ribes, J.F. (2011). Growth and internationalisation strategies in the airline industry. Journal of Air Transport Management, 17(2), 110-115.

Squalli, J. (2014). Airline passenger traffic openness and the performance of Emirates Airline. The Quarterly Review of Economics and Finance, 54(1), 138-145.

Walulik, J. (2016). At the core of airline foreign investment restrictions: A study of 121 countries. Transport Policy, 49 (2016) 234-251

Warnock-Smith, D., Potter, A. (2005). An exploratory study into airport choice factors for European low-cost airlines. Journal of Air Transport Management, 11(6), 388-392.

3 장

항공시장의 경쟁력 분석

3.1 미국 항공사의 효율성 분석

3.1.1 항공사 효율성 개요

경쟁이 심한 항공운송 시장에서 항공사의 운영 효율성을 분석하고, 비효율성의 원인을 확인하여 개선 방안을 마련할 필요가 있다. 이 같은 활동을 위해 항공사의 운영 효율성 측정과 개선 방안을 분석할 수 있는 전략적 운영모형이 필요하고, 이를 통해 항공사의 경영자, 이해관계자, 규제기관 등에서 효율성 수준을 인식하고 개선 방안을 모색하는 데 활용할 수 있다. 항공사의 효율성은 다양한 모형에 의해 평가되어 왔다.

미국에서 국내 여객항공사는 중요한 교통수단이며 중요한 역할을 하고 있다. 2012년 미국의 국내 항공사는 6억 명 이상의 여객을 수송했으며 약 38만 명에게 일자리를 제공하는 한편, 공항 및 공항 주변 비즈니스를 활성화시키고 있다. 그러나 2012년 미국의 주요 10개 항공사[1]의 수익은 2011년에 비해 64% 감소하였고, 이들 10개 항공사의 누적 이익은 2010년 여객당 318센트에서 2012년 여객당 21센트로 급격히 감소하였다(Heimlich & Elwell, 2013). 2012년 전체 미국 항공사의 영업비용은 4.7% 증가하였으며, 영업이익은 2011년에 비해 4.5% 감소하였다.

어려운 경제 상황과 새로운 항공사의 지속적인 진입으로 인해 과거에는 일부 미국의 국내 항공사가 공공 보조금이나 정부의 구제금융에 의존하기도 하였다. 경쟁이 심한 항공시장에서 미국 항공사가 공적자금에 대한 의존도를 낮추면서 항공사를 운영하기 위해서는 효율적으로 사업을 수행하고 경제성을 확보하는 것이 매우 중요하다(Forsyth et al., 1986; Pearson & Merkert, 2014).

운영 효율성을 향상시키기 위해 항공사는 조직 내에서 비효율적인 원인이 무엇인지 확인해야 한다(Ott & Neidl, 1995). 미국 항공사는 운영 효율성의 향상을 통해 비용 효율성과 서비스 효율성을 최적화하고 균형을 맞추어야 하며, 특히 에너지와 인건비 상승에 대처하기 위해서도 효율성 분석이 필요하다. 항공사는 영업비용을 절감하여 영업이익을 늘리거나 이 두 가지를 전략적으로 결합하여 효율성 향상을 달성할 수 있다.

효율성 관점에서 조직이 현재의 산출수준을 유지하고 자원소비를 줄여 효율성을 개선하고자 하는 경우에는 전통적인 투입지향 분석모형을 적용하는 것이 적합하다. 반면

[1] 알래스카, 알레지나, 아메리칸, 델타, 하와이언, 제트 블루, 사우스 웨스트, 스피릿, 유나이티드, 유에스 항공.

에 자원소비를 현재 수준으로 유지하면서 산출수준을 높여 효율성을 개선하고자 하는 경우에는 산출지향 분석모형이 적합하다. 항공사에서 효율성 분석을 위해 투입지향 분석모형과 산출지향 분석모형 중에서 어느 것을 선택할 것인가 하는 선택기준이 불분명하다. 비용절감과 운영수익 증가의 균형을 어떻게 유지할 것인가에 대한 명확한 판단기준이 없기 때문이다. 따라서 투입과 산출을 적절히 조정하여 최적화하는 효율성 분석모형이 필요하다.

지금까지 세계 여러 항공사의 운영 및 기술적 효율성을 평가하기 위해 많은 연구가 진행되었다. 대부분의 연구(Ehrlich et al., 1994; Chiou & Chen, 2006)에서 좌석마일과 여객마일을 산출성과로 취급하고, 항공사들이 이러한 산출성과를 얼마나 잘 극대화하는지를 통해 항공사 효율성을 평가하고 있다. 좌석마일은 서비스 용량(공급)을 나타내고 여객마일은 서비스 수요(수요)를 나타낸다. 수요와 공급 모두를 증가시키는 것은 효율성 향상에 적절하지 않다. 즉, 수요를 늘리거나 공급을 줄임으로써 효율성을 향상시키는 것이 일반적이기 때문이다.

그러나 수요증가를 통해 매출기회를 높이고, 공급증대를 통해 더 많은 매출이 가능하다면 수요 및 공급의 동시 증가도 의미 있는 시도가 된다. 그러나 이 경우 매출의 증가는 가능하지만 투입요소(공급)의 증가에 따라 효율성 개선은 이루어지지 않을 수 있다. 이 같은 문제점을 보완하기 위해 수요와 공급을 최종 산출성과가 아닌 중간 산출성과로 고려할 필요가 있다.

Scheraga(2004), Greer(2009)는 항공사 효율성을 평가하는 주요 방법으로 비용절감을 사용하여 항공사가 효과적으로 비용을 절감하는 것에만 초점을 맞추고 있다. 그러나 이 방법은 단순히 비용을 절감하는 것보다 순이익을 극대화하는 것이 항공사의 주요 관심사항이기 때문에 적절하지 못한 것으로 평가된다. 일반적으로 좌석은 저장이 불가능한 소멸성 자산이므로 항공사에서는 비용을 줄이고 수익을 늘리기 위해 공급석 및 운항노선(좌석마일) 운영계획을 수립하고 여객수요(여객마일)를 분석한다(Grosche, 2009, Tsai & Kuo, 2004). 따라서 항공기 마일은 최종 산출성과물이 아닌 중간 산출성과물로 취급되어야 한다.

항공사는 비용절감과 수익증대에 대하여 동시에 균형을 맞추려고 한다. 기존의 많은 연구에서 표준 DEA를 항공사 성과측정 방법론으로 사용하였다. 표준 DEA 모형은 고전적인 방법으로 분석가가 투입을 줄이거나 산출성과를 늘릴 수 있도록 하는 투입지향 또는 산출지향 분석모형이다. 최근에 제안되고 있는 2단계 네트워크 DEA 모형(예: Zhu,

2011; Lu et al., 2014)은 운영 프로세스에 대한 더 깊은 통찰력을 제공하지만, 분석가가 투입물을 줄이고 동시에 중간 규모의 산출물을 증가시키는 것을 허용하지 않는다. 따라서 항공사의 효율성 분석에서 평가 속성에 대한 주관적인 가중치를 지정할 필요가 없도록 투입을 줄이고 산출성과를 증가시킬 수 있는 모형이 개발되어야 한다.

3.1.2 항공사 효율성 측정 모형

효율성 측정모형을 이용하여 미국의 국내 여객항공사의 효율성을 분석하고 비효율성의 원인을 분석할 필요가 있다. 이를 위해 3단계 네트워크 DEA 모형을 고려할 수 있다(Mallikarjun, 2015). 최적의 운영 효율성을 달성하기 위해서는 투입을 줄이고 동시에 산출성과를 증가시켜야 한다. 그러나 투입 및 산출성과에 대한 상대적, 주관적 가중치가 없어 그 중요성을 나타내기가 용이하지 않다. DEA는 투입과 산출의 비용을 효율성으로 정의하여 대안을 비교하고, 효율성 개선을 위한 투입 조정 또는 산출성과 조정 등을 최적화하여 개선방법을 탐색하는 방법이다.

그러나 투입자원이 곧바로 최종 산출 성과로 나타날 수도 있지만, 중간 생산물을 통해 최종성과로 나타날 수도 있다. 이 경우 중간 생산물은 최초투입 자원에 대해서는 산출성과일 수 있지만, 최종 산출물에 대해서는 투입 자원으로 고려된다. 따라서 전통적인 DEA 방법에서 최초투입과 최종산출과의 관계를 분석하는 것에 더하여, 중간 산출물의 관계에 따른 투입-산출 비율 분석으로 효율성을 분할하여 분석할 필요가 있다. 네트워크 DEA는 이 같은 분할된 효율성 분석 방법으로 중간재의 역할과 관련된 내부적인 효율성을 고려한 효율성 분석 방법이다.

〈그림 3-1〉은 항공사 효율성 분석을 위한 주요 성과지표와 운영 효율성 모형을 나타내고 있고, 주요 성과지표는 영업비용(OE), 항공기 규모(FS), 운항목적지(DS), 영업수익(OR)를 고려하고 있다. 영업비용(OE)에는 임금, 급여, 운항용품(연료, 유지보수 등), 보험경비 및 기타 잡비와 같은 항공사 운영에 따른 비용이 포함된다. OE는 추가 항공기 구매 및 네트워크 확장과 같은 자본 지출을 고려하지 않으며, 전체 항공사 시스템의 운영과 관련되어 있다. 따라서 OE는 효율성 모형에서 투입요소이며 목표는 이를 감소시키는 것이다.

운영 단계에서는 가용좌석마일(ASM)을 창출하기 위해 항공사의 투입자원으로 OE를 사용한다. ASM은 목적지 간 이동에 사용할 수 있는 항공기 마일수와 해당 목적지 간 유상여객 수에 대한 좌석 수로 정의되고, ASM은 항공사의 공급 능력을 나타낸다. 이

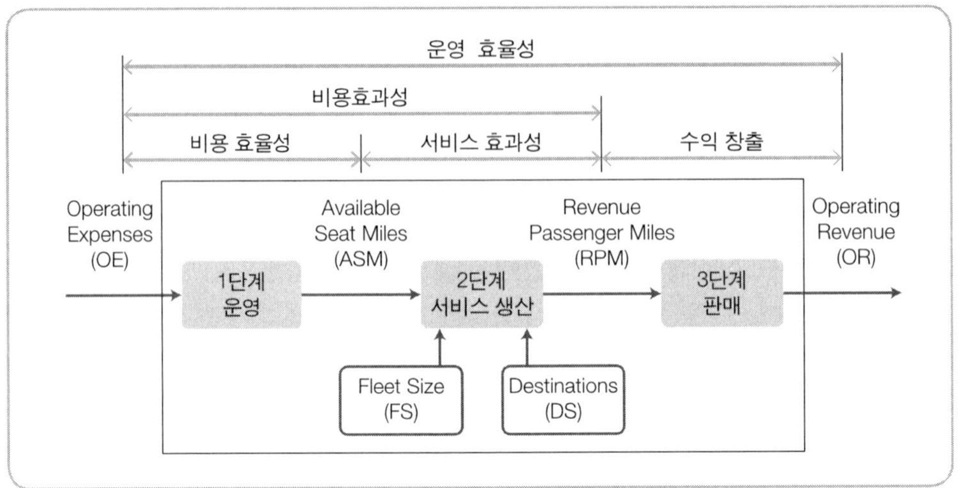

자료: Mallikarjun (2015).

〈그림 3-1〉 미국 국내선 항공사 운영 효율성 측정모형

단계의 분석에서는 항공사 운영의 비용 효율성 지표를 제공한다. ASM은 첫 번째 단계의 산출성과임과 동시에 두 번째 단계의 투입요소가 된다. 따라서 ASM은 첫 번째와 두 번째 단계를 연결하는 중간 상품이 된다.

서비스 단계는 ASM을 소비하여 유상여객마일(RPM)을 창출한다. RPM은 두 목적지 사이의 ASM 상품 수와 해당 여행에 제공된 유상여객 수에 의해 결정된다. ASM과 RPM은 소멸성으로 저장이 불가능하고, 항공사 운영성과를 측정하는 중요한 지표이다(Cento, 2009). 이 단계는 제공한 서비스의 효율성 지표를 제공한다. 서비스 효율성은 주어진 공급석으로 최대의 여객 수를 확보하는 항공사의 성과로 정의되고, 생산된 서비스와 소비된 서비스의 관계를 나타낸다.

운영 단계와 서비스 단계가 결합하여 항공사의 비용 효율성 지표를 만들 수 있다. 비용 효율성은 항공사가 단위 운영비용으로 최대 수송인원을 달성하기 위한 것으로, 소비된 서비스와 운영비용 간의 관계를 나타낸다. RPM은 서비스 단계의 산출성과임과 동시에 다음 단계의 투입 요소이다. 따라서 RPM은 서비스 단계와 다음 단계를 연결하는 모형의 중간 상품이 된다.

항공기 규모(FS)와 운항목적지(DS)는 서비스 단계에서 고려되는 특성이다(Merkert & Hensher, 2011). FS는 서비스에 사용할 수 있는 최대 항공기의 수이고 DS는 서비스된 공항(목적지)의 수를 나타낸다(Hirst, 2008). FS 및 DS는 자본자산이며 항공사 운영 관리

자의 통제를 벗어난다. FS와 DS를 더 많이 가진 항공사가 ASM을 더 많은 RPM으로 변환할 수 있다. 이는 추가 FS 및 DS가 항공사의 운영 관리자에게 더 많은 옵션을 제공하기 때문이다. 즉, FS와 DS의 수가 많을수록 여객서비스 기회가 더 많이 생기기 때문이다(Cento, 2009).

영업 단계에서는 영업 수익(OR)을 산출한다. OR은 모형의 최종 결과로 항공사는 OR의 증대를 위해 노력한나. 여기에는 회사의 자산, 주식, 채권 등의 판매와 같은 자본 소득을 포함시키지 않는다. 영업 단계는 항공사 운영의 수익창출 지표를 제공한다.

3.1.3 미국 항공사의 효율성 분석

미국 내 국내선 항공사의 규모는 다양하며 항공사의 규모는 효율성을 결정하는 중요한 요소가 될 수 있다. 항공사는 영업 수익을 창출하기 전에 고정비용(운영, 유지보수, 직원 급여 등)으로 상당한 운영비용(투입)을 부담한다. 운항이 시작되면 더 많은 항공기와 여객이 추가될수록 더 많은 수익이 창출된다. 그러나 항공사의 투입 규모에 따라 수요가 발생하지만, 대체로 영업수익(산출량) 증가수준은 운영비용 증가수준을 밑도는 수준으로 증가한다(Lee & Worthington, 2014).

항공사 효율성 모형은 하나의 투입, 하나의 산출성과 및 두 개의 중요한 중간 상품의 3단계로 구분해 볼 수 있다. 최적의 효율을 달성하려면 투입(OE)을 줄이고 산출(OR)을 증가시켜야한다는 것이 분명하다. 그러나 중간 제품(ASM 및 RPM)의 역할 역시 중요하다. ASM과 RPM은 본래 소멸하기 쉽고 사용하지 않을 때 가치를 상실한다(Finch et al., 1998; Kimes, 1989). 서비스의 지속적인 잉여 또는 부족은 결국 항공사의 실패로 이어질 수 있다(Pearson & Merkert, 2014; Fan et al., 2014). 따라서 항공사는 비용을 줄이거나 수익을 늘리기 위해 최적의 ASM 및 RPM 수준을 찾도록 해야 한다(Wilson et al., 2006).

Mallikarjun(2015)은 미국 항공사의 효율성 분석을 위해 〈그림 3-1〉의 네트워크 DEA 모형을 적용하였다. 2012년 미국 국내 항공사 데이터를 이용하여 분석 대상은 2012년에 운영되고 있는 14개의 주요 항공사와 13개의 미국 국내 상용 여객항공사를 대상으로 하였다. 주요 항공사의 연간 영업수익은 10억 달러 이상이며, 국내 항공사의 연간 영업수익은 1억~10억 달러를 나타내고 있고, 2012년에 정상적인 스케줄로 운항하는 미국 국내 여객 항공사만 포함하였다. 분석에서 네트워크 DEA를 각 항공사에 적용하여 27개 미국 항공사의 조직 효율성 점수를 결정하였다. 투입 OE는 일정 수준으로 감소하거나 유지되는 반면 산출성과 OR은 일정 수준으로 증가하거나 유지하는 경향을 보이고 있다. 중간 생성물 ASM과 RPM은 목표 수준에 수렴될 때까지 일정한 수준으로 변동하면서 유지되고 있다.

네트워크 DEA 모형을 기반으로 분석한 미국 항공사 운영효율 측정 결과는 네 가지 효율비율을 제공한다. Cento(2009), Pitfield et al.(2010), Barros et al.(2013)은 대규모 항공사가 상대적으로 큰 인프라와 네트워크에 의해 운영 유연성이 높아 저비용 항공사보다 더 효율적이라고 주장한다. 또한 Pearson & Merkert(2014)는 저비용 항공사의 경우 비용이 높고 효율성이 낮기 때문에 성공이 제한적이라고 주장하였다.

이를 검증하기 위해 2012년 미국의 주요 항공사와 국내선 항공사 간의 네 가지 효율성 비율을 비교하였다. 두 그룹의 효율성 비율이 크게 다르지 않다는 가설을 전제로 분석한 결과, 주요 항공사의 OE 비율은 2012년 평균보다 월등히 높았으며, 주요 항공사의 평균 OR 비율은 국내선 항공사의 평균 OR 비율보다 낮았다. 즉, 주요 항공사의 평균 OR 비율은 국내선 항공사보다 효율적이라는 결론을 얻었다. 결국 평균적으로, 주요 항공사는 효율적인 영역에 도달하기 위해 20% 더 많은 OR를 생성해야 하지만, 국내선 항공사는 효율적인 영역에 도달하기 위해 49.4%의 OR을 생산해야 한다는 것이다.

따라서 주요 항공사들은 2012년 국내선 항공사보다 생산 효율이 높게 나타나고 있으며, ASM 및 RPM 비율은 2012년과 크게 다르지 않았다. 즉, 평균적으로 주요 항공사들은 2012년 비용과 영업비용에서 국내선 항공사보다 더 효율적이었다. 그러나 ASM(서비스 공급)과 RPM(서비스 수요) 효율비율은 크게 차이가 없었다. 그 이유는 대형 항공사들이 운영비를 지출하고 외부 시장 실패를 흡수하는 규모의 경제 효과가 있었기 때문으로 추정된다(Capobianco & Fernandes, 2004; Khanna & Palepu, 2000).

따라서 이 같은 결과가 이 기간 동안 발생한 항공사 합병 및 인수의 이유가 될 수 있다(Barros & Peypoch, 2009, Barros et al., 2013). 그러나 평균적으로 주요 항공사들은 국내선 항공사와 비교 시 상대적 공급(ASM)과 수요(RPM)가 다르지 않았다. 국내선 항공사나 저비용 항공사는 좌석을 채우기 위해 낮은 운임을 제공하고, 국내선 항공사들은 대형 항공사들과 비교할 때 수익(OR)은 감소했지만 유상여객 마일(RPM)은 앞서고 있다(Lee & Worthington, 2014). 이것은 경험적으로 인식되고 있는 항공사 규모가 항공사의 효율성에 긍정적인 영향을 준다는 것을 입증하는 것이다.

3.2 항공사 경쟁력 동인

항공운송은 여행 및 관광 경쟁력 지수의 핵심 요소 중 하나이다. 이는 대부분의 여행 유형, 특히 장거리 목적지에서 가장 선호되는 운송 수단이다. 교통수단에 의한 입국 관광을 고려하면 최근 몇 년간 항공운송 수단의 사용이 점차 증가하고 있음을 보여주고 있다. 2004년 국제 여행객의 43%만이 항공여행을 주요 여행방법으로 선택했지만 2013년 여행자의 절반 이상(53%)이 항공사(UNWTO, 2014)를 이용하여 목적지에 도착하였다.

전반적으로 항공사의 비즈니스 모형은 기존 네트워크 항공사와 저비용 항공사의 두 가지 유형으로 분류할 수 있다(Eller & Moreira, 2014; Hunter, 2006). 저비용 항공사들이 "그들이 제공하는 시상에서 가격 리더십 전략을 구현하기 위해 비용 절감에 중점을 두고"(German Aerospace Center DLR, 2008), 기존 네트워크 항공사는 "다양한 서비스 클래스와 연결 편을 포함하여 비행 전 및 기내 서비스를 제공하고 있다"(German Aerospace Center DLR, 2008). 기존 항공사는 이전에 국적 항공사로부터 설립되었지만 소유구조는 국가마다 다르다. 미국에는 완전 민영화된 네트워크 항공사가 있지만 아프리카 및 아시아 국가 대부분은 기존의 네트워크 항공사가 국유항공사로 남아 있다. 반면, 유럽 국가는 완전한 민영화로부터 국가 소유까지 다양한 범위의 기존 네트워크 항공사를 포함하고 있다(Vidovic et al., 2013).

성공적인 관광산업을 창출하기 위한 기존 항공사의 핵심적인 역할에도 불구하고(Middleton & Clarke, 2001), 규제 완화 및 자유화(IATA, 2011)로 부터 항공기 규모와 운항빈도의 급상승으로 인해 항공시장은 치열한 경쟁에 직면해 있다. Citrinot & Bailey(2006)는 동일한 노선에서의 기존 항공사와의 경쟁 증가와 저비용 항공사의 진입으로 인한 치열한 경쟁으로 항공시장이 성숙되고 있다고 분석하기도 한다. Chang & Yeh(2001), Torlak et al.(2011)는 기존 항공사가 경쟁력 상황을 개선하고 평가하는 방법을 아는 데 많은 어려움을 겪고 있는 기존 항공사를 돕기 위하여 기존 항공사의 핵심 경쟁력 지표 및 동인에 대한 연구가 필요함을 제안하고 있다.

3.2.1 경쟁력 지표

항공산업에서 경쟁지표는 경쟁사와 비교하여 항공사의 경쟁력 상태를 나타내는 변수이며, 항공사에게 경쟁력 수준을 알려줌으로써 항공사의 경쟁력 강화에 대한 합리적인 기반을 마련하도록 할 수 있다. 항공사의 경쟁력 지표를 확인하기 위해 기업 경쟁력

〈표 3-1〉 기존 네트워크 항공사의 경쟁력 지표

경쟁력 지표	설명
가격	항공권 판매가격, 평균운임으로 측정함
품질	제공 서비스 수준, 서비스 품질 수준 측정 기준은 유형성(tangibility), 신뢰성(reliability), 민감성(responsiveness), 확신성(assurance), 공감성(empathy)을 사용함.
수익성	사업활동 결과로 얻어지는 이익수준, 영업수익률(operating profit margin), 순수익률(net profit margin) 등으로 측정함.
생산성	투입물 대비 산출물로 나타나는 생산성이 높음. 생산효율로 측정함.
비용	경쟁사보다 낮은 단위당 비용구조
시장점유율	경쟁자 대비 높은 여객수송 점유율
정시성	정시운항. 정기항공편의 출발편에 대한 예정시간 대비 실제 off-block 시간으로 측정함. IATA 표준은 15분 이내.
안전성	사건 및 사고로부터 발생하는 손실, 부상을 감소시키는 것이 중요함. 안전수준은 안전성과(safety performance)와 안전노력(safety efforts) 등으로 측정함.

에 대한 정의와 항공사 경쟁력에 대한 과거의 분석을 검토할 필요가 있다. 경쟁력을 평가하는 지표는 정의하는 방법에 따라 달라지며, 항공사 경쟁력은 기업 차원의 경쟁력이기 때문에 기업 경쟁력의 정의를 이용할 수 있다. 항공사의 경쟁력 상태는 효율성, 효과성, 운영규모, 재정상황, 안전수준, 가격, 품질, 생산성, 비용, 수익성, 충성도, 정시성, 비행빈도, 일정, 국제성, 시장점유율, 수익 등으로 나타낼 수 있다. 〈표 3-1〉에는 확인된 경쟁력 지표를 나타내고 있다.

3.2.2 경쟁력 요인

항공업계에서 경쟁력 요인은 경쟁력 지표를 개선하여 항공사의 전반적인 경쟁력을 이끌어내는 요소를 말한다. 실제로 경쟁력 강화요인은 기존 항공사가 경쟁사보다 우수한 실적을 내고 장기적으로 우수성과 생존력을 높일 수 있는 가장 영향력 있는 요인이다.

항공사의 경쟁력은 전략적 제휴, 인적 자원, 환율, 항공기, 상용 고객 프로그램, 평판, 기내 식음료, 광고, 국내총생산, 인플레이션율, 국가 문화, 정부 정책, 시장 자유화, 경영, 희소 자원 , 투자, 무형 자원 및 네트워크 특성을 포함한다. 항공사의 경쟁력 동인을 파악하기 위해 MBV(Market-Based View)와 RBV(Resource-Based View)의 두 가지 지배적인 이론을 바탕으로 분석할 수 있다.

〈표 3-2〉 기존 네트워크 항공사의 외부 경쟁력 강화요인

외부 동인	항공산업의 예
고객 협상력	• 여행사, 웹사이트 통합자(aggregators), GDS, 직접 판매 등을 포함하는 유통경로에서의 고객의 협상력 • 개별고객, 저가 비즈니스 고객, 고가 비즈니스 고객, 항공화물 고객 등의 고객에 대한 협상력
공급자 협상력	노동조합, 항공기 기체 및 엔진 제작사, MRO 사업자, 재원 조달(leasing companies, banks, equity investors), 항공유 공급자, 지상조업사, 공항 및 정부의 필수 서비스 등에서의 협상력
신규 진입자의 위협	산업에 대한 신규 진입자, 특정 지역에서의 신규 진입자의 위협
대체재/대체 서비스의 위협	대체 수송수단, 수송 밀도의 제한, 대체 여행 등에 의한 위협
기존 경쟁자와의 경합	네트워크 항공사, Point to Point 항공사(저비용 항공사 등), 전세항공사 등

자료: IATA (2011).

경쟁력에 대한 시장기반 관점은 기업이 시장상황을 고려하여 경쟁 우위를 찾을 수 있다는 것이다. 시장 기반관점은 구조행태성과(structure conduct performance: SCP) 패러다임과 다섯 가지 경쟁모형, 경쟁전략, 가치사슬 모형 및 다이아몬드 모형(Porter, 1990, 1985, 1980)을 포함한 Porter의 모형을 기반으로 형성된다. 다섯 가지 경쟁모형은 주어진 산업에서 기업의 경쟁력이 〈표 3-2〉에 나타난 바와 같이 5개 시장 군에 어떻게 의존하는지를 설명하고 있다.

많은 연구에서 Porter의 모형과 프레임 워크가 항공사 산업에 적용할 수 있다는 것을 인지하고 있다. 따라서 기존 항공사의 경쟁력 동인 또는 외부 동인들의 첫 번째 그룹은 Porter(1980)에 의해 제안된 다섯 가지 시장의 힘으로 구성된다. 반면에 기업 경쟁력에 대한 자원 기반 관점은 기업이 소유한 소중한 자원과 역량을 구현함으로써 경쟁 우위를 확보할 수 있다는 것이다(Rumelt, 1984; Wernerfelt, 1984). 자원이란 기업에 반영구적으로 연결된 자산을 의미한다(Maijoor & Witteloostuijn, 1996; Wernerfelt, 1984).

경쟁력은 "기업의 자원 활용 능력"(Javidan, 1998)을 나타내며, 기능부서(Grant, 1991; Hafeez et al., 2002; Javidan, 1998)를 기반으로 확인할 수 있다. 즉, 자원과 역량은 기업 성공에 가장 영향력 있는 요소이며 회사는 자원과 역량을 사용하여 최고의 수익을 낼 수 있는 시장을 찾아야 한다. 〈표 3-3〉과 〈표 3-4〉에서 볼 수 있듯이 제2 그룹의 경쟁력 있는 동인 또는 기존 항공사의 내부 동인들은 그들의 자원과 역량을 포함하고 있다.

〈표 3-3〉 항공사의 내부 경쟁력 동인 (기존 네트워크 항공사의 자원)

내부 자원	항공산업의 예
물리적 자원	항공기단, 항공기 수, 공항 슬롯 및 주기장, 정비시설, 본사, 발권사무소, 예약센터 등의 토지 및 빌딩
재무자원	항공사 보유현금, 증권 및 대출역량
인적자원	관리자, 조종사, 객실승무원, 정비사, 영업인력, 마케팅, 예약센터 등의 운영인력,
기술자원	인터넷 마케팅, 온라인 예약, 온라인 거래처리를 위한 정보기술, 항공 및 항행기술
명성/브랜드	항공사 브랜드 인지도 및 등록상표

자료: Delbari et al. (2016).

〈표 3-4〉 항공사의 내부 경쟁력 동인 (기존 네크워크 항공사의 역량)

내부 역량	설명
운항운영	운항장비의 경제적 이용을 위한 스케줄 패턴 및 절차 개발과 운항활동에 대한 계획 및 실행
정비운영	안전하고 판매가능한 항공교통 제공을 위한 장비의 유지
마케팅 및 서비스	마케팅 정책 및 일일 조직관리에 대한 의사결정
재무 및 자산	항공사의 모든 활동에 자금을 지원하고, 회사 수익을 관리하고 회계 정책 수립
정보서비스	항공사 내부의 데이터 통신망 설계 및 유지
인적역량	관리자와 직원간의 상호 만족관계 유지 및 공정하고 적절한 인사정책 제공
의사소통 역량	파업, 기상요인에 의한 운항 취소, 수송지연, 재무적 문제와 관계없이 사업자의 활동에 대한 정책 공시
경제성 역량	사업자의 경제적 건전성에 영향을 주는 요인에 대한 기획 및 통제
법무역량	타인으로부터 기업의 자산에 대한 침해, 인적 사고 등을 포함하는 법적 문제 처리 및 규제와 관련하여 정부기관과의 유기적 관계 유지

자료: Wensveen (2012).

3.2.3 경쟁력 지표와 경쟁력 동인

항공사의 경쟁력 지표와 경쟁력 동인에 대해 Delbari et al.(2016)는 말레이시아 지역을 대상으로 델파이 방법을 통해 분석하였다. Delbari et al.(2016)는 전문가 인터뷰를 통해 기존 문헌연구에서 추출한 경쟁지표 및 동인들의 외에 4개의 새로운 지표와 5개의 새로운 동인을 도출하였다. 〈표 3-5〉와 〈표 3-6〉에는 각각 새로운 지표와 동인의 정의가 설명되어 있다. 델파이 분석 결과 기존 항공사의 핵심 경쟁력 지표 및 동인이 선정되었다. 〈표 3-7〉은 선정된 12개 핵심 경쟁력 지표를 나타내고, 경쟁력 동인은 24개의 제안된 동인 중에서 15개 동인만이 타당성을 나타내고 있다.

수익 측면에서 고객의 요구사항을 충족하는 기존 네트워크 항공사의 경쟁력 지표는 두 범주로 분류할 수 있다. ① 고객 요구사항 지표(품질, 안전성, 가격, 연결성, 정시성 및 비행 빈도), ② 수익성을 나타내는 지표(수익성, 생산성, 비용, 시장점유율, 고객충성도 및 매출 성장). 고객 요구사항 지표와 수익 관련 지표 모두 항공사의 경쟁력을 반영하고 있기 때문에 이를 모두 고려하면 항공사의 경쟁력 상태를 평가하는 보다 합리적인 측정시스템을 만들 수 있다.

델파이 분석을 통해 항공사의 경쟁력을 이끌어내는 주요 경쟁력 동인에 대하여 시장기반 관점(고객의 협상력, 공급 업체의 협상력, 경쟁사와의 경쟁, 정부 정책)에서 추출한 외부 동인과 자원기반 관점으로부터 추출한 내부 동인들을 다음과 같이 분류 할 수 있다: 물리적 자원, 재정자원, 인력자원, 기술자원, 평판적 자원, 비행 운영 능력, 엔지니어링 및 유지보수역량, 마케팅 및 서비스 역량, 재정 및 자산역량, 인사 역량 및 전략적 제휴.

시장기반 관점에서는 항공사는 고객의 협상력, 공급 업체의 협상력 및 경쟁사 간의 경쟁이 낮고 정부 정책이 항공사를 선호하는 시장에 특히 초점을 맞출 필요가 있다. 자원기반 관점에서는 항공사 관리자는 금융, 인력, 항공기 운영, 마케팅과 서비스, 엔지니어링과 유지보수, 전략적 동맹 역량을 포함하여 항공사의 브랜드를 이용하여 최대한의 수익을 얻을 수 있는 시장을 목표로 해야 한다. 외부 환경과 내부 환경 모두 항공사의 경쟁력에 영향을 미치고 있음을 감안할 때 이 두 가지 유형의 동인을 고려하면 항공사의 경쟁력 상태를 개선하기 위한 보다 안정적인 시스템을 구축 할 수 있다.

3.2.4 경쟁력 지표 및 경쟁력 동인의 중요도

Delbari et al.(2016)는 전문가 인터뷰로 확인된 항공사의 주요 경쟁력 지표 및 동인에 대하여 AHP 분석을 통하여 우선순위를 결정하였고, 새로운 경쟁력 지표와 경쟁동인을 〈표 3-5〉와 〈표 3-6〉으로 분석하였다.

항공사의 경쟁력은 기존의 경쟁력 지표 이외에 추가된 4개의 경쟁력 지표가 포함되어 12개 핵심 경쟁력 지표로 나타나고, 항공사의 경쟁력을 이끌어내는 경쟁력 동인은 기

〈표 3-5〉 Delphi 패널 회원들이 밝힌 새로운 경쟁력 지표의 정의

경쟁력 지표	설명
연결성	기존 항공사는 각 목적지에 많은 운항빈도로 다양한 목적지를 운항하고, 각 목적지로부터 많은 연결편을 운영함. 연결편은 목적지가 증가함에 따라 증가하게 되고, 운항빈도 역시 증가함. 주로 대형 허브공항에서 운영됨
운항빈도	기존 항공사는 경쟁자보다 더 많은 운항편을 제공함
고객충성도	기존 항공사는 지속적으로 재구매하는 충성도 높은 고객을 보유하고 있음
수익성장률	기존 항공사는 경쟁자에 비해 높은 수익성장률을 나타냄. 수익성장은 전년대비 연간 총영업수익의 증가율로 평가함

자료: Delbari et al. (2016).

〈표 3-6〉 Delphi 패널 회원들이 밝힌 새로운 경쟁력 동인들의 정의

경쟁동인	설명
정부정책	규제 완화와 민영화 해외 직접투자 규제, 무역정책, 재무정책, 관리 및 인력정책, 기술개발 정책 등을 포함하는 기존 항공사의 경쟁력에 영향을 미치는 정책
전략적 제휴	전략적으로 유의적인 목적을 가지고 상호 편익을 가질 수 있는 둘 이상의 파트너십
리더십	기존 항공사의 관리자가 다른 항공사에 영향을 미치는 방법과 수준, 절차 등을 이해하고 행동할 수 있는 역량
전략계획	기존 항공사가 현재 상태에서 미래의 비전을 수립하고 발전하기 위한 지침을 만드는 과정
환률	국가의 경제환경에 따른 외환 환률

자료: Delbari et al. (2016).

존의 경쟁력 동인과 새로운 경쟁력 동인에 대한 분석 결과 15개의 경쟁력 동인을 도출하였다. 따라서 각 경쟁력 동인이 경쟁력 지표에 미치는 영향을 분석하여 항공사의 경쟁력을 평가하게 된다.

따라서 각 경쟁력 지표의 중요도와 경쟁동인의 중요도로부터 각 경쟁력 동인의 중요도에 대한 우선순위를 확인할 수 있다. 12개의 핵심 경쟁력 지표 중 수익성과 생산성이 중요한 경쟁력 지표로 확인되었다. 가장 낮은 중요도를 나타낸 지표는 항공사에서 가장 중요하게 고려하고 있는 운항빈도로 나타나고 있다.

또한 주주의 이익을 나타내는 이익 관련 지표(수익성, 생산성, 비용, 시장점유율, 고객충성도 및 매출 증가)의 상대적 중요성이 고객 요구사항 관련 지표(품질, 안전성, 가격, 연

〈표 3-7〉 경쟁력 동인

경쟁력 동인	경쟁력 동인	경쟁력 동인
고객 협상력	인적자원	마케팅 역량
공급자 협상력	기술자원	재무 및 자산
기존 경쟁자와의 경합	명성/브랜드	인적역량
물리적 자원	운항역량	정부정책
재무적 자원	정비역량	전략적 제휴

결성, 적시성 및 비행 빈도)의 중요도보다 크게 나타나고 있다. 따라서 기존 네트워크 항공사는 이익 관련 지표에 더 많은 관심을 기울일 필요가 있다. 항공사를 포함한 모든 기업은 궁극적으로 이익 없이는 장기적으로 생존이 불가능하므로 이익을 최적화하는 것이 중요하기 때문이다.

비용, 매출 증가, 시장점유율 및 고객충성도를 포함한 기타 나머지 이익 관련 지표는 기존 항공사의 경쟁력 상태를 반영하는데 중간 정도의 중요도를 나타내고 있다. 분석결과 기존 포괄서비스를 제공하는 항공사(FSC)에 대한 경쟁력 지표순위는 다음과 같이 나타난다. 수익성, 생산성, 품질, 안전, 비용, 수익성장률, 시장점유율, 가격, 고객충성도, 연결성, 정시성, 운항빈도.

항공사는 이익을 높이기 위해 여객이 관심을 나타내는 고객 요구사항과 관련된 지표에 중점을 둘 필요가 있다. 고객 요구사항 관련 지표 중 가장 중요한 지표는 품질이며, 안전성이 두 번째로 나타나고 있다. 따라서 항공사를 위한 최상의 전략은 차별화이며 서비스 경쟁력 및 안전성에 더 많은 관심을 기울일 필요가 있음을 의미한다. 반면에 가격은 연결성, 정시성 및 운항빈도의 세 가지 지표보다 중요하지만 항공사의 경쟁력에서는 중요성이 낮게 나타나고 있다. 따라서 항공사 경영진은 비가격 경쟁에 중점을 두고 질적으로 민감한 여객 유치에 중점을 둘 필요가 있다.

항공사 경쟁력 지표의 상대적 중요도 가중치는 경쟁업체와 대비하여 전반적인 경쟁력 수준을 파악하는 데 도움이 된다. 각 경쟁력 지표에 대한 상대적 중요도 가중치와 경쟁동인에 대한 평가를 종합하여 복합지수를 산출할 수 있다. 항공사는 복합지수의 변화를 모니터링 함으로써 시간이 지남에 따른 경쟁력의 변화 상태를 평가할 수 있다. 또한, 경쟁력 지표의 상대적 중요도 가중치는 항공사가 경쟁력 개선을 위해 어떤 동인을 관리

해야 할 것인가를 판단할 수 있도록 한다.

분석된 두 가지 주요 경쟁력 지표의 상대적 중요성을 이용하여 항공사는 구현할 전략을 사전 또는 사후에 평가할 수 있다. 즉, 기존 항공사의 경쟁력을 높이기 위한 전략이 효과적인지 여부를 확인한 다음 필요한 경우 개선조치를 취할 수 있다.

분석된 15개 경쟁력 동인 중에서는 고객의 협상력이 가장 강력한 핵심 경쟁력 동인으로 나타나고 있고, 재정자원이 두 번째 중요한 경쟁력 동인으로 확인되었다. 이와는 대조적으로 정부정책은 항공사의 경쟁력 기여에 가장 취약한 역할을 하는 것으로 나타나고 있다. 그러나 각 경쟁력 지표에 대한 경쟁력 동인의 영향력이 다양하게 나타나고 있다.

기존 네트워크 항공사의 핵심 경쟁력 동인의 중요도 순위는 다음과 같이 나타나고 있다. 고객의 협상력, 재무자원, 인적자원, 공급자의 협상력, 물리적 자원, 재무 및 자산관리역량, 인적자원역량, 운항역량, 마케팅 및 서비스 역량, 정비역량, 전략적 제휴, 기존 경쟁자와의 경쟁력, 기술자원, 명성/브랜드, 정부정책. 〈표 3-8〉은 각 경쟁력 지표에 대한 경쟁력 동인의 상대적 중요도 및 순위가 요약되어 있다. 예를 들어 엔지니어링 및 유지보수 기능이 안전 향상에 가장 큰 영향을 미치기도 하지만, 항공사의 매출성장을 개선하는 데 가장 중요한 핵심 요소이기도 한다. 따라서 항공사는 경쟁력 동인을 순위에 따라 사용하고 적절한 중요도를 고려하여 각 경쟁력 지표를 효과적이고 효율적으로 향상시키는 적절한 전략을 수립하고 구현해야 한다.

항공사가 경쟁력 상태를 평가하고 개선하기 위해서는 다음과 같은 3단계 절차를 따르는 것이 필요하다.

1. 항공사는 확인된 12개의 주요 경쟁력 지표와 상대적 중요도 가중치를 사용하여 경쟁력 상태를 평가하기 위한 복합지표를 산출하여 적용할 수 있다.
2. 이 평가에 따라 항공사는 총 가중점수를 주요 경쟁사의 점수와 비교하여 전체적인 경쟁 상태를 결정하고 주요 경쟁사와 비교하여 경쟁력이 낮은 지표를 식별해야 한다.
3. 항공사는 이 같은 경쟁력 순위에 기초하여 가장 낮은 중요도 지표에 대하여 가장 중요한 지표부터 경쟁력 개선을 위한 노력을 해야 한다.

항공사는 고객 요구사항 관련 지표 및 수익 관련 지표를 비롯한 두 가지 주요 지표를 사용하여 경쟁력 상태를 평가해야 한다. 항공사 관리자는 획득한 순위 및 상대적 중요도와 관련하여 식별된 지표를 개선해야 한다. 수익 관련 지표 중에서 가장 중요한 지표는 수익성이며 그 다음은 생산성이다. 반면, 고객 요구사항 관련 지표 중 가장 중요한 지표는 품

〈표 3-8〉 각 핵심지표에 대한 기존 항공사의 핵심 경쟁력 동인 순위

구분		핵심 경쟁력 지표																					
		가격		품질		수익성		생산성		비용		시장점유율		정시성		연결성		운항빈도		고객충성도		수익증가	
		순위	가중치	순위	가중치	순위	가중치	순위	가중치	순위	가중치	순위	가중치	순위	가중치	순위	가중치	순위	가중치	순위	가중치	순위	가중치
핵심 경쟁력 동인	고객 협상력	1	0.153	1	0.149	1	0.139	8	0.047	8	0.052	2	0.134	1	0.135	8	0.068	2	0.129	2	0.109	1	0.139
	공급자 협상력	6	0.074	3	0.104	6	0.8	13	0.031	3	0.126	5	0.098	7	0.07	5	0.085	12	0.034	8	0.063	10	0.041
	기존 경쟁자와의 경합	8	0.5	8	0.068	8	0.5	15	0.025	13	0.039	7	0.058	10	0.05	9	0.066	10	0.038	3	0.099	11	0.33
	물리적 자원	5	0.089	4	0.09	9	0.5	4	0.102	10	0.043	8	0.049	8	0.069	4	0.101	4	0.098	4	0.095	6	0.079
	재무적 자원	4	0.104	7	0.076	2	0.128	1	0.123	2	0.128	6	0.06	9	0.065	10	0.047	3	0.106	6	0.079	12	0.025
	인적자원	13	0.025	2	0.116	3	0.1	3	0.105	6	0.058	9	0.043	2	0.109	2	0.121	9	0.049	9	0.044	5	0.096
	기술자원	11	0.033	9	0.043	13	0.03	11	0.04	7	0.057	13	0.028	5	0.085	6	0.079	6	0.076	7	0.072	9	0.049
	명성/브랜드	15	0.02	14	0.029	15	0.024	12	0.037	15	0.021	4	0.11	14	0.025	15	0.02	15	0.017	14	0.023	4	0.107
	운항역량	7	0.066	6	0.078	10	0.046	2	0.112	11	0.043	10	0.042	4	0.1	7	0.069	5	0.096	5	0.086	8	0.062
	정비역량	9	0.048	13	0.032	12	0.035	9	0.043	4	0.095	15	0.019	3	0.105	1	0.129	11	0.035	11	0.029	13	0.024
	마케팅 역량	2	0.133	12	0.036	7	0.066	7	0.08	14	0.031	1	0.137	12	0.027	11	0.031	14	0.021	12	0.027	2	0.119
	재무 및 자산	3	0.112	11	0.037	5	0.095	5	0.096	1	0.139	14	0.026	13	0.026	13	0.024	8	0.05	10	0.035	15	0.023
	인적역량	14	0.023	5	0.079	4	0.096	6	0.089	12	0.041	11	0.042	6	0.071	3	0.108	13	0.031	13	0.027	3	0.113
	정부정책	10	0.038	15	0.023	11	0.036	14	0.029	5	0.08	12	0.031	15	0.025	12	0.027	7	0.056	15	0.023	14	0.024
	전략적 제휴	12	0.032	10	0.04	14	0.025	10	0.042	9	0.045	3	0.122	11	0.037	14	0.024	1	0.163	1	0.189	7	0.065

자료: Delbari et al. (2016).

질이며, 안전성이 그 뒤를 잇고 있다. 따라서 기존 항공사를 위한 최상의 전략은 차별화된 것이며 비가격 경쟁에 중점을 두고 품질에 민감한 여객을 유치해야 한다는 것이다.

따라서 기존 네트워크 항공사는 경쟁력 지표를 개선하기 위해 외부 및 내부 경쟁력 동인 모두를 구현해야 하며, 외부 동인 중에는 고객의 협상력이 가장 강력한 동인이고 공급업체의 협상력이 두 번째로 나타나고 있다. 반면에 재정적 자원은 내부 동인에 가장 영향을 미치며 인적자원이 두 번째 동인으로 나타나고 있다. 그러나 기존 네트워크 항공사는 확인된 외부 및 내부 경쟁력 동인이 상대적인 중요도 가중치에 따라 핵심 경쟁력 지표들이 상이한 영향을 미친다는 사실에 주의해야 한다. 따라서 경쟁력 동인을 순위에 따라 사용하고 적절한 중요도를 고려하여 각 경쟁력 지표를 효과적이고 효율적으로 향상시키는 적절한 전략을 수립하고 운영해야 한다.

3.3 항공사 합병과 서비스 품질

3.3.1 합병과 서비스 품질의 연관성

미국 항공사들은 US Airways와 America West의 합병을 시작으로 2005년 이래 많은 합병이 이루어졌다. 2005년 이후로 4차에 걸친 대규모 합병이 있었는데, 2009년 Delta와 Northwest, 2010년 United와 Continental, 2011년 Southwest와 Airtran, 2013년 American Airlines과 US Airways의 합병이 이루어졌다. 합병에 따른 항공운임에 대한 효과는 연구자와 정책입안자 모두에게 높은 관심을 불러왔다. 일부의 연구에서는 운임 인하 또는 별다른 영향이 없는 것으로 나타났지만, 대부분의 연구에서는 합병으로 인해 항공여행 운임이 상승한 것으로 나타났다(Zhang & Round, 2009).

합병으로 인한 항공운임의 영향에 대한 많은 연구에도 불구하고, 합병에 따른 서비스 품질에 대한 영향은 별다른 관심을 끌지 못하였다. 합병이 서비스 품질에 어떤 영향을 미치는 지를 명확하게 파악하는 것은 용이한 일이 아니다. 합병에 따른 경쟁감소 및 시장집중도 증가로 인해 항공사들의 현실 안주로 서비스 품질에 부정적인 영향을 미칠 수 있다. 합병이 진행되는 과정에서는 항공사 간의 통합운영의 어려움으로 인해 서비스 수준이 낮아질 수 있다. 이러한 현상의 사례로 Continental-United 합병 이후 상당 기간 통합운영에 어려움이 지속되었다고 보도되었다.

그러나 어떤 경우에는 합병 이후 서비스 수준이 이전보다 개선된 경우도 있다. 합병 이후 직원을 포함한 자원의 통합으로 인해 운영 가용 자원이 확대되고, 탄력성이 늘어남으로써 서비스 수준을 향상시켰다. 예를 들어 중복 노선 및 공항에서 수하물 취급 혹은 탑승수속 직원의 증가로 인해 항공기 정시 운항 및 수하물 처리를 개선할 수 있다.

항공운송산업에서 합병에 따른 서비스 품질에 대한 분석은 거의 이루어지지 않았다. 다른 산업에서는 이러한 연관성에 대한 연구가 제한적으로 수행되었는데 의료산업 분야가 특기할 만하다. 일반적으로 이러한 논문들에서는 추가 연구가 필요함을 지적하며 다양한 결과가 도출되었다.

첫째, 공공정책 측면에서 규제기관이 항공사의 행위, 예를 들어 서비스 품질을 저하시킬 수 있는 인수 및 합병에 대해 감시해야 할 필요성을 지적하고 있다. 규제기관이 합병에 따른 항공운임의 영향만을 조사하는 것은 불충분한데, 합병은 서비스 수준에도 영향을 미치기 때문이다.

둘째, 합병으로 인한 직접적인 서비스 품질의 연관성부터 시장통합에 따른 서비스 품질의 간접효과까지를 모형을 통해 분석할 수 있다. 합병으로 인한 시장 통합수준은 상이하기 때문에 이러한 접근 방식을 통해 합병으로 인한 서비스 품질에 대한 영향을 보다 용이하게 예측할 수 있다. 합병으로 인한 시장 통합의 정도가 대단히 높은 경우에는 시장중복 정도가 비교적 높지 않은 경우에 비하여 서비스 품질이 상당 수준 저하될 수 있다.

셋째, 경영 측면에서 합병이 해당 항공사들 간의 서비스 품질저하를 어떻게 야기하는지 분석할 수 있다. 이러한 서비스 수준 저하로 인해 경쟁자들은 합병항공사 대비 우수한 서비스를 제공함으로써 고객을 추가 유치할 수 있는 유리한 입지를 갖게 된다.

따라서 본 절에서는 항공사의 기업합병에 따른 서비스 품질 수준의 변화에 대하여 분석한다. 특히, 합병의 영향을 네 가지 분야의 서비스(항공편의 지연, 수하물 취급오류, 비자발적인 탑승 거부, 항공편 취소)에 대해 분석하였다.

많은 연구에서 항공사 합병, 항공동맹체 및 공동편명 사용협정에 따른 항공운임 및 소비자 복지에 대해 조사하였다. 항공운임에 대한 합병의 효과로는 일반적으로 두 가지 결론이 제시되었다. 첫째, 합병 및 여타 형태의 결합의 경우 산업의 합병이 운임인상으로 귀결되는지에 관해 논의가 있었다(Borenstein, 1990 등). 다른 한편으로는 효율성에 대한 논의가 있었는데, 합병으로 인한 결합을 통해 합병기업은 효율성과 비용절감을 달성할 수 있는 규모의 경제 및 시너지를 달성했는가 하는 점이다. 이러한 성과가 일부는 저운임으로 여객에게 이전되었다. 예를 들어 Zhang & Round(2009)는 3개 중국 항공사의 합병 이후 운임이 인하되었음을 발견하였다. 합병의 효과로 운임이 인상된 경우-합병으로 인한 경쟁 저하가 운임 인상으로 귀결-와 반대 방향으로 나타났다. 합병의 최종적인 결과는 이러한 두 가지 효과 중 어느 쪽이 강한지에 따라 결정되게 된다.

시장집중을 통한 간접적인 합병-서비스 품질 연관성, 효율성 및 시장지배력을 통한 직접적인 연관성을 분석할 필요가 있다. 〈그림 3-2〉는 이러한 관계에 대한 이론모형을 나타내고 있다. 인수합병은 효율성 및 시장지배력을 통해 서비스 품질에 직접적인 영향을 미친다. 합병은 두 가지 방식을 통해 자원의 효율적인 활용에 긍정적인 영향을 줌으로써 서비스 품질이 개선될 수 있다.

첫째, 합병된 기업은 자산을 통합함으로써 운영을 유연하게 하며, 서비스 품질을 향상 시킨다. 예를 들어 다수의 탑승구 직원, 탑승수속 설비, 추가적인 착륙 슬롯, 공항 탑승구 및 다양하고 많은 항공기 등은 운영상의 유연성을 증가시킨다. 이러한 유연성을 통해 항공편 취소를 최소화하고, 수하물 취급오류를 줄이며, 정시 운항을 높임으로써 서비스 품질을 개선할 수 있다.

둘째, 합병을 통해 합쳐진 기업에 학습기회를 제공함으로써 서비스 수준에 긍정적인 영향을 미칠 수 있다. 합병된 항공사 중 1개사가 더 나은 서비스 품질을 보유하고 있다면, 이러한 관행은 합병 후 전체 조직으로 확산될 수 있다. 예를 들어 지연 도착률 측면에서 우수한 항공사(노선 관리의 우위에 기인)가 저조한 항공사와 합병하는 경우, 전체 운영에서 우수항공사의 운영방식을 반영하여 재구성할 수 있을 것이다.

반면에 합병으로 인해 서비스 품질이 저하될 수도 있다. 합병의 직접적인 결과는 운영상의 통합이다. 합병 후 통합과정에서 겪게 되는 도전은 서비스 품질에 대한 부정적인 영향이다. 예를 들어 UA가 Continental항공과 합병 후 직면한 어려움은 언론에서도 보도된

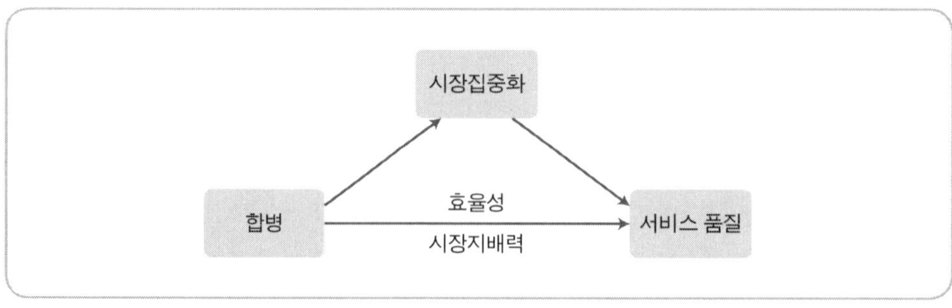

〈그림 3-2〉 합병-서비스 품질 연관성 모형

바 있는데, 예약시스템 오류, 회사 웹사이트 정지, 공항 무인안내기의 고장 등이 사례이다. 이 결과로 여객들은 지연 및 취소 항공편으로 인해 공항에서 큰 혼란을 겪게 되었었다.

또한, 합병으로 인해 직원들의 생산성에 부정적인 영향을 나타내기도 한다(Siegel & Simmons, 2010). 부정적인 영향은 인력감축 및 해고에 따른 업무량의 증가 및 노동조합 운영의 통합문제에 기인할 수 있다. 더 나아가 합병으로 인해 불확실성이 증가함으로써 운영상 부정적인 영향을 미칠 수 있는데, 예를 들어 통합운영 노선에 대한 여객수요는 초기에는 예측이 어려워 항공기 기재 규모와 수요 간에 불일치가 야기될 수 있다.

시장 지배력으로 인해 합병 후 서비스 품질이 저하될 수 있는데, 특히 양 합병항공사가 모두 운항하던 노선 및 공항에서 개연성이 높다. 항공사는 합병 이후 서비스 부문의 지출을 삭감함으로써 비용을 점감하고자 할 수 있는데, 그 이유는 경쟁 완화로 인해 서비스를 줄이더라도 시장점유율을 유지할 수 있기 때문이다. 이러한 논쟁은 정시율에 대한 연구에서 입증되있으며, 보다 경쟁적인 시장에서 정시율이 높게 나타나고 있다(Mazzeo, 2003). 더 나아가 시장지배력 확대로 인해 경쟁압력이 없는 상태에 안주하려는 경향을 초래할 수 있다.

시장 지배력 및 효율성과 관련된 이와 같은 논쟁은 합병 및 서비스 품질과의 연관성이 복잡함을 보여주고 있다. 효율성을 주장하는 측면에서 보면 합병으로 인해 초기 단계에서 서비스 품질이 향상될 수 있으나, 시장 지배력 관점에서 보면 합병으로 인해 경쟁이 감소함으로써 항공사 서비스 품질이 하락할 수 있다.

합병과 서비스 품질 간의 간접적인 연관성 조사 과정에서(예: 합병→집중→서비스 품질), 첫 번째의 합병과 집중 사이의 연관성은 명백하다. 합병으로 인해 시장 내 경쟁자가 감소하기 때문에 더 높은 시장집중으로 나타나는 것은 최소한 단기적인 관점에서는 확실하다. 그러나 집중과 서비스 품질 간의 연계성은 명확하지 않다. 시장집중은 서비스 품질 하락으로 귀결될 수 있는데, 합병으로 인해 경쟁이 감소할 수 있기 때문이다. 이런 측면에서 Mazzeo(2003)은 노선 집중도가 높을 때 항공편 지연이 더욱 빈발한 것으로 분석하였다. 동시에 Mayer & Sinai(2003) 등은 공항의 집중도와 항공사의 지연기간 사이에 분명한 상관관계가 있음을 밝혔다.

그러나 노선집중은 운영실적을 저해하는 복잡성을 감소시킨다. 예를 들어 경쟁이 치열한 공항에서는 다수 항공사가 제한된 슬롯, 탑승구, 지상조업 장비를 차지하기 위해 경쟁하게 될 것이다. 이러한 경쟁으로 인해 위탁 수하물 분류 및 탑재가 지연됨으로써 항공편 지연 또는 여타 서비스에 문제를 야기할 수 있다. 따라서 이러한 경우, 경쟁이 치열할수록(예: 집중도가 낮을수록) 부실한 서비스로 귀결될 수 있다.

이상의 관점을 고려한다면 합병-서비스 품질 연관성은 예단하기가 어렵기 때문에 다음과 같은 분석이 필요하다.

- 합병의 서비스 품질에 대한 영향 분석: 합병된 항공사와 합병항공사와 경쟁하는 기타 항공사에서의 영향.
- 시장집중이 합병-서비스 품질연관성에 미치는 영향 분석.
- 조정변수, 시장집중의 영향을 초과하는 서비스 품질에 대한 합병의 영향 분석.

서비스 품질에 대한 합병효과는 시간의 경과에 따라 감소할 것이다. 운영적인 관점에서 합병 후 서비스 품질을 저해하는 문제는 경험을 통해 극복할 수 있을 것이다. 만일, 합병 후 서비스 품질이 저하되었다면, 두 항공사가 시스템 및 절차를 완전히 통합 이후에는 점차 개선될 것으로 보는 것이 합리적이다. 경쟁/시장 지배력 측면에서, 장기적인 경쟁 압력은 서비스 개선에 점진적으로 기여할 것이다.

따라서 서비스 품질에 대한 합병효과의 지속성에 대한 분석이 필요하다. 합병으로 인한 서비스 품질 관련성에 대해 결론을 내리는 것은 상당히 복잡하다. 합병으로 인해 서비스 품질의 개선으로 귀결될 수 있는데, 이것은 통합된 자원을 효율적으로 사용하고, 합병으로 인해 공항 및 노선의 운영상의 복잡성을 완화할 수 있기 때문이다. 다른 한편으로는 산업집중 및 시장지배력으로 인해, 합병은 서비스 품질에 부정적인 영향을 초래할 수 있다. 즉, 집중 및 시장 지배력을 확보함으로써 더 나은 서비스 품질을 제공하기 위해 자원을 소비할 동기가 감소하기 때문이다. 따라서 서비스 품질에 대한 합병의 순수효과는 실증적으로 연구되어야 한다.

3.3.2 서비스 품질의 효과

Steven et al.(2016)은 합병으로 시장이 집중되며, 시장집중으로 인해 서비스 품질에 영향을 미친다고 가정하고, 분석을 위해 노선단위의 항공편 지연 및 취소를 측정한 서비스 품질 변수를 분석하고, 모든 미국 주요항공사의 국내선에서 발생한 수하물 오류 및 비자발적인 여객탑승 거부를 대상으로 분석하였다. 분석을 위해 2004년 1분기에서 2013년 4분기까지 10년간의 자료를 활용하였고, 이 기간 중 발생한 3건의 합병(Delta-Northwest, United-Continental, Southwest-AirTran 합병)을 대상으로 하였으며 분석자료는 미국 운수성의 정기 항공편 실적 DB 자료를 활용하였다. 합병의 영향을 받는 노선에서의 시장집중 및 서비스 품질에 대한 합병효과를 분석하기 위해 합병일자가 우선 결정되어야 한다. Northwest-Delta 합병은 2009년 12월 31일, United-Continental 합병은 2010년 10월 1일, Southwest-AirTran 합병은 2011년 5월 2일에 법적으로 완료되어 이를 기준으로 분석하였다.

(1) 서비스 품질에 대한 합병의 직간접 효과

합병이 시장집중을 통해 서비스 품질에 직간접적으로 어떠한 영향을 미치는지에 대한 분석에서 합병과 시장집중 사이에 긍정적인 상관관계가 있음이 입증되었다. 특히, 합병 후 초기에는 그 정도가 확실히 나타나고 있으며, 합병 발생 후 합병한 항공사에 의한 노선 집중도가 증가하였음이 확인되었다. 또한, 합병 후 항공편 지연운항률이 증가했는데, 이는 시장집중의 결과로 볼 수 있다.

합병은 직접적으로 항공편 취소에 부정적인 영향을 미쳤다. 간접적으로는 합병으로 인해 노선 집중도가 상승하고, 노선집중으로 인해 항공편 취소가 증가하게 되었다. 간접효과가 직접효과를 압도하여 합병 이후 전반적으로 항공편 취소가 증가하였으며, 합병과 서비스 품질 간 관련성에 대해서는 시장집중효과가 부분적으로 관련이 있음을 명확히 보여주고 있다. 항공편 지연 악화의 90%는 합병과 직접적인 연관이 있으며, 단지 10%만이 집중도 증가에 기인한다. 나아가 전체 취소 항공편 증가는 시장집중이라는 매개변수를 통해 합병의 간접적인 영향에 기인한 것으로 나타나고 있다(표 3-9).

서비스 품질은 평균적으로 해당노선 운항 전 항공사에서 합병 후 하락하였는데, 이러한 현상은 부분적으로 노선 집중도 증가에 기인한다. 항공편 지연 및 취소에 대한 합병 후 노선 집중 효과는 해당 노선의 전 항공사에 영향을 미쳤다. 즉, 합병으로 인한 잠재적인 비효율성은 합병된 항공사들에게 가장 큰 영향을 끼친 것으로 분석된다.

(2) 기간경과 효과

합병으로 인한 지연운항 비율은 시간이 경과함에 따라 감소된다. 항공편 취소 같은 서비스 품질에 대한 합병의 부정적 효과도 시간이 지나면서 역시 감소한다. 합병 직후에는 명백하게 항공편 취소가 늘어나고 있음을 보여준다. 전형적인 합병 사례에서는 매 항공기 1,000편 운항당 취소가 3회 늘어났다. 그러나 합병 후 다섯 번째 분기부터는 역전되기 시작하여, 여섯 번째 분기에는 합병 이전 수준과 비교하여 더 낮은 수준을 나타내고 있다. 지연운항률에 대한 부정적인 효과는 보다 장기간 지속되었다. 초기의 지연율 대폭 상승한 이후, 매분기 점진적으로 개선되긴 하였으나 합병 완료 후 2년 이상 효과가 지속되었다.

(3) 중복노선 및 허브공항 효과

합병 이전 2개 항공사가 모두 운항하던 노선에서 지연운항이 증가하였다. 그러나 항공편 취소에 대한 합병효과는 합병 전 해당 노선 운항 항공사가 1개 또는 2개인 경우와 무관하게 동일하였다. 허브공항을 운항하는 노선과 비허브공항 운항 노선 사이의 합병

〈표 3-9〉 항공사별 평균 지연취소항공편

항공사	항공편 지연	항공편 취소	HHI	거리
Endeavor Air	0.20	20.96	0.57	491.24
American Airlines	0.22	13.45	0.58	1211.09
Aloha Airlines	0.11	8.06	0.71	1319.67
Alaska Airlines	0.16	8.34	0.64	1251.84
JetBlue Airways	0.24	11.16	0.61	1253.01
Continental Airlines	0.23	5.97	0.64	1224.95
Delta Airlines	0.18	7.35	0.49	1069.35
ExpressJet Airlines	0.24	23.76	0.56	524.33
Frontier Airlines	0.24	4.87	0.51	951.13
AirTran Airways	0.20	6.26	0.54	854.02
Hawaiian Airlines	0.15	1.26	0.66	1804.62
Envoy Air	0.24	28.19	0.59	534.34₩
Spirit Airlines	0.27	15.28	0.49	985.67
Northwest Airlines	0.23	8.23	0.63	893.31
PSA Airlines	0.30	23.35	0.58	527.98
SkyWest Airlines	0.21	17.21	0.62	566.05
AirBridge Cargo Airlines	0.24	14.11	0.56	632.22
ATA Airlines	0.29	5.41	0.46	1810.72
United Airlines	0.21	10.80	0.50	1295.13
US Airways	0.20	8.97	0.55	1027.18
Virgin America	0.17	5.44	0.39	1733.13
Southwest Airlines	0.19	5.70	0.69	855.34
ExpressJet Airlines	0.22	18.62	0.56	600.24
Mesa Airlines	0.21	23.30	0.62	499.41

주) HHI = Herfindahl-Hirschman Index = 시장집중도 측정 지표.
자료: Steven et al.(2016).

효과 분석 결과 지연 및 취소 운항편 모두 허브공항에서 더 악화되었는데 이것은 종전의 연구와 일치한다. 그러나 합병 후 출발 혹은 도착지 공항이 허브공항인 경우 지연운항은 감소했는데, 그 이유는 지연운항에 대한 합병효과가 허브공항 운항에 의해 희석되었기 때문이다. 따라서 항공편 취소에 대한 합병효과는 허브공항 운항과는 무관하였다.

(4) 수하물 취급오류 및 비자발적 탑승 거부 효과

2개의 추가적인 서비스 변수, 즉 수하물 취급오류 및 비자발적 탑승 거부 관련 합병의 영향을 추정하기 위하여 두 번째 자료묶음은 항공사 단위로 구성되었다. 2004년에서 2013년까지 10년간의 분기별 조사대상 자료가 활용되었다. 서비스 관련 자료는 항공여행 소비자보고서(ATCR)에서 참고하였으며, 이러한 자료는 DOT에서 월간단위로 발행한다. 자료는 13개 미국 대형 항공사들로부터 수집하였다. 여기 13개 항공사에는 본 절에서 분석한 3개 합병에 참여한 6개 항공사를 포함한다.

비자발적 탑승 거부는 여객 10만 명당 1개 항공사에 의해 분기별 탑승 거부된 여객수이다. 취급오류 수하물은 항공사별 분기당 10만 명당 취급오류 수하물로써, 수하물 파손, 도난, 분실된 것을 포함한다. 합산하면 440건이 관찰되었다. 회귀분석 결과에 따르면 취급오류 수하물 및 비자발적 탑승 거부 여객 수는 합병 직후 늘어난 수하물 및 여객수와 유사하게 증가하였다. 그러나 취급오류 수하물은 합병 후 7분기 이후 영향이 소멸되었으나, 탑승 거부는 상당 기간 지속되었다.

분석 결과에서 거리변수가 유의미하며 지연운항 추정에 양의 상관관계가 나타나고 있고(예: 장거리 노선일수록 정시운항 실적 저조), 항공편 취소에도 양의 상관관계를 가지며 유의미하게 나타나고 있다(예: 장거리 운항일수록 운항편 취소 많음). 일반적으로 저비용 항공사는 지연운항이 많지만 취소는 더 적게 나타나고 있다.

3.3.3 전략적 시사점

합병은 서비스 품질에 상이한 방식으로 영향을 미친다. 직접적으로 합병은 자원의 효율적인 사용을 통해 품질을 향상시킬 수 있지만, 시장 지배력과 합병에 따른 제반 사정으로 인해 품질하락으로 귀결될 수도 있다. 간접적으로는 시장집중을 통해, 합병의 결과로 노선의 경쟁이 감소함에 따라 합병된 항공사뿐만 아니라, 해당 노선 운항 항공사의 품질 하락을 초래할 수 있다. 서비스 품질에 대한 최종 효과를 사전에 예단하기는 어렵다. 따라서 합병이 항공산업의 서비스 품질에 어떤 영향을 주는지를 조사하였다. 여기서는 2004년 이후 실현된 미국 내 3개 합병을 조사했으며, 노선 및 항공사 단위로 4개 서비스 변수(항공편 지연, 취소, 수하물 분실, 비자발적 탑승 거부) 사이의 연관성을 추정하였다.

분석 결과 모든 서비스 변수에서 합병으로 인해 합병 직후에는 서비스 품질이 악화됨을 확인하였다. 지연운항, 항공편 취소, 수하물 취급오류, 비자발적 탑승 거부 비율에 대한 합병의 직접적인 영향은 명백히 부정적으로 나타나고 있다. 또한 합병에 따른 시장집중 증대의 결과는 항공편 지연 및 취소에 부정적인 영향을 미쳤다. 이러한 서비스 품질에 대한 합병의 영향은 항공편 취소 및 수하물 취급오류의 경우, 합병 후 6 분기 이후에는 사라졌다. 그러나 지연운항(정시운항률) 및 비자발적 탑승 거부 사례는 합병후 3년까지 악화된 상태가 지속되었다.

합병 및 시장집중에 따른 서비스 품질에 대한 부정적인 영향은 여러 가지 사유에서 중요하다. 학계 및 공공기관에서는 합병의 효과를 조사할 때, 항공운임에 대한 영향에 집중하는 경향이 있다. 그러나 합병으로 인해 시장집중이 증가함으로써 항공사들은 소비자들에게 품질이 저하된 서비스를 제공하게 된다. 항공사들은 경쟁이 심하지 않은 시장에서 낮은 품질의 서비스를 제공함으로써 비용을 절감하는 혜택을 누리게 된다. 결과적으로 항공사들은 합병 및 고도로 집중된 시장에 운항함으로써 이득을 얻게 된다. 최근의 미국 내의 합병추세(Delta 및 Northwest, United 및 Continental, AA 및 US Airways)는 높은 이익을 달성하는 데 기여하였다. 합병 후 항공사들의 반독점적인 관행을 미국 법무무(US DOJ)가 조사하였다는 것은 시사하는 바가 있다. 그러나 항공사의 서비스 수준이 합병 이전에는 비경제적이었으며, 합병으로 인해 항공사들이 현재 최적수준에 근접하는 서비스를 제공한다는 것을 주목할 필요가 있다.

서비스 품질에 대한 합병의 부정적인 영향은 대부분 합병 후 2년이 경과하면 사라지지만, 합병 후 노선의 집중도 증가는 지속된다. 이 경우 합병의 부정적인 간접효과는 합병의 직접효과가 소멸된 이후에도 상존하게 된다. 이에 따른 공공정책의 시사점은 서비스 수준에 대한 시장집중 영향이 합병 평가시 중요한 고려 요인이 되어야 한다는 것이다.

그러나 사회전체의 복지에 대한 합병의 영향은 확실하지 않다. 합병은 서비스에뿐만 아니라 항공운임에도 영향을 준다. 운임은 경쟁 감소로 인해 인상되거나, 합병의 시너지 효과로 인해 인하될 수도 있다. 합병효과 추정을 위해 가격 및 품질을 포함하는 분석이 필요한 이유이다. 합병 후 기간 및 서비스 품질 사이의 관계에 대한 비선형적 분석도 검토되어야 한다.

Albers, S., Koch, B., Ruff, C. (2005). Strategic alliances between airlines and airports theoretical assessment and practical evidence. Journal of Air Transport Management, 11, 49-58.

Baltagi, B.H., Griffin, J.M., Rich, D.P. (1995). Airline deregulation: the cost pieces of the puzzle. International Economics Review, 245-258.

Barbot, C., Costa, A., Sochirca, E. (2008). Airlines performance in the new market context: a comparative productivity and efficiency analysis. Journal of Air Transport Management, 14, 270-274.

Barros, C.P., Couto, E. (2013). Productivity analysis of European airlines, 2000-2011. Journal of Air Transport Management, 31, 1-13.

Barros, C.P., Liang, Q.B., Peypoch, N. (2013). The technical efficiency of US airlines. Transportation Research Part A, 50, 139-148.

Barros, C.P., Peypoch, N. (2009). An evaluation of European airlines' operational performance. International Journal of Production Economics, 122, 525-533.

Bhadra, D. (2009). Race to the bottom or swimming upstream: performance analysis of US airlines. Journal of Air Transport Management, 15, 227-235.

Borenstein, S. (1990). Airline mergers, airport dominance, and market power. American Economics Review, 80, 400-404.

Brueckner, J.K. (2002). Airport congestion when carriers have market power. American Economics Review, 92, 1357-1375.

Buckley, P.J., Pass, C.L., Prescott, K. (1988). Measures of international competitiveness: a critical survey. Journal of Marketing Management, 4, 175-200.

Capobianco, H.M.P., Fernandes, E. (2004). Capital structure in the world airline industry. Transportation Research Part A, 38, 421-434.

Cento, A. (2009). The Airline Industry: Challenges in the 21st Century. Springer, Italy.

Chang, Y.H., Yeh, C.H. (2001). Evaluating airline competitiveness using multiattribute decision making. Omega, 29, 405-415.

Chang, Y.H., Yeh, C.H. (2004). A new airline safety index. Transportation Research B, 38, 369-383.

Charnes, A., Cooper, W.W., Rhodes, E. (1978). Measuring the efficiency of decision making units. European Journal of Operational Research, 2, 429-444.

Charnes, F., Cooper, W.W., Lewin, A.Y., Seiford, L.M. (1994). Data Envelopment Analysis: Theory, Methodology, and Application. Kluwer Academic.

Chiou, Y.-C., Chen, Y.-H. (2006). Route-based performance evaluation of Taiwanese domestic airlines using data envelopment analysis. Transportation Research Part E, 42, 116-127.

Chow, W., Kong, C. (2010). Measuring the productivity changes of Chinese airlines: the impact of the entries of non-state-owned carriers. Journal of Air Transport Management, 16, 320-324.

Citrinot, L., Bailey, M. (2006). Low-cost airlines-international. Travel & Tourism Analyst, 19, 1-63.

Cornwell, C., Schmidt, P., Sickles, R.C. (1990). Production frontiers with crosssectional and time-series variation in efficiency levels. Journal of Economics, 46, 185-200.

Delbari, S.A., Ng, S.I., Aziz, Y.A., Ho, J.A. (2016). An investigation of key competitiveness indicators and drivers of full service airlines using Delphi and AHP techniques. Journal of Air Transport Management, 52, 23-34.

Dresner, M., Lin, J.C., Windle, R. (1996). The impact of low-cost carriers on airport and route competition. Journal of Transport Economics Policy, 30(3), 309-328.

Dresner, M., Windle, R., Yao, Y. (2002). Airport barriers to entry in the US. Journal of Transport Economics Policy, 36(3), 389-405.

Ehrlich, I., Gallais-Hamonno, G., Liu, Z., Lutter, R. (1994). Productivity growth and firm ownership: an analytical and empirical investigation. J. Polit. Economics, 1006-1038.

Eller, R.D.A.G., Moreira, M. (2014). The main cost-related factors in airlines management. Journal of Transportation Literature, 8, 8-23.

Fageda, X., Jimenez, J.L., Perdiguero, J. (2011). Price rivalry in airline markets: a study of a successful strategy of a network carrier against a low-cost carrier. Journal of Transport Geography, 19, 658-669.

Fageda, X., Perdiguero, J. (2014). An empirical analysis of a merger between a network and low-cost airlines. Journal of Transport Economics Policy, 48 (1), 81-96.

Fan, T.P.C., Tan, A.T.L., Geng, X. (2014). Rapid capacity expansions and failure: a trap for new airline entrants? Transportation Research Part E, 61, 176-191.

Finch, J.H., Becherer, R.C., Casavant, R. (1998). An option-based approach for pricing perishable services assets. Journal of Service Marketing, 12, 473-483.

Forsyth, P.J., Hill, R., Trengove, C. (1986). Measuring airline efficiency. Fiscal Studies, 7(1), 61-81.

German Aerospace Center DLR (2008). Topical Report: Airline Business Models.

Grant, R.M. (1991). The resource-based theory of competitive advantage: Implications for strategy formulation. In: Zack, M.H. (Ed.), Knowledge and Strategy. Butterworth and Heinemann, Woburn, 3-23.

Greer, M.R. (2009). Is it the labor unions' fault?: dissecting the causes of the impaired technical efficiencies of the legacy carriers in the United States. Transportation

Research Part A, 43, 779-789.

Grosche, T. (2009). Computational Intelligence in Integrating Airline Scheduling. Springer.

Hafeez, K., Zhang, Y., Malak, N. (2002). Determining key capabilities of a firm using analytic hierarchy Process. International Journal of Production Economics, 76, 39-51.

Heimlich, J., Elwell, D. (2013). U.S. Airline Industry Financial Results and Operations: an Early 2013 Review. Airlines for America.

Hirst, M., 2008. The Air Transport System. Library of Flight, Virginia.

Hunter, L. (2006). Low cost airlines: business model and employment relations. European Management Journal, 24, 315-321.

IATA (2011). Vision 2050. International Air Transport Association, Montreal/Geneva.

Javidan, M. (1998). Core competence: what does it mean in practice? Long Range Planning, 31, 60-71.

Jenatabadi, H.S., Ismail, N.A. (2014). Application of structural equation modelling for estimating airline performance. Journal of Air Transport Management, 40, 25-33.

Khanna, T., Palepu, K. (2000. Is group affiliation profitable in emerging markets? An analysis of diversified Indian business groups. Journal of Finance, 55, 867-891.

Kim, E.H., Singal, V. (1993). Mergers and market power: evidence from the airline industry. American Economics Review, 83(3), 549-569.

Kimes, S.E. (1989. Yield management: a tool for capacity-considered service firms. Journal of Operations Management, 8, 348-363.

Lee, B.L., Worthington, A.C. (2014). Technical efficiency of mainstream airlines and low-cost carriers: new evidence using bootstrap data envelopment analysis truncated regression. Journal of Air Transport Management, 38, 15-20.

Lu, W.-M., Hung, S.-W., Kweh, Q.L., Wang, W.-K., Lu, E.-T. (2014). Production and marketing efficiencies of the U.S. airline industry: a two-stage network DEA approach. In: Cook, W.D., Zhu, J. (Eds.), Data Envelopment Analysis. Springer, New York, 537-567.

Maijoor, S., Witteloostuijn, A.V. (1996). An empirical test of the resource-based theory: strategic regulation in the Dutch audit industry. Strategic Management Journal, 17, 549-569.

Mallikarjun, S. (2015). Efficiency of US airlines: a strategic operating model. Journal of Air Transport Management, 43, 46-56.

Mayer, C., Sinai, T. (2002). Network effects, congestion externalities, and air traffic delays: or why all delays are not evil. American Economics Review, 93(4), 1194-1215.

Mayer, C., Sinai, T. (2003). Why Do Airlines Systematically Schedule Their Flights to Arrive Late? The Wharton School, University of Pennsylvania.

Mazzeo, M. (2003). Competition and service quality in the US airline industry. Review of Industrial Organization, 22, 275-296.

Merkert, R., Hensher, D.A. (2011). The impact of strategic management and fleet planning on airline efficiency–A random effects Tobit model based on DEA efficiency scores. Transportation Research Part A, 45(7), 686-695.

Merkert, R., Hensher, D.A., (2011). The impact of strategic management and fleet planning on airline efficiency - a random effects Tobit model based on DEA efficiency scores. Transportation Research. Part A, 45, 686-695.

Middleton, V.T.C., Clarke, J. (2001). Marketing in Travel and Tourism. Butterworth and Heinemann, Oxford.

Norton, R.N., Sexton, T.R., Silkman, R. (2007). Accounting for site characteristics in DEA: leveling the playing field. International Transactions on Operations Research, 14(3), 231-244.

Ott, J., Neidl, R. (1995). Airline Odyssey: the Airline Industry's Turbulent Flight into the Future. McGraw-Hill, Inc., New York.

Pearson, J., Merkert, R. (2014). Airlines-within-airlines: a business model moving East. Journal of Air Transport Management, 38, 21-26.

Pearson, J., Pitfield, D., Ryley, T. (2015). Intangible resources of competitive advantage: analysis of 49 Asian airlines across three business models. Journal of Air Transport Management, 47, 179-189.

Pitfield, D.E., Caves, R.E., Quddus, M.A. (2010). Airline strategies for aircraft size and airline frequency with changing demand and competition: a simultaneous equations approach for traffic on the north Atlantic. Journal of Air Transport Management, 16, 151-158.

Porter, M.E. (1980). Competitive Strategy: Techniques for Analyzing Industries and Competitors. The Free Press, New York.

Porter, M.E. (1985). Competitive Advantage: Creating and Sustaining Superior Performance. The Free Press, New York.

Porter, M.E. (1990). The Competitive Advantage of Nations. The Free Press, New York.

Rumelt, R. (1984). Towards a strategic theory of the firm. In: Lamb, R.B. (Ed.), Competitive Strategic Management. Prentice Hall, 566-570.

Saaty, T.L. (2008). Decision making with the analytic hierarchy process. International Journal of Service Science, 1, 83-98.

Scheraga, C.A. (2004). The relationship between operational efficiency and customer service: a global study of thirty-eight large international airlines. Transportation Journal, 43, 48-58.

Siegel, D.S., Simmons, K.L. (2010). Assessing the effects of mergers and acquisitions on firm performance, plant productivity, and workers: new evidence from matched employer-employee data. Strategic Management Journal, 32(8), 903-916.

Steven, A.B., Yazdi, A.A., Dresner, M. (2016). Mergers and service quality in the airline ndustry: A silver lining for air travelers? Transportation Research Part E, 89, 1-13

Torlak, G., Sevkli, M., Sanal, M., Zaim, S. (2011). Analyzing business competition by using fuzzy TOPSIS method: an example of Turkish domestic airline industry. Expert Systems & Applications, 38, 3396-3406.

Tsai, W.-H., Kuo, L. (2004). Operating costs and capacity in the airline industry. Journal of Air Transport Management, 10, 269-275.

UNWTO (2014). Tourism Highlights.

Vidovic, A., Stimac, I., Vince, D. (2013). Development of business models of low-cost airlines. International Journal of Traffic & Transportation Engineering, 3, 69-81.

Wensveen, J.G. (2012). Air Transportation: a Management Perspective. Ashgate Publishing Limited, Hampshire.

Wernerfelt, B. (1984). A resource-based view of the firm. Strategic Management Journal, 5, 171-180.

Wilson, J.G., Anderson, C.K., Kim, S.W. (2006). Optimal booking limits in the presence of strategic consumer behavior. International Transactions on Operations Research, 13, 99-110.

Wu, C., Zhang, X.Y., Yeh, I., Chen, F.Y., Bender, J., Wang, T.N. (2011). Evaluating competitiveness using fuzzy analytic hierarchy process-A case study of Chinese airlines. Journal of Advanced Transportation, 47, 619-634.

Zhang, Y., Round, D.K. (2009). The effects of China"s airline mergers on prices. Journal of Air Transport Management, 15, 315-323.

Zhu, J. (2011). Airlines performance via two-stage network DEA approach. Journal of CENTRUM Cathedra, 4, 260-269.

4 장

항공시장 협력전략의 변화

4.1 항공사 협력비즈니스 개요

4.1.1 항공사 협력 형태와 유형

항공산업은 높은 수준의 경쟁과 광범위한 경쟁관계가 반복되는 산업으로 개별 항공사의 독립적인 사업운영만으로는 경쟁력을 유지하기 어려운 산업이다. 특히, 항공사는 두 도시 간의 직항 노선뿐만 아니라 다양한 출발지-목적지 도시 간을 운항함으로써 경쟁력을 갖는 네트워크 산업이다. 따라서 개별 항공사의 역량만으로는 수많은 출발지-목적지 노선을 운영하는 데는 한계가 있어 타 항공사와의 협력을 통한 사업영역 확장을 시도하고 있다.

초기 항공사 협력은 특정 항공사와의 노선제휴(Inter-line) 협력과 코드쉐어를 통한 공동운항 협력에 국한되어 있었다. 그러나 항공사 간 협력의 확대는 다양한 전략적 동맹체 형태로 나타났고, 제휴를 통한 여러 가지 협력이 나타나고 있는데, 공항 체크인 카운터의 공동 이용, 항공편명 공유 등이 일반적인 형태의 항공동맹체의 협력이다. 항공편명 공유는 두 항공사 간에 여객들이 한쪽 항공사의 항공권을 사용하여 상대 항공사를 탑승할 수 있도록 허용하는 상업적 협약이다. 이러한 유형의 협약은 항공사들의 시장점유율을 높이는 한편 규모, 범위 및 밀도의 경제에 따른 혜택을 통해 운영비용을 감축할 수 있기 때문에 크게 증가하였다(Adler & Hanany, 2016).

항공사들은 전략적 동맹체를 통하여 집중적인 협력활동을 수행하고 있다. 이와 같은 동맹체의 결성은 항공사들에게 다양한 혜택을 제공하기 때문에 급격히 증가해 왔다. 협력을 통한 전략적 동맹체가 제공하는 편익은 다음과 같다. 첫째, 항공동맹체를 통하여 항공사들이 신규 노선 및 목적지 접근에 가능해지며 법규적인 제약을 회피할 수 있다. 둘째, 항공사들은 규모 및 범위의 경제를 통하여 운영상 혜택을 얻게 되는데, 영업지점, 운영설비, 정비비, 상용고객프로그램 등의 공유를 들 수 있다. 세 번째로 항공동맹체를 통해 항공사 운송을 증가시킬 수 있는데, 그 결과로 동일 조건에서 탑승률 및 항공사 운영 효율성이 증가된다. 마지막으로 항공동맹체로 인해 여행객은 스케줄의 탄력성, 운항 횟수 증가, 수하물 취급 서비스 개선, 상용고객프로그램 공유에 따른 편익을 얻을 수 있다.

항공산업에서 운항목적지는 핵심자산이며, 노선구조 혹은 시장 요소로 인식된다. Wassmer & Dussauge(2012)는 항공사의 경쟁우위 획득을 위한 중대한 자산은 중요한 노선망 즉 광범위한 도시연결 시장에 대한 접근 가능성이라고 지적했다. 이와 같이 제휴 항공사의 운항목적지를 활용하기 위하여 특히 운항편명 공유 같은 광범위한 협력방안이 체결되었다. 그러나 이러한 장점에도 불구하고 동맹체의 증가에 따라 항공사의 중요 전략에 대해 의문이 제기되었다. 즉, 개별 항공사의 핵심 자산인 노선을 협력을 위해 타 항공사와 공유하는 것이 타당한 것인가 하는 점이다.

제휴협약의 증가로 인해 다수의 항공사는 항공동맹체 업무를 관리할 조직을 구성하여 운영하고 있다. 이러한 조직은 "제휴사와의 직접적인 동맹체 관련 회사 내 집단"으로 불리며, 항공동맹체에서의 협력이 회사의 경쟁력 및 재무성과에 직접적인 영향을 미치기 때문에 매우 중요한 활동이 되었다. 항공동맹체 형성 및 관리 필요성으로 인해 1980년대 말 글로벌 항공동맹체가 형성되었다. 글로벌 항공동맹체는 동맹으로 연결된 회사들의 집합을 의미하며, 특정 사업 분야에서는 상호 경쟁하기도 한다.

항공사 글로벌 동맹체의 주요 목적은 항공사의 장기 수익성 및 발전에 기여하는 것으로 항공사가 개별적, 양자 간 협력을 통해서 달성할 수 있는 범위를 초과한다. 이러한 목표는 기업 간 통합, 즉 공동 IT 시스템 개발, 상용고객 혜택, 시장 연계를 포함하며, 공항 시설의 공동활용, 공동구매 등도 포함된다. 따라서 범위 및 밀도의 경제 혜택으로 인해 신규 항공사들이 글로벌 동맹체에 가입할 유인이 된다.

항공사 측면에서 글로벌 동맹체 참여는 항공사 간 양자협력에 비하여 관여도가 높은데, 항공동맹체가 신규 가입대상자의 안전요건, 노선 적합도, 성장 잠재력 측면에서 평가하기 때문이다. 항공동맹체에 참여하게 되면 동맹체 내에서 특정 역할의 수행을 요구받을 수 있다. 즉, 동맹체 내에서 일부 항공사는 특정시장에서 경쟁력을 가지는가 하면, 여타 항공사는 다른 시장과 연결하는 노선제공자 역할을 수행함으로써 동맹체 전체의 경쟁력을 높일 수 있기 때문이다.

글로벌 동맹체에 참여하게 되면 경쟁 글로벌 동맹체 참여를 금지하거나 제한하기 때문에 다른 동맹체 참여에 영향을 미칠 수 있다. 결과적으로 글로벌 동맹체는 기존의 항공산업의 경쟁 모형을 변화시켜왔으며, 항공사들 간의 경쟁구도를 항공사 그룹 간 경쟁구도로 변화시키면서 회원 항공사 수가 지속적으로 증가하고 있다.

4.1.2 전략그룹

전략그룹 개념은 Hunt(1972)에 의해 도입되었는데, 산업경제의 규범과 전략경영을 조화시키는 것이 목적이었다. 산업경제의 규범에 따르면 산업의 구조가 궁극적으로 기업의 성과를 결정하며, 전략경영의 규범에 의하면 성과는 기업의 자산 및 역량에 의해 결정된다고 가정한다. Porter(1980)는 전략그룹이란 산업 내 회사의 집단으로 전략 차원에서 동일하거나 혹은 유사한 전략을 따른다. 이러한 개념은 개별 기업에 대한 산업의 영향력 및 회사 개별 특성의 중요성을 강조한다.

이와 같은 이론적 접근법을 활용함으로써 일련의 변수 및 상황을 분석하여 산업 내 적용된 주요 전략을 확인할 수 있게 된다. 기업 전략형태를 확인하는 것은 조직 실체에 대한 복잡성을 파악할 수 있는 의미 있는 방안을 대변하기 때문에 중요하게 인식되고 있다. 그리고 산업 구조 및 진화를 보다 용이하게 이해할 수 있도록 한다. 또한, 전략그룹 분석은 다양한 활동을 저해하는 잠재적 장애물을 확인하고 산업 내에서 상이한 전략 개발에 유용하게 활용될 수 있다.

비록 산업 내 동맹체 노선망 및 글로벌 동맹체 형성으로 인해 기업 간 경쟁에서 그룹 간 경쟁으로 변화하였지만, 기업의 운영전략을 보완하고 개선하기 위한 행동들을 간과해서는 안 된다. 즉, 동일한 글로벌 동맹체 회원사에서도 상이한 운영전략을 채택하고 있다는 것이다. 이와 같은 전략적 다양성은 글로벌 동맹체의 각 항공사가 특정한 운영역할을 수행하는 가상조직이기 때문이다. 또한, 동일 전략그룹 구성원 사이에서도 연대전략의 다양성이 나타난다. 이러한 다양성은 연대전략이 항공사 운영전략을 보완하는 데 비교적 유연하기 때문이다. 운영전략은 항공사 발전에 기본적인 역할을 수행하며 글로벌 동맹체에 참여함으로써 발생하는 기회를 활용할 수 있게 한다.

글로벌 동맹체에 참여하는 것이 항공사의 성공을 보장한다는 것은 아니다. 글로벌 동맹체에 참여한 항공사 중에서도 항공사의 파산(Malev 2012, Mexicana 2010) 또는 타 항공사로의 합병(Canadian Airlines 2000, Austrian Airlines 2009) 사례 등이 있음을 알 수 있다. 따라서 아직도 상당수의 항공사들이 글로벌 동맹체에 소속되어 있지 않고 독자적인 운영을 지속하고 있어, 전략그룹에 대한 이론적인 접근이 항공산업 연구에 필요하다. 이러한 항공사들도 항공편명 공유협정을 활용하고 있으며, 일반적으로 그들의 전략은 글로벌 동맹체 소속 항공사들의 전략과 유사하다.

4.1.3 글로벌 동맹체와 발전

글로벌 항공동맹체는 항공사 간의 협력을 목적으로 하고 있지만, 참여 항공사의 개별적인 관심은 다소 다르게 나타나고 있다. 즉, 노선확장을 목적으로 하거나, 공동판매를 목적으로 하거나 또는 서비스 표준 및 공항자원의 공동이용 등 다양한 목적을 가지고 있어, 실제 글로벌 항공동맹체에 참여하는 항공사의 기대성과는 다르게 나타나고 있다. 그러나 글로벌 항공동맹체에 참여하는 항공사의 가장 큰 목적은 수익증가이다.

항공동맹체 내의 항공사 간에는 제휴협력이 활발히 이루어지고, 코드쉐어를 통한 네트워크 확장 및 판매기회 증대가 나타나고 있다. 그러나 개별 항공사 입장에서는 항공동맹체 내의 항공사만을 대상으로 협력하는 것뿐만 아니라, 타 항공동맹체의 항공사와의 협력도 중시하고 있다. 특히, 21세기 이후 등장한 저비용 항공사의 활발한 사업확장은 기존 항공동맹체의 결속력을 약화시키고 있다. 즉, 동맹체 내부의 포괄적 협력을 통한 네트워크 확대보다는, 특정 항공사와의 긴밀한 사업협력을 통해 경쟁 항공사의 위협으로부터 시장을 방어하고 시장경쟁력을 확대시키는 방안이 고려되었다. 조인트벤처(Joint Venture: JV) 운영방식이 이 같은 방안으로 나타나게 되었다.

항공산업에서 조인트벤처 운영방식은 특정 항공사가 특정 노선에서 마치 하나의 항공사와 같이 공동으로 사업을 운영하는 방식이다. 전통적인 조인트벤처 법인과는 성격이 다른 형태이다. 즉, 전통적인 조인트벤처 법인은 법인에 참여하는 사업자가 일정한 자본을 투자하여 별도의 법인을 설립하여 사업을 운영하는 방식이다. 그러나 항공산업의 조인트벤처 운영방식은 두 항공사가 실제 각자의 사업을 운영하면서, 협정에 명시된 노선에 대해서만 하나의 항공사처럼 공동으로 운영하여 수익을 공동으로 배분하는 방식이다.

조인트벤처 운영은 항공사 협력방식 중에서 인수 및 합병, 신규 공동항공사 설립을 제외하고 가장 강력한 협력 방식이라 할 수 있다. 조인트벤처 운영을 위해서는 특정한 시장환경이 전제되어야 한다. 특히, 조인트벤처 운영을 통해 기존에 두 개의 별도의 항공사가 운영하고 있던 노선이 하나의 항공사가 운영하는 형태가 되면서 공정경쟁 문제가 제기될 수 있기 때문이다. 조인트벤처 운영의 가장 기본적인 조건은 항공자유화 지역에 국한된다는 것이다. 항공협정에 의해 노선면허가 제한되는 노선에서는 조인트벤처 운영은 자칫 독점권을 인정하는 형태가 되어 소비자 편익이 심각하게 침해될 수 있기 때문이다.

조인트벤처 운영은 정부의 허가사항이다. 비록 두 개의 서로 다른 항공사가 특정 노선 등에서 공동으로 운항하는 경우에도 하나의 항공사로 간주될 수 있어, 공정경쟁에서 제한하고 있는 반독점 규제를 면제받을 수도 있다. 미국 항공사들이 중심이 되어 북대서양 노선에서 유럽 항공사들과 조인트벤처 운영을 적극적으로 도입한 계기가 항공자유화된 북대서양 노선에서 심각한 경쟁을 회피하면서 반독점면제를 통한 가격정책의 유연성을 확보하기 위한 것으로 알려지고 있다. 조인트벤처 운영을 위해서는 각국 정부의 규제와 시장 환경 등 다양한 조건이 고려되어야 하지만, 항공사의 협력 형태가 단순한 노선제휴, 마케팅 제휴, 코드쉐어 협력을 넘어 가상 항공사 운영 형태로 발전하고 있다.

4.2 항공사 코드쉐어 연결성 효과

1990년대 말 이후, 다수의 지역 항공사들뿐만 아니라, 세계적 규모의 대형 네트워크 항공사들이 3대 주요 글로벌 항공사동맹체, 즉 스타얼라이언스, 스카이팀 및 원월드에 가입했다. 동맹체는 현재도 확대되고 있으며 2010년 이래 25개 신규 항공사들이 항공사 동맹체에 가입했다. 현재 3대 글로벌동맹체의 62개 회원사들은 전 세계 여객운송의 60%를 수송하며, 세계 도시쌍의 90%를 점유하고 있다.

항공동맹체에 가입하는 이유는 다양하다.

- 다양한 형태의 제휴를 통해 타 회원사들과 코드쉐어 협정, 조인트벤치 혹은 합병 및 흡수 등과 같은 협력 증진.
- 코드쉐어 연결을 통해 세계시장 확대, 제휴항공사 운항노선으로 인한 운항 편수 확대
- 브랜드 인지도 향상
- 고객 편의 제공(예: 상용고객프로그램, 연결 항공편에 대한 보다 저렴한 가격)
- 외국 규제시장 및 혼잡공항 접근
- 운송밀도의 경제 및 조인트벤처 운영에 따른 비용절감

무엇보다도 글로벌 항공사동맹체 가입으로 인한 최대 이점은 회원사 간에 노선협력이 가능해지는 것이다. 코드쉐어는 이러한 협력의 가장 일반적인 방식으로 제휴사 운항 항공편에서 자사의 코드로 좌석을 판매할 수 있게 된다. 노선망을 상호 연결함으로써 코드쉐어 항공사들은 다수의 추가적인 노선에 대한 연결편을 조정할 수 있다. 이를 통해 항공사 자체 노선망으로는 불가능했던 새로운 시장에 대한 서비스를 제공할 수 있고 기존 운항노선의 운항 편수를 확대함으로써 서비스 품질을 향상시킬 수 있다.

전형적으로 제휴항공사들은 코드쉐어 협정을 통해 상호이익을 보게 되는데, 자신의 운항 구간뿐만 아니라 제휴항공사의 운항구간에서도 수익을 얻을 수 있기 때문이다. 여객 입장에서 만약 1개 항공사로부터 항공권을 구입하는 경우에도 복수항공사가 연계된 항공편 연결이 보다 매력적이게 된다(수하물 연결, 지연 및 미탑승 연결 항공편 지원, 저렴한 가격, 예약 편리성: 대부분의 예약 웹사이트 및 CRS에서는 코드쉐어 혹은 기타 협약이 되어 있지 않은 연계수송편은 보이지 않음). 통상적으로 글로벌 항공사동맹체는 그룹 내의 협조를 최대화할 수 있는 제휴 항공사 그룹이라고 볼 수 있으며, 이러한 가능성이 존재하는 노선이라면 회원 항공사들 간에 코드쉐어를 제공할 것이다.

4.2.1 항공사 코드쉐어 효과

많은 연구에서 글로벌 항공사동맹체 및 양자 간 코드쉐어 협정의 편익을 분석한 결과, 항공사 동맹체의 최대 편익은 수익증대와 운송 및 탑승률 증가로 나타나고 있다. 예를 들어 Iatrou & Alamdari(2005)는 2002년 글로벌 항공사동맹체에 소속된 28개 항공사들의 인터뷰를 통해 이 같은 효과를 입증하였다. 더 나아가 글로벌 동맹체 제휴가 회원사들의 허브 구간 또는 허브 및 비허브 구간을 연결하는 노선에서 높은 긍정적인 효과가 있었으며, 이것은 동맹체 회원사들의 연결성에서 코드쉐어로 인한 강력한 효과가 있음을 의미한다.

대다수의 항공사 동맹체 관련 연구에서는 항공운임에 대한 항공사 동맹체의 영향을 다루고 있다. 항공사는 동맹체를 통해 연결운송을 함으로써 항공운임이 하락할 수 있는 반면, 다수의 정책입안자 및 당국에서는 동맹체 항공사의 시장점유율 증가로 인해 반경쟁적 관행 및 운임인상을 초래할 수 있다는 우려를 제기하고 있다. 특히, 코드쉐어 제휴사 모두가 운항하는 노선(병렬적 코드쉐어)에서 이 같은 우려가 제기되고 있다. 이러한 제휴의 결과로 인한 항공운임 인상 사례는 특정 시장 조건에서 발견되었지만, 효율성 증대로 인해 부정적 영향이 미미하거나 상쇄되는 것으로 분석되었다(Bilotkach, 2005).

항공사 코드쉐어에 대한 현재까지의 대체적인 연구 결과는 항공운임 인상을 초래한다는 반경쟁적 영향은 크지 않은 것으로 나타나고 있다(Gayle & Brown, 2014). 1개 제휴 항공사만 운항하는 비경쟁 노선에 대한 코드쉐어 협정의 경우(보완적 코드쉐어) 항공운임 인하효과가 거의 모든 연구에서 나타나고 있다(Chen & Gayle, 2007). 보완적인 코드쉐어는 전형적으로 허브에서 코드쉐어 제휴사가 연결 운송하는 노선 중심으로 시행되며, 두 개의 상이한 항공사가 코드쉐어로 연결됨에 따라 제휴한 항공사들은 해당 항공사의 독자 항공권처럼 판매할 수 있다. 여객에게는 이러한 연결이 더욱 매력적이며(끊임없는 연결성) 제휴 항공사로 하여금 허브 연결성 및 시장 접근을 증대시키게 된다.

대체적으로 코드쉐어 협력으로 인해 양 제휴사가 모두 이득을 얻는데, 마케팅 항공사는 제휴사 운항 항공편 좌석을 판매함으로써 항공권 수익을 얻고 운항 항공사와는 사전 결정된 수익배분 체계에 의하여 보상을 받는다. 특히, 양 항공사가 서로 다른 이익 책임 단위로 활동하기 때문에 코드쉐어 협력에 따른 편익은 제휴사 간에 공정하게 배분되지 않을 수도 있으며 특정 상황에서는 일방이 손해를 볼 수도 있다. 전략적 목표를 논외로 한다면 이와 같은 불이익에 대한 두려움으로 인해 동일 동맹체 내에서도 코드쉐어를 하지 않는 주된 이유가 되기도 한다. 따라서 불공정한 수익배분을 피하고 상호 편익을 극대화하기 위하여 코드쉐어를 운영하는 양 제휴사의 수익경영이 통합되어야 한다. Gerlach et al.(2016)은 양 제휴사의 수익경영 통합의 주요 장애물로 이기심, 운영비용의 비대칭, 이질성 및 분권화를 제시하고, 이에 대한 해결방안이 필요함을 제시하였다.

글로벌 항공사동맹체가 항공사 연결성에서 주요 영향을 행사하기 때문에 항공 노선의 연결성 차원으로 종종 분석된다. Burghouwt & Veldhuis(2006)는 미국과 북서유럽 간의 대서양 횡단시장의 허브 간 경쟁에 대해 분석하였는데, 글로벌 항공사 동맹체의 진화를 보여 주었으며 특히 KLM 및 Northwest의 가입 이후 관련 허브의 연결성 증대에 기여했음을 분석하였다. 결과적으로 자체 연결성 강화를 위해 동맹체 회원사 간의 연결을 위한 협력을 하지 않는 것은 네트워크 확장의 효과적인 선택이 아닌 것으로 나타났다.

상대적으로 글로벌 항공사 동맹체 내부의 코드쉐어 제휴에 대한 연구사례는 많지 않다. Gerlach(2013)은 루프트한자의 운항 및 마케팅 항공편을 분석함으로써 루프트한자와 스타얼라이언스 사례에 대한 코드쉐어 제휴 증대에 대하여 연구하였다. 분석 결과 코드쉐어는 루프트한자 총예약의 7~9%를 기여한 것으로 나타났으며, 타 항공사들은 이 비율이 6~16%를 점유하는 것으로 나타났다.

2016년도 스타얼라이언스, 스카이팀 및 원월드 회원사들의 국제선 항공편에서 전체 여객의 6%는 운항 항공사가 아닌 마케팅 항공사에 의해 예약되었다. 대륙 간 운항 항공편에서는 이 비율이 10%를 초과하였다. 코드쉐어 여객 비율은 직항 항공편보다는 연결 항공편에서 2배 정도 높았으며, 이것은 연결편 운송에서의 코드쉐어 역할의 중요성을 보여주고 있다. Zou & Chen(2017)은 코드쉐어 제휴 및 항공사 수익률 사이의 연관성을 연구하였는데, 코드쉐어 숫자가 항공사 수익에 중요한 긍정적인 효과가 있음을 밝혀내었다. 아울러 동일 동맹체 내부 제휴사들 간의 코드쉐어가 타 항공사들간의 코드쉐어 대비 수익률 증대에 더욱 강력한 효과가 있음을 발견하였다.

Tugores-Garcia(2012)는 2006~2011년 사이의 글로벌 항공사 동맹체의 발전과정을 분석하였으며, 2대 주요 동맹체를 성장, 핵심 회원사, 시장점유율, 코드쉐어 제휴사 측면에서 전체적인 개관을 제시하였다. 분석 기간 중 동맹체 회원사들은 평균 13~20개 코드쉐어 회원사와 협력하고 있었다. 코드쉐어 협약의 50% 이상은 동일 글로벌 항공사 동맹체 내부의 제휴사들과 체결하고 있었다. 이와 같은 코드쉐어 협약은 동맹체 외부 항공사들과의 코드쉐어 대비 파기될 가능성이 낮았다. 그러나 모든 항공사가 자사의 동맹체 회원사들과 코드쉐어를 체결하는 것은 아닌 것으로 나타났다. 평균적으로 50~70%만이 동맹체 회원사들과 코드쉐어 협약을 체결하였으며, 이것은 동맹체 회원사 간에 코드쉐어 협력이 충분히 이루어지고 있지 않았음을 보여주었다.

4.2.2 글로벌 동맹체의 코드쉐어 영향

Seredynski et al.(2017)은 글로벌 동맹체의 코드쉐어 영향을 분석하기 위해 연결편 구성도구(connection builder)를 이용하였다. 연결편 구성을 위한 항공편 스케줄 및 최소연결시간 규정은 항공기 스케줄 자료 제공자인 OAG를 참고하였고, 분석은 2016년 11월 둘째 주 출발 자료에서 산출하였으며 추세 분석은 2010년 1월 이후 매월 둘째 주 자료를 참고하였다. 항공사 동맹체 회원사 정보는 스타얼라이언스, 스카이팀 및 원월드 웹사이트에서 조사하였다.

(1) 연결편 구성도구

연결편 구성도구는 스케줄 자료에서 도출된 경쟁력 있는 연결을 제공하는 알고리즘이다. 항공편 연결을 위해서는 최소연결시간(MCT), 운송제한(하늘의 자유), 양자 간 협력 같은 일련의 연결규정에 부합되어야 하며, 특히 스케줄 관련 요인(도중체류 횟수, 연결시간, 우회요인, 총여행시간 등)은 특정 품질기준에 부합되어야 한다. 연결편 구성은 운송제한뿐만 아니라 최소연결시간의 예외사항 전체를 고려한다. 연결편 구성의 가장 적절한 매개변수는 최대연결시차(maximum connection lag)이다.

연결시차는 연결공항 및 우회시간, 즉 제시된 출발-도착지 사이의 직항거리와 비교하여 연결 허브를 경유할 경우 추가 비행거리에 소요되는 시간으로 정의된다. 이것은 제시된 연결여정의 여행시간 및 중간에 연결 또는 우회 없이 출발지와 도착 목적지를 비행하는 시간의 차이로 이론상 직항여정과의 운항시간 차이로 측정될 수 있다. 연결시차의 상한점은 제시된 출발지 및 도착지 연결에 허용되는 최대 여행시간으로 나타난다. 제시된 출발지 및 목적지에서 동일 운항 구간을 공유하는 복수의 연결이 발생하는 경우, 가장 빠른 구간이 여객에게 가장 유리한 선택이다. 따라서 최단 연결 및 두 번째 신속한 연결구간이 경쟁력 있는 연결편으로 고려될 수 있다.

〈그림 4-1〉은 위에서 설명한 연결편 구성방법을 활용하여 국제선 두 구간 연결편을 도출한 것이다. 첫 단계에서 양자 간 연결은 타항공사가 존재하는 코드쉐어 협정만 허용했다. 두 번째 단계에서는 동일 글로벌 항공사 동맹체 회원사 간의 모든 양자 간 연결을 추가적으로 허용할 수 있다. 기존 코드쉐어 협정에 부합하는 연결편은 기존 코드쉐어 연결(cs0)로 표기하고, 기존 코드쉐어에 아직 부합되지 않은 추가적인 연결편은 가상적 혹은 활용되지 않은 동맹체 코드쉐어 연결(cs1)로 표시한다.

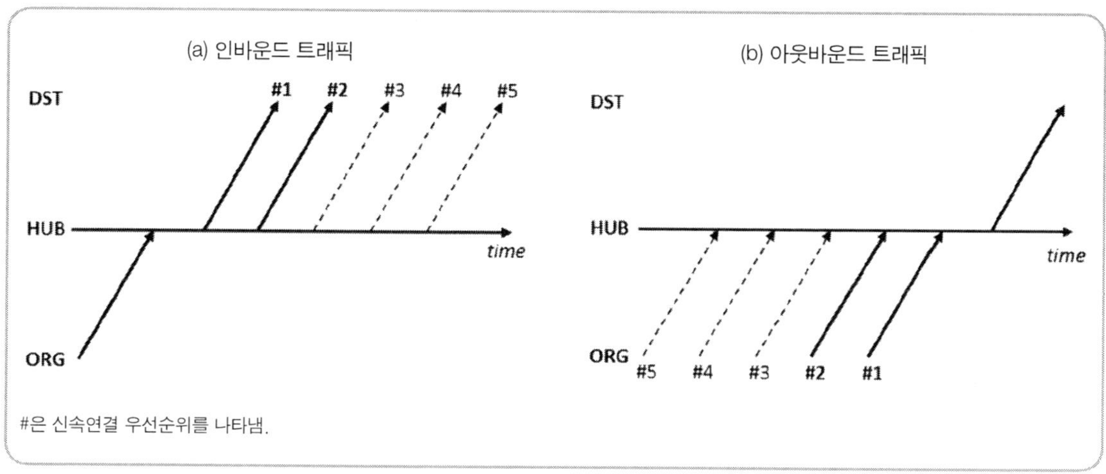

〈그림 4-1〉 연결편 설정: 출발지와 목적지에서 동일한 운항편을 공유하는 신속연결

추가적인 연결편으로 인해 창출된 총 코드쉐어 수는 모의실험 연결뿐만 아니라 기존 연결까지 포함하며, 가상적인 동맹체 코드쉐어는 글로벌 동맹체의 총 코드쉐어 연결도의 잠재력을 나타낸다. 따라서 이러한 잠재력이 얼마나 활용되고 있고, 사용되지 않고 남아있는 잠재력은 얼마나 되는지를 분석할 필요가 있다.

각 운항 항공편 연결 숫자는 마케팅 항공사 수와 무관하게 1회로 고려한다. 예를 들어 루프트한자와 유나이티드항공사 간의 연결은 1회로 간주하고, 연결편이 루프트한자만 판매하거나, 유나이티드만 판매하거나, 혹은 양사 모두 판매하는지 여부와는 무관하다. 이와 같은 연결이 1개 운항 항공사에 의해 판매될 수 있다면, 그것은 기존 코드쉐어 연결로 고려한다. 가상적인 코드쉐어 연결은 이러한 연결이 동일 동맹체의 두 회원사에 의해 운영되고, 양사 모두 이러한 연결에 마케팅 항공사가 되지 않는 경우에 한해 추가된다.

(2) 기존 동맹체의 코드쉐어 연결편

1) 글로벌 동맹체의 연결편에 대한 코드쉐어 영향

코드쉐어 연결은 항공사 연결도 증가에 현저히 공헌하며 글로벌 동맹체 회원사를 위한 주요 역할을 수행한다. 코드쉐어 연결은 스타얼라이언스, 스카이팀, 원월드 회원사의 국제선 두 구간의 총연결에서 약 25%를 점유한다. 이러한 비율은 3개 동맹체 내에서 매우 유사하며, 23%(원월드)에서 27%(스타얼라이언스, 스카이팀) 사이에 있다.

항공사 간 코드쉐어를 통한 연결 비율은 장기간 큰 변동이 없이 유지되고 있다. 2010

〈표 4-1〉 글로벌 제휴와 협력사별 상위 10개 기존 코드쉐어 및 잠재적 코드쉐어 연결편 현황

스타얼라이언스				스카이팀				원월드			
항공사 쌍	코드쉐어	CS0비율	CS1비율	항공사 쌍	코드쉐어	CS0비율	CS1비율	항공사 쌍	코드쉐어	CS0비율	CS1비율
Strongandfullpartnership (75%~100%)											
AC-UA	43306	96%	1849	AF-DL	27416	99%	330	AA-BA	31678	100%	68
LH-UA	31603	99%	207	DL-KL	24034	99%	173	AA-JL	9219	99%	56
NH-UA	18054	95%	884	CZ-MU	15044	75%	3706	AA-LA	8231	88%	1024
LH-OS	14463	99%	139	AF-KL	13526	100%	17	AA-IB	7148	99%	58
LH-SK	12264	87%	1608	AM-DL	7492	97%	237	AA-CX	6344	88%	747
CA-UA	10303	88%	1244	DL-KE	6876	87%	897	AA-QF	6246	97%	162
AC-LH	9697	97%	245	AF-SU	6594	85%	999	BA-IB	6058	94%	382
LX-UA	8534	92%	642	AF-UX	6070	99%	43	AA-JJ	5671	96%	218
LH-LX	8146	100%	25	KE-MU	5446	78%	1198	BA-QR	5312	80%	1053
CA-LH	7372	84%	1157	AZ-DL	5377	94%	319	AA-AB	4253	96%	161
Moderatepartnership (25%~75%)											
SK-UA	11609	35%	7526	CZ-KE	5841	70%	1733	AA-QR	10570	63%	3961
AV-UA	7214	43%	4097	CZ-KL	3104	49%	1577	AB-BA	3455	65%	1211
OZ-UA	4441	74%	1162	AF-CZ	2594	58%	1080	JL-MH	1136	74%	297
LX-SK	4012	75%	1015	CZ-SU	2545	57%	1087	CX-QR	847	61%	329
SK-TK	2977	74%	762	KL-UX	2369	57%	1025	JL-QR	806	71%	232
JP-SK	2198	44%	1226	AF-VN	2253	58%	948	AY-IB	680	69%	208
CA-SQ	2193	37%	1388	CZ-VN	2237	53%	1060	AY-CX	405	42%	234
OS-SK	1954	69%	614	MF-MU	2069	59%	846	IB-JL	238	71%	69
AC-TK	1943	64%	692	CI-MU	2012	55%	912	CX-S7	202	64%	72
LO-SK	1844	51%	900	CZ-GA	1992	69%	614	AA-MH	153	71%	44
Weekandnopartnership (0%~25%)											
LH-TK	8884	0%	8884	DL-SU	3384	0%	3384	BA-CX	5475	21%	4317
TK-UA	6987	8%	6462	DL-SV	2112	0%	2112	BA-QF	2670	16%	2254
BR-UA	5931	2%	5842	GA-MU	1083	24%	823	CX-QF	2569	0%	2569
AI-UA	5610	0%	5610	GA-SV	1020	0%	1020	BA-MH	2272	0%	2272
LH-TG	4592	13%	4004	CI-VN	810	21%	641	JL-QF	1658	3%	1612
SQ-UA	4325	1%	4284	CZ-SV	791	0%	791	IB-QR	1607	0%	1607
AV-CM	3271	10%	2942	AR-AZ	763	0%	763	BA-RJ	1150	8%	1062
SK-SN	2929	0%	2929	CI-MF	521	0%	521	MH-QF	1097	0%	1097
TP-UA	2466	19%	2009	AF-AR	499	21%	393	BA-UL	931	0%	931
LO-UA	2384	18%	1956	DL-VN	461	16%	387	AB-QR	910	0%	910

자료: Seredynskietal. (2017).

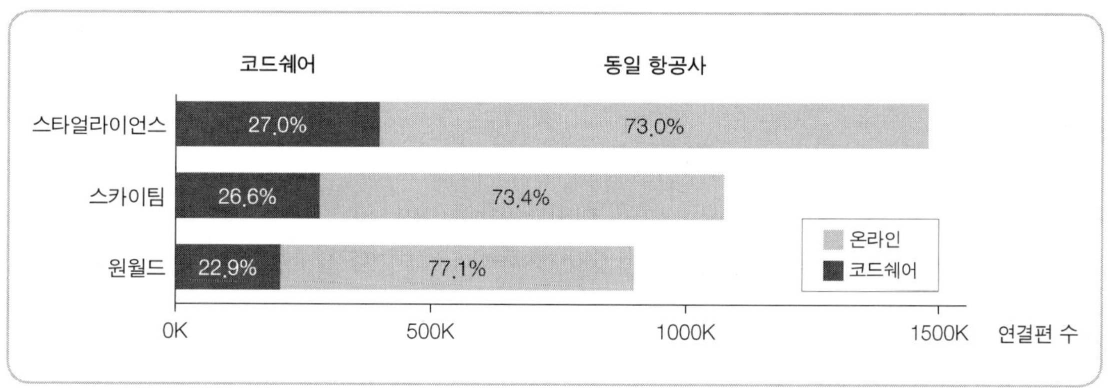

자료: Seredynski et al. (2017).

〈그림 4-2〉 글로벌 제휴 항공사에 의한 연결 항공편에 대한 동일항공사 및 코드쉐어 운항 현황

년 약 20%에서 2016년 26%로 약간 증가한 정도로 나타나고 있는데, 스카이팀과 원월드에서는 약간 증가한 반면 스타얼라이언스는 유사한 수준을 유지한 것으로 나타나고 있다.

2) 항공동맹체 내부 및 경쟁동맹체 회원사 간의 코드쉐어 연결편

코드쉐어 연결편을 추가적으로 분석하기 위해 세 가지 유형으로 분류한다. ① 동일 동맹체 회원사 간, ② 경쟁 동맹체 회원사 간, ③ 기타 항공사 간. 〈표 4-2〉에서는 3개 동맹체의 세 가지 구분을 보여준다. 국제선 코드쉐어 연결을 분석하면, 73%는 동일 동맹체 회원사, 6%는 경쟁 동맹체 회원사와 21%는 기타 항공사들과 이루어진다. 3개 동맹체 간에는 상당한 차이가 있다. 스타 얼라이언스는 동맹체 회원사 내 연결이 높고(80%), 경쟁 동맹체와는 낮으며(3%), 스카이팀 및 원월드는 동맹체 부문 연결 비율이 낮으며(69%~64%), 경쟁 동맹체 및 기타 항공사들과의 코드쉐어 연결 비율이 높다.

동맹체 회원사뿐만 아니라 경쟁 동맹체 회원사와 제휴하는 점은 특기할 만하다. 경

〈표 4-2〉 경쟁 제휴사 및 항공사에 의해 제공되는 코드쉐어 연결편 현황

글로벌 제휴	총계	스타 얼라이언스		스카이팀		원월드		기타	
스타얼라이언스	399,840	319,294	80%	9,873	2%	5,189	1%	65,484	16%
스카이팀	285,998	10,630	4%	196,386	69%	13,297	5%	65,685	23%
원월드	206,035	5,057	2%	13,439	7%	132,427	64%	55,112	27%
기타	218,361	65,279	30%	61,254	28%	48,598	22%	43,230	20%

자료: Seredynski et al. (2017).

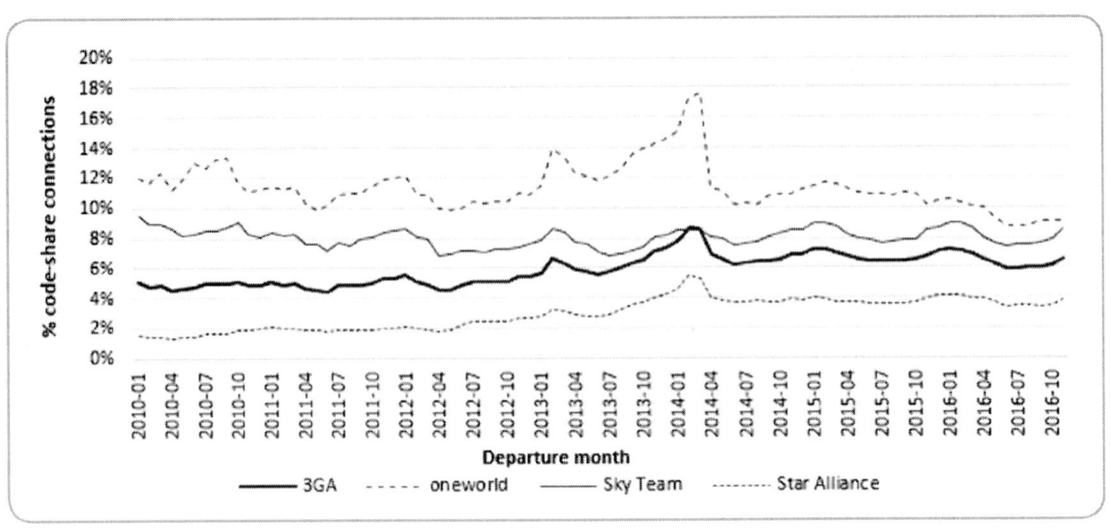

자료: Seredynski et al. (2017).

〈그림 4-3〉 경쟁 제휴사에 의해 제공되는 코드쉐어 비율의 변화 추세

쟁 동맹체 회원사 간의 높은 수준의 코드쉐어 협력(총 동맹체 코드쉐어 연결의 6%)은 예상하지 못한 사실이다. 장기간에 걸친 변화를 비교하면, 분석된 주간(2016년 11월)에서 경쟁 동맹체 회원사와의 코드쉐어 연결 비율은 전년도 대비 다소 하락했다. 그러나 이러한 비율의 변화는 안정적이지 않으며 특정 사안과 연결되어 증가하기도 하는데, 대부분의 증가는 동맹체 내 신규 회원사 가입에 따른 결과이다. 최대 증가는 2014년 초 US Airways와 American항공, TAM 항공과 LAN 항공의 합병에서 나타나고 있다.

US Airways 및 TAM 항공은 스타얼라이언스 회원사였으며, 공식적으로 2014년 3월 동맹체를 탈퇴했다. 이후 TAM 항공은 원월드 정회원이 되었으며, US Airways는 제휴사가 되었다. 두 건 모두 동맹체 변경 발표 상당 기간 이전에 합병이 실행되었다. 양 항공사들은 명백하게 스타얼라이언스를 탈퇴하기 상당 기간 이전부터 원월드 소속 합병사와 스케줄 및 코드쉐어 협정을 조정했다.

(3) 글로벌 동맹체 내부 코드쉐어 연결편 잠재력 활용

노선망 확장을 위한 동맹체 회원사들의 기존 코드쉐어 연결을 동맹체 회원사들뿐만 아니라 동맹체 외부와의 협력도 고려해야 한다. 또한, 동맹체 내부 코드쉐어 연결의 잠재력을 어느 수준으로 활용되는지를 분석할 필요가 있다.

1) 연결편 잠재력이 미활용 되는 이유

글로벌 동맹체 내부의 코드쉐어 연결에 중점을 두어 기존 코드쉐어 및 가상의 코드쉐어 연결성을 비교할 필요가 있다. 동일 동맹체 회원사 간의 모든 가능한 코드쉐어 연결 중에서 단지 74%만 코드쉐어 협정이 유효한 것으로 나타나고 있다. 나머지 26%의 잠재적인 코드쉐어 연결편은 미활용 중인 것으로 분석되었다. 코드쉐어 연결의 활용도는 스카이팀 및 원월드(78%)가 스타얼라이언스(70%)보다 높게 나타나고 있다.

만약 모든 스타얼라이언스 회원사가 모든 연결 가능한 항공편에 코드쉐어를 추진한다면 스타얼라이언스 내 코드쉐어 연결숫자는 지금보다 약 50% 정도 증가할 것으로 분석되고 있다. 따라서 타 항공동맹체들과의 연결 잠재력은 약 1/3 정도가 감소한다. 연결 잠재력을 분석하기 위해 다음과 같은 요인을 고려할 수 있다.

- O&D 거리: 출발지 및 연결 목적지 간의 대권거리 산출 — 장거리 연결이 단거리 연결대비 가중치 부여
- 항공기 규모: 두 연결 항공편의 가중 평균좌석 규모의 거리 산출 — 대형 항공기 연결시 소형항공기 연결대비 가중치 높음
- 연결여정시간: 해당 연결편에 적용 가능한 최대연결 시차에 의해 구분된 연결시차 산정 — 연결 시간 및 우회여정 측면에서 신속한 연결이 보다 매력적이며, 지연된 연결대비 가중치 부과
- O&D 거리, 항공기 규모 및 여정시간의 결합 — 상품에 세 가지 가중함수 부여

거리 및 항공기 좌석은 항공산업계에서 활용되는 전형적인 가중치이며(예: ASK), 여정시간(연결 혹은 우회여정) 기준 가중치는 연결편 수식에서 전형적으로 활용된다. 동맹체 내에서 활용되지 않은 코드쉐어 연결 잠재력의 비율은 활용된 각 연결편 수식과 유사하다. 단순 연결 숫자에 의한 측정 결과가 26.2%라면, O&D 거리에 의한 연결 가중치는 27.2%, 항공기 규모에 의한 연결 가중치는 27.1%, 연결시차에 의해 산출된 여정에 따른 연결 가중치는 24.3%, 거리, 좌석 및 여정 시간에 의한 가중치는 25.8%이다. 세가지 기준(연결숫자, 거리, 좌석) 사이에는 거의 차이가 없다는 점에서 비활용된 동맹체 연결도의 대부분이 장거리 노선뿐만 아니라 단거리 노선에서도 존재함을 의미한다.

잔여 잠재 연결비율은 최소 24.3%인데, 연결 여정시간(연결시간 및 우회여정)을 고려한 연결시차 점수를 활용하여 측정하거나 항공편 연결의 임시조정을 반영한다. 명백하게, 코드쉐어 협력이 없는 항공동맹체 회원사 간의 잠재적 항공편 연결은 연결도를 최적

화하지 않는다. 이와 같이 단순 연결 숫자 대비 낮은 결과는 기존 동맹체 코드쉐어 연결이 최소한 잠정적으로 조정되어야 함을 의미한다. 따라서 비사용 연결 잠재력은 코드쉐어 협정을 추가함으로써 동맹체 회원사 간 연결도 개선을 위한 잠정적인 스케줄 재조정에 의해 증가할 수 있음을 나타낸다.

2) 코드쉐어 연결편 활용: 시간에 따른 진화

높은 비율의 미활용 잠재 동맹체 코드쉐어 연결은 분석된 특정 기간뿐만 아니라, 과거 수년간 관찰되어 왔다. 전반적으로 3개 글로벌 동맹체의 미활용 비율은 2010년부터 2016년 11월까지 25%에서 30% 수준이었다. 이 기간 중 스타얼라이언스의 미사용 코드쉐어 연결비율이 가장 높고(27~35%), 스카이팀이 가장 낮다(201년 15%, 2016년 25%). 원월드의 경우 코드쉐어로 지원되지 않는 동맹체 잠재 연결이 2010년까지 거의 40%로 대단히 높았는데, 이는 영국항공 및 American항공이 대서양 노선에서 코드쉐어를 도입하기 이전이었다. 두 항공사의 규모 및 노선망의 연결편 잠재력을 고려하면, 이러한 조치는 원월드의 전체 노선망에 대한 결과에 괄목할 영향을 미쳤다. 원월드 동맹체의 미활용 연결 비율은 2012년 20%미만으로 하락했다가 말레이시아 항공 및 카타르항공이 2013년 2월, 10월에 가입하면서 다시 상승하였다. 그러나 원월드 내 미활용 코드쉐어 연결 비율은 2015년 10월 US Airways를 American항공사 코드로 변경함에 따라 다시 하락하였다.

이러한 현상 분석에 따르면 두 가지 결론에 도달하게 된다. 주요 항공사와 관련된 단일 사건(합병, 동맹체 가입, 코드쉐어 협정의 체결 및 탈퇴)이 전체 동맹체의 산출 결과에 중대한 영향을 미친다는 점이다. 실질적인 적용을 위해서 이와 같은 분석에는 보다 장기간 고찰해야 할 필요성이 있으며, 합병과 같은 특정 사안이 진행되는 경우, 특정항공사를 동맹체 회원사로 간주하거나, 실질적인 적용에서는 고려하지 않는 유연성이 필요하다.

3) 지역 수준의 코드쉐어 연결편 활용성

미사용 잠재적인 동맹체 코드쉐어 연결은 전 세계 다양한 지역에서 상이하다. 이러한 분석을 하기 위해 IATA 지역정의를 참고하여 4개 주요 지역(유럽(러시아 포함), 미주, 아시아 태평양(APAC), 아프리카 및 중동(AFRMDE))으로 분류할 수 있다.

〈그림 4-4〉는 연결 가능한 출발 및 도착지에 근거하여, 10개 비직항 지역 구간을 구성하여 각 지역 단위당 현존 및 가상의 동맹체 코드쉐어 연결 숫자를 산출한 것이다. 대륙 간 코드쉐어 연결도는 대서양 횡단 구간에서 가장 많이 활용되고 있다. 유럽 및 미주 구간은 단지 잠재적인 코드쉐어의 17%만이 미사용 중이며, 태평양 횡단 구간은 26%의

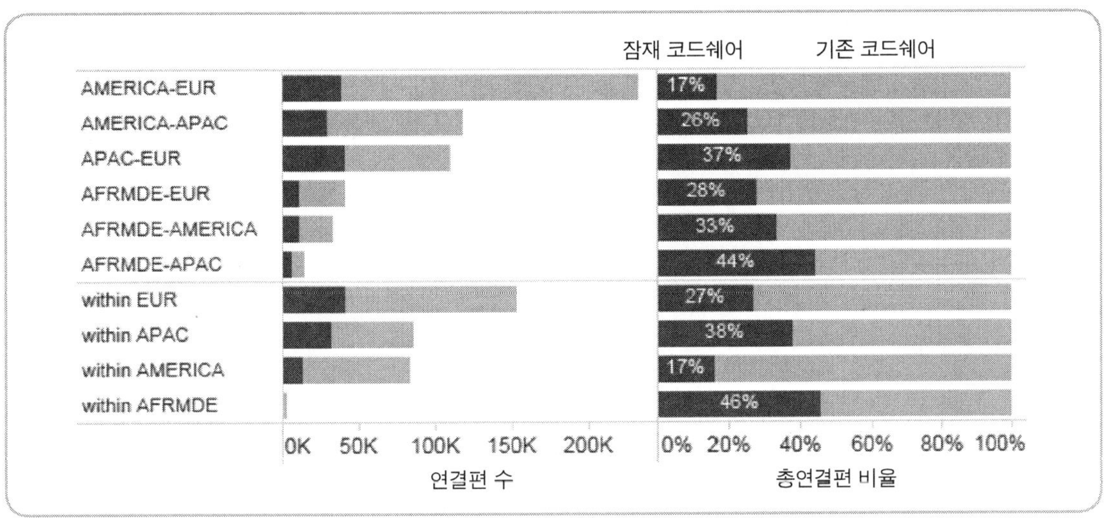

자료: Seredynski et al. (2017).

〈그림 4-4〉 O-D에서 기존 코드쉐어와 잠재적인 코드쉐어의 수 및 비율

연결이 현행 코드쉐어 협정에 의해 지원되지 않고 있다. 세 번째 주요 대륙 간 시장(유럽 및 아시아 태평양)은 비중이 높아 37% 수준이 잠재적 코드쉐어를 활용하지 않고 있어 아프리카 및 중동지역 대륙 간 시장과 유사하고, 아프리카-중동 출발 아시아-태평양 구간은 잠재적인 동맹체 연결의 거의 절반이 기존 코드쉐어로는 지원되지 않고 있다.

지역 내 동맹체 코드쉐어 연결도 활용은 미주지역이 가장 높다(연결의 17%만 미사용). 유럽은 27%의 잠재력이 남아 있으며, 아시아 태평양(38%), 아프리카-중동(46%) 순이다. 동맹체 내부의 크드쉐어 연결도는 양 항공사 단위의 양사 간 전략에 의해 주로 결정된다. 대체적으로 미주 및 유럽 항공사들이 아시아, 아프리카 및 중동 항공사 대비 글로벌 동맹체 내부 코드쉐어 협력에 보다 적극적이다.

4) 양 항공사 단위의 동맹체 코드쉐어 제휴

글로벌 동맹체 회원사 간의 코드쉐어 제휴는 대단히 이질적이다. 어떤 항공사들은 모든 연결 가능 항공편에 대해 코드쉐어를 실시하며, 다른 항공사들은 특정 노선에만 실시하거나, 전혀 제휴를 하지 않는다. 각 항공사 단위의 코드쉐어 제휴를 계량화하기 위하여 두 항공사 간의 총 잠재 코드쉐어 연결의 몇 퍼센트가 현행 코드쉐어 협정에 의해 지원되는지를 산출할 수 있다. 이러한 비율이 높을수록 제휴 수준이 높고, 도출된 비율에 근거하여 개별 항공사를 다섯 가지 유형으로 분류할 수 있다.

조사 결과 동맹체 내 모든 기존 코드쉐어 연결의 50%는 양사 간 코드쉐어 잠재력을 전부 활용하는 항공사에 의해 운영되었다(95% 이상의 잠재적인 연결이 코드쉐어 협정에 의해 지원됨). 37%의 현행 코드쉐어 연결은 강력한 협력 항공사에 의해 운영되며, 잠재적인 코드쉐어 연결의 75% 이상을 활용하고 있고, 타 항공사에 의해서는 14% 미만만 사용된다.

이러한 결과의 주요 시사점은 대다수 항공사가 대부분의 코드쉐어 연결 잠재력을 활용할 수 있다는 것이다. 즉, 다수의 항공사들은 코드쉐어 잠재력을 거의 완벽하게 활용하고 있다. 일부 항공사는 코드쉐어 잠재력을 다른 대륙기반 항공사들과 거의 대부분 활용 중이며(예: United항공, 루프트한자 항공 및 전일공수(ANA), 에어프랑스/KLM항공 및 델타, American항공 및 영국항공, Iberia항공, TAM항공 및 Qantas항공), 다른 항공사들은 동일 지역 내 또는 상당한 중복노선이 존재하는 경우(에어카나다와 United항공, 루푸트한자항공과 스위스항공 및 오스트리아항공, 에어프랑스 및 KLM항공)에도 대부분 활용한다.

반면에 일부 항공사들은 일부 선정된 노선에 한해 협력하는 것으로 나타났다. 분석된 구간 중에서, 코드쉐어 연결 잔여 잠재력이 가장 많은 항공사 군은 다음과 같다.

- United항공 및 SAS 항공, Avianca항공
- 루프트한자항공 및 타이항공(스타 얼라이언스), 중국남방항공 및 에어프랑스/KLM 항공
- 대한항공 및 동방항공, 남방항공(스카이팀), American 항공 및 카타르항공
- 영국항공 및 Cathay Pacific 항공, Qantas항공(원월드).

또한, 일부 동맹체 항공사는 전혀 협력하지 않거나 코드쉐어 연결 잠재력의 일부만 활용하는 것으로 나타났다. 분석 구간에서 가장 잠재력 높은 코드쉐어 연결가능 항공사 군은 다음과 같다.

- 터키항공 및 루프트한자항공
- United항공 및 터키항공, EVA항공, 에어인디아, 싱가포르항공 (스타 얼라이언스)
- 델타항공 및 SU, 사우디항공 (스카이팀)
- 영국항공 및 말레이시아항공
- Cathay Pacific 항공 및 Qantas항공
- 카타르항공 및 일본항공, IB (원월드)

4.2.3 시사점

일반적으로 동일 글로벌 동맹체 회원사들은 코드쉐어 등을 제공함으로써 상호 밀접하게 협력할 것이라고 믿고 있다. 3대 주요 글로벌 동맹체 내부 및 상호협력에 대한 심층분석 결과 예상대로 동맹체 회원사들은 협력 수준이 높았다. 하지만 협력 정도는 이질적이며 시장 및 항공사에 따라 상이하게 나타났다. 공동맹체 회원사들의 국제선 O&D 코드쉐어 연결편을 분석하기 위하여 연결편 구성방식을 활용하여, 현행 코드쉐어 연결을 도출하고 동일 동맹체 회원사 간 모든 잠재적 연결 관련 가상 코드쉐어(현재는 미시행)를 분석하였다.

연구 결과 동맹체 회원사 간 잠재적 코드쉐어 연결 가능 구간 중 25% 이상이 활용되지 않는 것으로 나타났다. 다수의 동맹체 항공사들은 선택된 일부 제휴사들과 코드쉐어 연결도를 완전히 활용하며, 여타 제휴사들과는 일부 노선에서 협력하거나 혹은 전혀 협력하지 않는 것으로 나타나고 있다. 이와 같이 미사용된 잠재력의 1/3 이상은 항공사들간에 어떠한 코드쉐어도 시행되지 않았다. 대조적으로 다수 항공사들이 경쟁 동맹체 회원사들과 코드쉐어 협력을 운영하고 있다. 전반적으로 글로벌 동맹체는 회원사들 간 코드쉐어 제휴를 용이하게 한다.

그러나 글로벌 동맹체 회원사라는 것이 모든 타 회원사들과 코드쉐어 협력을 의미하거나, 타 동맹체 회원사들과 코드쉐어 협력 중단을 의미하는 것은 아니다. 따라서 코드쉐어 협정의 개시 여부는 대체로 양 항공사 수준에서 결정된다. 즉, 단순화된 연결편 구성 규칙은 동맹체 회원사들 간의 인터라인 연결 생성에 적용되거나, 코드쉐어 협정의 존재 여부와는 무관하게 타 항공사들과의 연결 방지에 적용될 수 있다.

4.3 조인트벤처 운영의 출현과 발전

4.3.1 항공사 간 조인트벤처 운영 배경

1990년대 후반까지 대형항공사(full service carrier: FSC)들은 세계 항공산업의 안정적인 발전과 항공규제 완화(open sky) 추세에 힘입어 항공여객 서비스 및 경영 최적화를 위한 대형공항(gateway) 중심의 글로벌 네트워크(Hub & Spoke Network) 구축 등으로 지속적인 발전을 이뤄왔다. 이 같은 FSC의 규모의 경제(Economy of Scope) 모형은 대형공항 중심의 출·도착항공편의 웨이브 스케줄 시스템(waved schedule system)만으로도 항공수요 유치에 큰 문제가 없어 보였다. 그러나 이와 같은 공급자 중심의 글로벌 네트워크 노선구조 및 항공가격은 직항 편을 선호하는 고객들과 소비자 중심의 선택가격제를 원하는 고객들로부터 스케줄의 불편함과 높은 가격에 대한 불만의 원인이 되었다.

이러한 현상은 특히 상용수요를 중심으로 나타나면서 2000년대 전후를 기점으로 설립된 저비용 항공사(low cost carrier: LCC)의 수요자 중심의 노선구조(point to point network)와 고객중심의 가격결정 시스템으로 고객편의를 우선으로 하는 새로운 비즈니스 모형이 나타나기 시작하였다. 항공시장 환경 역시 2000년대를 정점으로 세계경제의 후퇴, 9.11 테러로 인한 항공수요의 급감, 2003년 이라크 전쟁과 SARS 등의 영향으로 경제 침체기가 나타나면서, 가격 민감도가 높은 항공수요에서부터 기존 FSC에서 LCC로의 이전 현상이 현저하게 나타나게 되었다. 초기 FSC는 이러한 현상을 미국이나 영국의 일부 지역에서 국지적으로 나타나는 미미한 현상으로 인식하였으며, LCC의 모형이 낮은 서비스 수준의 저운임에 매력을 느끼는 수요에 국한된 틈새시장에서만 가능할 것으로 간과하였다.

그러나 LCC가 중단거리 노선을 대상으로 지속적인 시장점유율을 확대해나가자 기존 FSC에서도 변화가 나타났다. LCC가 지향하는 고객 중심의 판매 및 경영전략에 대비하여 FSC들이 고객편의 및 생산성 향상 정책의 일환으로 LCC의 전략을 일부 도입하면서 경쟁의 악순환(vicious cycle of competition)에 빠지게 되었다. 이를 극복하기 위해 FSC는 다양한 전략적 제휴를 운영하고 있으나, 항공자유화 확대와 항공산업의 규제 완화 등으로 기존의 제휴전략의 실효성이 상당히 약화되게 되었다. 따라서 새로운 제휴전략이 필요하게 되었고 조인트벤처 운영이 새로운 대안으로 제시되었다.

4.3.2 항공사 간 JV 운영 체제 및 조직

(1) JV 운영 조건

기존 항공사들은 2000년대 이전까지 안정적인 경제성장을 배경으로 신생 항공사의 시장진입을 어렵게 하기 위해 운항 네트워크 연계와 공급자 중심의 가격운영 등을 통한 비경쟁체제를 유지해 왔다. 그러나 기존 항공사들의 노선구조, 공급자 중심의 일방적인 가격체계 등을 극복하며 등장한 저비용 항공사에 의해 중단거리 노선에서 수요를 잠식당하게 되었다. 따라서 기존 항공사들은 수익성이 낮은 노선을 중단하거나 감항하는 전략과, 저비용 항공사의 전략노선을 피하여 중장거리 노선에 집중적인 투자를 전개하였다. 또한, 기존 대형공항 중심의 허브-스포크 네트워크 구조에서 허브공항의 웨이브 스케줄 시스템(waved schedule system)으로부터 롤링 허브 시스템(rolling hub system)으로 변화를 시도하였다. 그러나 이와 같은 전략들은 일방적인 노선운영 및 공급자 중심의 가격운영체제 등에 불만을 품은 중단거리 수요 및 상용수요를 유인하는 데 한계가 있었다.

따라서 새로운 노선개설에 대한 위험성을 피하고 저비용 항공사로 이전된 수요를 회복하기 위해 전략적 제휴의 하나인 조인트벤처 운영이 기존 항공사를 중심으로 고려되었다. 조인트벤처의 효과적인 운영을 위해서는 다음과 같은 조건이 충족되어야 한다. 첫째, 참여 항공사 국가 간의 항공자유화(open-sky)가 이뤄져 있어야 한다. 둘째, 참여 항공사의 국가에서 반독점면제(anti-trust immunity: ATI) 승인이 가능해야 한다. 셋째, 참여 항공사 간 조인트벤처 운영에 따른 새로운 노선개설, 공급력 증대, 수익성 개선, 마케팅 능력 강화, 자원조달 효과 등의 기대수준이 충족되어야 한다.

(2) JV 운영 방식과 공공의 편익 효과

미국의 교통성(U.S. Department of Transportation: DOT)은 ATI 승인 조건으로 JV 운영에 따른 공공의 편익(운용 공급석 증가 및 소비자의 항공가격 하락)이 반드시 동반되어야 한다는 전제를 두고 있다(European Commission & US DOT, 2010). 이는 미국의 DOT가 ATI를 승인하는 목적이 공공의 편익 증진과 함께 실질적인 항공가격의 인하, 운항노선의 확장 등으로 소비자의 스케줄에 대한 선택 편이성을 제고하는 데 그 목적이 있다. 그러나 만일 ATI의 승인하에 JV 운영 결과, 기존의 양 항공사가 운영해왔던 운항규모와 비교하여 기존의 운영노선이 감소하였다거나 공공의 이익을 해치는 결과가 도출되면 DOT는 언제든지 이전에 승인하였던 ATI를 취하할 수 있고, 이를 이전의 경쟁체제로 전환할 수 있다.

따라서 항공규제자유화와 ATI 승인을 취득한 후, JV 운영의 충족조건을 갖추게 되면 참여 항공사들은 기간노선(trunk-line)과 보조노선(feeder-line) 간의 공동운영, 수익경영 시스템(revenue management system), 공동 마케팅, 공동 기재운영, 운항 관련 인력의 공동운영 등을 수행할 수 있다. 이를 기준으로 참여 항공사들의 운항 및 판매구간에 관계없이 영업 총수익에 대한 총비용을 제외한 후, 순수 운항수익을 단년 또는 다년간 사전 협약했던 수익배분 원칙에 따라 배분하게 된다.

조인트벤처 운영의 공급자 편익효과는 기간노선(trunk-line)과 보조노선(feeder-line) 간의 연계성을 높여 기존 단일 항공사 운영노선보다 많은 공급력을 확보하고, 새로운 항공수요를 창출하게 되어 안정적인 수익성을 확보할 수 있다는 것이다. 즉, 참여 항공사 간의 공동 마케팅의 전개와 공동 기재운영을 시행함으로써 공동정비, 연료 및 기재의 공동구매, 운항 및 객실승무원에 대한 공동운영, 기내식의 일원화 등으로 운항비용을 절감하는 효과를 얻을 수 있다. 반면에 수요자 편익은 다음과 같이 정리될 수 있다.

첫째, JV 운영으로 기간노선(trunk-line)과 보조노선(feeder-line) 간의 연계성이 증대되어 이원구간의 여행편이성이 증가되는 것은 물론 노선 선택의 기회가 확대되어 스케줄 편이성이 증진된다.

둘째, JV 운영 이전 각 항공사의 운영노선에 대한 수익성이 보존됨으로 소비자는 운영노선에 각기 부과되었던 이중마진(dual-margin)을 피할 수 있는 동시에 항공가격의 인하 및 다양한 가격선택 기회를 누릴 수 있다.

셋째, 참여 항공사들의 공동 상용고객프로그램(frequency flyer program: FFP) 운영으로 항공마일리지의 적립 편이성과 활용 범위 확대 효과 등을 누릴 수 있으며, 공항라운지 이용 및 체크-인 카운터 등과 같은 공항서비스 부문에서도 폭넓은 이용 편의성을 얻을 수 있다.

그러나 이 같은 JV 운영과 관련하여 공급자 및 소비자 편익이 모두 증가될 것이라는 JV 운영 초기 공급자의 주장과는 다른 결과들이 나타나고 있다. Brueckner & Whalen(1999)은 초기 북대서양의 일부 노선에서 반독점 면제가 허용된 JV 운영 구간의 연결편 운임이 반독점 규제 항공사들 운임보다 8%-15% 저렴한 것으로 일부 분석되었다. 그러나 JV가 본격적으로 운영되기 시작한 2005-2011년의 대서양 횡단노선 2개에서는 경쟁 직항 항공사들에게 반독점 면제를 허용한 결과, 소수의 독립적 경쟁사 운항노선에 비해 항공운임이 소폭 상승하는 것으로 분석되었다.

이외 스카이팀(Skyteam), 스타얼라이언스(Star Alliance), 원월드(Oneworld) 간 글로벌 제휴에서도 JV 운영 결과, 경쟁이 약화되는가 하면 노선축소 현상이 일부 나타나는 것으로 확인되고 있다. 이는 JV 운영으로 경쟁이 소멸되거나 심각하게 감소하는 경우, 결과적으로 잔여 공급자의 시장 지배력이 강화되어 높은 가격 정책 때문에 소비자의 편익이 저해될 수 있다는 결과를 의미하고 있다.

(3) 성공적인 JV 운영 조직 및 역할

JV 운영 조직은 각기 참여 항공사에서 일정수의 파견 임원으로 구성되는 JV 관리위원회와 지상조업, 운항관리, 재무관리 및 항공실무 전반의 인력이 파견되어 구성되는 JV 실무운영팀으로 구성된다. JV 관리위원회의 기능은 신노선 개설 및 JV 경영전반에 대한 중요 의사결정 기구이며, JV 실무운영팀은 항공기 운항, 판매, 마케팅, 재무 등 실무전반을 현장중심에서 수행하는 역할을 하게 된다.

JV 관리위원회와 JV 실무운영팀 운영에 있어 가장 중요한 요소는 항공사 간의 신뢰구축을 기반으로 한다. 신뢰(trust)는 JV 관리위원회를 기준으로 형성되는 호의신뢰(goodwill trust)와 JV 실무운영팀을 중심으로 형성되는 역량신뢰(competency trust)로 구분된다. 호의신뢰(goodwill trust)는 양 항공사에서 파견되는 임원진이 상대 항공사에 대한 이익을 의도적으로 저해하지 않는다는 경영관리 신뢰를 의미하며, 역량신뢰(competency trust)는 실무운영에 있어서 양 항공사에서 파견되는 실무진 간에 기술적 능력에 대한 신뢰를 의미한다. 호의신뢰 및 역량신뢰 구축과 행위통제 과정에 있어 절대적인 영향 요소로 통제(control)정보를 들 수 있는데 그 유형은 다음과 같이 세 가지로 나눠진다. 첫째는 여객운송서비스의 품질 통제를 결정하는 생산물 통제(output control), 둘째는 실무 운영에 관한 규정설정과 관련한 행위 통제(behavior control), 셋째는 공동협력관계에 대한 책무인 사회적 통제(social control)이다.

JV 조직 운영에 있어 성공적인 관계 유지를 위한 호의신뢰와 역량신뢰 간의 통제정보 및 호의신뢰의 구축 또는 행위통제 과정에 대한 정보량의 관계는 〈표 4-3〉과 같다. 역량신뢰와 호의신뢰의 형성 과정에서 필요로 하는 통제정보 관계는 실무진의 신뢰에 있어 산출물 통제, 행위 통제, 사회적 통제와 모두 관계 구도를 갖는 한편, 임원진에 대한 호의신뢰는 산출물 및 행위 통제보다 공동협력 관계에 대한 책무 통제 정보인 사회적 통제 영향만으로 형성되는 것을 볼 수 있다.

한편, 〈표 4-4〉의 역량신뢰와 호의신뢰 구축 및 파괴 과정에 있어 필요 정보량 간의 관계는 역량신뢰의 경우 실무진의 산출물, 행위, 시회적 통제 정보가 이미 객관적인 통제

〈표 4-3〉 역량신뢰와 호의신뢰 형성에 필요한 통제정보 간의 관계

구분	산출물 통제 (output control)	행위 통제 (behavior control)	사회적 통제 (social control)
실무진의 역량신뢰 (competency trust)	○	○	○
임원진의 호의신뢰 (goodwill trust)	×	×	–

자료: Emsley & Kidon (2005).

〈표 4-4〉 역량신뢰 및 호의신뢰, 신뢰구축 및 행위통제의 관계

구분	신뢰구축 (output control)	행위통제 (behavior control)
실무진의 역량신뢰 (competency trust)	적은 정보량	많은 정보량
임원진의 호의신뢰 (goodwill trust)	많은 정보량	적은 정보량

자료: Emsley & Kidon (2005).

수준으로 입증된 만큼 적은 정보량만으로도 신뢰구축이 가능하며, 검증된 역량신뢰에 대한 파괴는 이를 충분히 입증할 수 있는 자료 및 시행결과 등과 같은 많은 정보량이 제시될 때만이 가능하다. 호의신뢰의 구축과정에 있어서는 양 항공사 간의 많은 분량의 경영정책 자료가 뒷받침되어야 하는 반면, 신뢰 파괴과정은 미세한 불신요인만으로도 쉽게 파괴될 수 있다.

따라서 〈표 4-3〉과 〈표 4-4〉를 기준으로 볼 때, 실무진의 통제와 임원진을 중심으로 한 신뢰수준은 산출물, 행동, 사회적 통제의 정보가 실무진에 대한 역량신뢰를 구축하는 데에 일정 비율만으로도 충분하나, 사회적 통제에 의하여 얻어지는 정보는 임원진 간에 호의신뢰를 구축하는 데 절대적인 영향을 미치는 것을 볼 수 있다. 결국 성공적인 JV 운영 결과를 도출하기 위해서는 참여 항공사가 모두 실무진의 역량신뢰보다 임원진의 호의신뢰에 역점을 두어 관리하고 운영하는 노력이 우선적으로 필요함을 알 수 있다.

4.3.3 JV 운영 사례 및 효과

(1) 글로벌 제휴사와 비제휴사의 JV 운영 사례와 운영 효과

JV 운영은 항공규제자유화 및 양국 간의 ATI 승인을 전제로 2007년 코드쉐어를 선도했던 북미와 유럽의 델타항공과 에어프랑스 간의 북대서양노선을 중심으로 시작되었다. 글로벌 제휴사 간의 JV 운영은 미국의 DOT로부터 2008년 스카이팀, 2009년 스타얼라이언스, 2010년 원월드에 대한 ATI 승인으로 활성화되었다.

1) 글로벌 동맹체 내 JV 운영 사례 및 운영 효과

세계 항공시장의 주요 글로벌 동맹체 중에서 가장 먼저 미국 DOT로부터 ATI를 승인 받은 동맹체는 스카이팀이며, 주요 글러벌 동맹체를 중심으로 한 최근까지의 JV 운영

〈표 4-5〉 3대 얼라이언스 내 JV 운영 항공사 및 운영 효과

연도	참여 항공사	글로벌 동맹체	운영 효과
2009	Delta, Air France, KLM, Alitalia	스카이팀	• 노선 경쟁력 강화 • 시장점유율 확대 • 운항효율성 증대 • 운항 및 인건비 절감 • 서비스 통합 운영 • 공동투자: 투자 위험 분담 • 경쟁자 진입 제거 등
2010	American, British Airways, Iberia	원월드	
2011	ANA, United	스타얼라이언스	
2011	American, Japan Airlines	원월드	
2012	ANA, Lufthansa, Austrian, Swiss	스타얼라이언스	
2013	British Airways, Japan Airlines, Finair	원월드	
2014	Air China, Lufthansa	스타얼라이언스	
2015	Air China, Air Canada	스타얼라이언스	
	Delta, Aero Mexico	스카이팀	

현황은 〈표 4-5〉와 같다. 동맹체 내의 제휴사 간 JV 운영 효과는 전형적으로 기간노선(trunk-line)과 보조노선(feeder-line) 간의 연계성을 제고하여 노선경쟁력 강화, 시장점유율 확대, 운항효율성 증대 및 공동 기재운영에 따른 공동정비, 연료 또는 기재의 공동구매, 운항 및 객실승무원의 일원화 등으로 공동 구매비용과 인건비 등의 비용절감 효과를 얻는 데 그 목적이 있다.

2) 타 글로벌 동맹체와 비동맹체 항공사 간 JV 운영 사례 및 운영 효과

타 글로벌 동맹체와 비동맹체 항공사 간의 JV 운영 사례는 소속 동맹체가 상이하거나 동맹체에 소속되어 있지 않은 항공사와 시장개발을 목적으로 특정 연결구간에 대해 협력이 이뤄지는 경우이다. 이는 동일 동맹체 항공사와 타 동맹체 항공사 간의 코드쉐어 협력이 제한되기 때문에 주로 동맹체에 가입하지 않은 중동계 항공사 또는 지역항공사들을 중심으로 형성되는 것이 일반적이다.

본 협력의 대표적인 사례는 콴타스항공(Qantas Airways)과 에미레이트항공(Emirates Airline)의 협력이다. 이들 양 항공사는 제휴 전 시장규모가 큰 호주-유럽노선을 놓고 치열한 경쟁을 전개하였으나, 2013년 JV 운영 협력 이후 콴타스항공은 두바이 이원 70여 개 노선에서 에미레이트 항공의 운항노선을 얻게 되고, 에미레이트 항공은 대양주지역 내 연계 노선망과 상용고객프로그램(FFP) 확대 효과를 얻게 되었다.

〈표 4-6〉 3대 얼라이언스 내 JV 운영 항공사 사례 및 운영 효과

연도	참여 항공사	운영 효과
2013	Qantas Airways(QF), Emirates Airline(EK)	• QF: 두바이 취항 70개 노선에서 EK 이원 노선 활용 • EK: 대양주 내 전 노선 확대 및 FFP 운영 확대
2016	Qantas Airways(QF), China Eastern Airlines(MU)	• 양 국가 간의 신규노선 취항 등 교류 활성화 • 중국인 호주 방문객 중 가장 높은 점유율 차지

3) FSC와 LCC 간 노선확대를 위한 JV 운영 사례 및 운영 효과

FSC는 2000년대를 전후로 규모의 경제(Global Alliance의 이론적 배경)와 밀도의 경제(Hub & Spoke의 이론적 배경)의 비즈니스 모형이 약화되면서 LCC의 새로운 소비자 중심의 비즈니스 모형에 상용수요 및 중단거리노선 수요를 상당 부분 잠식당하게 되었다. 이에 대한 대안으로 〈표 4-7〉과 같이 LCC와 일부 중단거리노선에서 JV 운영을 시도한다.

〈표 4-7〉은 FSC와 LCC 간 JV 운영의 대표적인 사례로 SQ와 VA, VA와 DL, VS와 DL의 협력을 들 수 있다.

〈표 4-7〉 FSC와 LCC 간 JV 운영 항공사 사례 및 운영 효과

연도	참여 항공사	운영 효과
2011	Singapore Air Line(SQ), Virgin Australia(VA)	• 노선(network) 확대 효과
2011	Delta Air Lines(DL), Virgin Australia(VA)	
2013	Delta Air Lines(DL), Virgin Atlantic(VS)	

(2) 대륙 간 JV 운영 사례와 운영 효과

대륙 간 JV 운영 사례는 1997년 KLM항공과 노스웨스트 항공사 간 북대서양노선의 협력을 시작으로, 2011년 4월 1일 전일본항공과 아메리칸항공이 10개 직항노선에 대하여 일본-미국 간 코드쉐어 협력을 병행하는 태평양노선의 협력 사례를 들 수 있다.

1) 북대서양노선의 JV 운영 사례 및 운영 효과

1995년 미국이 다자간 항공자유화를 천명한 이후 미국과 유럽 간 이뤄진 항공규제 자유화 협정은 미국과 유럽 항공사 간에 제한 없이 양 지역 모든 도시에 대하여 비행이 가능하게 되었다. 특히, 2007년 10월 델타항공과 에어프랑스 간 JV 협정을 필두로, 2009년 5월 KLM항공, 2010년 7월 알리탈리아항공까지 참여하는 4개 항공사들의 연합에 의하여 북대서양노선에서 JV가 완성된다. 그 결과 북미지역 300개 목적지와 유럽, 라틴아메리카 250개 목적지 간의 북대서양노선의 JV 운영이 활성화된다.

이로 인하여 DL, AF, KLM, AZ의 4개 항공사 연합 JV 운영으로 새로운 노선 개설 및 연계구간에 코드쉐어가 증폭되는 것은 물론, 기존 카보타지(cabotage) 규정에 의해 외국 항공사가 타국 내 국내선 운항이 금지되었던 미국 국내선에 대해 유럽항공사들의 광범위한 진입이 가능하게 되었다. 한편, JV 협력으로 특정노선의 직접적인 경쟁이 소멸되고 파트너십에 근거한 효율적인 국제선 네트워크 구축이 가능해져 전체 노선의 공급이 증대되는 효과가 나타났다.

〈표 4-8〉 북대서양노선 간 JV 운영 항공사 사례 및 운영 효과

연도	참여 항공사	운영 효과
2007	Delta Air Lines(DL), Air France(AF)	• 미국-유럽 간 Open-sky 이후 JV 운영 최초 사례
2009 ~ 2010	Delta Air Lines(DL), Air France(AF), KLM, Alitalia-Linee Aeree(AZ)	• Skyteam 내, 미국 300여 개 ↔ 유럽 250개 목적지 간 노선 협력
	Lufthansa(LH), United Airline(UA), Air Canada(AC) etc.	• Star Alliance 내, 미국 ↔ 유럽 간 61개 목적지 간 노선 협력
	America Airline(AA), British Airways(BA), Iberia Airlines(IB) etc.	• Oneworld 내, 미국 96여 개 ↔ 유럽 101개 목적지 간 노선 협력

2) 태평양노선의 JV 운영 사례 및 운영 효과

북대서양노선에 대한 JV 운영의 효시는 2007년 델타와 에어프랑스 간 협력이 출발점이라면, 태평양노선은 2011년 4월 1일 일본항공과 아메리칸항공의 10개 직항노선에 대한 일본 이원 및 북미 이원도시 간에 Code-share 협력에서 비롯된다.

〈표 4-9〉와 같이 일본과 미국 간 태평양노선에 대한 JL과 AA의 JV 운영 결과 ASEAN

〈표 4-9〉 태평양노선 간 JV 운영 항공사 사례 및 운영 효과

연도	참여 항공사	운영 효과
2011. 4	Japan Airlines (JL), America Airline (AA)	• 일본(나리타, 하네다) ↔ 미국 10개 도시 간 노선 협력 • AA: 나리타, 하네다 이원 국내선 및 동남아노선 협력 확대 • JL: 미국 10개 도시 이원 국내선 및 캐나다, 멕시코, 프에트리코 등 남미 이원 노선 확대
2011. 10	ANA, United Airline (UA)	• 일본, 한국, 홍콩 ↔ 미국 9개 도시 간 노선 협력 • 일본 국내선, ASEAN 권내 ↔ 미국 국내/남미/캐리비안 노선 확대

지역과 북미, 중미, 남미 구간의 노선망이 확대되는 것 이외에도 양 항공사 간 공동판매, 공동 마케팅 활동 및 양 항공사의 역량을 활용하는 등 공항서비스의 공동협력을 통해 운항비용을 절감하는 모범적인 사례를 낳았다. 한편 2011년 10월 ANA와 UA 간의 JV 운영은 JL과 AA 간 JV 운영 효과 이외에 소비자 측면의 FFP제도 호환 편의성 및 공동 라운지, 공동 카운터 이용 등의 편의성을 제고하였다.

4.3.4 JV 운영 시사점

협력 초기 JV 운영은 공급자 편익 및 소비자 편익이 크게 개선될 것이라는 참여 항공사들의 주장과는 달리 Brueckner & Whalen(2000)과 DOT의 2005~2011년 기간 DB1B 문석자료에 의하면 JV 운영에 있어 항공가격 인하 및 경쟁감소 효과가 〈표 4-10〉과 같이

〈표 4-10〉 JV 운영에 따른 항공가격 및 경쟁도 효과 분석

항공가격효과 분석 결과			운항노선 경쟁효과	
연구자	대상연도	항공가격 효과	해당 Alliance	경쟁감소 효과
Brueckner & Whalen (1999)	1997년 미국 국내선	5% 인하	Skyteam (2008 이후)	디트로인트 ↔ 파리 애틀란타 ↔ 암스테르담 뉴욕 ↔ 암스테르담
Kamita (2010), Blair et al (2007)	2002~2003년 미국-유럽 국제선	10~20% 인상	Star Alliance (2009년 이후)	뉴욕 ↔ 프랑크푸르트 뉴욕 ↔ 취리히
DOT의 DB1B 자료	2005~2011년 북대성양노선	가격효과 미미	Oneworld (2010년 이후)	달라스 ↔ 런던 보스톤 ↔ 런던 마이애미 ↔ 런던 뉴욕 ↔ 마드리드 뉴욕 ↔ 런던

결코 긍정적인 효과만을 낳지 않았다는 것을 볼 수 있다.

우선 항공가격의 인하효과에 대한 연구 결과로 Brueckner & Whalen(2000)의 1997년 초기 미국 국제선 자료 분석 결과, 전 노선에서 동일하게 평균운임이 5% 하락하는 결과를 낳았으나, Bilotkach & Huschelrath(2012)와 Gillespie & Richard(2012)의 하와이 제도 내 항공사들의 2002-2003년 JV 운영 전후를 비교 분석한 결과, JV 운영 전보다 항공가격이 10~20% 인상되었다. 국제선에 있어서도 Brueckner & Whalen(2000) 연구에 의하면, 5%까지 인상되는 것을 볼 수 있다. 또한, 직항노선에 대한 3대 Alliance의 ATI 승인 이후, JV 운영에 따른 노선 경쟁력에 있어서 〈표 4-10〉과 같이 Skyteam은 3개 노선, Star Alliance 2개, Oneworld 5개 노선에서 두드러지게 경쟁이 감소하였으며 이로 인해 항공가격 또한 상승하는 결과를 낳게 되었다.

4.4 항공사 가상화 전략

4.4.1 항공사 가상화 개요

지난 수십 년간 항공산업은 격심한 변화를 겪었으며 최근에도 변화가 가속되고 있다(Pels, 2008). 이러한 변화 과정의 근원은 항공산업의 자유화에 기인하며, 이러한 자유화는 1970년대 미국에서 시작되었고, 결과적으로 신규 진입자를 통해 경쟁을 증가시켰다. 신규 진입자 중에는 LCC 및 걸프 항공사들이 참신하고 공격적인 비즈니스 모형으로 인해 주목을 받고 있다. 산업 내의 이와 같은 변화로 인해 다수의 기존 항공사가 심각한 위기를 겪고 있고, 대표적인 항공사들이 파산, 인수 합병 등으로 산업구조가 근본적으로 변화되고 있다(Fan et al., 2001)

산업 부문 내 경쟁증대 및 정치적 결정과 같은 외생요인들로 인해 기업은 상이한 비즈니스 행태를 취하게 되었으며, 국제화 전략 및 입수합병, 전략적 동맹체, 국내선과 비수익노선의 위탁운영 등이 나타나고 있다. 이러한 추세로 인해 경쟁 및 산업구조의 변화가 야기되고 있다. 그러나 항공산업에서의 전략의 진화, 산업 내에서 일어나고 있는 변화에 대한 항공사 동맹체의 역할, 이와 관련된 해결과제 간의 관련성에 대한 분석은 거의 이루어지지 않고 있다. 따라서 산업의 구조적인 변화에 대한 통찰력, 기업의 전략적 행위, 이러한 변화의 결정 요인을 이해하는 것이 필요하다.

본 절에서는 Castiglioni et al.(2018)의 연구 결과인 2005~2015년에 걸친 항공산업의 변화과정을 사례로 분석하여 항공산업의 중요한 변화를 살펴보고자 한다. 산업의 진화는 일반적으로 기업 전략과 관련된 두 가지 유형을 고려하여 분석되어 왔다. Castiglioni et al.(2018)은 항공사 자원기반 운영전략 및 타 항공사와 협력규정에 의한 제휴전략 수행을 미국의 28개 항공사를 표본항공사로 선정하여 항공사의 운영전략, 관련 행위 및 두 전략 간의 연관성을 살펴보았다. 항공산업은 국가 차원, 글로벌 시장 차원, 지역 차원의 세 가지 운영전략을 채택하고 있다. 이 같은 차원에서의 전략 선택은 항공사의 특성에 따라 다르게 나타나고 있다. 그러나 이 같은 운영전략의 차이에도 불구하고 항공사 간 연계현상은 나날이 증가하고 있다.

항공사의 핵심 노선망 및 목적지는 코드쉐어 협정에 의한 제휴항공사와의 노선망 및 목적지 활용을 통해 보완된다. 이를 통해 항공사는 직접 운항노선 수 및 운항 편수를 감소하고, 제3항공사에 의한 운항노선을 증대함으로써 실제 물리적 자원의 투입 없이도 노선망을 유지하는 항공사의 가상화를 확대하고 있다. 코드쉐어 협정과 글로벌 항공동맹체는 단순한 사업협력 파트너로 인식하기보다는 변화하는 항공시장에서 노선전략을 운영하는 데 유용한 수단으로 활용되어야 한다. 즉, 물리적 자원의 투자 없이도 협력 항공사와의 시너지 효과를 통하여 글로벌 경쟁력을 확보하는 항공사 가상화의 중요한 수단으로 인식되어야 한다.

4.4.2 항공사 운영전략의 변화

항공사 운영전략은 각 항공사의 자원, 노선, 기단 및 허브에 의해 결정되는 변수를 고려하여 분석한다. 운영전략이 연대전략과 함께 밝혀지면, 항공사의 전반적인 전략을 파악할 수 있다. 이 두 가지 전략은 상호 보완적이며 산업 내외부 요인의 영향을 받는다. 내부 요인은 LCC 존재, 글로벌 동맹체 형성 및 국가별 문화적 차이가 혼재되어 있다. 외부 요인으로는 시장 자유화, 산업에 대한 국가의 영향력 증가가 고려된다. Castiglioni et al.(2018)은 이 같은 운영전략 변화를 5개의 전략그룹으로 구분하여 분석을 실시하였다.

(1) 항공사 경영전략 분석을 위한 전략그룹의 구분 및 특성

첫 번째 그룹은 에어프랑스, KLM항공, 루프트한자항공, 영국항공, 오스트리아항공, 이 5개 유럽 항공사를 포함한다. 오스트리아항공을 제외한 다른 항공사들은 글로벌 항공사로 간주될 수 있으며, 운영 면에서도 다수 국가 및 지역을 운항하기 때문에 글로벌한 것으로 볼 수 있다. 이들 항공사의 노선 및 목적지가 전 대륙으로 확장됨에 따라 국내노선의 비중은 축소되었다. 이러한 그룹 내에 오스트리아항공이 포함된 것은 그룹 내 다른 항공사와는 매우 다른 특징을 갖기 때문이다. 오스트리아항공은 루프트한자항공 그룹에 합병되어 지역 항공시장에서 서비스를 제공하고 있지만, 이후 모기업의 전략에 의해 전략그룹을 변경할 가능성이 높다.

두 번째 전략그룹은 대형 국적 항공사들로 3대 미국 항공사인 American항공, Delta 항공, United항공을 포함한다. 이 그룹은 회원사의 규모 및 국내시장 지향성이 높은 특징을 가지고 있다.

세 번째 전략그룹은 신 글로벌 항공사들이며, 3개 걸프 항공사인 에미레이트항공, 에티하드항공, 카타르항공를 포함한다. 이들 항공사들은 동일 지역에 기반을 가지며, 신생 항공사들로 지난 10년간 타 항공사 대비 급속한 성장 경험을 가지고 있다. 이들 항공사들은 운영 전략 면에서 첫 번째 그룹(major global carrier)과 유사하나, 비교적 소규모 기단으로 국제선 운항에 치중하고 있다.

네 번째 전략그룹은 기존 국적 항공사들을 포함한다(에어로플로트, 에어카나다, 남방항공, Iberia항공, 대한항공, Royal Jordanian항공, Scandinavian 항공, TAP Portugal항공). 이들은 중간 정도의 규모이며, 통상적인 수준의 국제화 및 특정 시장에 집중하는 전략을 특징으로 한다. 이 그룹은 지역 항공사(regional carriers)로도 불린다.

다섯 번째 그룹은 Qantas항공, 전일공수, 일본항공, Alaska항공, JetBlue 항공, Air Europa 항공, Air China 항공, Air Astana 항공을 포함한다. 이 항공사들은 Air China항공을 제외하면 비교적 소규모이며 국내선 시장 중심 및 출발지 국가와 인접한 제한된 국가에 운항을 집중하고 있다. 이 그룹은 구역 항공사(zonal carriers)로 불린다.

이상으로 분류된 전략그룹은 연구 기간 중에도 지속적으로 바뀌는 것으로 확인되었다. 〈그림 4-5〉에서 실선은 서로 다른 기간에 걸친 전략그룹의 자연적인 변화를 의미하며, 점선은 전략그룹 내의 변화를 나타낸다. 전략그룹의 진화를 설명하는 주요 동인은 항공사 운영 면에서의 성장이다. 이러한 운영 측면의 성장은 내부 및 외부적 요인에 기인한다(인수합병, 국가보조). 항공사가 내부 운영 특성을 통합하게 되면, 유관 전략들이 강화되어 가상화 과정을 속도가 올라가게 된다. 이러한 그룹의 진화에 대하여 〈그림 4-5〉는 기단 규모, 운항국가, 노선 및 목적지 숫자 등 특정 운영변수의 편차를 보여주고 있으며, 상이한 그룹 내 항공사들에 의해 서로 다른 성장전략이 활용되었음을 보이고 있다.

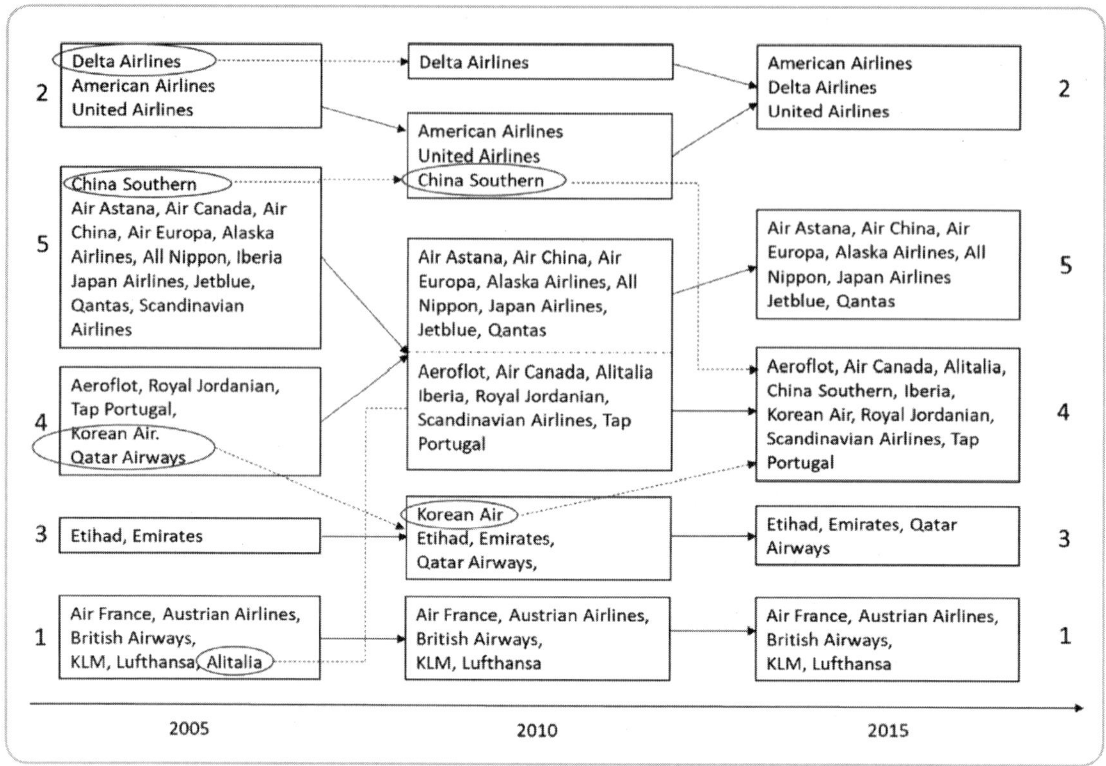

자료: Castiglioni et al. (2018).

〈그림 4-5〉 2005년과 2015년 간의 항공사 전략그룹의 변화

(2) 항공사의 주요 운영전략

Castiglioni et al.(2018)은 전략그룹 분석을 통해 항공산업 내 세 가지 유형의 운영전략으로 국가, 글로벌, 지역 전략 등을 제시하였다. 이것들은 항공사가 직접 혹은 자회사, 외주협약 항공사를 통하여 운항하는 자체 노선망에 근거하였으며, 각 항공사의 활용 방식은 대체로 세 가지 전략 중 하나와 유사하였다.

국가전략은 항공사가 자신의 역량 및 자원의 대부분을 국내시장에 집중하는 것이다. 이러한 성향이 있다고 할지라도 국제선 시장에 관심이 없다는 뜻은 아니다. 대규모 국적 항공사(AA, DL, UA) 및 중국 항공사(China Southern, Air)들이 이러한 전략을 채택하였다. 비록 이들 항공사들은 다수의 국제선 및 대륙 간 노선을 운항하며 다수의 국가들을 운항하지만(33~71개국), 그들의 주요 관심은 국내시장으로 노선의 67.9%, 항공편수의 86.1%를 점유하고 있다. 따라서 이들 항공사의 목적지의 대부분(59.4~66.1%)은 국내선으로, 다수의 국제선을 보유함에도 불구하고 국제선 운항 비중은 상대적으로 낮다.

이것은 국제선 운항이 단지 출발지와 해외목적지를 연결하며, 주로 자국 중심으로 입국 및 출국 서비스를 제공하는 전략을 취하기 때문이다.

항공사의 국가 지향은 일련의 요인들에 영향을 받는다. 그러나 가장 중요한 요인은 국내 여객시장의 규모 및 미래발전 가능성이다(IATA, 2016). 지리적으로 미국 및 중국은 대규모 인구를 가진 대국이며, 거대한 국내 여객시장을 보유하고 있다. IATA의 여객규모 전망에서 2015년 이후 미국 및 중국의 국제, 국내 여객시장 규모는 다른 국가들을 현저히 능가하고 있다. 즉, 자국 시장에서 국내 여객시장 규모는 미국은 70%, 중국은 90% 수준에 이를 것이라는 전망이다.

4.4.3 항공산업의 연대전략

Castiglioni et al.(2018)이 항공사 운영 기반을 나타내는 전략을 분석했음에도 불구하고, 기업의 연대전략은 점점 그들의 행위 및 결과에 대한 영향이 증가하고 있다. Castiglioni et al.(2018)의 사례 기업 분석 결과 연대 행위가 증대됨을 알 수 있었으며, 항공산업에서 글로벌 항공동맹체 소속 항공사의 증가와 항공편명 공유 증대의 두 가지 주요 추세를 볼 수 있었다. 이러한 현상은 항공사 동맹체의 특성을 상당히 변화시키는 동시에 항공사의 가상화를 촉진시키고 있다.

(1) 3대 주요 글로벌 동맹체

3대 주요 글로벌 동맹체는 점차 항공산업의 구조 및 경쟁을 주도하고 있다. 글로벌 동맹체는 1997년에서 2000년 사이에 결성되었으며, 2005년에서 2015년 기간 중, 회원사가 32개에서 62개로 증가함으로써 급속히 성장해왔다. 이러한 회원사에 추가하여, 다수의 제휴사들이 복합적인 동맹체 구조를 도출하는가 하면 전 세계적인 운영망을 구축하고, 2013년 기준 여객수송 규모는 전체 산업의 60%, 전 세계 공급(ASK)의 77%를 점유하게 되었다. 제휴사의 증가로 인해 글로벌 동맹체 소속 항공사들 간의 관계가 개선되었으며, 항공사들 사이에 JV같은 보다 강력한 결합을 통해 글로벌 동맹체의 경쟁력을 강화하였다.

글로벌 동맹체의 중요도 및 전 세계적인 접근에 대한 추가적인 지표는 동맹체 내의 회원 항공사들이 전 대륙에 존재한다는 점이다. 이러한 동맹체의 결성 및 성장으로 인해 항공사 부문의 경쟁 체계는 변화하고 있으며, 항공사 간 경쟁에서 그룹들 간의 경쟁으로 바뀌어 가고 있다. 이와 같은 변화로 인해 새로운 글로벌 동맹체의 결성(Vanilla Alliance(2015), U-FLY Alliance(2016), Value Alliance(2016) 등)이 촉진되었으나, 일부 중요한 항공사들(Virgin Atlantic, Emirates, Etihad)은 당분간 독립적으로 운영될 것으로 보인다. 그 이유는 글로벌 동맹체 참여에 따른 고비용 및 참여 제한 때문이다. 2015년 Etihad는 유관 항공사의 주식을 매입함으로써 자체 제휴 항공사 노선망을 형성했는데(Etihad, 2016), 사실상 자사 운영 글로벌 동맹체를 형성하였다. 연구 기간 중 초기에는 28개 항공사 중 16개 항공사가 3대 주요 글로벌 동맹체에 소속되었으며, 2005년에12개 독립 항공사 중 7개사가 이러한 동맹체에 가입하였다.

글로벌 동맹체는 제휴사의 연대 행위에 강력한 제약을 부과하는 것으로 확인되고 있다. 2005년 주요 글로벌 동맹체에 가입하기 전에는 상기 7개 항공사는 특정 연대 행위유형이 나타나지 않았고, 각 항공사들은 복잡하고 다양한 제휴사를 유지하였다. 2015년 이들 항공사의 특성이 극적으로 변화했는데, 62.5%의 제휴사가 현행 소속 글로벌 동맹체 항공사이며, 제휴사의 19.1%만이 독자적인 항공사였다. 결과적으로 항공사들은 경쟁 글로벌 동맹체 소속 항공사의 노선망 및 목적지 접근이 매우 제한적이었으며, 이러한 제약은 해당 제휴사가 독립적으로 운영될 때에는 적용되지 않았다. 한편, 항공사 동맹체의 제약에 추가하여 3대 글로벌 동맹체의 전 세계 노선망의 유사성으로 인해 소속 항공사들이 글로벌 동맹체의 자원을 우선 활용함으로써 노선망 및 목적지를 확장할 수 있게 되었으며, 독립 항공사들은 대안으로 활용하였다.

(2) 항공편명 공유를 통한 전략적 동맹체

항공산업의 또 다른 경향은 항공편명 공휴협정의 증가로써 전략적 동맹체 소속 항공사들의 통상적인 유형이다. 여기서 항공편명 공유 조치를 시행하면 제휴사의 노선 및 목적지 접근이 가능해져 경쟁, 효율성, 노선망 확장, 법적 규제 회피를 통해 국제노선 확대 등 다수의 편익을 누릴 수 있게 된다. 따라서 항공편명 공유와 관련하여 보완 및 병렬적인 협정 자체는 보완적인 공동편명 운항을 통해 중심항공사 비운항 노선에 대한 접근이 가능해 짐으로써 노선망이 확대되는 것이다.

여기서 병렬적인 공동편명 운항은 중심항공사가 운항하는 노선에 추가 운항함으로써 결과적으로 해당노선의 운항 편수가 증가한다. 따라서 보완적인 공동편명 운항을 통해 제휴사 자원을 활용함으로써 노선망을 확대할 수 있으며, 항공기 및 추가적인 비용부담 없이 제휴사의 협력을 통해 다양한 편익을 얻을 수 있다. 이러한 두 가지 필요를 충족하기 위하여 항공사들은 국제화를 추구하며 항공사 간 다양한 협력 체제를 이용하여 공동운항을 증진한다.

〈표 4-11〉은 최근의 공동편명 운항 추세를 보여주는 것으로 이를 통해 두 가지 측면의 분석 결과를 볼 수 있다. 첫째, 항공사들이 직접 취항하는 노선의 공동편명 운항을 통해 항공사들의 개방성이 증가함을 확인할 수 있고, 둘째는 제휴항공사 운항노선에 대한 괄목할 만한 증대가 관찰되었으며, 추가적으로 항공사들이 보완적인 공동편명 운항을 병렬적인 공동편명 운항보다 선호한다는 것을 볼 수 있다.

(3) 항공사 동맹체 자산

최근 항공산업의 주요 환경변화 추세는 글로벌 동맹체 가입 항공사 증대와 공동편명 운항 협정의 확산, 항공사 동맹체 규모의 확대 등이다. 다수의 항공사 분석 자료에 의하면 5년 전보다 항공사 동맹체 규모는 평균 25.6개에서 42.9개로 대폭 증가하고 있으며, 이와 같은 규모의 증가는 항공동맹체 관리가 보다 복잡해지고, 항공사 경영층 내부에 별도의 기능들이 개발되는 동력이 되고 있다.

공동편명 운항 자료를 수집하고, 제휴사의 노선을 활용하는 중심항공사 및 중심항공사의 노선을 사용하는 제휴사를 분석한 결과, 제휴사는 세 가지 유형으로 나타났다. ① 중심항공사의 노선망을 활용만 하는 제휴사, ② 자신의 노선망을 중심항공사에게 제공만하는 제휴사, ③ 중심항공사의 노선망을 활용할 뿐만 아니라 자신의 노선망을 제공하는 제휴사. 연구 기간 중의 각 연도마다 중심항공사의 제휴사가 3개 주요 글로벌 동맹체로 확인되었다. Castiglioni et al.(2018)는 〈표 4-11〉과 같이 항공사 동맹체 내의 세 가지 추세를 예시로 나타내었고, 향후 보다 종합적인 분석이 필요함을 제시하고 있다.

첫 번째 추세는 글로벌 동맹체가 회원사에게 부과하는 조건이 점차 엄격해지고 있는데, 그 이유는 점차 상이한 글로벌 동맹체 소속 항공사와의 공동편명 운항사례가 줄어들고 있기 때문이다. 글로벌 동맹체 관련 항공사의 동맹체의 전체 규모는 거의 전부 동일 글로벌 동맹체 소속 항공사 및 독립 제휴사로 구성되어 있다.

두 번째 추세는 글로벌 동맹체 내에서 항공사의 적절한 제휴사는 동일 동맹체에 소속되는 것이다. 이러한 두가지 추세는 항공산업 내 경쟁 양상이 항공사 사이의 경쟁에서 글로벌 동맹체 간의 경쟁으로 변한다는 것을 보여주고 있는 것이다. 세 번째 추세는 앞서 언급된 세 가지 제휴사 유형과 깊은 관련이 있는데, 중심항공사 노선망을 활용만 하거나, 중심항공사에 노선을 제공만 하는 제휴사들은 통상 비교적 소규모 항공사들로 산업 내에서 지엽적인 입지를 갖는다는 것이다. 그러나 이러한 제휴사들은 중심항공사가 노선을 활용함으로써 탑승률이 증가하고 결과적으로 효율성이 증대된다. 또한 동일하게

〈표 4-11〉 2005년과 2015년의 코드쉐어 비교

항공사	2005년					2015년				
	항공사 노선		협력사 노선	보완 노선	총노선	항공사 노선		협력사 노선	보완 노선	총노선
	총계	코드쉐어				총계	코드쉐어			
평균	459.4	41.90%	516.3	77.30%	926.8	660.9	59.10%	1135	89.34%	1684.9
Aeroflot	189	21.20%	88	47.70%	231	551	29.80%	367	87.70%	873
Air Astana	82	2.40%	2	100.00%	84	135	8.90%	20	50.00%	145
Air Canada	640	37.50%	734	95.10%	1338	748	48.90%	1491	97.50%	2201
Air China	521	21.70%	390	80.00%	833	859	85.90%	1733	83.00%	2298
Air Europa	208	38.50%	159	88.70%	349	331	21.80%	263	96.60%	585
Air France	671	61.10%	941	91.40%	1531	472	83.10%	2778	96.70%	3158
Alaska Airlines	354	81.10%	538	95.40%	867	492	57.90%	509	92.30%	962
Alitalia	371	56.60%	673	85.90%	949	369	62.90%	1244	92.50%	1520
All Nippon	344	31.10%	267	83.90%	568	409	55.00%	1204	88.00%	1468
American Airlines	1327	50.90%	896	95.00%	2178	1965	68.60%	2055	55.40%	3103
Austrian Airlines	322	70.50%	415	78.80%	649	293	55.60%	402	88.30%	648
British Airways	741	39.30%	485	92.60%	1190	538	69.50%	1477	97.60%	1980
China Southern	924	11.10%	93	51.60%	972	1701	72.10%	1295	65.90%	2554
Delta Airlines	1481	59.10%	1826	95.80%	3231	2074	79.00%	1562	90.60%	3489
Emirates	184	35.30%	24	29.20%	191	290	60.70%	693	95.70%	953
Etihad Airways	43	16.30%	3	0.00%	43	197	88.80%	1942	97.00%	2081
Iberia	567	29.80%	405	80.50%	893	427	49.40%	1841	96.40%	2202
Japan Airlines	369	34.10%	377	85.70%	692	266	64.30%	965	93.30%	1166
Jetblue	116	0.00%	0	0.00%	116	470	42.10%	133	95.50%	597
Klm	269	86.20%	1671	98.10%	1909	284	94.00%	2661	98.10%	2895
Korean Air	239	42.70%	224	92.40%	446	298	60.70%	447	80.30%	657
Lufthansa	736	80.80%	1280	90.50%	1895	663	79.50%	1518	92.60%	2068
Qantas	342	26.90%	315	75.60%	580	299	88.30%	918	89.80%	1123
Qatar Airways	159	21.40%	51	80.40%	200	292	42.50%	766	98.40%	1046
Royal Jordanian	146	38.40%	55	70.90%	185	121	40.50%	243	97.10%	357
Scandinavian Airlines	409	35.20%	696	94.30%	1065	549	35.30%	745	95.20%	1258
Tap Portugal	143	60.10%	390	90.30%	495	236	69.90%	799	96.00%	1003
United Airlines	965	82.80%	1457	95.30%	2354	3177	41.10%	1709	94.10%	4786

자료: Castiglioni et al. (2018).

자신의 노선을 중심항공사에 제공함으로써 지리적인 입지를 높일 수 있다.

4.4.4 항공사의 가상화

Castiglioni et al.(2018)는 특정 운영전략이 노선 유형, 운항 편수, 기단 소속 항공기 유형을 결정한다는 것을 조사하였다. 이러한 3개 변수 중에서 앞선 2개는 항공사 기단에 포함된 항공기 숫자 및 기종과 밀접한 관계가 있으며, 더 나아가 항공사가 새로운 목적지를 운항하는 또 다른 방식으로 항공편명 공유협정에 의해 가능한데, 이것은 노선 및 기단 규모를 증대하지 않고 항공사의 입지를 높일 수 있게 한다.

항공편명 공유협정을 통한 제3항공사의 노선 활용은 항공산업의 점진적인 가상화를 가능케 하는데, 가상화는 항공산업에 국한된 현상이 아니라 다수의 산업에서 나타나는 일반적인 현상이다. 항공산업 측면에서 "가상화"는 중심항공사의 전체 운영노선 중에서 직접적으로 운항하는 노선 비율 축소를 의미한다. 자료에 따르면 사례 항공사들의 직접 운항하는 노선이 2005년 49.2%에서 2015년 39.2%로 축소되었는데, 이는 항공산업 내 가상화 과정의 진행속도를 정량적으로 보여주는 것이다.

이러한 과정은 항공사들이 항공산업 내에서 심화되는 경쟁압력에 두 가지 전략적 대응을 필요로 하게 하였다. 첫째, 글로벌 동맹체에 항공사들이 참가하여 동맹체 내에서 특정한 역할을 수행하는 것이다. 특정 역할로는 노선 연결자 혹은 시장 전문가와 같이 항공사가 특정 노선유형에 특화하는 것인데, 이 경우 동맹체 내 타항공사 운항노선에 대한 접근 확대를 통해 보상된다. 둘째, 통상 단거리 노선 중심으로 LCC와의 경쟁 심화이다. 항공사들은 이러한 경쟁심화에 대해 세 가지 방식(운임인하, 노선포기, 해당노선을 제휴사 또는 자회사에 위탁운영)으로 대응할 수 있다. 따라서 각각의 항공사들은 운영전략 및 연대전략과 관련된 일련의 결정임에도 불구하고, 가상화 과정을 통해 조직상호간 연계성을 높일 수 있고, 항공사 간에 인력배분이 가능해진다. 이러한 인력배분은 세 가지 상이한 수준에서 동시에 발생한다.

첫 번째 수준은 중심항공사가 완전 자사소유 자회사를 상이한 브랜드명으로 운영하며 해당 노선을 위탁 운영수준으로. 이러한 사례로 루프트한자항공과 유로윙스(Eurowings/Germanwings), 에어프랑스와 Hop항공의 사례가 있다.

두번째 수준은 중심항공사가 항공편명 공유협정을 통해 제3 항공사 또는 자회사 운항노선을 활용하는 것이다.

세 번째 수준의 협력은 인력 분배를 통한 요소들을 결합하는 JV 형태이다. JV는 2개 또는 그 이상의 항공사들이 해당 노선의 수익성 최적화를 위해 자원을 공유하고 수익을 배분하는 협정이다. 사실상 JV는 해당 노선의 합병으로 간주될 수 있다(Lufthansa Group, 2017).

핵심부문의 조정 및 자원 결합을 통해 항공사들은 가능한 공급량을 보다 유용하게 활용함으로써 자사 노선 및 노선신설 위험성을 축소할 수 있다. 이러한 사례로는 루프트한자항공, United항공, 에어카나다의 대서양노선 JV 혹은 전일공수 및 루프트한자항공의 유럽/일본노선 JV가 있다. 만약 중심항공사가 단지 자회사와의 관계만 유지한다면, 가상화의 사례로 간주될 수 없으며 동일 사업그룹에서 내부적인 노선 분배로 간주될 수 있을 것이다. 이와 같이 동일 사업그룹 내 항공사 사이의 노선 분배는 시장 전문화 혹은 고객 세분화와 같은 전략적 역학관계에 의존한다.

가상화 과정은 제3항공사와 항공편명 공유협정을 체결하지 않은 항공사에는 나타나지 않는데, 일부 LCC와 같이 중심항공사가 모든 노선을 자체 운항하는 경우가 해당된다. 이와 같은 사례는 Ryanair가 있으며, 타 항공사와는 항공편명 공유협정을 체결하지 않고 엄격하게 자사노선만으로 유지하는 것이 특징이다.

이러한 일반적인 과정에도 불구하고 모든 항공사가 가상화를 동일 강도 및 속도로 추진하지는 않는다. 다음의 두 사례는 서로 상이한 절차들이 가상화 과정에 영향을 미친 경우를 보여준다.

2005년 에어프랑스는 1,531개 여객노선을 운영했는데, 그중 671개 노선이 자사 운항노선이고, 61.4% 노선이 소위 제3 항공사가 운항하는 가상노선이었다. 2015년에는 에어프랑스가 총 3,158 노선을 운영했는데, 472개 노선만이 에어프랑스 자체 운항노선이고, 85% 노선이 가상노선이었다. 이러한 사례는 동일한 방향으로 가상화를 가속화하는 2개의 과정(항공편명 공동사용의 획기적인 증가 및 에어프랑스 자체 운항노선의 감소)을 보여준다.

두 번째 사례는 에어카나다이다. 2005년에는 1,338개 여객노선 중 640개 노선이 자사 운항하였으며 52.2%가 타 항공사에서 운항했다. 2015년에는 에어카나다는 2,201개 노선(64.5% 증가)을 운항하였으며, 직접 운항 노선은 748개(16.9% 증가)이고 66%가 가상노선이었다. 이 경우 직접 운항노선의 증가는 다수의 제3 항공사 노선 증가에 의해 보완되었는데, 결국 에아카나다의 가성화를 증대시켰다.

이와 같이 점진적인 가상화 과정은 중심항공사에게는 기회이면서 도전이다. 중심항공사의 가상화 과정으로 인한 주요 장점은 특정 노선 및 O&D 시장에서의 특화가 가능해진다는 것이다. 가상화의 또 다른 장점은 중심항공사로 하여금 자사의 핵심 자원을 고객기준으로 보다 집중할 수 있게 한다. 자사의 자원 및 활동을 특정 노선 혹은 O&D 시장에 집중함으로써 중심항공사는 고객을 관리하고 유지하는 데 보다 많은 자원을 배정할 수 있게 된다. 동시에 중심항공사는 가상화 과정에서 제휴항공사의 노선망을 통해 더 많은 노선 및 운항편을 제공함으로써 고객만족을 증대하게 된다.

중심항공사의 가상화에 따른 최종적인 혜택은 노선망 및 목적지의 증가로 인해 발생한다. 이와 같은 증가에 따라 기업의 속성 및 정책상 협정을 통해 노선망을 확장할 수 없는 항공사 대비 비교우위를 갖는다. 그러나 가상화 과정이 항공사에 무상으로 제공되는 것이 아니라, 제3자의 노선망 및 목적지를 활용하기 위하여 협력대상에게 노선, 기지, 정비 서비스 등 대가를 제공해야한다. 이러한 이유로 인해 항공사는 내부 자원, 즉 노선, 목적지 및 기지를 개발해야 하는데, 제휴사의 자원을 활용할 수 있는 협정체결에 필요하다.

한편, 가상화 과정은 기업에 전적으로 혜택만 있는 것은 아니다. 중심항공사 입장에서 가장 큰 문제는 가상화에 따른 비용 조정인데, 이러한 경쟁환경에 부합하는 제3항공사와의 조정 및 적응 역량의 필요성이 증대한다. 중심항공사의 또 다른 문제점은 가장 적합한 글로벌 동맹체를 선정하는 것이다. 마지막으로 중심항공사의 가상화로 인한 잠재적인 문제점은 외부자원 의존이 심화되거나 가상화 과정에서 과도하게 특화되는 것이다. 이러한 상황은 만약 환경적인 요인이 변화할 경우 항공사의 영속성을 저해할 수 있다.

4.4.5 시사점

2005~2015년 동안 항공산업에서 활용된 운영 및 연대전략을 전략적 그룹 분석을 통해 국내시장, 글로벌 시장 및 지역시장의 운영전략이 차별화되고 있음을 확인할 수 있다. 국내시장에 대한 전략을 활용하는 항공사는 대부분의 노력 및 자본을 국내시장에 투입하고, 출발지 국가 중심으로 글로벌 노선망을 구축하여 상당 수준의 국제선을 유지하고 있다. 글로벌 시장전략을 활용하는 항공사는 다수 국가를 노선으로 연결하여, 비록 다수 국가가 출발지국과 연결됨에도 불구하고 노선 집중도는 떨어지고 있다. 지역시장 전략을 채택하는 항공사는 국가 내 특정 지역 및 인접국가 혹은 일부 국가의 운항에 집중하고 있다. 항공사들은 이러한 세 가지 전략 중에서 하나의 전략방향으로 전략운영을 이동하고 있는데, 미국 항공사의 사례에서는 항공사 특성에 따라 전략운영에서 차이가 있음이 확인되고 있다.

미국 항공사의 사례분석에서 항공사의 연대행위가 증가하는 것을 확인할 수 있는데, 다수의 항공사들이 글로벌 동맹체 가입 및 코드쉐어 협정의 확대에 따른 것으로 볼 수 있다. 이러한 두 가지 경향으로 인해 항공사의 동맹체 규모가 현저하게 증가하였으며 항공사들은 동맹체를 일관되게 조정할 필요성으로 인해 새로운 도전에 직면하게 되었다. 즉, 항공사의 동맹체 참여 증가로 동맹체의 자산은 크게 증대하였지만, 참여 항공사 간의 자산수준의 차이에 따른 불균형은 항공사의 운영전략과 연대전략의 상호 연관에 대한 전략의 차별화가 필요함을 나타내고 있다.

항공사의 노선망 및 운항목적지와 항공사 동맹체의 노선망 사이에는 긴밀한 연관성이 존재한다. 이는 동맹체의 주요 목적이 노선 및 목적지의 확대와 상호 보완에 있기 때문이다. 이러한 연관성은 항공사의 가상화가 확대되고 있음을 반영하고 있다. 그 이유는 항공사에게 추가자원 투입 없이도 동맹체 제휴사의 노선을 더욱 많이 운항할 수 있게 하는 이유에서 이고, 한편 항공사의 가상화에도 제약이 있게 마련이며, 이에 해당 항공사는 자사의 노선을 제휴사들에게 대신 제공해야 한다.

이와 같은 결과를 얻기 위해서는 항공사 동맹체에 대한 추가적인 연구가 진행되어야 한다.

- 항공사의 글로벌 동맹체 회원 가입과 새로운 동맹체의 설립 사이의 연관성 분석
- 항공사 동맹체의 구성 및 항공사의 국제화 과정 사이의 연관성 분석
- 글로벌 동맹체에 가입한 제휴사의 유형 (제휴사가 중심항공사의 노선을 활용만 하거나, 중심항공사의 노선을 사용하기도 하고 중심항공사에 노선을 제공함)과 전략적 역할 분석
- 마케팅 및 전략 측면에서 항공사의 가상화 과정에 대한 결과 분석

최근 항공사들은 경쟁을 위해 제휴사 자원 활용에 의존하는 가상화 과정을 촉진시키고 있다. 경쟁이 치열한 산업 내에서 기업은 동맹체를 활용함으로써 자신의 활동을 외주화하고, 노동력을 분배하면서 산업의 가상화를 진전시킬 수 있다. 결국 가상화 과정을 통해 기업은 내부 조직 구조를 단순화할 수 있으며, 자원 및 역량을 자신의 비즈니스 모형의 핵심요소에 집중할 수 있다. 이러한 추세로 인해 항공사는 기본 자산인 노선망 보호를 위한 새로운 도전에 직면하게 되었으며, 제휴사와의 조정 및 관계 구축을 위해 경영 측면에서 보다 많은 노력이 필요하게 되었다.

참고문헌

Adler, N., Hanany, E. (2016). Regulating inter-firm agreements: the case of airline codesharing in parallel networks. Transportation Research Part B, 84, 31-54.

Alderighi, M., Gaggero, A.A. (2014). The effects of global alliances on international flight frequencies: some evidence from Italy. Journal of Air Transport Management, 39, 30-33.

Barros, C.P., Liang, Bin, Q., Peypoch, N. (2013). The technical efficiency of US Airlines. Transportation Research Part A, 50, 139-148.

Bilotkach, V. (2005). Price competition between international airline alliances. Journal of Transport Economic & Policy, 39(2), 167-189.

Bilotkach, V., Hueschelrath, K. (2012). Airline alliances and antitrust policy: The role of efficiencies. Journal of Air Transport Management, 21, 76-84.

Bilotkach, V., Hüschelrath, K. (2012). Airline alliances and antitrust policy: the role of efficiencies. Journal of Air Transport Management, 21, 76-84.

Blair, R.D., Mak, J., Bonham, C. (2007). Collusive Duopoly: The Economic Effects of the Aloha and Hawaiian Airlines" Agreement to Reduce Capacity. ANTITRUST L.J. 74, 409-438.

Brueckner, J.K., Pels, E. (2005). European airline mergers, alliance consolidation, and consumer welfare. Journal of Air Transport Management, 11(1), 27-41.

Brueckner, J.K., Whalen, W.T. (1999). Passenger Welfare Gains from the Northwest/KLM Alliance. Department of Economics, University of Illinois at Urbana-Champaign.

Burghouwt, G., de Wit, J. (2005). Temporal configurations of European airline networks. Journal of Air Transport Management, 11(3), 185-198.

Burghouwt, G., Redondi, R. (2013). Connectivity in air transport networks: an assessment of models and applications. Journal of Transport Economic & Policy, 47(1), 35-53.

Burghouwt, G., Veldhuis, J. (2006). The competitive position of hub airports in the transatlantic market. Journal of Air Transportation, 11(1), 106-130.

Castiglioni, M., Gallego, A., Galán, J.K. (2018). The virtualization of the airline industry: A trategic process. Journal of Air Transport Management, 67, 134-145.

Chen, Y., Gayle, P. (2007). Vertical contracting between airlines: an equilibrium analysis of codeshare alliances. International Journal of Industrial Organization, 25(5), 1046-1060.

Cosmas, A., Love, R., Rajiwade, S., Linz, M. (2013). Market clustering and performance of U.S. OD markets. Journal of Air Transport Management, 28, 20-25.

de Man, A.-P., Roijakkers, N., de Graauw, H. (2010). Managing dynamics through robust alliance governance structures: the case of KLM and Northwest airlines. European Management Journal, 28, 171-181.

Emsley, D., Kidon, P. (2005). The Relationship between Trust and Control in International Joint Ventures : Evidence from the Airline Industry. Comtemporary Accounting Research, 24(3), 829-859.

Evans, N. (2001). Collaborative strategy: an analysis of the changing world of international airline alliances. Tourism Management, 22, 229-243.

Fan, T., Vigeant-Langlois, L., Geissler, C., Bosler, B., Wilmking, J. (2001). Evolution of global airline strategic alliance and consolidation in the twenty-first century. Journal of Air Transport Management, 7, 349-360.

Gaggero, A.A., Bartolini, D. (2012). The determinants of airline alliances. Journal of Transport Economic & Policy, 46, 399-414.

Gayle, P.G., Brown, D. (2014). Airline strategic alliances in overlapping markets: should policymakers be concerned? Economics Transportation, 3(4), 243-256.

Gerlach, M., Kliewer, N., Cleophas, C. (2016). A note on effective code-share management in practice. Journal of Air Transport Management, 57, 202-205.

Gerlach, M.. (2013). Decentralized Code-share Revenue Management in Airline Alliances. dissertation. Freie University at Berlin.

Gillespie G., Richard, O.M. (2012). Antitrust Immunity Grants to Joint Venture Agreements : Evidence from International Airline Alliances, EAG 11-1.

Hansen, M. (1990). Airline competition in a hub-dominated environment: an application of noncooperative game theory. Transportation Research Part B, 24, 27-43.

Hoffmann, W.H. (2005). How to manage a portfolio of alliances. Long Range Planning, 38, 121-143.

Hunt, M.S. (1972). Competition in the Major Home Appliance Industry: 1960-1970. Doctoral dissertation. Harvard University.

IATA, 2016. Passenger Forecast - Global Report.

Iatrou, K., Alamdari, F. (2005). The empirical analysis of the impact of alliances on airline operations. Journal of Air Transport Management, 11(3), 127-134.

Kamita, R. (2010). Analyzing the Effects of Temporary Antitrust Immunity: The Aloha-Hawaiian Immunity Agreement. Journal of Law and Economics, 53, 239-261.

Kleymann, B. (2005). The dynamics of multilateral allying: a process perspective on airline alliances. Journal of Air Transport Management, 11, 135-147.

Kleymann, B., Seristö, H. (2001). Levels of airline alliance membership: balancing risks and benefits. Journal of Air Transport Management, 7, 303-310.

Kling, J.A., Smith, K.A. (1995). Identifying strategic groups in the U.S. Airline industry: an application of the porter model. Transportation Journal, 35, 26-34.

Lazzarini, S.G. (2007). The impact of membership in competing alliance constellations: evidence on the operational performance of global airlines. Strategic Management Journal, 28, 345-367.

Lieshout, R., Malighetti, P., Redondi, R., Burghouwt, G. (2016). The competitive landscape of air transport in Europe. Journal of Transport Geography, 50, 68-82.

Lin, M.H. (2008). Airline alliances and entry deterrence. Transportation Research Part E, 44, 637-652.

Lufthansa Group, 2017. https://www.lufthansagroup.com/en/company/alliances/joint-ventures.html.

Malighetti, P., Paleari, S., Redondi, R. (2008). Connectivity of the European airport network: self-help hubbing and business implications. Journal of Air Transport Management, 14 (2), 53-65.

Murthi, B.P.S., Rasheed, A.A., Goll, I. (2013). An empirical analysis of strategic groups in the airline industry using latent class regressions. Management Decision Economics, 34, 59-73.

Pels, E. (2008). Airline network competition: full-service airlines, low-cost airlines and long-haul markets. Research Transportation Economics, 24, 68-74.

Porter, M.E. (1980). Competitive Strategy: Techniques for Analyzing Industries and Companies, New York.

Redpath, N., O'Connell, J.F., Warnock-Smith, D. (2017). The strategic impact of airline group diversification: the cases of Emirates and Lufthansa. Journal of Air Transport Management, 64, 121-138.

Seredynski, A., Rothlauf, F., Grosche, T. (2014). An airline connection builder using maximum connection lag with greedy parameter selection. Journal of Air Transport Management, 36, 120-128.

Seredynski, A., Steitz, W., Rothlauf, F. (2017). Code-share connectivity within global airline alliances - How much potential is utilized? Journal of Air Transport Management, 65, 43-53.

Suau-Sanchez, P., Voltes-Dorta, A., Rodríguez-Deniz, H. (2016). Measuring the potential for self-connectivity in global air transport markets: implications for airports and airlines. Journal of Transport Geography, 57, 70-82.

Tugores-García, A. (2012). Analysis of Global Airline Alliances as a Strategy for International Network Development. Master"s thesis. Massachusetts Institute of Technology.

Wang, S.W. (2014). Do global airline alliances influence the passenger's purchase decision? Journal of Air Transport Management, 37, 53-59.

Wassmer, U. (2010). Alliance portfolios: a review and research agenda. Jounal of Management 36, 141-171.

Wassmer, U., Dussauge, P. (2012). Network resource stocks and flows: how do alliance portfolios affect the value of new alliance formations? Strategic

Management Journal, 33, 871-883.

Weber, M., Dinwoodie, J. (2000. Fifth freedoms and airline alliances. The role of fifth freedom traffic in an understanding of airline alliances. Journal of Air Transport Management, 6, 51-60.

Zou, L., Chen, X. (2017). The effect of code-sharing alliances on airline profitability. Journal of Air Transport Management, 58, 50-57.

5 장

저비용 항공사의 진화와 대응

5.1 노선진입 전략: 중국사례

5.1.1 중국 항공산업과 시장의 변화

중국의 항공산업은 최근에 급속한 성장을 이루고 있다. 항공여객의 증가는 1990~2010년 연평균 14.9%의 성장을 나타내었고(CAAC, 2012), 2005년 이후 정기운송 공급좌석 기준으로 세계에서 두 번째로 큰 항공시장이 되었다. 그러나 이 같은 성장환경에서 일부의 기존 규제가 그대로 유지되고 있다. 특이한 점은 중국 항공시장의 확대에도 불구하고 저비용 항공사의 시장진입이 낮다는 것이다.

2013년 6월까지 중국 국내시장을 서비스하는 상하이(Shanghai) 기반의 Spring항공사만이 저비용 항공사로 운영되고 있었다. Spring항공사가 운항을 개시한 이후 지속적으로 수익을 내고 있지만, 규제가 완화된 국가의 시장에서 나타나는 성공적인 저비용 항공사에 의한 수송량 증가와 운임 감소효과를 나타내지 못하고 있다. 중국의 저비용 항공사 부문은 상당 기간 새로운 LCC의 진입 없이 중국 국내시장에서 3% 미만의 시장점유율을 나타내고 있다. Spring항공사의 성공에도 불구하고 중국에서 LCC 시장이 발전하지 못한 이유는 아직 명확히 제시되지 못하고 있다.

LCC 성장에 대한 주요 동인과 장애요인이 중국의 항공시장에서 발견되고 있다. 긍정적인 부분은 관광객이나 친구 및 친지 방문(VFR) 여행객 시장은 크게 증가하였는데, 이는 중국 경제의 고도성장과 중산층의 증가로 나타난 결과로 볼 수 있다. 여가 여행객은 1999년 중국 전체 항공여객의 30%에서, 2010년 50%로 증가하였다(CAMIC, 2010). 이러한 여가 여행객은 가격에 민감하므로 LCCs의 이상적인 목표시장이 될 수 있다.

항공시장의 빠른 성장에도 불구하고, 중국에서 항공여행 성향은 2012년 GDP 대비 1인당 0.24로 낮게 나타나고 있다(그림 5-1). 그러나 중국의 전반적인 경제성장 지속으로 평균 소득수준이 증가하면서 매년 실질적으로 증가할 것으로 전망하고 있다(그림 5-1). 또한, 일부 도시는 외곽공항을 소유하고 있지만 중국의 총 민간상업 공항은 지난 10년 동안 130개에서 190개로 증가하였고, 2012년까지 230개에 도달할 것으로 기대하고 있다(CAAC, 2011).

중국에서는 규모가 작은 중·소형 공항의 수가 증가하고 있고, 이러한 많은 공항은 상업화가 되었거나 부분적으로 민영화가 되고 있다. 이러한 공항들은 재무적인 성과의 개선을 통하여 항공여객수송량을 증가시키는 효과를 나타내고 있다. 국제항공시장에서

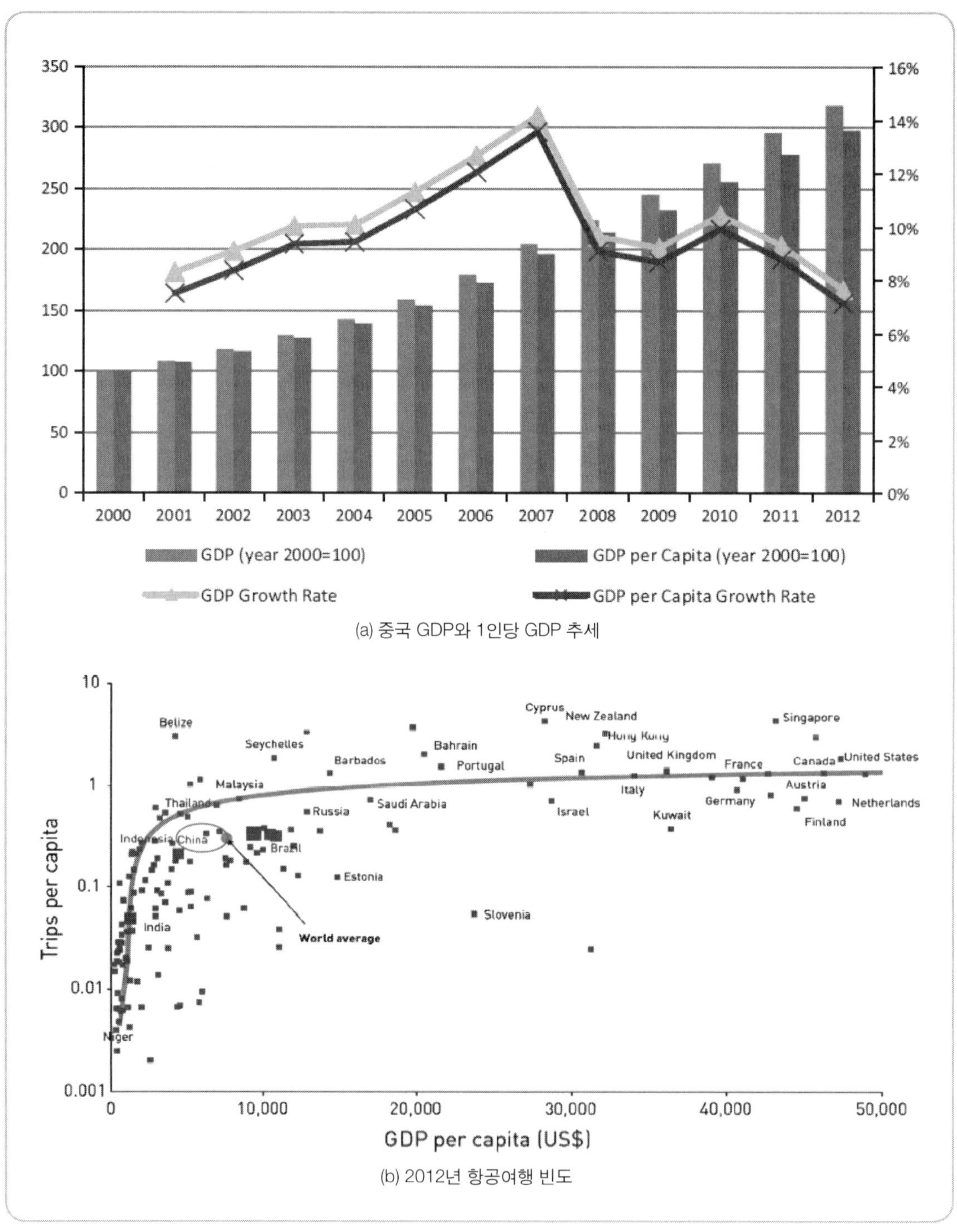

(a) 중국 GDP와 1인당 GDP 추세

(b) 2012년 항공여행 빈도

〈그림 5-1〉 중국 경제성장과 잠재적 항공여객 증가

자유화의 진행은 Spring 같은 항공사가 일부 외국 시장에 진입하는 것을 승인하였다.

항공권 유통시장은 경쟁이 심화되어가고 있다. CNNIC(2014)에 따르면, 중국에서 인터넷 사용자가 2013년 항공권 예약의 12.1%를 온라인으로 했으며, 총 1억 8,100만 명의 중국인이 항공권, 철도 승차권, 호텔과 여행패키지의 예약을 하는데 온라인 포탈을 이용하는 것으로 나타났다. C-trip과 eLong 같은 온라인 여행 포털이 시장점유율을 늘려가면서 기존 항공사(FSCs)의 시장지배력이 감소되고 있다. 또한, 가격규제는 2002년 이후로 완화되고 있다(Zhang & Round, 2008, 2011). 이러한 변화는 중국 항공시장에 LCCs의 진입을 촉진시키고 있으며 경쟁력을 개선시키고 있다.

그러나 LCCs는 시장에시 여러 가지 장애에 직면할 수 있다. 중국 정기항공운송시장에서 국내선의 거의 반 이상이 상위 10개 공항에 집중되어 있다(Fu et al., 2012). 대부분 이들 대형 공항은 수용용량의 한계를 나타내고 있어 새로운 항공사가 원하는 슬롯을 얻기가 매우 어렵다. 또한, 새로운 항공사가 항공기 구매와 기장 채용 등에서 아직도 여러 규제가 남아 있다. Li & Zheng(2008)은 유류공급, 공항 제비용과 세금 모두가 규제되어 있기 때문에 중국 항공사에서 발생되는 비용의 80%가 통제할 수 없는 요소로 지적하고 있다. 즉, 항공사가 운영비용을 절감하기 위한 수단이 제한적이다.

아시아 지역에서 많은 LCCs가 국제시장으로 도전적으로 확장하고 있지만(Homsombat et al., 2011, 2014), 중국은 항공자유화에서 매우 보수적이며 민간항공사가 국제선을 확장하는 것이 매우 어려운 과제가 되고 있다(Fu et al., 2010; Adler et al., 2014). 따라서 중국에서 LCC가 발전하는 환경에 대해 긍정적인 요소와 부정적인 요소가 존재하고 있지만, Spring항공사가 지속적으로 수익을 창출하는 환경에도 불구하고 중국에서 침체된 LCC 산업에 대한 설득력 있는 연구가 부족하다.

LCCs가 시장가격 변화에 많은 영향을 주고 있다. LCCs로부터의 촉발된 경쟁은 FSC 운임의 하락과 운송량의 증대로 나타나고 있다(Windle & Dresner, 1995, 1999; Dresner et al., 1996; Richards, 1996; Morrison, 2001; Hofer et al., 2008). Boguslaski et al.(2004)는 1990-2000의 사우스웨스트항공 취항 노선을 분석한 결과 사우스웨스트항공이 더 밀도 있는 노선과 수익이 낮은 여가 승객의 시장을 선호한 것으로 나타났다. 사우스웨스트항공은 경쟁사인 FSC의 허브공항 운영을 피했으며 단거리와 중거리 노선에 집중하면서 이미 서비스하고 있는 공항으로부터 네트워크를 확장하고 있었다. Oliveira(2008)는 브라질의 가장 성공한 LCC인 Gol항공의 시장진입 패턴을 조사하였다. 초기 단계에서 Gol항공은 사우스웨스트항공과 유사하게 단거리 노선과 밀도가 있는 시장진입전략을 채택한 것으로 분석하였다. 그러나 이후 Gol항공은 장거리 노선으로 네트워크를 확장하였다.

기존 연구로부터 얻어진 결과는 중국 항공시장에도 직접적으로 적용할 수 있다. 특히, 운항 밀도 관점에서 LCCs와 FSCs 사이의 치열한 가격 경쟁은 외곽공항에 연결된 단거리 노선에서 나타나고 있다. 이것은 여가시장에서 LCC 서비스의 높은 점유율로 나타나고 있으나, 실제 중국 항공시장에서는 다르게 나타나고 있다.

5.1.2 Spring항공사

Spring항공은 2005년 Shanghai Spring International Travel Services(Spring Travel)가 설립했으며, 중국에서 유일한 LCC 항공사로 민간항공사의 하나로 출범하였다. Spring항공사는 스스로 저비용 항공사라고 불렀으며 표준화된 기단(예: Airbus A320), FSCs보다 저렴한 운임, 단순한 객실서비스, 자체 항공권 유통 등과 같은 LCCs의 일반적인 운영전략을 사용하였으며, 설립이후 기단과 운송량에서 높은 성장을 지속적으로 달성하였다. 〈표 5-1〉과 〈표 5-2〉에서처럼, Spring항공은 2006년 4대 항공기로 13개 노선을 운영하였으나, 2013년 39대의 항공기로 51개 노선을 운항하면서 여객수송이 1,000만 명 이상으로 증가하였다. 2013년 Spring항공은 많은 국제선 목적지로 서비스를 확장하였고, 홍콩, 마카오, 대만, 일본, 한국과 동남아시아 국가로 13개 국제선에 운항을 하고 있다.

〈표 5-1〉 스프링항공 영업실적 (2006~2013년)

연도		2006	2007	2008	2009	2010	2011	2012	2013
수송	여객 (1,000)	1,137	2,353	2,944	4,313	5,860	7,150	9,110	10,550
	RPK (1,000,000)	1,352	3,089	3,753	5,879	8,109	10,261	13,984	16,494
	화물 (ton)	8,137	13,641	18,073	21,945	34,931	38,651	46,800	49,232
	RFTK (1,000)	9,474	15,787	21,301	28,222	48,532	56,150	71,680	75,180
	여객점유율	0.78%	1.39%	1.66%	2.00%	2.36%	2.36%	3.08%	3.22%
RPK 점유율		0.73%	1.42%	1.63%	2.09%	2.47%	NA	NA	NA
국내 화물점유율		0.32%	0.48%	0.63%	0.69%	0.94%	1.02%	1.20%	1.21%
RFTK 점유율		0.25%	0.38%	0.50%	0.60%	0.91%	NA	NA	NA
항공기 수		4	8	10	14	20	27	33	39

자료: Fu et al. (2015).

〈표 5-2〉 스프링항공의 노선수준 영업실적

연도		2006	2007	2008	2009	2010	2011
노선 수		13	13	13	22	38	60
평균 밀도 (연간 정기편 좌석 수)		60,092.3	89,529.2	89,750.8	105,169.1	113,153.7	120,195.0
평균 노선 점유율	전체 노선	35.30%	40.60%	42.00%	25.50%	29.30%	30.20%
	FSC와 경쟁 노선	23.50%	22.70%	24.60%	18.10%	21.00%	19.50%

자료: Fu et al. (2015).

Spring항공은 2005년 취항 이래로 수익성 있는 성장을 유지하고 있으며, 2011년 7,480만 달러, 2012년 9,900만 달러, 2013년 1억 1,810만 달러의 매출을 달성하였다. 중국 중앙정부 또는 지방정부에서 소유한 FSC가 정부의 지원과 긴급구조를 받았음에도 어려운 사업환경을 지속하는 것과 큰 대조를 보이고 있다. 중국에서 두 번째로 큰 중국동방항공은 2009년 14.5억 달러의 중국정부의 자본수혈을 받았으며 부채를 감소하기 위해 2012년 4.4억 달러 이상의 또 다른 자금을 지원받았다. 2012년에는 중국남방항공과 중국국제항공이 각각 2.9억 달러, 1.5억 달러의 자금을 정부로부터 지원받았다.

정부의 지원 없이 중국에서 Spring항공사와 같이 성과를 내는 민간항공사는 거의 없다. 중국의 첫 번째 민간항공사인 Okay항공은 2004년에 설립되었으며, 초기 사업계획은 LCC 사업모형을 취하는 것이었으나 이 계획은 곧 포기되었다. Okay항공사는 중국의 규제기관인 중국민간항공기구(CAAC)에 의한 엄격한 규제뿐만 아니라, 통제할 수 없는 높은 비용구조로 인해 LCC 사업모형을 포기하였다.

〈그림 5-2〉는 2004년 이래 설립된 민간항공사에 대한 여객탑승거리(RPK)로 측정한 수송량을 요약한 것이다. Spring항공은 다른 항공사와 비교하여 가장 좋은 성과를 내고 있다. Spring항공의 고속 성장과 강한 브랜드 인식에도 불구하고, 국내시장점유율은 2012년의 3%보다도 낮은 시장점유율을 갖고 있었다. 그러나 Spring항공만이 서비스하고 있는 일부 규모가 작은 공항을 제외하면, Spring항공이 취항하는 노선에서 평균 시장점유율은 거의 20%가 된다.

LCC 사업모형이 성공하기 위해서는 FSCs에 비해 실제적인 비용우위를 유지하고 있어야 한다. 중국 항공사는 비용을 절감해야 하는 큰 도전에 직면하고 있지만, 실제 비용

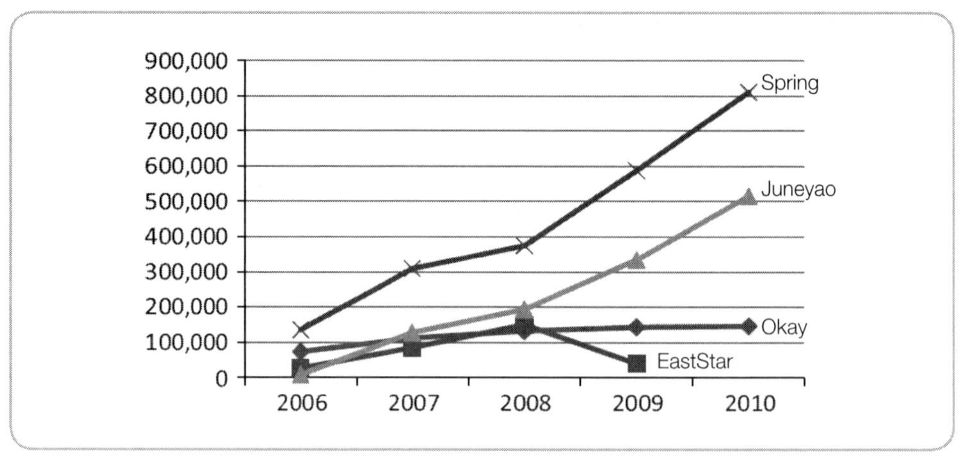

〈그림 5-2〉 중국 민간항공사 RPK(10,000) 추세

요소의 많은 부분이 정부의 통제하에 있어 어려움을 겪고 있다. 유류공급은 국영기업에서 독점하고 있으며 공항 착륙료는 CAAC가 규제하고 있고, 대형 공항에서도 지상조업 서비스 제공자의 선택도 일반적으로 제한되어 있다. 항공기 구입은 CAAC의 승인이 필요했으며, 대량 주문에 의한 할인협상에서도 어려움이 있었다. Li & Zheng(2008)은 중국 항공사에서 발생한 비용의 80%는 항공사가 통제할 수 없다고 결론지었다.

2014년 주식시장 상장을 위해 자료를 공개하기 전까지 Spring항공의 비용경쟁력에 대하여 알려진 것이 거의 없었다. 〈표 5-3〉은 상위 3개 항공사에 대비해 Spring항공의 단위당 운영비용을 비교한 것이다. Spring항공은 주요 FSCs보다도 단위당 운영비용을 30~40% 낮게 유지하였다. 이를 위해 평균기령이 3.6년이고 높은 좌석밀도를 구성하고 있는 A320 항공기로 기단을 구성하였다. 항공기 활용도는 산업평균보다 2시간 많은 하루 평균 11시간 이상이었다.

Spring항공의 모회사 Spring여행은 중국에서 매우 큰 규모의 여행사 중의 하나였다. 2012년 후반, Spring여행이 소유하고 있는 자회사가 60개가 있으며 총 4,000개의 여행사를 관리하고 있었다. 이러한 네트워크는 Spring항공에게 핵심적인 항공권 유통 수단을 제공하고 있었다. 중국의 항공권은 TravelSky에서 소유하고 있는 GDS에 의해 대부분 이루어지고 있다. 그러나 Spring항공은 TravelSky와 독립적으로 자체 항공권 유통시스템을 이용하여 유통하고 있는 유일한 항공사이다. TravelSky의 예약 시스템은 중국 국내 여행시장을 독점하고 있었으나, Spring항공은 자체 시스템을 이용하여 항공권을 유통함으로써 유통비용을 절감할 수 있었다. 즉, 평균 판매와 마케팅 비용이 2012년

〈표 5-3〉 중국 3대 항공사와 스프링항공사의 영업비용 분석

항공사	스프링항공	에어차이나	동방 항공	남방 항공
2011년				
단위 영업비용 (RMB/ASK)	0.383	0.608	0.62	0.576
단위 노동비용	0.044	0.081	0.068	NA
단위 연료비용	0.166	0.229	0.229	0.216₩
단위 감가상각 및 항공기 임차비용	0.054	0.093	0.091	0.082
단위 마케팅 및 판매비용	0.007	0.036	0.029	0.043
2012년				
단위 영업비용 (RMB/ASK)	0.356	0.574	0.605	0.565₩
단위 노동비용	0.05	0.085	0.09	NA
단위 연료비용	0.147	0.221	0.218	0.221
단위 감가상각 및 항공기 임차비용	0.049	0.09	0.092	0.078
단위 마케팅 및 판매비용	0.008	0.035	0.027	0.042
2013년				
단위 영업비용 (RMB/ASK)	0.346	0.535	0.588	0.526
단위 노동비용	0.045	NA	0.088	NA
단위 연료비용	0.14	NA	0.202	0.19
단위 감가상각 및 항공기 임차비용	0.047	NA	0.089	0.076
단위 마케팅 및 판매비용	0.009	NA	0.027	0.042

0.009RMB/ASK이었는데 다른 FSCs의 비용보다 낮게 나타나고 있다(표 5-3). 뿐만 아니라 Spring항공은 모회사인 여행사와의 제휴를 통하여 2005~2013년 동안 평균 95%인 높은 탑승률을 나타내고 있다.

Spring항공의 성공요인 중에 하나는 중국에서 가장 큰 경제 중심지인 상하이를 기반으로 하고 있다는 점이다. 상하이는 중국에서 가장 높은 개인당 가처분 소득(2012년 RMB 40,188/인, 중국 전체 RMB 24,565/인)과 교통비를 지출하고 있다. 여가항공 여행의 소득탄력도는 약 2로 나타나고 있다(Graham, 2000; Njegovan, 2006). 따라서 상하이는 높은 소득수준을 기반으로 LCC에게 빠르게 성장하는 시장을 제공하였다. 이에 비해 중

국에서 2004~2006년 설립된 다른 민간항공사들은 인당 소득이 낮은 중부와 서부지역에서 설립되어 큰 성과를 얻지 못한 것으로 볼 수 있다.

Spring항공의 고객 대부분은 사무직 직원(52%), 공무원(9%), 개인 사업자(8%) 등 높은 수입을 갖는 전문가였다. 이러한 고객들은 일반적으로 고학력자들이어서 e-마케팅, 셀프서비스 등의 도입도 쉽게 적응할 수 있었다(Spring Airlines, 2012).

항공사들이 규모의 확장을 위해 수익성이 있는 노선에 진입하기를 희망하고 있고, 상하이 노선이 그중 하나였다. 그러나 중국 정부에 의한 상하이노선 진입제한은 Spring항공의 성장을 지원한 것으로 보고 있다. Fu et al.(2014, 2015)는 중국 국내시장에서 노선 진입과 공항 슬롯 배정에서 허브공항을 중심으로 정부의 규제 정도를 분석하였고, 규제의 정도가 시간이 지남에 따라 변화되고 있음을 분석하였다.

2010년 이전의 노선 진입에 대한 승인은 지역의 수도와 대도시의 대형 공항에서만 필요하였다. 현재 규정에서는 베이징, 상하이, 광조우의 4개 공항을 포함한 진입만이 승인이 필요하다. 그러나 허브공항이나 운영기지로서 이 4개 공항을 사용하는 항공사는 이들 공항에서 다른 목적지까지의 비행편에 대한 승인을 받지 않아도 된다. 따라서 Spring항공의 상하이와 시안 사이의 비행편에 대해서는 별도의 승인 없이 운항이 가능하지만, 베이징과 상하이의 비행편을 증가시키거나 이 노선에 새롭게 진입하기 위해서는 별도의 승인이 필요하다.

공항 슬롯 할당은 지역 정부, 지역의 항공교통관제 기구, 항공사와 공항의 대표자로 구성된 슬롯 할당 위원회에서 관리하지만 임시적으로 운영되고 있다. Fu et al.(2014, 2015)는 중국에서 노선 진입과 공항 슬롯 할당 두 부분의 규제가 유럽과 북미 등 성숙된 시장에 비해 매우 엄격한 것으로 분석하였다. 중국 항공사는 대도시의 허브공항과 연결된 노선에 추가적인 비행편이나 신규 노선 진입을 위해 노선진입 및 공항 슬롯 두 부분에서 모두 정부의 승인이 필요하다.

결과적으로 중국에서 LCCs의 발전은 보호 및 규제의 양면을 가지고 있으나 이 같은 효과에 대한 체계적인 분석이 미흡하였다. 따라서 아직까지 중국에서 유일하게 성공한 LCC인 Spring항공의 운영과 경쟁전략을 탐색하고 이해할 필요가 있고, 이를 바탕으로 다른 LCCs의 시장진입을 촉진하고 중국 항공산업을 저해하고 있는 주요 요인을 분석할 필요가 있다.

5.1.3 FSCs에 대한 Spring항공의 가격효과

많은 연구에서 항공사 가격에 대한 LCCs의 효과가 검증되었다. Windle & Dresner (1995), Morrison & Winston(1995), Morrison(2001)은 사우스웨스트항공의 존재가 해당 노선에서 현저한 운임인하 효과가 나타났음을 분석하였다. 운임은 승객수요와 공급, 공항의 특성에 의해 추정될 수 있다.

운임방정식은 각각 4개의 대형 중국 FSCs인 중국항공, 중국동방항공, 중국남방항공, 하이난 항공의 수익을 종속변수로 추정한다. 평균 운임에 영향을 주는 요소는 운항 거리, 노선집중도, 시장점유율, 총 수송실적, 목적지 공항의 관광지 여부, 고속열차 연계 여부, Spring항공사 운항 여부, FSC 운항 여부, 계절적 변동 등 이다.

월별 자료를 조정하여 2008년 8월부터 2012년 7월까지 중국 국내시장 총 514노선을 분석하였다(상위 500개 노선 + Spring항공사가 운항하는 소규모 노선). 모든 운임 클래스의 평균 가격은 왕복운임을 기초로 Spring항공사를 제외하고 각 항공사별로 산출하였다.

Spring항공의 더미변수는 고정효과에서 부정적으로 나타나고 있다. 즉, Spring항공과의 경쟁은 FSCs에게 항공권 가격 인하 압력이 작용하고 있음을 나타내고 있다. 특히, Spring항공의 존재는 중국항공이 5.1%, 중국동방이 3.4%, 하이난항공이 6.2%의 운임인하의 요인으로 작용하는 것으로 분석되고 있다. 전체적으로 FSCs 운임은 Spring항공과의 경쟁 때문에 2.3% 하락한 것으로 분석되었다. 그러나 이 같은 운임 하락은 미국의 사우스웨스트항공, 유럽의 Ryanair와 같은 LCCs에서 나타난 것에 비해 적게 발생하였다.

Spring항공의 취항 전후 FSCs의 평균 수익 비교에서도 Spring항공의 진입 후 FSCs의 수익이 통계적으로 유의하게 감소한 것이 확인되었다. Spring항공이 서비스하는 노선의 평균 운항 거리는 1,256km였고, 노선당 운임 하락은 평균 7.7달러로 나타나고 있다. 제한된 운임 감소는 개별 노선에서 Spring항공의 낮은 공급력으로 설명될 수 있다. Spring항공이 네트워크와 기단을 확충하였지만, 개별 노선에서의 공급점유율은 여전히 낮게 나타나고 있다. 특히, 수요밀도가 높은 노선은 대형 FSCs에 의해 지배되고 있었다. 〈그림 5-3〉에서 보여주고 있는 Spring항공의 노선 공급점유율은 밀도가 높은 노선에서는 대부분 20% 이하로 나타나고 있다. 따라서 지배적인 FSCs는 가격을 많이 하락했음에도 불구하고 크게 압력을 받지 않은 것으로 분석되고 있다.

실제로 기존 항공사에서는 저비용 항공사보다는 고속철도 서비스의 존재가 더 큰 경쟁압력으로 인식되고 있다. 실증분석에서 고속철도 서비스(최대 속도가 200km/h 이상)

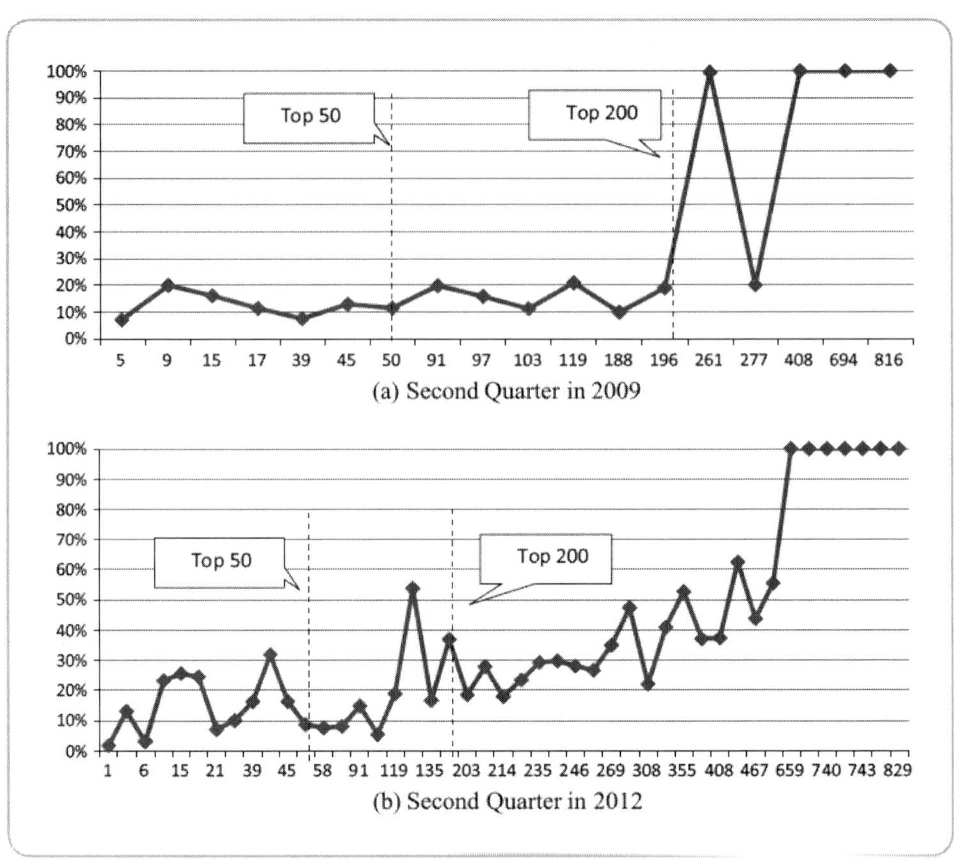

〈그림 5-3〉 스프링항공의 노선공급점유율(Route capacity share)

의 존재는 중국항공 5.1%, 중국동방항공 9.5%, 중국남방항공 11.6%까지 수익을 감소시킨 것으로 나타났다. 고속철도와의 경쟁에서 전체적으로 FSC의 수익은 10.4% 낮아진 것으로 분석되고 있고, 최대 300km/h 이상의 고속철도 서비스를 고려할 때도 비슷한 추정 결과를 예상할 수 있다.

전체적인 분석 결과는 Spring항공이 높은 가격의 노선에 선택적으로 진입하는 크림-스키밍(Cream-Skimming) 전략을 채택하고 있는 것으로 나타났다. 즉, 이러한 시장은 Spring항공이 매우 높은 할인을 제공하지 않고서도 최대한 높은 탑승률을 달성할 수 있었기 때문이다.

항공 노선에서 Spring항공의 존재가 운임을 중간 정도로 인하하도록 FSCs에게 경쟁적 압력을 제공하고 있지만, 이러한 경쟁패턴은 완전한 규제 완화 시장에서 나타나는 것과는 상이한 결과를 보이고 있다. 이 같은 상이한 결과는 정부의 규제에 의한 영향으로 분석된다. 일반적으로 규제가 완화된 시장에서는 사우스웨스트항공 같은 LCCs가 노선에 진입하여 가격할인, 대량 공급 및 많은 운항 편수를 제공하게 된다(Dresner et al., 1996; Morrison, 2001; Fu et al., 2011).

그러나 중국 항공시장에 대해 비록 노선진입의 규제가 많은 곳에서 완화되었지만, 베이징, 상하이, 광조우 같은 주요 공항에서는 규제와 슬롯에 대한 통제가 여전히 존재하고 있다. Spring항공은 상하이를 모기시로 함으로써 대부분의 수익성 있는 시장에 신입하는데 효과적이었다. 그러나 상하이 공항의 규제와 슬롯 제한이 Spring항공의 네트워크 확장과 노선진입의 계획을 자유롭게 결정하지 못하는 제한도 존재하면서 새로운 경쟁자의 진입을 제한하는 효과도 얻고 있다.

5.1.4 Spring항공사의 노선 진입 선택

Spring항공의 노선 진입결정은 쉽게 확인될 수 있지만, 각 노선의 운영수익은 쉽게 확인할 수 없다. 노선에 진입 후 Spring항공의 잠재이익은 운항 거리, 운항노선의 정기편 공급석, 노선집중도, 여객수송 노선 순위, 상하이 공항 운영 여부, 베이징 또는 광조우 공항 포함 여부, 고속철도 존재 여부에 따라 영향받는 것으로 분석되고 있다.

Fu et al.(2015)은 Spring항공의 노선 진입결정에 영향을 주는 요소들을 확인하기 위하여 이산선택 모형을 이용하였다. Spring항공이 서비스하는 일부 소규모 도시와 국내시장 상위 500개 노선을 포함하여 총 514개 노선 중에서 Spring항공의 진입 전 항공서비스가 제공되지 않은 노선은 제외하여 총 496개 노선을 대상으로 분석하였다.

비행거리는 잠재적 이익에 긍정적이고 통계적으로 유의하므로 Spring항공이 장거리 노선에 진입할 가능성이 높다는 것을 나타내고 있는데, 단거리 노선을 선호하는 사우스웨스트항공과 같은 LCCs와는 다른 결과를 보이고 있다. Spring항공이 서비스하는 노선의 평균 거리는 1,248km인데 이 거리는 496개 노선의 평균인 1,045km보다 장거리이다. 이것은 고속철도와의 경쟁 때문으로 볼 수 있다. 즉, 고속철도 서비스가 중·단거리 노선에서 운영편수와 비용의 관점에서 항공운송보다도 현저한 이점을 갖고 있기 때문이다(Fu et al., 2012, 2014, 2015).

그러나 고속철도의 존재는 FSC의 수익에 중요한 영향을 미치지만, Spring항공의 노선진입 결정에는 큰 영향을 미치지 못하는 것으로 분석되었다. 전반적으로, Spring항공의 노선진입 결정은 기존 항공사 또는 고속철도 서비스 어느 쪽의 경쟁에서도 큰 영향을 받지 않는 것처럼 보인다. Spring항공은 국내시장이 완전 규제 완화되면 더 많은 노선에 진입하기를 원하는 것으로 분석되고 있다.

Spring항공의 이익은 운항노선의 정기편 공급석 규모에 대하여 부정적인 영향을 나타내고 있는데, Lanzhou, Shijiazhuang, Fuzhou, Huaihua 같은 외곽공항에서 서비스하기 때문이다. 이 진입 패턴은 외곽도시에서 여가와 가격에 민감한 여행객을 위한 LCC 시장전략과 일맥상통하다. 또한, 외곽공항은 덜 혼잡하므로 빠른 회항시간이 가능하며, 일부 지방정부는 Spring항공의 운항에 경제적인 인센티브를 제공하고 있다. 예를 들어, Spring항공이 지방공항에 취항하도록 하기 위해 Hebei, Changde, Huaihua, Mianyang, Jinjiang의 지방정부는 공항 부과금을 할인해주고 Spring항공에게 현금보조를 하고 있다. 2013년 한해 Spring항공은 여러 지방정부로부터 8,400만 달러를 보조 받았는데 이는 해당 연도 총수익의 8% 정도였다(Spring IPO Prospectus, 2014).

노선의 집중도는 Spring항공의 잠재적인 이익에 장애요인이 되지 않고 있다. 실제로 진입 패턴을 살펴보면 Spring항공은 여러 경쟁 항공사가 있는 밀도 높은 노선에 진입한 것을 볼 수 있다. 또한, 기존의 항공사가 서비스하지 않았던 새로운 노선의 개발을 시도하였다. Spring항공은 높은 가격이 형성되어 있는 일부 밀도 높은 노선에 선택적으로 진입하였다. 동시에 다른 FSCs보다 낮은 비용구조를 갖고 있었으므로 높은 비용구조의 FSCs가 운항할 수 없는 매우 낮은 수요의 노선에 서비스할 수 있었다. 비록 이 같은 노선의 수송량이 매우 제한적이었지만, Spring항공은 이같은 시장에서 독점적 지위로 양호한 이익을 달성할 수 있었다. 결과적으로 Spring항공은 높은 수요밀도의 노선에서 기존 FSC와 경쟁하면서, 낮은 비용구조를 기반으로 낮은 수요밀도의 시장에 진입하는 전략을 취해 왔다.

수요밀도에서 여객수송 순위가 21~50위 시장에서 잠재이익에 긍정적인 유의적 영향을 나타내고 있다. 그러나 수요 밀도가 높은 상위 20개 시장과 같은 대형 노선에의 진입은 쉽지 않았다. 반면에 51위 이하의 상대적으로 낮은 수요밀도를 보이는 시장에서는 수익에 직접적인 영향을 미치지 못하는 것으로 분석되었다. Spring항공의 잠재적 이익이 고속철도에 의해 영향을 받는 것처럼 보이지만 통계적인 유의성은 갖지 못하고 있다.

Spring항공은 상하이 공항을 포함하는 노선에서 잠재적인 이익에 긍정적인 영향을 미치고 있다. 이는 직관적으로도 분석이 가능한데, 기존 기반시설을 더 잘 활용함으로써 비용효과적인 서비스 제공이 가능하기 때문으로 볼 수 있다. 또한, 모기지 공항에서 더 많은 정기편을 운영하는 것이 항공기 운영효율을 극대화할 수 있기 때문이다. 반면에 Spring항공은 중국남방과 중국항공의 허브인 광조우와 베이징을 포함하는 노선에서 잠재적 수익에 부정적인 영향을 주고 있다. 이는 이 두 공항을 포함하는 노선의 운영을 Spring항공이 회피하고 있고, 가장 큰 이유는 두 공항에서 슬롯과 정부승인을 받기가 어려웠기 때문으로 분석하고 있다.

5.1.5 시사점

지난 세기 동안 중국의 항공산업은 비약적인 성장에도 불구하고, LCC 부분은 아직도 성장초기 단계에 있다. 2013년 초까지 통제된 시장에서 하나의 LCC만이 서비스하고 있었다. 그러나 Spring항공은 2005년 운항 개시 이래 지속적인 수익성과 함께 수송량과 수익에서 괄목할 만한 성장을 달성하였다.

중국 국내시장과 항공사의 노선진입 전략에 대하여 Spring항공이 미친 경쟁 영향들을 검증한 결과, Spring항공이 높은 가격의 노선에 진입하는 cream skimming 전략을 채택하면서 높은 탑승률로 상당한 수익성을 달성할 수 있었음이 확인되었다. 개별 노선에서 Spring항공의 공급과 시장점유율에 일부의 규제가 있었는데 이는 노선진입과 공항슬롯 확보에서 정부의 규제로 기인한 것으로 분석된다. 결과적으로 Spring항공은 기존 FSCs와의 가격경쟁 없이 빠르게 성장할 수 있었다. Spring항공의 진입으로 전체적으로 항공시장의 운임인하가 나타나게 되었고, 중국항공이 5.1%, 중국동방이 3.4%, 하이난항공이 6.2%의 운임이 평균적으로 하락하였다.

Spring항공은 상하이를 기반으로 하는 노선과 수요밀집 노선에서 서비스하기를 선호하였으며, 노선진입 결정은 기존 항공사 또는 고속철도 서비스 어느 쪽도 경쟁에서 크게 영향을 받지 않은 것으로 분석되었다. 반면에 베이징과 광조우 같은 주요 공항의 운항을 회피하고 있는 것은 경쟁우려 보다는 항공규제 때문인 것으로 분석되고 있다. Spring항공은 국내 항공시장의 규제가 완화되면 더 많은 노선에 취항하기를 원하는 것으로 분석되었다.

Spring항공의 지속적인 성장에도 불구하고 중국의 전반적인 LCC 발전은 항공시장이 완전자유화 되어있는 선진 국가에 비하여 많은 노력이 필요함을 알 수 있다. 중국시장에서 아직도 LCC의 영향력이 적으며, LCCs의 성장을 저해하는 정부의 규제가 아직도 존재하고 있는 것으로 분석되었다. 수익성 있는 노선에서 Spring항공의 역량은 제한되어 왔고 주요 허브공항과 수요밀도가 높은 노선에서 운항을 확대하는 데 많은 제약이 존재하고 있다. 결과적으로 Spring항공은 북미나 유럽의 주요 LCCs와 같이 항공시장에서 중요한 변화를 일으키지 못한 것으로 분석되었다(예: 현저한 가격인하 또는 수송량의 증가).

다른 한편으로 일부 규제는 높은 수익성을 유지하도록 Spring항공에게 도움을 주었다. 예를 들어 CAAC는 2007년에서 2013년 동안 새로운 항공사 면허발급을 임시적으로 동결하였다. 이러한 규제는 Spring항공과 같이 동일한 시장 세분화를 목표로 하고 있는 민간항공사 또는 LCC 같은 잠재적 진입자로부터 경쟁을 차단하여 Spring항공을 포함한 기존 항공사에 도움을 주고 있다. 그러나 중국 항공산업의 발전을 위해서는 더 많은 LCC의 설립이 필요하고 항공시장에 대한 규제 완화가 필요하다. 이것은 항공기 구입, 조종사 채용, 허브공항의 슬롯 할당의 투명성과 함께 LCC의 국제선 시장진입 승인 제도를 폐지하는 규제 완화를 포함하고 있다.

5.2 노선 운영 및 이전: 유럽사례

5.2.1 항공 노선 중단과 노선이전

항공사의 노선운영 전략에서 노선 운영의 지속과 노선이전 및 노선철수는 다양한 이유에서 발생하고 있지만, 가장 큰 이유는 수요의 변동성으로 보고 있다. 여가수요 중심의 항공사에서는 수요변동에 대하여 주간 운항스케줄을 조정하여 대응하고 있다. 유럽의 지중해에 있는 많은 관광지역 공항의 일일 수송량 패턴은 수요의 변동성을 잘 나타내고 있다. 과거 비정기 여가수요 전세기의 비즈니스 모형이 아직도 지중해 관광 노선에 운항하는 여가수요 중심의 항공사의 (준)스케줄에 적용되고 있다. 뚜렷한 계절성을 갖는 수요의 변동에는 맞춤 비즈니스 모형이 필요하다. 과거에는 비정기 전세기가 이러한 수요 변동에 따라 좌석공급과 운항 횟수를 조정하여 대응해 왔으나, 요즘에는 여가수요 중심의 항공사가 이 같은 관광노선 시장에서 정기운항 또는 준정기운항을 하고 있다.

항공사의 스케줄은 통상 IATA의 여름 스케줄과 겨울 스케줄에 반영되는데, 수요에 따라 비행편 수와 좌석공급을 유연하게 조정하는 것이 용이하지 않음으로 수요의 계절성을 충분히 반영하는 효과적인 해결방안이 없다. 따라서 비수기에는 종종 노선 운항을 중단하는 경향을 보이고 있다.

항공 서비스의 일시 중단은 연계된 다른 노선에 미치는 영향 등 네트워크 전체의 관점에서 고려되어야 한다(Lordan et al., 2014). 저비용 항공사가 활발히 시장을 확대하고 있으나 저비용 항공사 네트워크에서도 노선 운항중단이 나타나고 있다(Dobruszkes. 2013). 즉, 2000년대 중반 유럽시장에서 저비용 항공사의 운항 노선 수가 저비용 항공사가 운항을 시작한 1997년 이후 감소되고 있음이 나타났다.

이러한 노선 운항중단은 저비용 비즈니스 모형이 유럽시장에 도입된 이후의 저비용 항공사의 파산과 새로운 항공사 수를 확인함으로써 설명될 수 있다. de Wit & Zuidberg (2012)의 분석에서와 같이 저비용 항공사는 외곽공항과 수요밀도가 낮은 노선에 주력해 왔음을 알 수 있다. 새로운 노선을 개발하는 데 체계적인 분석보다는 시행착오 전략을 통해 많은 노선을 개발하지만 동시에 노선철수의 가능성도 매우 높게 나타나고 있다.

항공사 네트워크에서 운항노선이 감소하는 네트워크 변동은 다른 산업에서 고객이탈과 유사하게 나타난다. 이동전화 네트워크, 유료 TV 서비스, 신용카드, 소매금융 같은 가입자 기반의 서비스 모형에서 고객이탈은 고객충성도에 대한 중요한 지표가 된다. 즉, 연간 이탈된 고객 비율이 평균 고객유지 기간의 역으로 나타나며 고객관계 관리의 핵심 개념이 된다. 이탈하는 충성심이 낮은 고객을 '이전고객'이라 하고, 연간 이전고객의 평균으로 '고객이전률(churn rate)'을 측정한다. 고객 관리에서 조기에 고객의 이전가능성을 확인하는 것은 고객유지와 고객 생애가치에서 매우 중요한 역할을 한다(Glady et al., 2009).

고객이전을 특정 기간 동안 선정된 그룹에서 이전한 개인 또는 상품의 수로 정의한다면, 고객이전 개념은 고객기반에서 이탈한 고객뿐만 아니라 특정 기간 동안 항공사의 운항 네트워크에서 철수한 노선 수에도 적용할 수 있다. Thelle et al.(2012)은 2002~2011년 지점 간을 운항하는 항공사에서 연평균 노선이전율이 15~20%됨을 분석하였다. Wiltshire(2013)는 Thelle et al.(2012)의 연구로부터 2002~2011년 운항노선 이전의 54%는 2년 이상 운행을 하지 않았던 노선을 포함하고 있음을 분석하고, 특히 많은 사례에서 노선 운항이전이 규모가 작은 공항에서 제공되는 '운항 인센티브'에 의해 나타나는 것으로 추정하고 있다. 다시 말해, 규모가 작은 공항이 새로 취항하는 노선을 촉진하기 위해 마케팅 인센티브를 제공하는 것은 노선이전 현상을 악화시킬 수 있고 지속 가능한 수요가 부족함을 은폐시킬 수 있다는 것이다.

Wiltshire(2013)는 유럽에서의 운항노선 이전과 관련하여 저비용 항공사 네트워크에 중요한 특성이 있음을 확인하였다. 유럽연합 내 수송에서 나타나는 운항노선 이전의 75~80%가 지점 간 운송하는 항공사에 의해 나타났으며, 나머지 20~25%는 유럽 내 수송량의 59%를 점하고 있는 네트워크 항공사에 의한 것임을 분석하였다. 저비용 항공사의 전략은 노선운항과 관련된 매몰비용을 최소화하기 위해 상대적으로 높은 노선이전 비율로 대응하고 있다.

일부 서비스 산업에서 고객이전에 대한 조기탐색은 고객기반의 안정성을 식별하는데 중요한 요인으로 인식되고 있다. 마찬가지로 운항노선 이전을 조기에 탐색하는 것은 규모가 작은 공항의 생존뿐만 아니라 해당 지역에도 매우 중요하다. 높은 노선이전 위험을 갖고 있는 저비용 항공사의 노선전략 특성을 이해하고, 외곽공항들이 신규 노선 취항에 대한 마케팅 인센티브 사용을 보다 신중히 적용한다면 저비용 항공사의 노선이전을 감소시킬 수 있을 것으로 보고 있다.

5.2.2 항공사 노선이전 사례

〈그림 5-4〉는 2014년 여름 스케줄에서 처음으로 Ryanair의 운항 네트워크가 감소하였음을 보여주고 있다. 이는 동 시즌에 새로 취항한 노선이 138개, 운항을 중단한 노선이 222개로 84개 노선이 감소한 것이다. 이러한 노선 변화의 원인은 선두 유럽 저비용 항공사의 비즈니스 모형이 변화되면서 나타난 것으로 분석된다. 즉, 선두 유럽 저비용 항공사인 Ryanair와 easyJet은 기본적으로 주요 공항들에 더 많은 초점을 맞추고 외곽공항에는 관심을 덜 두는 것으로 비즈니스 모형을 바꾸었기 때문이다.

Ryanair는 이미 2010년에 노선 네트워크 전략의 변경을 발표하였다. 더 최근에는 저

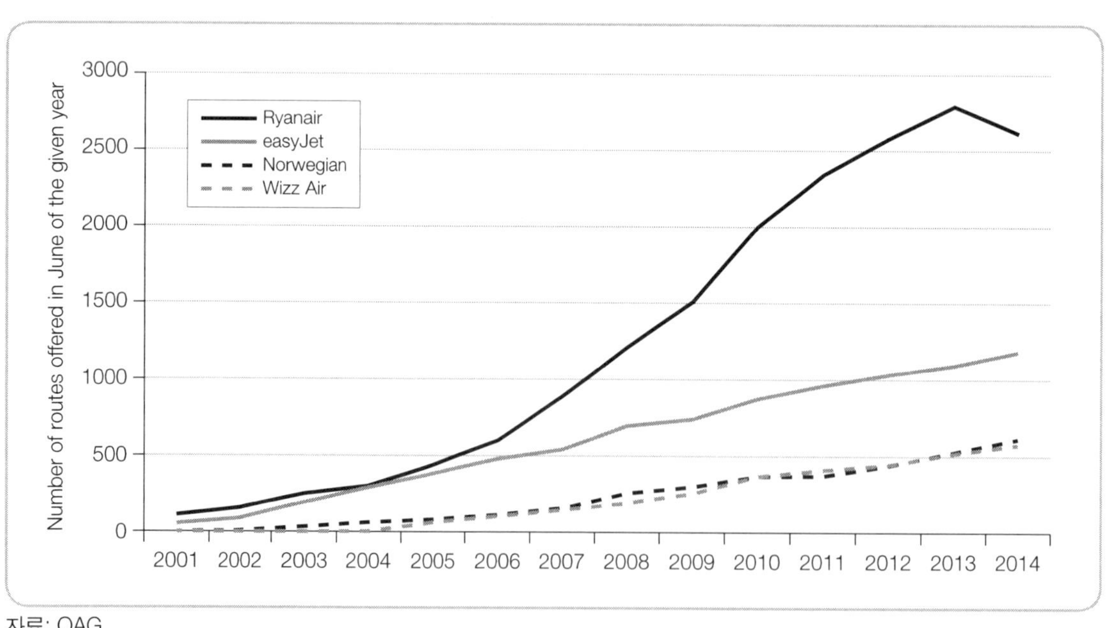

자료: OAG.

〈그림 5-4〉 2014년 6월 편도 운항 노선 수

비용 항공사 시장의 성장이 침체됨으로써 이 같은 변화가 촉진되고 있다. 즉, 외곽공항 사이의 낮은 수요의 독점 노선에 집중했던 초기 저비용 항공사 비즈니스 모형의 성장 한계가 반영된 것으로 볼 수 있다(de Wit & Zuidberg, 2012). Southwest항공의 비즈니스 모형에서의 변화도 유럽시장의 이러한 변화를 확인시켜주고 있다. 미국의 외곽공항 사이의 노선들은 어느 정도 포화되었거나 포화되어가고 있다. 따라서 Southwest항공은 주요 공항에서 증가하는 비즈니스 여행객들을 확보하기 위해 2007년 비즈니스 모형을 재구축하기 시작하였다.

Ryanair는 유럽에서 주요 공항의 취항 수를 늘리기 위해 Southwest항공의 비즈니스 모형을 활용하였다(Ryanair, 2014). 이러한 비즈니스 모형 변화는 노선 기반뿐만이 아니라 더 차별화된 좌석배정, 온라인 체크인 시설, 제약이 완화된 수하물 조건, 향상된 웹사이트, GDS 예약 활용 등과 같이 비스니스 승객과 고객이 요구하는 상품 업그레이드에 더 많은 초점을 맞추고 있다. 이러한 상품채택은 Ryanair의 비용에도 영향을 주게 되어, 복잡한 주요 공항을 이용함으로써 추가되는 작업으로 인해 항공기의 활용도와 생산성 감소가 나타날 것이다. 실제로, Southwest는 2007~2011년 생산성이 6~8% 감소되었다. 따라서 주요 공항으로의 이동은 Ryanair의 비용변동이 노선단위에서 네트워크 차원으로 증가될 것임으로, 네트워크 전체의 노선 수익성에 영향을 주므로 결과적으로 더 많은 노선이전에 영향을 미치게 된다.

주요 공항에 대한 집중화 전략으로 외곽공항으로부터 도심 인근의 주요 공항으로 노선이전이 촉진되고 있다. 예를 들어, 로마에서 Ryanair는 운영기지를 Rome Ciampino로부터 Rome Fiumcino로 이전하였고, 바르셀로나에서는 외곽공항인 Girona에서 Barcelona el Prat으로 이전하였다. 또한 벨기에 남부의 Charloroi공항은 Ryanair가 주요 공항인 Brussels에 운항을 시작함에 따라 영향을 받았다. 그러나, Brussels 공항에서의 Ryanair의 운영은 Charleroi 운항편의 15%를 잠식하고 있지만, 2014년까지 Charleroi 노선은 운항을 중단하지 않고 있다. 대체로, 유럽에 있는 대형 저비용 항공사의 비즈니스 모형의 변화는 앞으로 짧은 기간 동안 더 많은 노선이전을 할 것으로 분석되고 있다.

유럽 저비용 항공사의 노선이전은 유럽의 두 대형 저비용 항공사(Ryanair, easyJet)의 계절적 운영에 따른 영향을 크게 받고 있다. 〈그림 5-5〉는 여름 휴가철에 따른 계절적 영향이 증가하고 있음을 보여 주고 있다. 즉, 겨울 시즌과 여름 시즌에서 월평균 좌석 수의 비율이 2000년대 중반 약 0.9에서 2014년 약 0.7로 감소한 것을 볼 수 있다. 즉, 비율이 낮을수록 겨울 시즌과 여름 시즌의 공급변동이 큰 것을 의미한다.

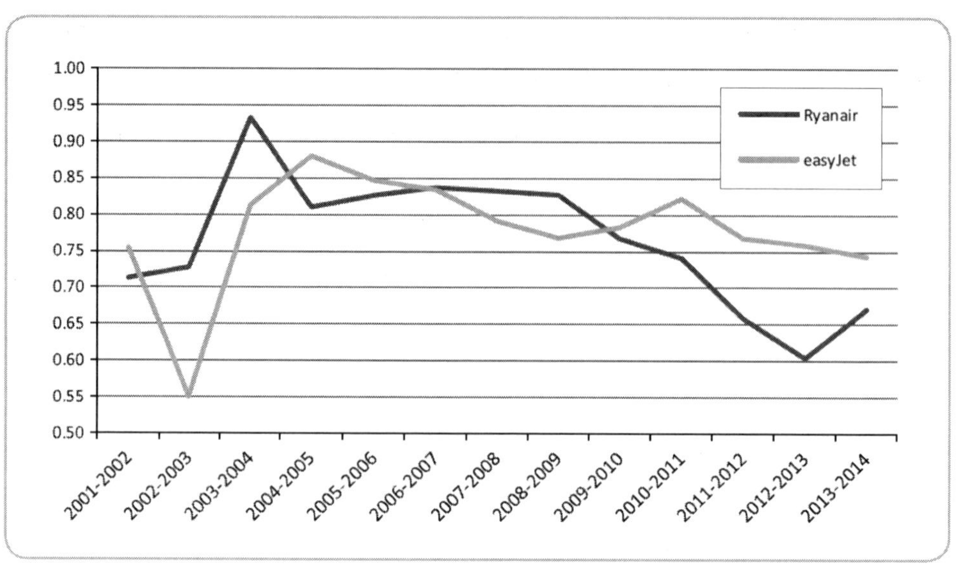

〈그림 5-5〉 Ryanair와 easyJet의 겨울 시즌과 여름 시즌 월평균 좌석비율

2013~2014년에는 Ryanair에서 계절적 변동이 크게 개선되고 있음을 보이고 있다. 이것은 Ryanair가 연간 운영 측면에서 점차 주요 공항으로 이전하고 있는 것을 반증하는 것으로 볼 수 있다. 반면에, easyJet은 장기간 완만하게 하향하고 있는데, 이는 계절적 변동성이 점차 커지고 있음을 의미한다.

노선의 계절성 비율을 두 시즌동안에 공급된 총 좌석에 대한 최성수기 시즌의 공급 좌석의 비율로 정의한다면, 〈그림 5-5〉는 적어도 0.95의 계절성 비율을 갖고 있는 노선을 나타내고 있다. 더 자세하게는 Ryanair와 easyJet에 대한 지역적으로 계절적 영향을 받는 노선 수를 나타낸다. Ryanair는 '북서유럽-지중해' 구간에서 2007~2008년까지 실제적인 증가가 나타났음을 확인할 수 있다. 이것은 Ryanair가 최근 항공기와 승무원 활용, 연간 수익면에서 덜 매력적인 것으로 인식되는 계절적 노선에 더 많은 중요도를 고려하는 것으로 추정된다.

이러한 계절성 현상에 대처하기 위해, 여가수요에 대한 전세 항공사는 비수기 동안 항공기를 임대해 주기도 한다 그러나 저비용 항공사는 비수기 동안 기단의 일부를 지상에 계류하는 것을 선호하고 있다. Ryanair는 2012년 겨울 시즌 동안 총 300대 이상의 항공기 중 80대를 지상에 계류하고 있었으며, 2013년 겨울 시즌에는 70대의 항공기가 계류되어 있었다(CAPA, 2012). 지상 계류는 운영비용을 절감하지만, 증가하는 계절적 영향은 항공기 관련 비용에 영향을 미치게 된다. Ryanair는 주요 공항들에서 계절적 영향을

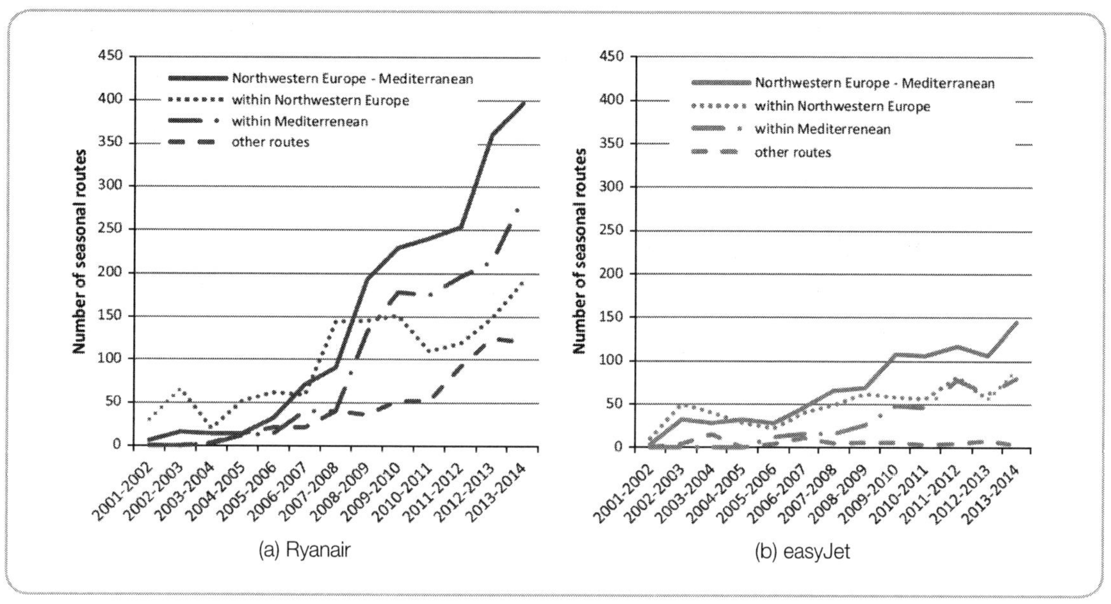

〈그림 5-6〉 유럽의 역내 시장에서 Ryanair와 easyJet의 계절성 노선 수

덜 받는 비즈니스 승객에 더 집중하였고, Ryanair가 2014년 비즈니스 모형의 변환함에 따라 〈그림 5-5〉와 같이 계절성 감소가 나타난 것으로 볼 수 있다.

노선이전의 정의에 따라 이미 언급한 바와 같이, 노선 중단은 한 시즌 이상 운항중지가 발생하는 경우에 고려될 수 있다. 운항 중단 분석에서 노선의 계절적 중단을 배제함에도 불구하고, 노선이전과 계절적 노선 사이에 존재할 수 있는 가능한 관계에 대해 더 많은 분석이 필요하다. 따라서 계절적 노선이 연간 운항하는 노선에 비해 노선이전에 더 민감한지를 분석할 필요가 있다.

5.2.3 저비용 항공사 노선이전 가능성 분석

(1) 노선이전 분석체계

운항 노선의 이전가능성을 결정하기 위해서는 개별 노선에 대해 항공사의 노선이전 위험에 대한 기초자료가 필요하다. 노선이전 가능성을 조기에 탐색할 수 있는 방안을 검토하기 위해 de Wit & Zudiberg(2016)는 노선 운영의 중지 여부를 0, 1으로 표현하는 이항로짓 회귀분석을 이용하여 이산선택 모형을 통해 노선이전 가능성을 분석하였다. 두 개 이상의 선택 결과를 갖는 경우에는 다항 로짓 모형을 이용할 수 있다. 저비용 항공사의 노선이전 가능성을 분석하기 앞서 노선이전 행동에 영향을 주는 속성을 분석하여 각 항공사별로 노선이전 가능성을 추정할 필요가 있다. 이를 통해 분석 대상 항공사들 간에 노선이전 행동에 있어서 차이점이 있는지 확인할 필요가 있다. de Wit & Zudiberg(2016)는 특정 노선의 운항이 중단됨에 따른 전반적인 효과를 평가하기 위해 로짓모형을 사용하였다.

일반적으로 저비용 항공사는 노선 중심으로 이익을 최대화하고, 낮은 수익(혹은 높은 손실)을 내는 노선의 경우는 운항을 중단할 가능성이 높다고 가정할 수 있다. 또한, 새로운 노선의 운영비용이 상대적으로 낮다면(수익에 관계없이) 시행착오 전략을 채택할 가능성이 높으며, 상대적으로 운영비용이 낮은 노선이 보다 높은 노선으로 이전할 가능성이 있는 것으로 가정할 수 있다. 그러나 일반적으로 노선이전 가능성에 대한 분석을 위해 필요한 개별항공사의 노선별 수익성에 대한 정보를 갖고 있지 않음으로, 분석을 위해 수익과 비용을 대체변수로 활용하여 분석하기 위해 다음과 같은 속성을 고려한다.

- 항공사: 각 항공사는 자체적인 수익과 비용기반을 갖고 있으며 상이한 비즈니스 전략으로 노선이전 행동을 취하고 있다.
- 연도: 경기 동향이 수익과 비용에 영향을 주며 노선이전의 가능성과 밀접한 관련이 있는 것으로 추정된다. 저비용 항공사가 어떻게 경제적 환경 변화에 반응하는지 확실하게 알려져 있지 않다. 저비용 항공사는 경제가 침체되면 편익을 얻을 것이라는 것은 여행객들이 기존 항공사로부터 저비용 항공사로 여행선택을 변경하기 때문으로 볼 수 있다.
- 지리적 시장: 수익과 비용은 지리적 시장에 따라 상이하다. 미개발 지역인 동유럽 등에서 실제로 수익이 낮게 나타나고 동시에 비용도 낮을 것으로 기대하고 있다.
- 공항 규모: 높고 안정적인 수요와 높은 평균 수익은 주요 공항에서의 운영으로부터 기대할 수 있다. 이것은 주요 공항의 혼잡비용 및 시설 사용료의 높은 비용을 보상할 수 있을 정도로 클 것으로 기대한다. 따라서 주요 공항 기반의 운항노선에 대한 이전 가능성이 낮을 것으로 가정할 수 있다.
- 운항 거리: 수익뿐만 아니라 비용도 운항노선의 거리에 양의 상관관계를 나타낸다. 장거리 노선은 운영비용이 많이 소요되지만, 단거리 노선은 다른 운송수단과 더 심한 경쟁에 놓이게 됨을 기대할 수 있다.
- 항공사의 공급 좌석 수: 운항노선에서 운영하는 좌석의 수가 많으면 높은 총수익을 기대할 수 있다.
- 시장점유율: 상대적으로 낮은 시장점유율은 경쟁의 결과로 수익성이 감소하는 반면,

높은 시장점유율은 독점적인 수익이나 높은 수익을 기대할 수 있다.

- 경쟁 수준: Herfindahl-Hirschman 지표(HHI)로 경쟁수준을 평가한다. 경쟁은 낮은 항공운임을 가져다 옴으로 낮은 수익과 높은 노선이전 가능성을 기대할 수 있다.
- 자기시장잠식: 운항노선이 동일한 저비용 항공사에 의해 잠식되었다면, 노선의 운항은 중단될 가능성이 높다.
- 계절성: 항공사는 1년 내내 운영하기를 선호하는데 그 이유는 수익뿐만 아니라 노선 운영에 따른 매몰비용 때문인 것으로 볼 수 있다. 따라서 특정 계절에만 운영되는 노선은 높은 노선이전 위험이 존재함을 예상할 수 있다.
- 여름 시즌 지배력: 유럽 노선에서 수익성이 겨울보다 여름이 높게 나타나는데 그 이유는 유럽의 지형적 특성상 여름철에 높은 수요가 나타나지만, 겨울철에는 감소된 좌석 공급보다도 수요가 낮기 때문으로 예상된다. 따라서 여름 시즌의 점유율이 높은 노선은 이전 가능성이 높을 것으로 기대한다.
- 운항 기간: 오랫동안 운영한 노선은 노선이전이나 중단 가능성이 낮을 것으로 예상되는데, 그 같은 노선이 오랫동안 운영된 이유의 하나로 수익성이 증명되었기 때문으로 예상된다.

(2) 유럽시장 저비용 항공사 노선이전 사례

유럽시장 저비용 항공사 노선이전 사례를 분석하기 위해 de Wit & Zuidberg(2016)는 유럽시장의 2001년 11월~2013년 10월 OAG 자료를 기본으로 활용하였다. 데이터베이스에 포함된 저비용 항공사 선정 범주는 시장규모와 운항기간을 고려하여 Ryanair, easyJet, Wizz Air, Norwegian 항공을 선정하였다(표 5-4). 유럽에서 네 번째로 큰 항공사가 Vueling이지만 2009년 Vueling과 Clickair가 합병되었기 때문에 Wizz Air가 대신 선정되었다. 분석에 사용된 변수는 〈표 5-5〉와 같다.

각 분석에서 종속변수는 운항 노선이 다음 해에 철수하면 '1'의 값을 갖는 더미변수

〈표 5-4〉 2013년 분석대상 LCC의 시장규모

항공사	여객 수(백만 명)	취항지 수	노선 수	일일 운항 편수
Ryanair(FR)	81.4	185	1600	1600
easyJet(U2)	61.4	139	689	1163
Norwegian(DY)	20.7	128	395	423
Wizz Air(W6)	13.5	95	303	238

〈표 5-5〉 노선이전 가능성 탐지를 위한 주요 속성 및 변수

속성	주요변수
연도	2003~2012
항공사	Ryanair, easyJet, Norwegian, Wizz_Air
지리적 시장	Northwestern-Northwestern, Northwestern-Eastern, Northwestern-Mediterranean, Eastern-Eastern, Eastern-Mediterranean, Mediterranean-Mediterranean
공항규모	Primary-primary, Primary-secondary, Primary-tertiary, Secondary-secondary, Secondary-tertiary, Tertiary-tertiary
노선 거리	운항노선 거리(km)
LCC 공급석	LCC의 공급 좌석 수
시장점유율	공항 간 시장점유율, 도시 간 시장점유율
경쟁수준	공항 간 HHI 지수
자기시장잠식	직접시장잠식(더미변수), 간접시장잠식(더미변수)
계절성	계절성 비율
여름 시즌 지배력	여름 시즌 집중도(더미변수)
운항연수	운항연수

로 정의한다. 이 같이 1년의 시차는 경쟁상황(HHI), 시장규모, 시장점유율, 자기시장 잠식, 계절효과를 추정하는 데 매우 중요하다. 노선이전의 요인으로 계절성을 고려하지 않기 때문에 운항이 중단된 노선은 적어도 겨울 시즌과 다음 여름 시즌의 노선이전으로 간주되어야 한다.

경제상황의 영향을 통제하기 위해 더미변수로 연도를 고려하였고, 정기 항공사의 여름 시즌과 겨울 시즌의 운항에 대응되도록 하였다. 예를 들어, 2002년 11월~2003년 10월을 2003년으로 나타내었다. 유럽 내 항공시장의 차별화된 상황을 통제하기 위하여 지역을 더미변수로 고려하였고, 항공시장이 성숙한 북서유럽 지역에서부터 항공시장이 덜 발전된 동유럽 지역까지를 포함하고 있다. 공항 규모의 영향은 출발지와 목적지 공항의 특성을 표현할 수 있도록 더미변수로 고려하였고, Km로 측정되는 노선 거리를 추가하였다.

또한, 노선의 경쟁상황을 나타내는 HHI와 자기시장 잠식의 수준, 각 저비용 항공사에서 공급하는 좌석 수와 좌석 점유율은 공항 또는 도시 쌍 수준에서 고려하였다. 저비용 항공사의 공급 좌석 수의 효과는 일부의 이차적 효과가 있음을 시사하고 있다. 즉, 매우 작은 틈새시장(매우 적은 수의 좌석공급)과 대형시장(높은 좌석공급)이 운항 중단

될 가능성이 가장 적음을 알 수 있다.

따라서 공급 좌석 수의 이차항을 분석에 포함하였다. 시장점유율(양 도시수준 또는 양 공항수준)은 대체로 한쪽으로 편중되어 있음으로, 시장점유율 범위에 따라 4개 그룹으로 구분하여 분석한다. 낮은 시장점유율(0.3보다 적음), 평균 시장점유율(0.3~0.5), 높은 시장점유율(0.5~0.99), 독점(1.0). 경쟁환경을 나타내는 HHI도 동일한 치우침 현상이 있어 범주변수로 고려하였다. 자기시장 잠식은 특정 배후지역에서 동일한 항공사의 경쟁노선 효과를 측정하고 직접/간접 잠식 분석을 위해 더미변수를 분리하였다.

계절변수와 노선 운영 기간을 분석에 포함시켰는데, 계절성 변수는 범주형 접근을 선택하여 5개 그룹으로 구분하였다. 계절성이 없음(0.1보다 작음), 제한적 계절성(0.1~0.4), 일반적 계절성(0.4~0.8), 높은 계절성(0.8~0.99), 완전한 계절성(1.0). 여름 시즌에 지배적인 노선을 분석하기 위해 더미변수를 고려하였다. 노선 취항연수는 2002년 이후의 운항 기간으로 측정하였다. 취항기간은 2차 효과가 존재하는 것을 알 수 있는데, 2년 취항한 노선에서 노선 중단 가능성이 가장 높게 나타났다. 이는 항공사가 2년 연속적으로 운항했다면 노선이 성숙되었음을 의미한다. 또한, 2년 동안 지속하는 공항의 마케팅 인센티브와 관련이 있어 운항기간에 대한 2차변수를 분석에 포함하였다. 분석에 고려된 변수 간의 다중공선성은 유의하지 않은 것으로 나타났다. 즉, 변수 간의 최대 상관관계는 0.5이지만 상관관계의 대부분은 0.2 이하로 나타나고 있어 노선이전 가능성 조기탐색을 위한 분석모형에 고려된 모든 변수가 사용될 수 있다.

5.2.4 저비용 항공사 노선이전 효과와 시사점

(1) 노선이전 효과

저비용 항공사의 노선이전에서 중요한 영향을 미치는 것이 연도효과이다. 노선이전 가능성은 2005년에 가장 낮고 다음으로 2004년, 2006년이 낮게 나타나고 있으나, 2008년~2010년의 경제위기 동안에는 노선이전 가능성이 가장 높게 나타나고 있다. 특히, 2008년 노선이전 가능성은 4배 이상 높게 나타나고 있다. 이것은 경기가 활성화되면 저비용 항공사의 노선 중단이 감소할 수 있음을 의미하지만, 경기 침체기에는 상대적으로 노선 중단이 증가될 수 있음을 의미한다.

그러나 이 같은 결과는 경기 침체기에 저렴한 여행선택으로 저비용 항공사가 편익을 받을 것이라는 상식적인 개념과 모순되게 나타난다. 이것은 고객의 경제수준이 감소할 때 저비용 항공사는 낮은 운임을 이용했던 한계 고객의 감소가 발생할 수 있음을 의미하고 있다. 또한, 경기변동 주기는 저비용 항공사보다는 기존의 네트워크 항공사에게 보다 심각한 영향을 줄 가능성이 매우 높게 나타난다.

노선이전 가능성을 탐색하기 위한 모형에 포함된 변수들을 통제할 때 4개 항공사 사이에 유의한 차이점이 없었다. 그러나 이것이 노선이전에 대한 항공사 간의 차이가 없다는 것을 의미하지는 않는다. 따라서 추가적인 분석을 통해 개별 항공사 간의 차이를 확인할 필요가 있다. 노선이전 가능성이 있는 경우에 북서유럽-지중해 지역이 가장 안정적인 것으로 분석되었다. 반면에, 동유럽 내 노선은 서유럽 내의 노선보다 노선 중단 가능성이 4배나 더 높게 나타나고 있으며, 동유럽-지중해 노선은 2배 이상의 높은 노선 중단 가능성을 보이고 있다.

공항규모와 관련된 노선이전 가능성에서 통제된 차별성은 제한적이었다. 로짓 회귀분석으로부터 얻은 차이점은 주요 공항 간을 운항하는 노선이 주요 공항과 외곽공항을 운항하는 노선보다 노선 중단 가능성이 높다는 것이다. 이것은 주요 공항에서 운항하는 것이 가장 수익성이 높을 것이라는 기대와 모순되고 있다. 이러한 결과가 나타난 이유로는 주요 공항에서의 운항이 높은 공항 수수료, 장기 회항시간, 편리하지 않은 슬롯 시간 등을 들 수 있다.

일반적으로 저비용 항공사에게 외곽공항 간의 운항이 가장 우호적일 것으로 예상되고 있지만, 분석 결과에서는 이 같은 효과를 입증하지 못하고 있다. 그러나 많은 외곽의 중간 규모 공항들은 저비용 항공사 여객 유치를 위해 마케팅 인센티브를 포함하여 공항의 기반시설과 적절한 공항 시설들을 제공하고 있다.

노선 거리는 노선이전 가능성과 음의 상관관계를 보이고 있다. 즉, 1,500km의 비행거리 노선은 2,000km 거리의 노선보다 노선 중단 기회가 1.25배 높게 나타나고 있다. 또한, 상대적으로 장거리노선은 노선 중단 가능성이 낮은 데, 장거리 노선은 운영비용이 높고 항공사가 시행착오 전략을 꺼림으로써 낮은 노선이전을 나타내며, 단거리 노선은 다른 수송수단과 더 심한 경쟁에 직면할 것임을 추정할 수 있다.

개별 항공사의 공급좌석 수는 노선 중단 가능성에 음의 상관관계를 나타낸다. 따라서 공급석이 증대하면 노선 중단 가능성이 감소하면서 더 많은 승객유치로부터 더 높은 총수익을 기대할 수 있다. 그러나 극도의 작은 수요의 노선에서는 노선 중단 가능성이 적다. 이는 틈새노선에서 높은 평균 운임을 받을 수 있어 수익성이 있기 때문으로 보인다. 저비용 항공사가 출발기준으로 연간 약 15,000석을 공급하는 노선에서 노선 중단 가능성이 가장 높게 나타나고 있다.

단독 노선이나 매우 낮은 시장점유율을 나타내는 노선에서는 노선 중단 가능성이 높게 나타나고 있다. 항공사가 심한 경쟁환경에 놓이면 수익이 낮아질 뿐만 아니라 노선 중단이 나타날 가능성이 높다는 것을 의미하고 있다. 또한, 단독 노선들이 중단할 가능성이 높은데 그 이유는 단독 노선들은 주로 낮은 수요를 가지고 있고, 수요 변동성이 크게 영향을 받을 수 있기 때문이다. 그러나 경쟁수준(HHI)이 노선이전 가능성에 의미 있는 영향을 주지 않는 것으로 분석되고 있는데, 이.것은 항공사의 시장점유율이 경쟁환경과 무관하게 노선이전에 영향을 미치기 때문으로 볼 수 있다. 노선이전 가능성에서 자기시장 잠식에 대한 유의한 효과는 없는 것으로 분석되었다.

계절성 수준은 항공사의 노선이전 가능성에 영향을 준다. 낮은 계절성 비율은 높은 운항 중단 가능성을 나타내고 있다. 계절성 비율 0.8~0.99(사계절 노선은 1.0)의 비율을 갖고 있는 노선의 노선이전 가능성은 높은 계절성 노선에 비해 1.6배 더 크게 나타난다. 반면에, 배타적인 계절성을 갖은 노선들(계절성 비율 = 1.0)은 가장 낮은 노선 중단 가능성을 나타내고, 높은 계절성 노선들과 비교하여 0.16의 교차 비율을 갖고 있다. 또한, 여름 시즌 중심의 노선이 노선 중단 가능성이 가장 낮고, 겨울 시즌 중심의 노선에서 노선 중단 가능성이 더 높게 나타나고 있다. 노선이전 가능성에서 노선 운항기간이 중요한 것으로 분석되었다. 더 오랜 기간 운항한 노선은 운항 중단의 가능성이 낮으며, 2년간 운항하는 노선의 운항 중단 가능성이 높게 나타나고 있다.

(2) 항공사 관점의 효과

노선이전 비율은 유럽 저비용 항공사 사이에 차이가 나타날 가능성이 있다. 수요 잠재력과 다른 노선특성을 기반으로 복잡하고 종합적인 노선 운영계획을 수립하는 경우에 상대적으로 낮은 노선이전 비율과 노선운영의 안정성을 기대할 수 있다. 저비용 항공사가 노선개발을 시행착오 전략으로 개발한다면 높은 노선이전 비율을 나타낼 것이다. 이들 항공사는 초기에 충분한 수요가 유지되지 않으면 노선을 중단할 뿐만 아니라, 공항이용수수료가 인상되거나 승객의 의무 또는 기타 세금 등이 도입되는 경우에도 운항을 중지하는 경향이 있기 때문이다. 서로 다른 저비용 항공사의 노선이전 행동은 노선의 특성 때문으로 보인다.

경기주기 관점에서 Ryanair가 일반적인 경우보다 더 민감한 것으로 나타나고 있다. 2008~2010년 경제위기 동안 노선이전 가능성이 2005년 경기호황기에 비해 거의 8배나 높게 나타나고 있다. 이것은 항공사가 경기하강기에 가격과 수익에 가장 민감한 고객을 목표로 가장 낮은 가격을 제공했기 때문으로 볼 수 있다. 그러나 Wizz항공은 다른 양상을 나타내고 있다. 즉, 2007~2009년 동안은 다른 해보다 노선이전 가능성이 작게 나타나고 있다. 이는 경제위기로부터 영향을 덜 받는 동유럽 시장의 네트워크에 중점을 두었기 때문으로 보인다. Norwegian 또한 경기상황에 덜 민감한 것으로 나타나고 있는데, 이는 경기 침체 기간을 포함하여 항공여행에 대해 상대적으로 안정적인 (높은) 수요와 스칸디나비안 국가의 높은 복지수준 때문으로 볼 수 있다.

지역적 시장에 대하여 노선이전 가능성은 항공사 간에 현저한 차이를 보이고 있다. Ryanair는 북서유럽과 지중해 사이의 시장보다도 북서유럽 시장 내에서 높은 노선이전 비율을 나타내고 있다. 그러나 easyJet은 상대적으로 지중해 시장 내에서 높은 노선이전 비율을 나타내고 있다. 또한 동유럽과 지중해 사이의 시장에서는 북서유럽 내 노선보다 노선이전 가능성이 크게 나타나고 있다. 이것은 easyJet이 핵심 서유럽 도시의 여행시장에 집중하고 있는 데 비하여, Ryanair는 개발되고 있는 유럽지역 시장에 집중하고 있다는 것을 의미하고 있다. Norwegian과 Wizz Air는 각각 핵심 시장에서 낮은 노선이전 비율을 보이고 있다. Wizz Air가 동유럽과 서유럽 사이의 시장에 집중하고 있는 반면, Norwegian은 북서유럽(주로 스칸디나비아)과 지중해 지역 사이의 시장에 집중하고 있기 때문이다.

Ryanair와 easyJet의 노선이전 가능성에서 공항 규모의 영향은 미미한 것으로 나타나고 있다. 다만, easyJet은 주요 공항들 사이에서 노선이전의 경향을 보이고 있다. 주요 공항 사이의 노선이전 가능성이 주요 공항과 외곽공항 사이의 노선보다도 더 크게 나타나고 있다. Norwegian항공 또한 주요 공항들 간의 노선 운항 중단 가능성을 나타내지만, 규모가 작은 공항들 사이의 노선 중단 가능성이 더 높게 나타나고 있다(외곽공항에서 제3공항 그리고 제3공항들 간). 이것은 주요 스칸디나비안 공항(Oslo (OSL), Stockholm(ARN), Copenhagen(CPH))과 비주요 공항 사이의 연결성에 주력해야 함을 나타낸다. Wizz Air는 이 같은 비즈니스 방식의 접근으로 주요 공항과 외곽공항 사이의 노선에서 낮은 노선이전 비율을 나타내고 있고, 주요 동유럽 공항들과 규모가 작은 서유럽 공항들 사이의 운항에 집중하고 있음을 암시하고 있다. 규모가 작은 동유럽 공항들로부터의 운영은 수요의 변동성 때문에 중단될 가능성이 높게 나타난다.

Ryanair와 easyJet은 운항 거리에 대한 노선이전의 영향이 유사하게 나타나고 있고, 일반적인 상식과 같이 장거리 운항에서 노선이전 가능성이 낮게 나타나고 있다. 특히,

운항 거리 1,500km의 노선이 2,000km의 노선보다 중단될 가능성이 Ryanair는 1.54배로 easyJet의 1.21 배 더 크게 나타나고 있다. 반면에 Norwegian항공은 노선이전 가능성에서 노선 거리가 유의적인 영향을 주지 않는 것으로 나타나고 있다. Wizz Air는 심지어 노선 거리가 길어지면 노선이전 가능성이 높은 것으로 나타나고 있는데, 수요 변동성이 크고 아직 개발되지 않은 동유럽 시장에서 주로 운영하기 때문으로 볼 수 있다.

공급좌석에 대한 노선이전 가능성에 대한 영향은 easyJet과 Norwegian항공에서 음의 2차 상관관계를 보이고 있다. 이는 많은 좌석을 공급하는 대형 시장과 매우 작은 틈새시장에 충실하고 있음을 보여주고 있고, 특히 Norwegian항공에서 크게 나타나고 있다. 그러나 Ryanair와 Wizz Air는 좌석공급과 노선이전 행동 사이의 어떤 관련성도 나타나지 않고 있다.

노선이전에 대한 시장점유율 효과는 항공사 간에 크게 다르게 나타나고 있다. 도시 쌍 수준의 경쟁에서 Ryanair는 매우 낮은 시장점유율을 갖는 노선과 단독 노선에서 노선 중단 가능성이 높게 나타나고 있다. 도시 쌍 수준에서, easyJet은 어떤 영향도 나타내지 않는데 비하여, Norwegian항공과 Wizz Air는 많은 좌석을 공급하는 노선과 단독 노선을 중요하게 여기는 것으로 확인되고 있다. 이 같은 이유는 대부분 이 같은 시장에서 높은 운임을 부과하기 때문으로 볼 수 있다.

경쟁환경(HHI)과 자기시장 잠식의 효과는 항공사의 노선이전 행동에 영향을 미치지 못하는 것으로 나타나고 있다. Ryanair와 easyJet에서 계절성이 높은 노선의 중단 가능성이 낮게 나타나는 것을 통하여, 계절성이 노선이전 가능성에 중요한 역할을 하는 것으로 확인된다. 반면에, Norwegian항공과 Wizz Air에서는 노선의 계절성이 노선이전 비율에 영향을 주지 않음을 나타내고 있다. 또한, Wizz Air를 제외하고는 겨울 시즌에 지배적인 노선이 여름 시즌에 지배적인 노선에 비해 노선 중단 가능성이 더 크게 나타나고 있다. 노선 운항기간은 Ryanair에서 노선이전 행동에 중요한 요인으로 확인되고 있다. 반면에 easyJet에서는 운항기간이 노선이전 행동에 미치는 영향이 낮게 나타나고 있는데 주로 운항기간이 짧은 노선이 많기 때문으로 분석된다.

(3) 시사점

유럽 저비용 항공사의 노선이전 요인의 분석으로 다음과 같은 시사점을 얻을 수 있다. 경제적 환경이 어려운 시기에는 항공사의 노선 중단 가능성이 민감하게 나타나고, 경제위기 동안 승객이 기존 항공사에서 저비용 항공사로 이동하지만 취약한 저비용 항공사 노선에서 보다 안정적인 수요로 이어지지 못하는 것으로 나타났다. 북서유럽과 지중해 간의 노선이 유럽 내 저비용 항공사에서 가장 안정적인 시장으로 나타나고 있다. 노선의 이전 가능성은 이 시장에서 가장 낮게 나타나고 있고, 취약한 동유럽 시장 내에서 노선 중단 가능성이 가장 높게 나타난다.

공항규모에 관련된 효과는 주요 공항들 사이의 시장에서 발생하는데, 주요 공항을 중심으로 운영하기 위해 높은 운영비용이 발생하기 때문에 자주 노선 운항 중단이 발생한다. 장거리 노선의 운항 중단 가능성은 낮은 것으로 확인되었는데, 장거리 노선은 높은 운영비용이 발생하므로 시행착오 전략을 통해 노선운영을 결정할 수 없어 신중한 분석을 통해 노선운항 결정을 하기 때문으로 볼 수 있다.

대체수송 수단과의 경쟁은 단거리 노선에서 더 위협이 되고 있음을 시사하고 있다. 경쟁수준과 관련하여 항공사의 공급좌석 수가 많을수록 운항 중단 기회가 낮게 나타난다. 항공사 좌석점유율이 50~99%인 경우에 노선 중단 가능성이 낮게 나타나지만, 경쟁이 치열하여 공급점유율이 30% 이하인 경우에는(또는 항공사가 단독 운영한다면) 중단 가능성이 높게 나타나고 있다. 높은 계절성 노선들에서 여름-집중적 노선이 겨울-집중적 노선보다 더 노선이전 가능성이 낮으며, 장기적으로 안정적인 운영 가능성이 크게 나타난다.

1) Ryanair

Ryanair는 경제위기 동안 더 많은 노선 운항을 중단하였으며, 경기주기에 매우 민감한 것으로 나타났다. 북서유럽 시장 내의 노선 중단 가능성이 가장 높게 나타났는데, 이는 이미 성숙된 시장에서 Ryanair의 성장 가능성이 제한되어 있기 때문임을 시사한다. Ryanair는 장거리 노선을 중요시하고 있으며, 시장점유율이 낮거나 단독 운항 노선에서의 노선 중단 가능성이 높은 것으로 나타났다. 반면에 최소한 30%의 시장점유율을 보이는 노선에서의 운항 중단 가능성은 낮게 나타났다. 계절성이 있는 노선은 수송의 연속성 측면에서 공항에게는 매력적이지 않지만, Ryanair에서 이러한 노선들은 중단될 가능성이 낮고 매 계절 운항이 반복되는 것으로 나타났다. 특히, 여름 시즌 중심적인 노선이 겨울 시즌 중심적인 노선에 비해 노선 중단 가능성이 낮아 운항 안정성이 높게 나타나고 있다. 노선 운항기간이 많을수록 Ryanair의 노선 중단 가능성이 낮게 나타나고 있다.

〈표 5-6〉 항공사별 노선이전 가능성에 영향을 미치는 특성

특성변수	모든 항공사	Ryanair	easyJet	Norwegian	Wizz Air
경기변동	YES	YES	YES	NO	YES
항공사	NO				
지리적 시장	YES	YES	YES	YES	YES
공항유형	YES	NO	YES	YES	YES
노선 거리	YES	YES	YES	NO	YES
공급석 규모	YES	NO	YES	YES	NO
공항 간 시장점유율	YES	YES	YES	YES	YES
도시 간 시장점유율	YES	YES	NO	YES	YES
경쟁수준(HHI)	NO	NO	NO	NO	NO
자기사장잠식	NO	NO	NO	NO	NO
계절성	YES	YES	YES	NO	NO
하계집중도	YES	YES	YES	YES	NO
운영연도	YES	YES	YES	NO	NO

2) easyJet

easyJet은 경제상황에 따른 수요변동에 특히 민감한 것으로 나타나는데, Ryanair보다는 덜 민감하게 나타난다. 북서유럽 시장의 핵심에 있는 easyJet 노선들은 Ryanair에 비하여 노선 중단 가능성이 매우 낮다. 반면에, easyJet은 지중해 내의 노선들과 지중해와 동유럽을 연결하는 노선의 중단 가능성이 높게 나타났다. easyJet은 높은 수요밀도 노선에서는 지속적으로 운항할 것이고, 좌석공급과 관련해서는 한해 편도 16,000석을 공급하는 노선의 중단 가능성이 높게 나타나고 있다.

시장점유율에 대해서는 easyJet이 50% 이상 점유하고 있는 시장(독점이 아닌 노선)에서는 중단할 가능성이 낮고, 계절성과 관련해서는 Ryanair와 같은 패턴을 보이고 있다. 즉, 겨울 시즌 중심보다는 여름 시즌 중심 노선을 선호하고, 전반적으로 계정성이 높은 노선의 운항 중단 가능성이 낮게 나타나고 있다. 노선의 운영 기간도 중요한 역할을 하고 있어 운항기간이 오래된 노선에서의 노선 중단 가능성은 낮지만 Ryanair보다는 다소 크게 나타난다.

3) Norwegian항공

경기변동과 관련하여 Norwegian항공은 공항과 배후지역에 대하여 가장 신뢰할 수 있는 협력자처럼 보인다. 즉, 최근 금융위기에서도 노선철수와 관련된 어떤 효과도 나타나지 않고 있다. Norwegian항공은 동유럽과 지중해 사이의 노선에서는 높은 노선이전 가능성을 보여주지만, 북서유럽과 지중해 사이의 노선은 매우 중요하게 운영하고 있다. Norwegian항공에서는 운항 거리 효과가 나타나지 않고 있으며, 좌석공급 효과는 easyJet과 비슷하게 나타나고 있다. 즉, 매우 큰 시장에서 가장 낮은 노선철수 가능성을 나타내고 있고, 연간 약 24,000석을 공급하는 노선에서 노선 중단 가능성이 높게 나타나고 있다.

도시 쌍 수준에서 Norwegian항공은 상대적으로 작은 시장점유율을 갖고 있는 경우에 노선철수 가능성이 높게 나타나고 있다. 그러나 공항 쌍 수준에서는 시장점유율이 30% 이하인 경우에도 노선 중단 가능성은 확인되지 않는다. Norwegian항공은 계절성 효과를 나타내지 않지만, 여름 시즌 중심적 노선보다는 겨울 시즌 중심적 노선에서 노선 중단 가능성이 높게 나타나고 있다.

4) Wizz Air

Ryanair와 비슷하게 Wizz Air도 경제상황에 매우 민감하다. Wizz Air는 주요 동유럽 공항들과 북서유럽의 외곽공항 사이의 시장을 가장 중요하게 고려하고 있으며, 동유럽과 지중해 지역사이의 노선들과 이 두 지역 내의 노선에서 운항 중단 가능성이 높게 나타나고 있다. 경쟁이 심한 노선에서 철수 가능성이 현저하게 높으며 지배적인 노선에 대한 중요도가 높게 나타나고 있다.

저비용 항공사는 규모가 작은 공항이나 지역에게는 신뢰성이 낮은 협력자로 인식되고 있지만, 저비용 항공사가 항공여객을 운송하여 해당 지역에 접근할 수 있게 하면 지역 경제개발을 더욱 촉진할 수 있다. 그러나 대도시 외곽 지역에서 저비용 항공사 성장의 제약은 Wit & Zuidberg(2012)가 제시한 것처럼 유럽에서 더욱 가시화되고 있다.

노선이전 가능성에 대한 분석 결과로부터, 저비용 항공사들은 동유럽과 지중해 지역 사이, 동유럽 내 시장, 주요 공항 사이의 시장에서 노선철수 또는 이전 가능성이 높게 나타나고 있다. 장거리 노선의 철수 가능성은 낮게 나타나고 있고, 공급좌석 수가 많을수록, 시장점유율이 높을수록 노선철수 가능성이 낮게 나타나고 있다. 계절적인 노선은 연간 수요의 변동이 심하지만 철수 가능성은 낮게 나타나고 있고, 특히 여름 시즌 중심적인 노선이 겨울 시즌 중심적인 노선에 비해 노선 운항 중단 가능성이 낮게 나타나고 있다.

그러나 저비용 항공사 간의 노선이전 및 중단 패턴은 서로 다르게 나타나고 있다. easyJet과 Norwegian항공은 서비스를 제공하고 있는 공항과 해당 지역을 중요하게 고려하고 있으며, 특정 시장과 노선 특성에 대해서는 Ryanair와 Wizz Air가 더 적절하게 대응하면서 운영하는 것으로 나타나고 있다.

앞으로 저비용 항공사들은 충분한 수요를 확보하고 수익성을 위해 지속적으로 운항 노선의 변경을 시도할 것이다. 최근 Ryanair가 운영공항을 외곽공항으로부터 주요 공항으로의 이전한 것은 이러한 변화의 좋은 예라 할 수 있다. 이것은 외곽공항을 이용하는 여객수요가 감소하는 의미로 해석할 수 있으며, 운영 공항의 이전은 해당 공항 및 주변 지역에게 심각한 경제적, 사회적 영향을 줄 수 있다.

유럽의 저비용 항공사들이 주요 공항으로 운항을 이전하고 있지만, 주요 공항 간의 노선 중단 가능성 역시 높게 나타나고 있음을 인식해야 한다. 즉, 노선운영의 중심을 주요 공항으로 이전하고 있지만, 노선 운영의 중점은 경쟁이 높은 주요 공항 간의 운항 보다는 주요 공항과 외곽공항 간의 노선에 더 많은 중점을 두고 있음을 인식해야 한다. 아직까지의 연구에서는 저비용 항공사의 운영공항 이전에 대한 전체적인 효과는 분석되지 않았지만, 본 자료의 결과로부터 부분적인 효과를 추정할 수 있다. 저비용 항공사의 노선 운항 중단 또는 이전과 관련한 주요 동인 등에 대해 보다 세밀한 조사가 필요하며, 보다 많은 유형의 자료와 오랜 기간의 자료에 대한 분석, 개별 항공사의 특성, 노선의 특성 및 이용수요의 특성 등을 종합적으로 분석할 필요가 있다.

5.3 항공사 경쟁력과 서비스 품질: 유럽사례

5.3.1 항공사 서비스 품질 개요

항공사 서비스 품질은 고객의 항공사 선택에서 중요한 역할을 하고 있다. 항공사 서비스 품질은 친절성(Hospitality), 편의성(Comfortability), 유용성(Usefulness) 등의 기능적 품질뿐만 아니라, 무사고율, 정시성, 수하물 오류 등 기술적 품질이 동시에 고려되어야 한다. 일반적으로 LCCs는 서비스 품질을 낮춰 운임을 낮추는 전략을 취해 왔고, FSCs는 서비스 품질의 고급화 등 서비스 차별화 전략을 통해 LCCs의 저운임 전략에 대응해 왔다. 그러나 FSC의 서비스 품질 고급화가 기능적 품질 요인과 일부의 기술적 품질 요인에 초점이 맞춰지면서 실질적인 고객유인 전략으로서의 효과가 충분히 나타나고 있지 않다.

Bubalo & Gaggero(2015)는 서비스 품질의 기능적 품질 요소 중에서 가장 중요한 요소로 인식되고 있는 정시성을 중심으로 유럽 항공사의 경쟁력을 분석하였다. 정시성은 기술적 서비스 품질 지표의 하나로 많은 항공사에서 중요하게 고려하고 있다. 예를 들어, 15분을 기준으로 정시성을 평가하여 총 운항 편에 대하여 정시운항 비율을 평가하여 각 항공사의 정시성을 관리하고 있다. 항공사에서도 정시성 지표를 중요한 관리지표로 인식하고 있고, 정시성의 성과가 높은 경우 인센티브 등을 시행하고 있다.

Forbes(2008)는 고객의 불만이 기대만큼 높은 품질을 제공받지 못할 때 더 자주 발생함을 발견하였다. Suzuki(2000)는 고객이 개인적으로 지연을 경험한 경우에는 쉽게 다른 항공사로 이전하는 것을 발견했으며, 고객 감소가 발생함을 확인하였다. 또한, 고객이 품질요인으로 지연을 고려한다면, 정시 운항편의 감소는 항공운임에 부정적인 영향을 미치는 것으로 나타나고 있다(Prince & Simon, 2015).

항공기의 지연은 승객과 항공사 모두에게 부정적인 영향을 미친다. 지연 때문에 승객들은 연결 항공편을 놓치게 되고, 사업 또는 가족행사에 참석하지 못하게 되며, 시간을 허비하게 되고, 기회비용의 증가 및 불편함과 불만족으로 나타나게 된다. 항공사 역시 정시성 운항에 나쁜 영향을 미치고, 지연운항에 따른 보상비용이 발생할 수 있다. 실제로, 누가 지연에 따른 비용을 부담해야 하는지는 아직도 논란의 여지가 있다. 지연운항의 책임이나 원인은 명확히 정의되어 있지 않기 때문이다. 유럽에서는 탑승거절, 운항취소 또는 장시간 지연에 대하여 승객에게 보상과 지원의 법적인 틀을 제공하고 있다. 그러나 일부 항공사들은(특히 LCCs) 낮은 운임을 보전하기 위해 고객에게 지불해야 하는 지연비용을 축소하고, 지연보상의 위험을 분산하기 위해 규제가 적은 방향으로 로비를 하고 있다.

각 공항에서 FSC와 LCCs가 공항의 정시운항에 영향을 미치는지를 분석할 필요가 있다. Bubalo & Gaggero(2015)는 출발 공항에서 LCCs의 신속한 회항전략이 공항 혼잡과 항공편 지연의 원인들을 감소시켜, LCCs의 점유율이 높은 공항에서는 항공편의 지연을 감소시킨다는 실증분석을 유럽 항공시장을 대상으로 실시하였다.

유럽에서는 LCCs가 현저히 증가하고 있다. Bubalo & Gaggero(2015)는 23,402항공편의 3,270개 노선과 100개 공항을 대상으로 2011년 4월 16일부터 2012년 12월 23일까지 일별 자료를 조사하여 약 350만 개 사례를 분석하였다. 일차적인 분석으로부터 출발공항에서 LCCs의 점유율이 높은 경우에는 항공편의 정시성에 긍정적인 것으로 밝혀졌다. 특히, 런던-스탠스태드(LCCs 88%)에서 마드리드-바라자스의 평균 지연시간이 12.4분인데 비해, 런던-히드로(FSCs 100%)의 평균 출발지연시간은 항공편당 17.3분이었다. Paris-Charles de Gaulle(FSCs 89%)에서 바르셀로나-EL Prat의 운항은, Paris-Beauvais(LCCs 100%)에서 Barcelona-EL Prat 노선의 운항에 비하여 항공편당 4.8분 평균적으로 지연되는 것이 확인되었다.

정시성과 관련된 많은 연구가 미국의 교통통계를 기반으로 수행되어 왔다. Mazzeo(2003)는 2000년 1월, 4월, 7월에 50개 미국 공항 표본으로 항공편 지연에 대한 항공시장의 집중화 영향을 연구하였다. 연구 결과 독점적 노선에서 항공편 지연이 증가되고 있음을 발견하였다. 비록 기상조건이나 공역의 혼잡, 스케줄링이 지연의 주된 요인이지만, 노선 수준에서 경쟁의 증가가 정시성 운항에 큰 영향을 줄 수 있음을 보여주고 있다.

Greenfield(2014)는 미국의 상위 100개 공항을 분석해서 비슷한 결과를 도출하였다. 일부의 제한된 분석이었지만 시장집중도의 증가, 즉 독과점의 증가는 지연운항을 증가시키는 것으로 분석되었다. 그러나 Rupp & Holmes(2006)은 미국에서의 연구 결과를 바탕으로 경쟁의 심화가 정시성을 악화시키는 것으로 분석하였다. Prince & Simon(2015)도 비슷한 결과를 제시하고 있는데, 미국 공항에 새로운 항공사의 진입 또는 사우스웨스트항공과 같은 LCCs의 진입 위협이 있는 경우에 정시성을 악화시키는 것으로 분석하였다. 이러한 경향은 LCCs가 진입하기 전에 기존 항공사가 가격경쟁을 준비하기 위해 대기 승무원의 감소 또는 항공기의 활용성을 높여 비용을 감소시킴으로써 서비스 품질의 감소로 이어지기 때문이다.

따라서 경쟁의 증가가 서비스 품질을 감소시킬 것이라는 문제와, LCCs에 의한 경쟁 확대가 특정 두 도시 간의 항공운송 시장에서 평균운임의 감소와 함께 서비스 품질을 증가시킬 것이라는 문제를 분석할 필요가 있다. 물론, 여기서의 서비스 품질은 정시성에 한하여 분석한다. 경쟁하고 있는 노선에서 FSCs와 LCCs의 운임은 수렴되고 있으며, 승객들을 유인하기 위한 항공사의 경쟁력은 품질요소인 정시성으로 분석할 수 있다(Rupp & Sayanak, 2008). 즉, 한계비용 수준에 수렴하는 과점시장에서 유사한 상품의 대체성은 품질과 같은 수직적 차별화로 이루어진다(Forbes & Lederman, 2010). 어느 경쟁자가 특정 시장에서 높은 품질의 상품을 제공할 수 있다면, 장기적인 시장균형은 기술과 경제적인 실현가능성 측면에서 낮은 가격과 높은 품질 사이에서 형성되게 된다. 즉, 품질의 희생에 대한 낮은 운임부터 높은 운임의 고품질 상품 사이에서 고객의 가치기준에 따라

균형점이 유지될 수 있다.

Mayer & Sinai(2003)은 항공편 지연에 대해 허브-스포크 정책과 혼잡외부 효과 두 가지 잠재적인 요인을 제시하였다. 허브-스포크 정책은 허브 항공사에게 비즈니스 여객의 편리성을 위해 상대적으로 단거리 시간 내의 목적지와 다양한 잠재적인 연결성을 제공하는 스케줄을 편성하도록 하고 있다. 혼잡외부 효과는 공항이 무제한 이착륙을 허가하고 피크 시간대에 일부 항공사를 위한 첨두 시간대의 스케줄이 다른 항공사의 여정시간과 대기시간을 증가시키지 않는 경우에 발생한다.

그러나 유럽의 대형 허브공항은 시간당 최대 가능한 슬롯에 대해 통제하고 있으며, IATA의 반기별 스케줄링 회의에 참석하여 의견을 수렴하고 있다. 따라서 Mayer & Sinai(2003)의 연구 결과와 비슷하게, 허브공항 운영 전략은 유럽에서 항공교통 혼잡의 주요 요인으로 인식되고 있다. 반면에, LCCs는 지점 간 운송 전략을 가지고 있고, 고객은 필요에 따라 연결편 이용을 위해 연결 공항을 이용하고 있다. 그러나 연결편 이용이 고객의 책임하에 이루어지므로 연결편을 놓치는 것에 대하여 고객은 항공사에 대한 불만을 제기하지 않으므로 항공사에 대한 불만이 감소하게 된다. LCCs는 장시간 지연과 다른 목적지로 우회하는 경우에만 고객에 대한 보상(추가적인 운영비용)을 고려한다. 그러나 FSCs는 대부분이 연결편(환승 혹은 이동) 이용 고객이기 때문에 더 많은 보상 노력이 요구되고 있다.

미국 허브공항의 혼잡패턴에 대한 분석에서 Ater(2012)는 비행편 뱅크로 알려진 출발과 도착 항공편의 흐름과 공항 집중화 사이의 관계성을 분석하였다. 연구 결과 혼잡의 외부성을 줄이기 위한 어떤 시도도 높은 집중도를 갖고 있는 공항에서는 제한적인 영향으로 나타나는데, 이미 허브 항공사에 의해 혼잡이 내부화되었기 때문으로 분석하고 있다.

유럽 내에서 항공편 지연에 관한 연구는 매우 제한적이다. Santos & Robin(2010)은 항공편 지연의 원인을 발견하기 위해 2000년부터 2004년까지 주요 유럽공항의 자료를 이용하였고, 공항 집중도가 항공편 지연을 설명하는 데 중요한 변수라는 것을 발견하였다. 비행편별로 지연을 측정하는 것은 가능하지 않지만, 지정된 공항에서 항공사별 총 지연시간과 특정 항공사의 운항 편수 간의 비율로 평균지연을 산출할 수 있다. 실제로, 비행편 지연 정보를 포함한 정확한 비행편 스케줄 자료의 부족 때문에 정시성 부분에 대한 연구가 부족했던 것으로 보고 있다(Bel & Fageda, 2010; Santos & Robin, 2010).

항공편 지연에서 LCCs의 영향을 고려한 실증 연구 또한 많지 않다. Dresner et al. (1996)은 미국의 특정 양 도시 간 운송시장에서 운임에 대해 저비용 항공사인 사우스웨스트항공의 영향을 분석하였다. 그러나 서비스 품질의 차별성은 고려하지 않았다. 이와 관련하여 Rupp & Sayanak(2008), Prince & Simon(2015)은 두 개의 중요한 연구를 수행하였는데, 두 연구 모두 미국 항공여행 시장에서 LCCs에 관련된 경쟁상황만을 중심으로 수행하였다.

5.3.2 경쟁력 (수준) 요인

Bubalo & Gaggero (2015)는 경쟁력 수준을 비행편 스케줄과 기상 데이터의 조합 자료를 이용하여 분석하였다. 데이터는 "web crawler"를 이용하여 인터넷 상의 웹페이지를 탐색하여 수집하였다. 데이터는 각 비행편의 최종 상황을 분석하기 위해 일일 단위로 수집하였고, 약 1,200만 개의 관측으로 출발지, 목적지, 항공기 형태, 비행편 수, 스케줄, 공항의 항공사별 실제 출도착 시간으로 구성하였다. 이 같은 데이터로부터 분석할 수 있는 표본데이터로 100개 공항의 노선 약 350만 비행편의 데이터를 추출하였고, 스케줄과 실제 출도착 시간 사이의 차이로 각 비행편의 지연을 추정하였다. 시장점유율은 공항과 노선수준으로 추정하였고, 화물기편은 고려하지 않았으며 출도착의 특이성을 제거하기 위해 출도착 시간 분포의 양 끝단의 0.2%는 제외하였다. 저비용 항공사 정보는 유럽 저운임 항공사협회(ELFAA)로부터 수집하였다. 따라서 표본 기간 동안 ELFAA의 회원일 경우 해당항공사는 LCCs로 정의하였다.

기상상황에 대한 데이터는 비행편을 준비하는 과정에서 조종사들이 일반적으로 이용하는 Meteorological Terminal Aviation Routine Weather Reports(METARs)로부터 확보하였다. 날씨 보고서는 공항이나 근처 기상국에서 30분 단위로 발표하는 일반적 상황, 온도, 바람 방향과 속도, 습도와 압력으로 구성하였다. 공항 출도착 시간의 수집도 비슷한 방법으로 "web crawler"를 이용하였다. METARs에 의한 기상 자료는 항공기 이착륙 시 출발지나 목적지의 기상상황을 관측할 수 있도록 하였다.

100개 표본 공항 중 한 공항에서 출발이나 도착하는 비행편에 대해 비행시간을 알 수 있다. 이러한 상황에서 지연의 원인이 될 가능성이 있는 시간대의 비행편에 대해 출발지나 목적지 공항의 기상상태를 확인할 수 있었다. 15분 기준의 조기도착 및 지연도착의 분포가 〈그림 5-7〉에 나타나 있다. 상당수의 비행편이 15분 이내의 조기도착 및 지연도착이 나타나고 있고, 15~30분의 범위 내에서 조기도착이 약 10%로 나타나고 있다.

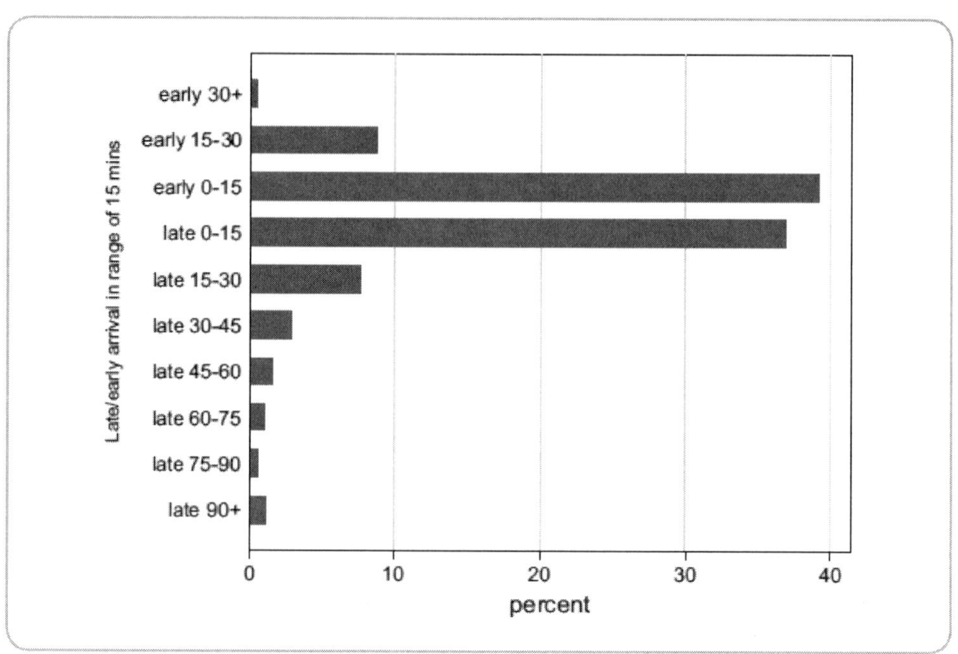

〈그림 5-7〉 표본에서 조기/지연 도착 시간분포

〈표 5-7〉 항공사 유형별 선정노선에 대한 경쟁력 수준

노선당 경쟁 항공사 수	노선 수		
	LCC	FSC	합 계
1	1527	571	2098
2	106	702	808
3	7	241	248
4	0	89	89
5	0	22	22
6	0	5	5

〈표 5-7〉은 각 노선에 대해 경쟁 항공사의 분포를 항공사의 유형에 따라 3,270개 노선을 대상으로 분류한 것이다. 단독 운항 노선은 2,098노선이며, 이 중 1,527노선은 LCCs에 의해 운항되고, 571개는 FSC에 의해 운항되고 있다. 전반적으로 표본 노선의 약 반은 LCCs가 서비스하지 않고 있음을 알 수 있다. 따라서 운항 노선에서 LCCs 존재에 따른

영향을 고려해야 하고, 이것이 운항지연에 영향을 미치는 변수로 고려될 수 있음을 시사하고 있다.

5.3.3 운항지연 분석

항공서비스의 품질요소의 하나인 운항지연은 공항에서의 운항지연 시간으로 측정할 수 있고, 영향요인으로는 공항, 노선과 공항경쟁, 공항 혼잡, 기상상태, 계절성, 기타 고정효과를 고려할 수 있다. LCCs의 점유율이 높은 경우 운항지연이 감소한다. 즉, 일반적으로 도착 공항에서 LCCs의 높은 존재는 착륙을 위한 대기시간을 줄여 다른 항공사에게 이점이 있을 수 있으나, 운항지연의 고정효과는 목적지 공항보다는 출발지 공항에서 더 큰 영향을 미치고 있다. 정시성에 유의적인 영향을 미치는 또 다른 중요한 결정요인이 출발 공항과 목적지 공항의 기상 상황이다. 좋지 않은 기상상태는 이착륙 또는 활주로 사용의 제한으로 나타나기 때문이다.

일반적으로 낮은 정시성의 원인이 되는 공항 혼잡 문제를 다루기 위해 Mazzeo (2003)와 같이 동일한 시간 동안 동일한 공항에 착륙하는 스케줄의 운항 편수를 고려하였다. 또한 공항 교통량의 추가적인 측정으로, 동일 날자 내에서 공항에 착륙하는 모든 비행편이 고려된다. 경쟁은 운항노선과 공항 모두에서 발생하고 있다(Bilotkach & Pai, 2015; Brueckner, 2002; Mazzeo, 2003; Rupp 2009). 따라서 출발 공항 및 목적지 공항의 시장점유율과 운항노선에서의 시장점유율, LCCs 운항의 점유율로 분석하여 운항지연에 대한 영향을 분석한다. 일부 연구자들은 출발지와 목적지 공항의 인구, 소득, 고용율과 같은 변수를 포함하여 분석하기도 하였다(Ru, 2009). LCCs는 의도적으로 외곽공항을 선택하여 운항하고 있다. 이러한 공항들은 낮은 교통량 때문에 다른 상황들이 변함이 없다면 낮은 지연율을 나타낼 여지가 많다.

출발 공항의 LCCs 점유율은 운항지연에 유의한 부정적인 영향을 나타내고 있어, 출발 공항에서 LCCs의 높은 점유는 공항으로부터 출발하는 모든 항공편의 정시성이 개선되는 것으로 나타나고 있다. 즉, LCCs의 빠른 회항시간 운영은 주기장 구역을 빨리 비워주고 게이트에 정시에 도착하므로 다른 항공사의 운영을 지원할 수 있다. 그러나 목적지 공항에서 LCCs의 높은 점유율은 출발 공항에서와 같은 정도의 운항지연 감소효과가 나타나지는 않는다. 운항지연은 여러 가지 고정효과를 가지고 있는데, 일반적으로 운항지연 고정효과는 목적지 공항보다는 출발 공항에서 더 강한 것으로 나타나고 있다. 즉, 출발 예상은 기대한 대로 운항지연에 긍정적인 것으로 나타나고 있다. 분석 결과 10분 출발지연이 목적지에서 약 8분 늦게 도착하는 것으로 나타나고 있다.

출발지와 목적지 공항 양쪽의 기상 변수는 기대한 것과 같이 운항지연에 영향을 미치고 있다. 맑은 하늘을 표준으로 설정하면, 이러한 변수에서 긍정적인 신호는 궂은 기상상태는 도착 지연을 증가시키는 것을 의미한다. 기상에 의한 대부분의 지연은 예상한 대로 운항에도 영향을 미치고 있다. 안개는 시정을 감소시키고, 눈은 항공기의 이동성을 저하 시키며 활주로 청소를 위한 추가적인 운영이 요구될 수 있다. 또한 천둥번개는 심각한 기상상태의 조짐을 나타내고 있어 운항지연뿐만 아니라 운항 자체에 영향을 주고 있다. 출발지와 목적지 양 공항에서 안개는 약 9분, 눈은 약 12분, 천둥번개 기상상태는 약 15분의 지연을 발생시키는 것으로 추정되고 있다. 또한 평균적으로 출발지 공항의 제빙작업은 도착지 공항에 추가적으로 약 2분의 지연으로 나타나고 있다.

공항 혼잡은 운항지연에 영향을 미치고 있다. 공항에서 같은 시간 내에 착륙하는 항공편이 많을 경우 운항지연이 발생하는 것을 확인할 수 있다. 특히, 일일 교통량이 많은 공항에 착륙하는 항공편은 정시성에 불리한 경향을 나타낸다. 따라서 규모가 작은 공항들과 비교하여 대형 공항들은 항공기 지연에 대한 고정효과가 높아 지연 감축을 위한 고정효과를 감소시키는 데 더 많은 노력을 해야 한다. 출발공항의 시장점유율과 도착공항의 시장점유율은 운항지연에 긍정적인 영향을 나타내고 있다. 따라서 고객들이 더 집중화된 공항에서 더 많은 도착지연이 발생할 가능성이 크다는 예상과 맥을 같이하고 있다(Rupp, 2009).

노선시장점유율은 의미 있는 변수로 보이지 않는다. 다만, LCCs의 노선점유율은 흥미로운 결과를 제공하고 있다. 첫째, 노선이 LCCs에 의해 지배적으로 서비스되는 경우에는 평균 운항지연이 낮게 나타난다. 이는 평균적으로 LCCs가 FSCs보다 정시성이 더 높다는 것을 의미한다. 둘째, FSC가 노선에서 LCCs와 경쟁한다면, LCCs와 경쟁하지 않는 것보다는 더 정시성을 추구하는 것으로 나타난다. 즉, FSCs가 가격보다는 품질 면에서 LCCs와 경쟁하는 것을 더 선택하기 때문이다.

이 같은 분석으로부터 LCCs가 FSCs보다 평균적으로 더 시간을 엄수하는 것으로 나타났다. 전체 운항 편수 대비 LCCs 운항 편수 비율이 높을수록 항공기 지연이 감소되는 것으로 나타났다. 즉, 출발 공항의 LCCs의 강력한 존재는 목적지 공항에서의 지연을 감소시킨다는 것이다. 〈그림 5-8〉은 출발공항의 LCCs 점유율에 대한 도착 지연을 보여주고 있다. LCCs 점유율과 도착 지연 사이의 음(–)의 상관관계를 확인하는 것 이외에, 〈그림 5-8〉은 흥미로운 패턴을 보여주고 있다. LCCs 점유가 20% 이하일 때 지연에 대한 효

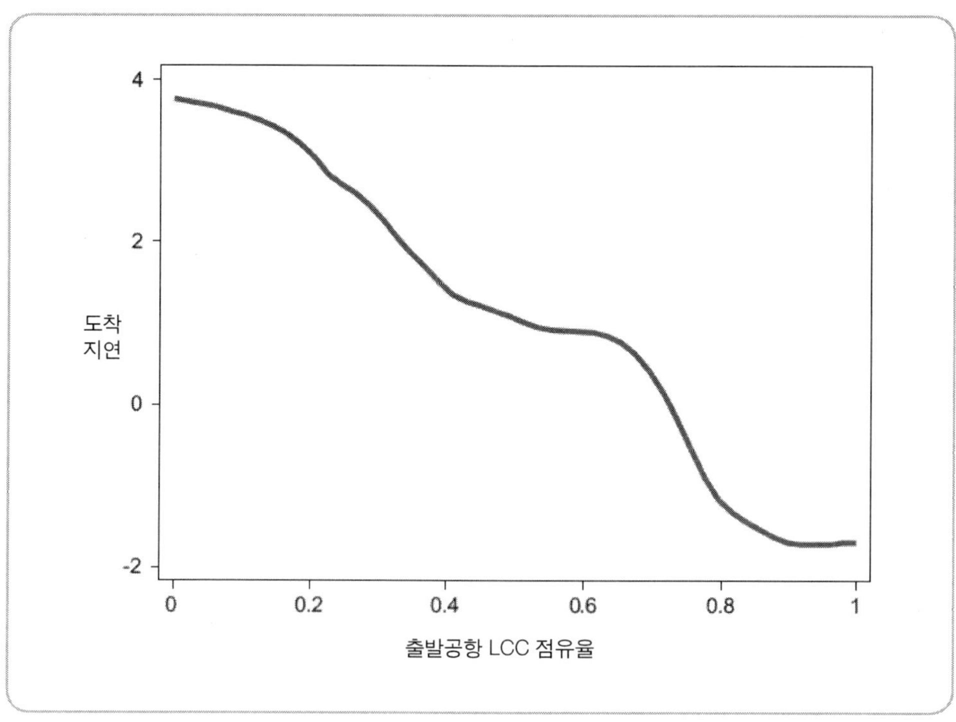

〈그림 5-8〉 도착지연과 LCC 점유율

과가 가장 낮게 나타나고 있다. 이것은 LCCs 비행편수가 영향을 주기에 너무 적기 때문으로 볼 수 있다. LCCs의 점유율이 20% 이상이면 운항지연 감소 효과가 나타나고, LCCs 점유율에 대한 수확체감이 시작되어 LCCs 점유율이 40%될 때까지 지연감소 효과가 크게 나타난다. 그러나 공항이 LCCs 중심으로 (LCCs 점유가 70% 이상) 운영된다면, 운항지연 감소효과는 더욱 크게 나타나지만, LCCs 점유율이 80%를 초과하는 경우에는 수확체감의 법칙에 따라 운항지연 감소 효과는 매우 작게 나타난다.

5.3.3 시사점

LCCs의 운영전략 특성에 따른 빠른 회항시간 정책으로 LCCs들은 보다 쉽게 운항지연을 관리하고 더 빨리 슬롯을 비워줄 수 있다. 즉, LCCs에 의한 신속한 운영은 공항에서 이륙과 착륙 슬롯에 대한 전반적인 대기 기간을 감소시킴으로 다른 항공사들에게 긍정적인 외부성을 나타내어 정시에 이착륙할 수 있을 가능성을 높이고 있다.

운항지연에 영향을 미치는 고정효과로 시간(요일, 월 및 계절효과), 노선-출도착 공항, 항공기 유형을 고려할 수 있다. 실제로, 대형 항공기는 이착륙 시 더 많은 시간이 필요하고, 이것은 항공기 지연을 촉발시키고 있다. 공항 혼잡은 항공편의 정시운항에 부정적인 영향을 주어, 공항 혼잡도가 높으면 운항지연이 더 큰 것으로 나타나고 있다.

평균적으로 LCC는 모든 공항에서 비행편 착륙의 지연을 감소하는데 기여하고 있고, 해당 공항을 이용하는 모든 항공사에게 긍정적인 외부성 효과를 제공하는 것으로 나타나고 있다. 유럽의 주요도시에서는 FSCs에 의해 주로 서비스하는 공항과 LCCs에 의해 주로 서비스하는 공항이 분리되어 왔다. FSCs를 선택하는 고객은 LCCs를 이용한 비행과 비교할 때 공항시설과 접근성을 더 중요시하고 있다. 반면에 고객이 인지하는 시간의 가치가 낮으면, 고객은 접근시간을 희생하고 더 저렴한 항공운임을 선택한다. LCCs 경쟁에 의한 항공권 가격과 특정 양 도시 간의 항공운송 시장에서 신규 항공사의 진입에 대한 직접효과는 이러한 관점에서 분석되어야 한다.

LCCs는 상품 품질 경쟁에서 기존 항공사에 비해 품질 수준이 낮은 것으로 인식해 왔다. 그러나 이 같은 관점은 서비스 전달과정의 기능적 품질에 초점을 둔 것이고, 기술적 품질 측면에서는 기존 항공사보다 더 우수한 것으로 나타나고 있다. 즉, 기술적 품질의 핵심인 정시성이 FSCs에 비해 LCCs에서 훨씬 높게 나타나고 있기 때문이다. 기능적 품질과 기술적 품질에 대하여 고객이 인지하는 정도와 가치가 평가되지 않은 상황에서 결론을 내리는 것이 쉽지 않지만, 일반적으로 LCCs는 낮은 운임, FSCs는 고급 품질의 인식이 와해되고 있음을 알 수 있다. 따라서 LCCs의 정시성이 지속적으로 높게 유지되는 경우 고객은 기술적 품질이 우수하면서 운임이 저렴한 LCCs로 이전할 가능성이 높을 것으로 전망된다.

또한, LCCs의 운항이 많은 공항과 노선에서의 운항지연이 감소하는 것으로 나타나고 있어, 공항 운영 사업자는 공항운영의 효율화를 위해 LCCs의 유치에 보다 적극적으로 나서야 할 것이다. 기존 항공사는 LCCs와의 운임경쟁을 회피하는 수단으로 기능적 품질의 우수성만을 강조해 왔으나, 정시성을 중심으로 하는 기술적 품질의 고급화를 통해 LCCs와의 경쟁에 대응해야 할 것이다.

5.4 저비용 시장과 기존 항공사 대응: 미국 사례

5.4.1 미국 항공시장의 경쟁효과

기업이 새로운 시장에 진입하는 과정에서 브랜드 충성도가 높은 고객과 가격에 민감한 고객으로 구성된 시장에 진입하는 경우 기존의 경쟁 가격 전략에 대하여 경쟁효과와 대체효과의 두 가지 가능성을 분석해야 한다. 시장에 새로운 경쟁자가 진입하면, 기존 사업자에 대한 수요가 감소하고 보다 탄력적으로 되기 때문에 기존 사업자는 고객을 유지하기 위해 가격을 낮출 수 있다. Klemperer(1987)와 Perloff & Salop(1985)는 이것을 경쟁효과라 하였다. Rosenthal(1980)과 Hollander(1987)는 새로운 경쟁자의 진입이 실제로 두 부문의 시장의 존재로 인해 기존 기업이 가격을 인상하게 하는 대체효과를 나타낸다는 이론적 기반을 제공하고 있다.

이 같은 시장에서는 진입자는 가격에 민감한 소비자를 대상으로, 기존 사업자는 가격 상승으로 효과적으로 대응할 수 있다. 실제로, 이 기존 사업자들은 새로운 경쟁자들이 상대적으로 낮은 가격을 제시한다 하더라도 그들로부터 지속적으로 구매하는 브랜드 충성도가 높은 소비자들을 유인하고 집중시킬 수 있다. 따라서 항공시장에서 새로운 사업자의 시장진입에 대하여 경쟁효과와 대체효과를 분석할 필요가 있고, Tan (2016)은 미국 항공시장을 대상으로 사례 분석을 실시하였다.

미국 항공시장에서 1993년과 2009년 사이에 여러 저비용 항공사 노선 네트워크가 확장됨으로써 기존 항공사가가 저비용 항공사의 입장에 어떻게 반응하는지 비교할 수 있게 되었다. 기존 항공사는 허브 앤 스포크 네트워크를 운영하고 1978년 산업 규제 완화 이전에 설립된 항공사이며, 저비용 항공사는 일반적으로 지점 간 네트워크를 구현하고 규제 완화 이후 등장하였다. Tan(2016)은 미국 항공시장에서의 사례분석을 위하여 여섯 개의 기존 항공사(American항공, Continental항공, Delta항공, Northwest항공, United항공 및 US Airways항공)와 4개의 저비용 항공사(AirTran항공, JetBlue 항공, Southwest항공 및 Spirt항공)를 대상으로 분석을 실시하였다.

기존 항공사는 저비용 항공사가 경쟁 노선에 진입하면 평균 경쟁운임을 인하함으로써 경쟁효과에 일관성을 나타내고 있다. 즉, 사우스웨스트항공이 노선에 진입할 때 기존 항공사가 평균 항공운임을 인하하는 사우스웨스트항공 효과가 확인되고 있다. 4개의 저비용 항공사가 평균운임 인하에 대해 압력을 가하기 때문에 사우스웨스트항공 효과 현상이 사우스웨스트항공뿐만 아니라 다른 저비용 항공사에도 나타나고 있다. 가격에 대한 경쟁효과에서도 기존 항공사는 하위 10% 항공료를 평균 항공료보다 적게 줄이는 반면 상위 10% 항공료는 평균 항공료보다 더 많이 줄이고 있다. 결과적으로 항공료의 표준편차로 측정한 기존 항공사의 가격분산은 저비용 항공사 진입에 따라 감소하고 있다.

경쟁은 항공사의 가격차별에 영향을 미치고 있다. Borenstein & Rose(1994)는 노선

수준의 Herfindahl 지표를 사용하여 측정된 경쟁에 따라 가격분산이 증가하는 것을 발견하였으나, Gerardi & Shapiro(2009)는 경쟁에 따라 가격분산이 감소한다는 결론을 내렸다. 즉, 더 많은 항공사가 서비스를 제공하는 노선의 경우 비싼 운임(상위 10% 항공운임)과 저렴한 할인운임(하위 10% 운임) 간의 차이가 더 적음을 발견하였다. Borestein & Rose(1994), Gerardi & Shapiro (2009)와 같이 모든 노선에서 가격분산은 경쟁수준에 의해 영향을 받고 있지만, 가격분산의 정도는 노선상황에 따라 다르게 나타나고 있다.

5.4.2 항공사 신규 진입 및 동적 가격

미국 항공업계의 경쟁 구조는 1978년 규제 완화 이후 몇 가지 변화를 겪었다. 항공사는 이후 노선 네트워크 및 가격 전략에 있어 더 많은 유연성을 경험하였다. 즉, 민간항공위원회(CAB)가 한때 심하게 규제했던 노선에 진입하는 것이 더 용이해졌다. 따라서, 지난 30년 동안 포인트 투 포인트 네트워크 구현과 동일한 유형의 항공기 운영으로 이익을 얻는 저비용 항공사에 의한 새로운 시장의 진입이 가능하게 되었다. 이것은 허브-스포크 네트워크를 통해 다양한 항공기로 운영하는 기존 항공사와 다른 점이다. 기존 항공사는 규제 완화 이전에 설립되어 운영되었기 때문에 기존 항공사로 불린다. 실제로 Smyth & Pearce(2006)는 저비용 항공사가 기존 항공사보다 좌석 당 비용이 낮기 때문에 저비용 항공사가 상대적으로 저렴한 가격을 제시할 수 있는 것으로 분석하였다.

미국 시장에서 저비용 항공사는 지난 10년 동안 항공업계에서 꾸준히 시장점유율을 확대하였다. 1999년 저비용 항공사는 미국에서 총 6,200만 명이 넘는 여객을 수송했으며, 미국 국내에서 비행하는 모든 여객 시장점유율의 23.2%를 차지하였다. 2007년 저비용 항공사를 이용하는 여객의 수는 1억 1,900만 명 이상으로 증가하여 국내여행 시장점유율은 38.6%가 되었다. 이 같은 성장은 부분적으로 저비용 항공사 노선 네트워크의 확장에 기인 할 수 있다.

미국에서 가장 많이 이용한 상위 150위 공항에는 1993년 1분기에서 2009년 4분기까지 Southwest항공 1,286노선 진입, AirTran항공 1,224노선 진입, JetBlue 항공 340개 노선 진입, Spirit항공 56노선의 진입 등 총진입이 2,906건으로 나타나고 있다. Tan (2016)은 미국 항공시장에 중요한 항공사이며 20년간 크게 성장한 항공사(AirTran항공, JetBlue 항공, Southwest항공 및 Spirit항공)를 대상으로 시장진입 문제를 분석하였다.

기존 연구에서 항공수요에 대한 브랜드 충성도의 효과에 대한 연구가 많았다. Borenstein(1989)과 Gilbert(1996)는 특정 항공사에 대한 소비자 브랜드 충성도를 창출하고 강화하기 위해 항공사가 상용고객프로그램 형태로 마케팅 계획을 어떻게 이용하는지 분석하였다. 소비자는 항공사의 상용고객프로그램에 가입하고 가입한 항공사로 여행할 때마다 일정한 마일을 축적한다. 회원은 무료항공권, 좌석승급 또는 그 항공사의 다른 보상으로 마일을 상환받을 수 있다. 브랜드 충성도가 높은 소비자는 특정 항공사의 상용고객프로그램에 등록할 때 전환비용을 고려한다.

Kim et al.(2001)은 어떻게 이러한 마케팅 프로그램이 브랜드 충성도가 높은 소비자들과 가격에 민감한 소비자를 구분하여 시장세분화를 창출할 수 있는지 탐색하였다. 브랜드 충성도가 높은 고객은 특정 항공사의 상용고객프로그램에 가입하는 경향이 있으며 해당 항공사에서 더 많은 항공편을 구매하는 경향이 있다. 반면에, 가격에 민감한 소비자는 주어진 노선에 대해 가장 낮은 가격을 제시하는 항공사를 찾는다. Borenstein(1992)은 소비자들이 항공사 허브 도시 인근에 거주할 때 어떻게 고객이 특정 항공사의 상용고객프로그램에 참여하는지 설명하고 있다. 예를 들어, Delta항공사는 애틀란타 국제공항을 허브로 사용하고 있다. 애틀랜타의 소비자들은 델타를 이용할 뿐만 아니라 델타항공의 상용고객프로그램에 가입하여 애틀랜타 외에서도 다양한 선택을 하므로 혜택을 누릴 수 있다.

이것은 궁극적으로 여객을 특정 항공사에 종속시킴으로 항공사는 상당한 정도로 시장기반을 잃을 염려없이 가격을 인상할 수 있는 브랜드 충성도를 활용할 수 있다. 즉, 항공사 상용고객프로그램 회원은 해당 항공사에서 일정 금액을 구매 한 후 보너스를 받기를 원하기 때문에, 고비용을 청구하더라도 해당 항공사에서 계속 구매할 것으로 보기 때문이다. 따라서 브랜드 충성도는 소비자에게 전환비용으로 작용할 수 있다.

항공산업과 같이 다른 산업에서도 대체효과에 대한 사례가 있다. 제약업계에서 일반 의약품 진입은 브랜드 충성도가 높은 소비자를 대상으로 브랜드 처방 의약품을 판매하는 회사로 유도하여, 일반 의약품을 가격에 민감한 소비자에게 집중시키는 결과가 나타난다는 것이 확인되었다. 이로 인해 브랜드 의약품의 가격이 상승하였다. 항공산업은 브랜드 의약품과 유사한 기존 항공사와 일반 의약품과 유사한 저비용 항공사로 구분할 수 있고, 진입 사업자 모두에서 브랜드 충성도가 널리 퍼져 있다는 점에서 처방 의약품 시장과 유사하다고 볼 수 있다(Tan, 2016)).

기존 항공사는 저비용 항공사가 노선에 진입하면 시장을 세분화할 수 있다. 기존 항공사는 시장의 브랜드 충성도에 초점을 맞추고 저비용 항공사가 가격에 민감한 시장을 서비스 할 수 있게 하여 가격의 분산을 높일 수 있다. 따라서 기존 항공사가 브랜드 충성도가 높은 소비자에만 초점을 맞추면 기존 평균가격과 가격분산이 증가하게 된다. 그러나 저비용 항공사가 가격에 민감한 소비자에 대하여 더 경쟁을 심화시키면 결과적으로 기존 항공사의 평균가격이 하락하면서 경쟁효과가 지배적이 된다. 또한 가격분포에서 낮은 가격을 더 낮추면, 기존제품 가격 분포에서 높은 가격의 브랜드 충성도가 높은 소비자도 가격에 민감하게 될 수 있다. 전체 운임과 할인운임 간에 상당한 차이가 있다면 브랜드 충성도가 높은 소비자가 경쟁 항공사로 대체될 수 있다는 것이다.

저비용 항공사의 경쟁효과가 기존 항공사에 비해 우월한 것으로 알려져 있다. 사우스웨스트항공이 새로운 시장에 진입할 때 사우스웨스트항공 효과(Southwest Effect)라는 명목으로 기존 항공사가 가격을 낮춘는 것으로 나타나고 있다. 그러나 항공산업의 성격상, 제약산업에서와 마찬가지로 대체효과가 지배적일 수 있다. 따라서 저비용 항공사의 진입에 따라 기존 항공사가 가격을 인상할 수도 있다

5.4.3 저비용 항공사 시장진입 효과

저비용 항공사의 시장진입 효과에 대한 분석을 위해 시장진입에 대한 기존 항공사의 세 가지 반응을 분석할 수 있다.

- 저비용 항공사의 진입 후 기존 항공사의 평균 운임 변화 분석
- 기존 항공사 운임의 가격분포가 새로운 진입에 의해 어떻게 영향을 받는지 조사. 특히, 상위 10% 가격과 하위 10% 가격이 어떻게 변화되는지 분석
- 기존 항공사 가격분산의 두 가지 측정에 대한 진입효과를 검증. 즉, 지니계수와 항공료의 표준편차에 대해 분석.

지니계수는 일반적으로 운임불평등의 척도로 사용되며, 이는 다른 여객이 특정 운송업체가 서비스하는 동일한 항공편에 대해 다른 가격을 지불한다는 사실에서 기인한다. 지니계수는 0과 1 사이의 값으로 구성되며 지니계수가 증가함에 따라 불평등이 증가한다. 즉, 지니계수 0은 완벽한 평등을 나타내지만 지니계수 1은 완전한 불평등을 의미한다. 항공산업에서 지니계수 0은 모든 운송업체가 특정 운송업체가 서비스하는 특정 노선에 대해 동일한 가격을 지불한다는 것을 의미하는 반면, 항공사 지니계수의 증가는 특정 경로에 더 많은 가격 분포가 있음을 의미한다.

Tan(2016)은 미국 항공시장을 대상으로 미국 상위 150개 공항 사이의 노선에 대한 효과를 분석하였다. 사우스웨스트항공이 진입자로 관측된 경우 다른 모든 것을 일정하

게 유지하면서 기존 항공사의 평균 항공운임은 실제 진입 직후에 평균적으로 14.7% 더 낮게 나타난다. 사우스웨스트항공과의 잠재적인 경쟁에 직면했을 때 기존 항공사가 평균 운임을 낮추고 있으며, 기존 항공사 가격 대응은 진입하기 전에 일어나고 있다.

(1) 평균 운임에 대한 진입의 영향

기존 항공사가 경쟁 사업자의 진입에 어떻게 대응해야 하는지에 대한 예측은 매우 어렵다. 기존 항공사는 경쟁압력에 굴복할 수 있는데, 이는 신규 항공사의 진입으로 기존 항공사가 수요 감소로 인해 가격을 낮추게 될 수 있다. 반대로 신규 항공사 진입은 기존 항공사가 대체효과를 유발할 수 있으며, 실제로 기존 항공사의 가격이 상승하여 브랜드 충성도가 높은 시장 부문에서의 고객 전환비용을 이용할 수 있다.

저비용 항공사의 진입에 따른 경쟁 증가로 인해 항공료가 인하된 것으로 나타났고, 저비용 항공사의 시장진입은 가격경쟁을 더욱 어렵게 만든다. 〈그림 5-9〉는 AirTran항공(a), JetBlue항공(b), Southwest항공(c)과 Spirit항공(d) 중 어느 한 항공사의 진입에 대한 기존 항공사의 가격변화를 보여준다. Morrison (2001)과 Vowles (2001)는 Southwest항공이 실제 노선에 진입한 이후 기존 항공사가 가격을 크게 낮추는 것으로 나타났다.

〈그림 5-9〉의 각 가격변화는 신규 경쟁 항공사가 시장에 진입하기 전 9분기~12분기의 가격에 비하여 경쟁 항공사의 시장진입 후에 대한 가격 변동률을 나타내고 있다. 〈그림 5-9〉 (c)에서 기존 항공사는 사우스웨스트항공이 실제로 노선에 진입 할 때 평균 가격이 크게 변경됨을 보여주고 있고, 실제로 사우스웨스트항공 진입 후 기존 항공사 가격이 평균 14.7% 감소한 것을 보여준다.

〈그림 5-9〉의 다른 가격변화에 대한 조사에서 기존 항공사는 일반적으로 다른 저비용 항공사의 진입 후 평균운임을 감소시키는 경향을 보이고 있다. Southwest항공의 평균 진입효과가 가장 큰 것으로 나타났으며, AirTran항공, JetBlue 항공 및 Spirit항공의 진입으로 기존 항공사가 각각 8.1%, 9.5% 및 6.5 %로 가격을 크게 낮추었다. 따라서 각 저비용 항공사는 실제 진입 후 기존 항공사가 가격을 인하함으로써 경쟁효과 우세가 나타나고 있다.

지난 30년간 다른 저비용 항공사의 진입으로 항공업계의 노선 네트워크와 그 중요성이 대폭 확대되었다. 따라서 AirTran항공, JetBlue항공 및 Spirit항공의 진입이 Southwest항공의 진입과 같은 평균 항공료 인하효과와 비슷하지만 그 영향은 감소되고 있다.

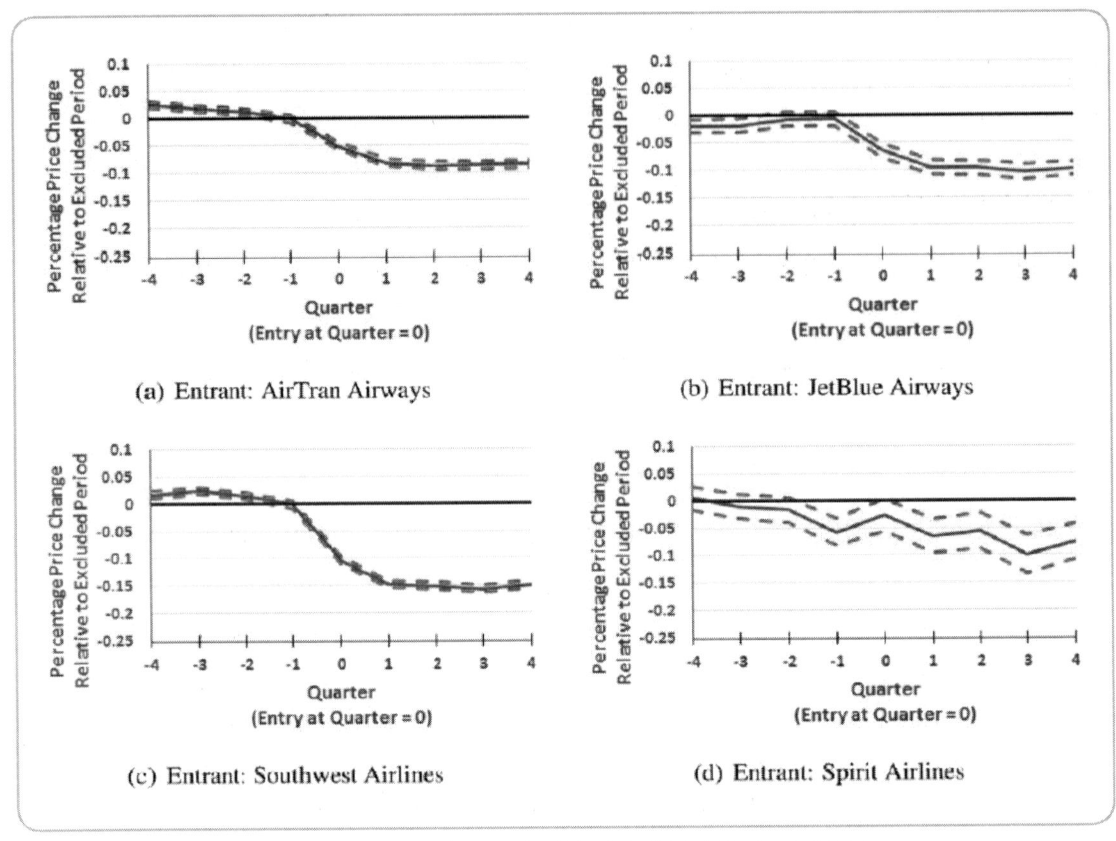

〈그림 5-9〉 항공사 진입에 대한 기존 항공사 반응: 평균운임

(2) 하위 10% 운임과 상위 10% 운임에 대한 진입 영향

변위효과에 대한 경쟁효과의 우위에 관한 분석은 가격 분포의 다른 지점으로 확대될 수 있다. 특히 기존 항공사는 하위 10% 가격과 상위 10% 가격을 변경함으로써 경쟁회사의 진입에 대응할 수 있다. 항공업계에서는 하위 10% 항공료를 할인 항공권으로, 상위 10% 항공료는 정상운임을 표시한다. 경쟁효과가 실제로 항공산업을 지배한다면 기존 항공사는 하위 10%와 상위 10% 운임을 줄임으로써 저비용 항공사의 진입에 대응할 것이다. 실제로 Gerardi & Shapiro(2009)는 경쟁이 치열해짐에 따라 가격분포의 양끝단이 증가되는 것을 발견하였다. 반면에, 기존 항공사가 하위 10% 항공료를 줄이는 반면, 상위 10% 항공료를 증가시키는 것은 대체효과와 관련이 있다. 즉, 경쟁이 치열해짐으로써 기존 항공사들은 가격에 민감한 소비자를 유치하기 위해 하위 10% 항공료를 줄이는 동시에 브랜드 충성도가 높은 소비자를 활용하기 위해 상위 10% 항공료를 인상할 수 있다.

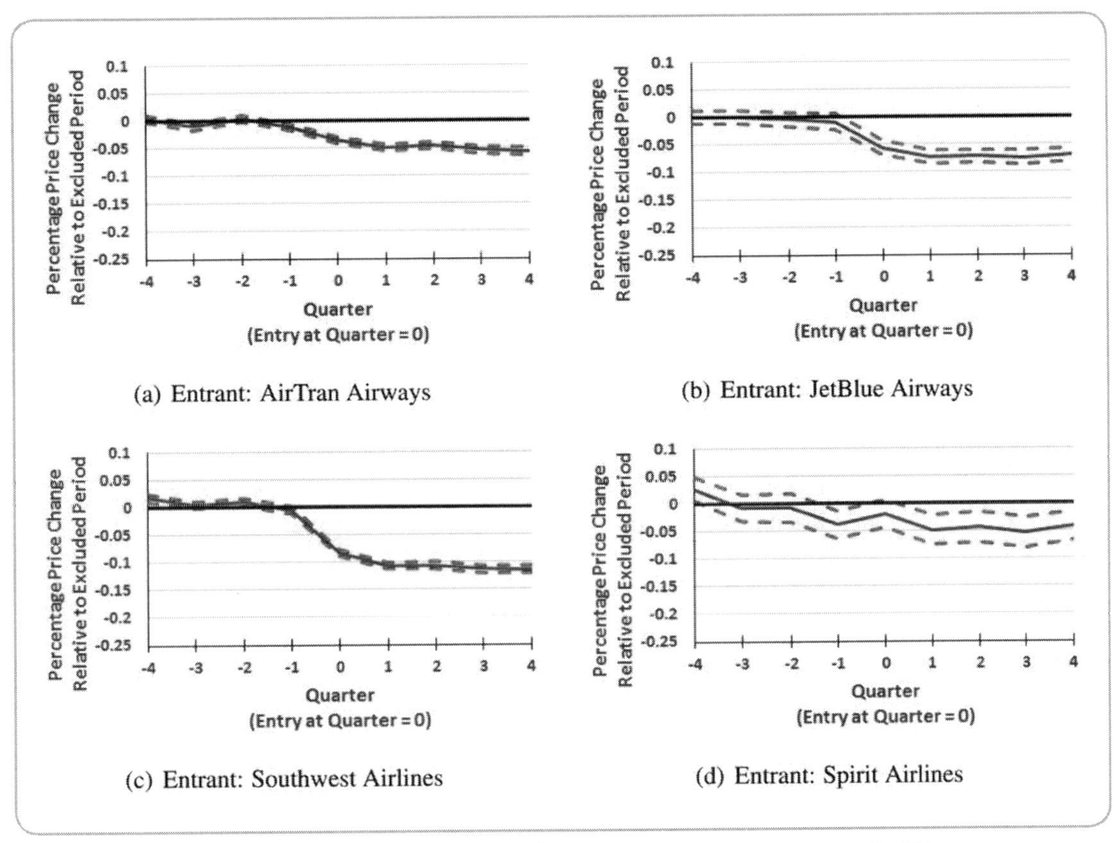

〈그림 5-10〉 항공사 진입에 대한 기존 항공사 반응: 하위 10% 운임 변동

〈그림 5-10〉은 경쟁자가 시장에 진입한 후 기존 항공사가 하위 10% 운임을 낮춘 것을 보여준다. 사우스웨스트항공이 실제로 노선에 진입 후 기존 항공사는 하위 10% 운임을 평균 10.8% 줄였다. 다른 저비용 진입자인 AirTran항공, JetBlue항공 및 Spirit항공이 진입했을 때 평균 5.0%, 7.4% 및 4.9%의 가격 하락을 보인 기존 항공사의 경우 비슷한 효과를 나타냈다. 이러한 결과는 기존 항공사가 저비용 항공사의 진입에 대응하여 할인 가격을 크게 낮추는 것을 의미한다.

〈그림 5-11〉은 기존 항공사가 전체 운임을 평균적으로 낮춤으로써 저비용 항공사 진입에 대응한 것을 나타낸다. Southwest항공은 기존 항공사의 상위 10% 운임을 17.4% 줄였으며 AirTran항공, JetBlue 항공 및 Spirit항공의 실제 진입 후 기존 항공사는 상위 10% 운임을 8.4%, 10.9% 및 6.8% 줄였음을 보여주고 있다. 따라서 기존 항공사는 가격분포의 양측에서 항공 운임을 줄임으로써 저비용 항공사의 진입에 대응한 것으로 나타나고

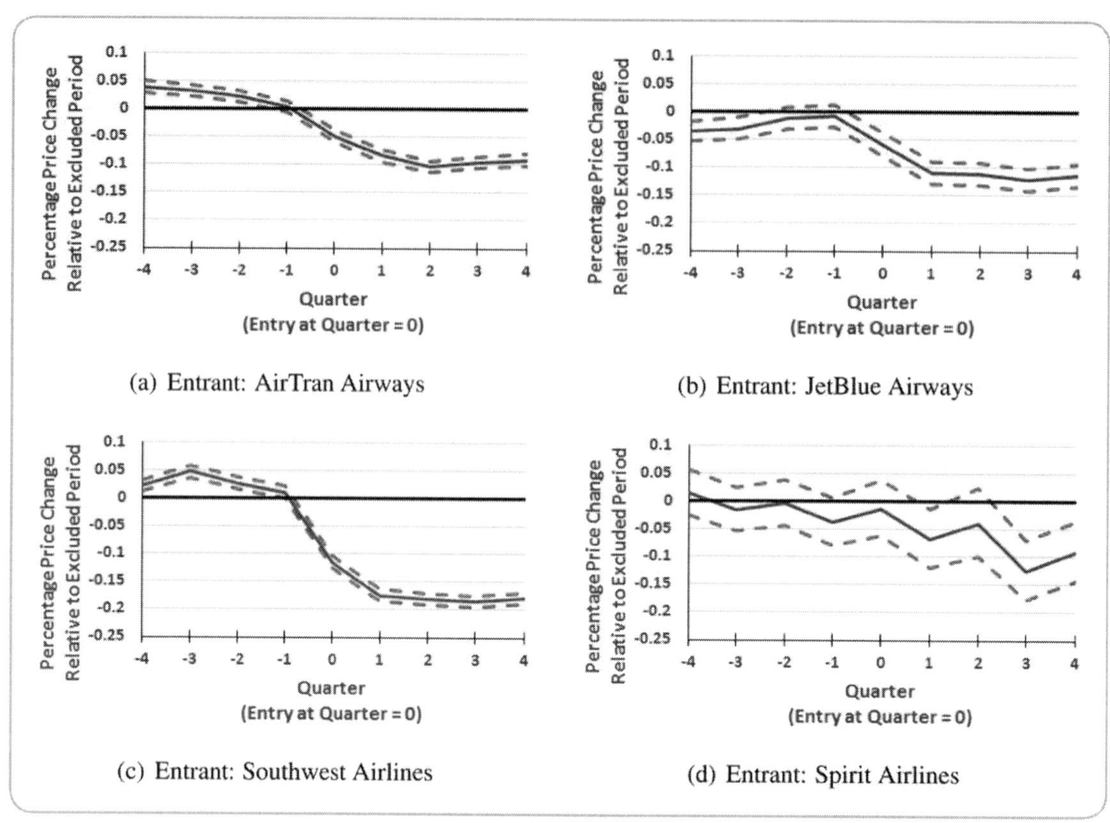

〈그림 5-11〉 항공사 시장진입에 대한 기존 항공사 반응: 상위 10% 항공운임 변화

있다. 이는 경쟁이 미국 항공사 업계에서 실제로 지배적이라는 증거이다.

〈그림 5-12〉는 각 저비용 항공사의 진입에 대한 하위 10% 항공료 추세(점선), 평균 항공료(실선) 및 상위 10% 항공료(굵은 점선) 추세를 결합한 것이다. 가격 분포의 평균과 꼬리 부분에서 항공료가 감소하는 것처럼 보일수 있지만, 하위 10% 항공료는 평균 항공료보다 더 적은 비율로 감소는 경향이 있는 반면, 상위 10% 항공료는 평균 항공료보다 큰 감소율을 보인다. 따라서 기존 항공사 가격정책의 변화로 인해 기존 항공사가 저비용 항공사의 진입에 따라 기존 항공사의 가격분포가 변경될 수 있음을 나타내고 있다.

(3) 지니계수와 표준 편차에 대한 진입효과

Borenstein & Rose(1994)는 덜 집중화된 노선에서 가격분산이 더 높다는 것을 분석하였다. 반면에, Gerardi & Shapiro(2009)는 경쟁 항공사의 수가 증가함에 따라 항공사가 상위 10% 항공료를 하위 10% 항공료보다 더 많이 내릴 것으로 예상하고 있다. 이유

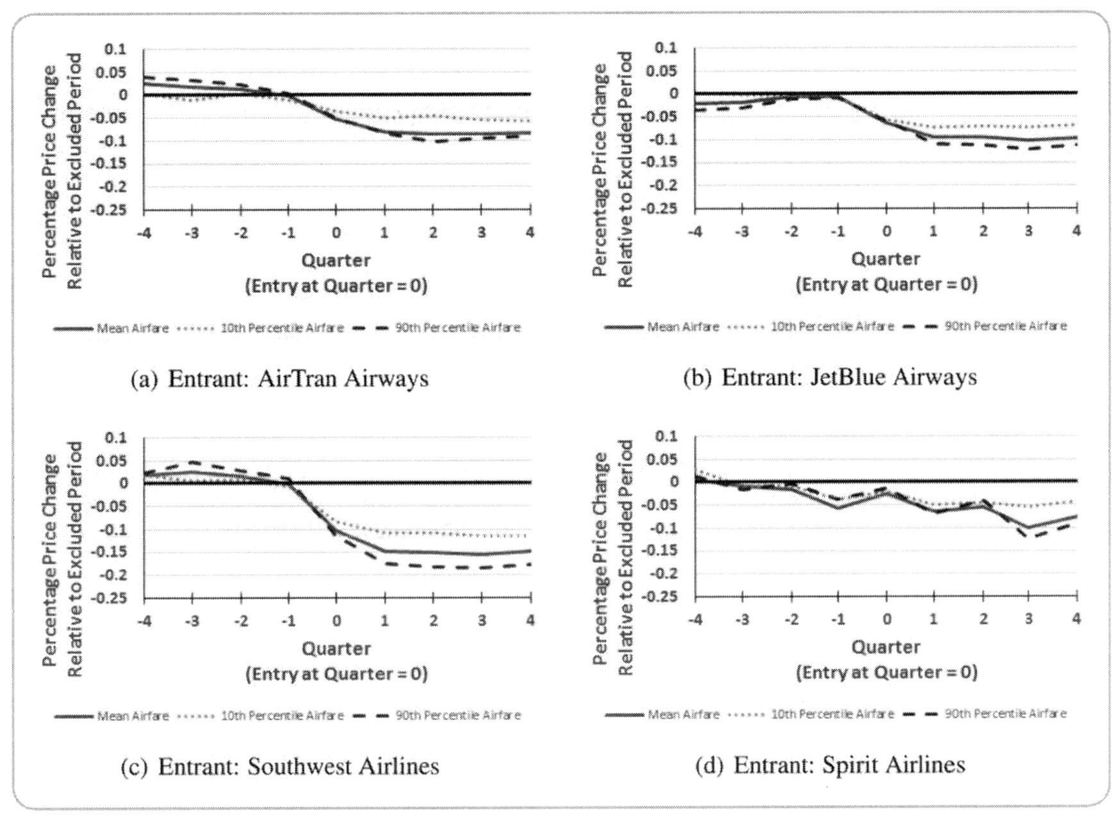

〈그림 5-12〉 진입에 대한 기존 항공사의 반응: 평균, 상하위 10% 운임

는 가격분산이 감소하기 때문이다. 가격분산을 측정하기 위해 지니계수를 사용한다. 지니계수의 값이 낮을수록 시장의 가격분산 정도는 작아진다. 그러나 항공운임의 표준편차를 줄이면 가격분산이 감소한다는 의미에서 항공운임의 표준편차를 가격분산의 또 다른 기준으로 분석한다.

Spirit항공은 다른 항공사와 비교하여 새로운 노선의 진입이 작아 예외적인 경우일 수 있다. 〈그림 5-13〉 (d)의 결과가 복잡하지만, 기존 항공사는 〈그림 5-12〉 (d)에 나와 있는 것처럼 Spirit항공의 진입에 대한 대응으로 항공운임을 낮춘 것으로 나타나고 있다. 따라서 항공사들이 저비용 항공사들의 진입 경쟁형태에 직면하면 일반적으로 가격분산은 줄어들게 됨을 확인할 수 있다.

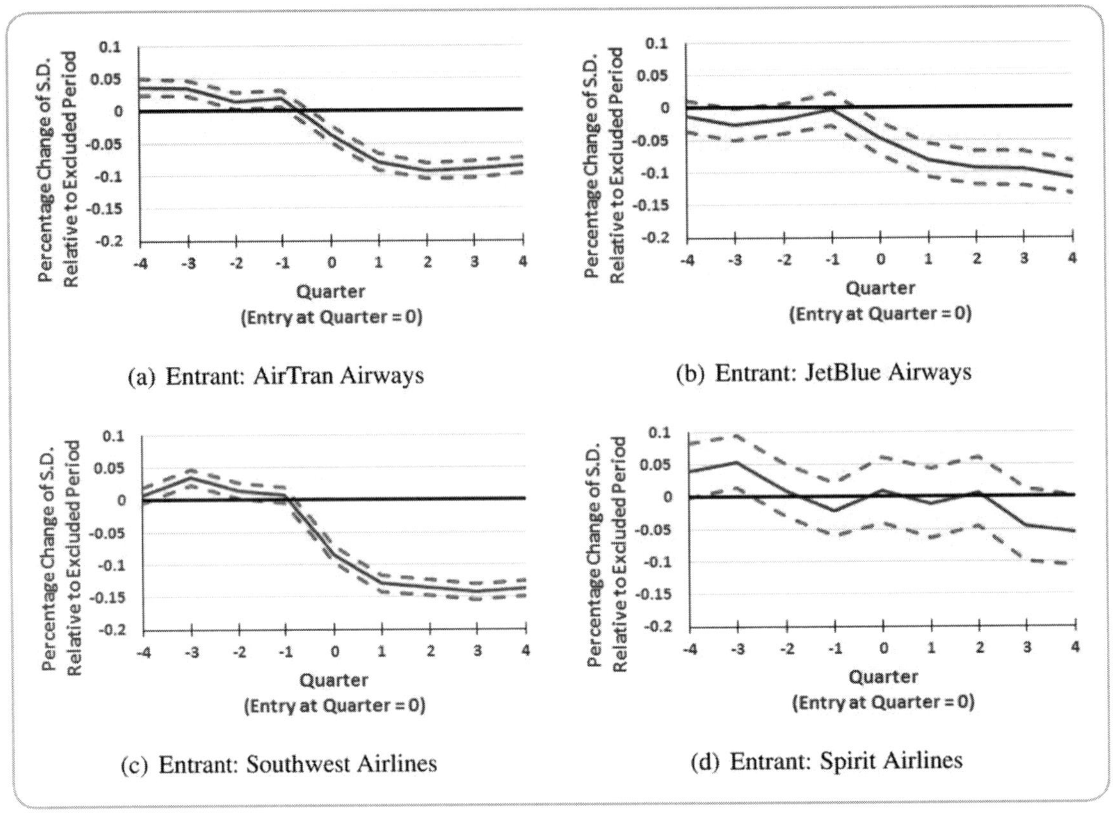

(a) Entrant: AirTran Airways

(b) Entrant: JetBlue Airways

(c) Entrant: Southwest Airlines

(d) Entrant: Spirit Airlines

〈그림 5-13〉 항공사 진입에 대한 기존 항공사 반응: 표준편차

5.5 저비용 항공사와 고속철도: 프랑스 사례

5.5.1 프랑스 고속철도 개요

저비용 추세는 가구, 은행, 슈퍼마켓, 의복과 수송 등 다양한 분야에서 많은 변화를 나타내고 있다. 항공과 시외버스 서비스와 같은 수송부문에서 이러한 변화에 크게 영향을 받아왔다. 그러나 철도 수송부문에서는 이 같은 변화가 크게 나타나지 않았다. 아직도 철도 서비스는 대부분의 국가에서 공공서비스의 일환으로 저렴하게 이용할 수 있다. 그러나 고속철도(HSR) 서비스는 상대적으로 높은 운임을 부과하고 있다. 예를 들어 프랑스에서, HSR Paris-Marseille 왕복 승차권의 가격은 출발 임박해서 예약을 하면 134~226유로 정도이다. 이 금액은 2013년 중산층의 일인당 순수 월급여의 10~18%에 해당한다. 결과적으로, 상위계층과 안정적 직업이 있는 그룹만 고속철도가 훌륭한 운송수단으로 이용될 수 있다

HSR 사업자는 사전예약, 비 성수기 여행 등을 포함한 수익경영 제도를 운영하고 있다. 예를 들어, 프랑스 국영 철도는 모든 좌석에 대하여 할인운임을 몇몇 HSR 스케줄에서 서비스하고 있다. 그러나 이러한 제도는 오히려 스케줄 선택의 폭이 적고, 더 제한적이며 유연성이 떨어지고 있다. 또한, 저비용 HSR 서비스의 시도는 실패하거나(이탈리아에서 로마와 밀라노 사이의 오래된 틸팅 열차를 이용한 Trenitalia's TrenOK 상품) 또는 기존 HSR보다는 저렴할 필요가 없었으나 저렴하게 제공했었다(SNCF의 iDTGV 서비스).

HSR 사업자인 기존 철도회사는 경쟁을 고려하게 되었다. 첫 번째 경쟁양상은 1987년과 1997년 유럽의 항공자유화로부터 나타났다. 특히, 저비용 항공사의 네트워크 확장으로 경쟁을 심각하게 고려하게 되었다. 저비용 항공사가 HSR과 수송수단에서 경쟁의 대상이 된 것에 대하여 많은 논쟁이 있다. 그러나 저비용 항공사는 지속적으로 성장하고 있으며 HSR 사업자를 잠재적으로 위협하고 있다. 두 번째 경쟁양상은 2010년 1월 1일 이후 국제선 여객서비스에 대한 EU의 자유화에 따라 나타나기 시작하였다. EU의 국제선 여객서비스 자유화는 국제선 운송노선의 국내노선(연안)을 포함하고 있다. 일정기간 동안, 몇몇 도시 간 국내선 서비스는 경쟁이 개방되었다.

프랑스 국영 철도인 SNCF는 2013년 2월에 저비용 고속철도인 OUIGO 서비스를 2013년 4월에 프랑스에서 시작하는 것을 발표하였다. Delaplace & Dobruszkes(2015)는 기존 연구에서는 잘 알려진 저비용 항공사 모형을 확장하여 저비용 고속철도에 대한 분석을 실시하였다. SNCF 임원들과 조합 대표자들과의 면담을 통해 OUIGO 모형을 조사 하였고(2014년 3월부터 5월까지), 운임은 인터넷 기반의 예약을 기반으로 분석하였다.

5.5.2 저비용 항공사 모형과 저비용 고속철과의 비교

Delaplace & Dobruszkes(2015)는 저비용 항공사 모형과 저비용 고속철도(LCHSR) 모형의 비교를 위해 기존 프랑스 HSR(TGV) 모형을 고려하였다.

(1) 상품상황

〈표 5-8〉에서는 저비용 항공사, OUIGO, 기존 프랑스 HSR 모형에 대해 설명하고 있다. OUIGO는 국영 프랑스 철도기업(State owned French railway company, SNCF)에서 발전되었다. SNCF의 특정 브랜드 이름과 SNCF에 관련이 없이 새로운 제품을 개발하고 관리하기 위해 별도의 비즈니스 단위로 설립되었다. SNCF는 OUIGO 설립을 위해 고속철도 서비스(HSR)를 iDTGV 자회사 설립 당시의 과정을 따르지 않았다.

〈표 5-8〉 저비용 항공사, 저비용 철도 및 고속철도 상품조건의 비교

구분	Low-cost airlines	OUIGO	Trad. French HSR
사업진출 형식	신생항공사, 기존 항공사 자회사, 지역항공사 또는 전세항공사의 전환	기존 정부소유 전국 철도운행 회사 (SNCF)	기존 정부소유 전국 철도운행 회사 (SNCF)
사업자의 법적 유형 (운송면허 형태 포함)	독립계 항공사, 기존 항공사, 전세항공사, 기존 항공사의 자회사	SNCF의 사업부문, SNCF의 운송면허하에 운영되는 기차	SNCF의 사업부문, SNCF의 운송면허하에 운영되는 기차
인력의 원천	저비용 항공사 자체 채용	SNCF 인력이 OUIGO로 자원하여 이직. 운송기사를 제외하고 보다 젊은 승무직원	티켓 심사원, 승진 후 HTS 근무로 인해 직원 근무연수가 오래됨
인력 활용	집중적이고 유연한 인력 운용	동일한 주당 근무시간, 일일 근무시간은 다소 유동적이지만 최대 10.5시간. 운송기사를 제외하고 전담 승무직원 배정. 기존의 HST의 영향을 받음	일정한 근무시간
임금수준	낮음	SNCF의 급여기준 적용. 젊은 직원은 낮은 기본급과 높은 변동 상여금 체계	SNCF의 급여 기준 적용
근무조건	과다함	기본 운임표에 의한 단순 티켓 검사. 탑승업무는 티켓검사 보다는 고객 관리업무. 근무자 환경과 연계한 고객 관리. 열차내 휴게시설	좋음
근무자 업무	다중업무	다중업무, 동일한 작업자 선호. 역에서 티켓 검사 중심	단일 업무
승무직원 (운송기사 제외)	제한적임	기본적으로 단일 열차당 6명, 수요에 따른 노선별 변동 가능. 탑승 승무원간의 계급적 차별화 없음.	단일 열차 당 이중 편조
노조관계	가능한 금지	갈등은 없지만, OUIGO 출범시 대부분 가입하지 않음	일상적이고 제도적인 관계
야간 대기	재택근무	열차 운행시간표와 근무시간에 따름. 동일한 SNCF 규제를 따르지만 재택 숙박 없이 3일까지 가능	운행시간표 및 근무시간에 따름. 재택 숙박 없이 2일까지 가능 (노동조합 조건에 따름)
외부인력 위탁	많음	청소부문	청소부문
정부지원과 인센티브	인센티브 제도	없음	지방정부에서 운영비의 일부 지원 가능
탑승률	기존 항공사 보다 높음	2013년 약 60%, 2014년 초 약 80%. 다수의 10유로 티켓 구매로 예약부도가 높음 (약 12%)	약 70%
시설사용료	대체로 낮음 (외곽공항 또는 전용터미널 이용)	파리 중앙역에서 서비스하지 않으므로 낮음	높음

〈표 5-8〉 저비용 항공사, 저비용 철도 및 고속철도 상품조건의 비교 〈계속〉

구분	Low-cost airlines	OUIGO	Trad. French HSR
항공기/열차가동률	높음	대체로 높음	높지 않음
항공기/열차 구성	단일기단, 단일클래스, 추가서비스 유료옵션	최신 2층 차량, 단일 클래스 좌석배치, 8량 634석	전통적 2층 차량, 2 클래스와 식사칸, 8량 510석
좌석밀도	높고 낮은 좌석간격	열차당 높은 좌석 수, 수화물칸 없없고 좌석간격 넓음	평균수준
운영일정	긴 운영시간	긴 운영시간	노선에 따라 다름

자료: Delaplace & Dobruszkes (2015).

OUIGO가 SNCF에서 설립되었기 때문에, 임직원들은 SNCF 철도 직원들과 상황을 공유하였고 이것은 다른 동료와 같이 법적 작업 상황과 임직원 관계를 동일하게 유지하고 있었다. 이것은 저비용 항공사와 비교되는 것으로 저비용 항공사는 작업환경이 어렵고, 역할이 제약되고 있으며 임직원 계약은 제3국의 법에 따라 적용받았다.

그러나 OUIGO의 경우는 인력 운영면에서 구체적인 재고용과 직원관리의 의무가 없었다. 실제로, OUIGO는 기존 HSR 객실 승무원이 나이와 경험에 따라 직무에 배정되는 것 대신에, 지원서에 근거해서 젊은 객실 승무원을 채용하였다. 결과적으로, 동일한 급여수준에도 불구하고, OUIGO의 노동비용은 낮았다. 더욱이, OUIGO는 직원들의 관리를 더 유연하게 운영하였다. 많은 직원은 역에서 탑승권 조사, 승차권 관리, 객실 승무원으로서 여객과 탑승 같은 여러 일을 수행하였다.

기존 HSR보다 더 신축적인 근무일정으로 될 수 있는 한 장기간이며 장거리 운송업무에 투입이 가능하게 할 수 있었다. 물론, 아직까지도 이러한 것은 SNCF 근무규칙과 대립되고 있다. OUIGO에 더 우호적인 직원관리와 근무환경이지만 저비용 항공사와 OUIGO 간에는 현저한 차이가 있다. 여러 가설이 이러한 차이를 설명하고 있다. 첫째, SNCF에서 설립되어 OUIGO는 기존 공공서비스로부터 분명하게 승계된 동일한 기업문화를 공유하고 있다. 또한 노동조합의 영향은 꽤 중요하게 유지되고 있으며 작업환경에 대한 잠재적 악화를 제한하고 있었다.

저비용 항공사 가운데 Ryanair는 네트워크 확장과 구성에서 직간접적으로 국가의 도움을 잘 받아 왔다. 기존 HSR 서비스는 때때로 서비스 제공 대가로 지역이나 지자체로부터 지원을 받고 있다(새로운 HSLs와 역, 역 업그레이드, 운영비용과 광고활동 등의 공동투자). 이러한 지원은 어느 정도 HSR 네트워크를 구축하는데 기여한다. 반대로, OUIGO는 현재까지 국가의 인센티브를 받지 못하고 있으며, 자신들이 네트워크를 구성하고 투자하기 위한 시장과 기술적 요소에 대하여 많은 고민하고 있다.

저비용 항공사는 외곽공항 혹은 주요 공항에서 별도의 터미널을 이용하지만, OUIGO는 기반시설 부담금을 납부하고 기반시설을 이용하고 있다. 프랑스에서, 기반시설 부과(ICs)는 예약부과(RC), 교통량 부과(TC), 네트워크 접근에 대한 부과(ANC), 기본서비스 (BS)를 포함해서 여러 요소로 구성되어 있다. ANC은 공공운송 당국과의 협정에 따라 효율적으로 운영하는 것에만 관심이 있고, HSR서비스에서는 고려하지 않고 있다. BS는 역의 이용, 전기견인시설, 전기 견인의 공급과 수송에 대한 기여와 잠재적인 것을 포함하고 있다.

〈표 5-9〉는 프랑스에서 운영하고 있는 기반시설 사용료의 예시를 나타내고 있다. 기반시설에서 주요 차이는 예약부과라 불리는 사용료이다. 이것은 파리 중앙역이 종착역 또는 출발지가 아닌 HSR 서비스의 할인운임 때문에 발생한다. 이에 비하여 Marne-la-Vallee Chessy(파리 중앙역과 비교하여)서 정차하기 위해 부과되는 낮은 철도역 비용은 영향이 적게 미친다.

각각 8량과 16량으로 구성되는 HSR의 운영은 네트워크 기업이기 때문에 기간시설 사용료를 고려하여 가능한 더 긴 열차를 운영하고자 한다. OUIGO의 사례에서, 열차운영에 대한 좌석 하나당 기반시설 부과금이 거의 11유로가 되며 이는 가장 낮은 어른 운임인 10유로와 비슷한 수준으로 나타나고 있다. OUIGO는 열차운용 과정에서 저비용

〈표 5-9〉 파리-리용 구간 기간시설 사용료 비교 (유로, 비첨두시간, 2014년)

비용(유로)	중앙역에서 TGV		적절한 역에서 OUIGO	
예약수수료	7,661.89	71%	4,559.08	61%
운송운임	2,008.70	19%	2,085.93	28%
기차역 기본서비스	655.48	6%	353.10	5%
기타 기본서비스	492.66	5%	504.18	7%
합계	10,818.72	100%	7,502.29	100%
좌석당	10.61	-	5.92	-

항공사 모형을 따르고 있는데, 고정비용을 상쇄시키기 위해서 전통적인 HSR보다 더 많은 철도차량을 이용하는 방식이다.

OUIGO는 두 열차를 많은 시간 동안 운영한다. 서비스는 오전 6시경부터 시작하여 한 열차는 21시 이후에 운항을 종료하고, 다른 열차는 자정 이후에 종료한다. 이 스케줄은 기본 유지보수와 밤샘 청소를 포함하고 있다. 하루 동안의 열차운영은 가능한 더 많은 시간 운행하고, 목적지와 도착지에서 시간을 줄여 가동률을 높이고 있다. OUIGO 열차는 종착역에서는 31~52분 사이를 보내지만 일반적으로 기존 프랑스 고속열차는 40분 이상 오랜 시간을 보내고 있다. SNCF는 기존 HSR 모형과 다르게 사고 시에 추가적으로 OUIGO 열차를 투입하지 않으며, 중정비 기간 동안에도 추가 열차 투입이 없어 서비스를 축소하고 있다.

OUIGO 열차는 기존의 프랑스 고속열차인 HSR의 연간거리의 두 배를 운행하는 것으로 추정하고 있다(Ciry, 2014). OUIGO는 기존 항공사에서 동일한 기종에서 더 많은 좌석으로 운영하는 밀도의 경제를 수행하는 저비용 항공사 모형을 따르고 있다(Doganis, 2006). 이러한 경제성을 달성하기 위해, OUIGO는 복층열차, 두 배 길이의 고속열차를 사용한다. 따라서 좌석밀도는 증가되고 좌석이 있는 식당차의 교체와 수하물 적재 공간을 재이용하였다. 현재, 좌석 사이의 더 넓은 공간으로 OUIGO 단수철도(8량)는 기존 HSR 서비스보다 23% 더 많은 좌석을 제공하여 동일한 객차에서 530석 대신 634석(16량 차량의 경우 1268석)의 좌석을 제공한다.

(2) 네트워크 지역

〈표 5-10〉은 저비용 항공사와 기존 프랑스 HSR 네트워크 지역을 자세히 보여주고 있다. 네트워크 수준에서, 저비용 항공사는 평범한/트렁크 노선(예: Milan-Rome)과 낮은 밀도의 틈새노선(예: Briston-Bergerac)을 혼합하여 운영하는 것으로 알려져 있다. 몇몇의 저비용 항공사가 이전 모형으로(예: Easyjet), 다른 항공사들은 후발 주자(예: Ryanair) 또는 혼합(예: Germanwings) 모형으로 운영하고 있다. 이에 비하여 OUIGO는 프랑스 고속철도 기간노선인 고속철도 선로(HSL)를 중심으로 기본 네트워크를 운영하고 있다. 다시 말해 Paris-Lyon-Marseille/Montpellier 노선은 〈그림 5-14〉와 같이 거의 대부분 HSL상에서 운영되고 있다. 이러한 특징은 전통적인 프랑스 고속철도 HSR 네트워크에서는 더욱 중요한데, HSL를 이용하여 더 많은 서비스를 제공할 수 있는 노선을 구축할 수 있기 때문이다.

〈표 5-10〉 네트워크 구조

구분	LCC	OUIGO	전통적 프랑스 고속철도
운영노선	기간노선과 지엽노선의 혼합	파리와 리용에서 중앙역 이용을 피하기 위해 지중해까지 기간노선. 기존 선로 이용 최소화	기간노선 혼합, 파리 중앙역을 우회하는 지역연결편 서비스
이용공항 및 철도역	Ryanair는 지역공항 또는 외곽공항 이용. 대형공항의 경우 전용 터미널 이용. EasyJet은 주요 공항 이용. 필요시 전용터미널 이용	파리, 리용-중앙역 이용 않함. 기타도시-차별화 없음.	파리, 리용에서 하비적이면 적절한 철도역 이용. 기타지역은 중앙역 이용
선로	없음	높은 열차 회전률을 위해 기존 선로 이용 최소화	고속철도 선로와 전통 선로 이용
연결편	없음	없음	복합티켓 판매, 복합 환승 티켓 판매

OUIGO 네트워크는 프랑스 대도시의 일부 지역을 포함하여 많은 잠재적인 고객을 서비스하기 위해 설계되었다. 이것은 다른 교통수단과 유사하지만, 고속철도 서비스가 여행시간 면에서 항공교통과 경쟁할 수 있는 중요한 요소가 되고 있다. OUIGO의 서비스 지역 또한 개인, 레저, 관광에 집중된 시장을 서비스하기 위한 형태로 구성되어 있다. 이러한 여행목적이 북쪽으로 HSR이 운행하는 Lille와 그의 지역이 1994~1995년 26%에 비해서, 2003년 Paris-Marseille HSR 노선에서는 52%에 해당하고 있다. OUIGO는 또한 단거리 노선의 운영을 피하고 있는데, 고객의 매력을 끌지 못하는 1시간의 여행을 위해 30분이 소요되는 엄격한 수속시간이 장애가 되기 때문이다.

OUIGO는 네트워크 운영을 확실하게 하기 위하여 대부분 HSR에 요구조건을 제시한다. 종착지점에서 짧은 회항시간은 잠재적인 지연을 감소시키는데, 기존 노선에서 고속열차 승차 시 지연이 자주 발생하고 있다. 결과적으로 프랑스에서 낮은 비용의 고속열차 서비스가 필요하였다. 국가 차원에서 OUIGO의 네트워크 지역에 새로운 서비스를 제공하는 경우 단거리 노선(주어진 탑승시간) 또는 장거리(기존 노선 탑승 회피) 노선같이 많은 정차지점을 갖고 있는 과밀 네트워크 운영을 예방할 수 있다.

터미널 부문에서, 몇몇 저비용 항공사, 특히 Ryanair는 외곽공항이나 기존 대형공항 내에서 독립적인 터미널에서 서비스하는 것으로 알려져 있다. 외곽공항들은 지역공항과 도시지역의 독립적 공항(예: Rome Ciampino, Lodon Stansted)을 들 수 있다. 이러한 공항에

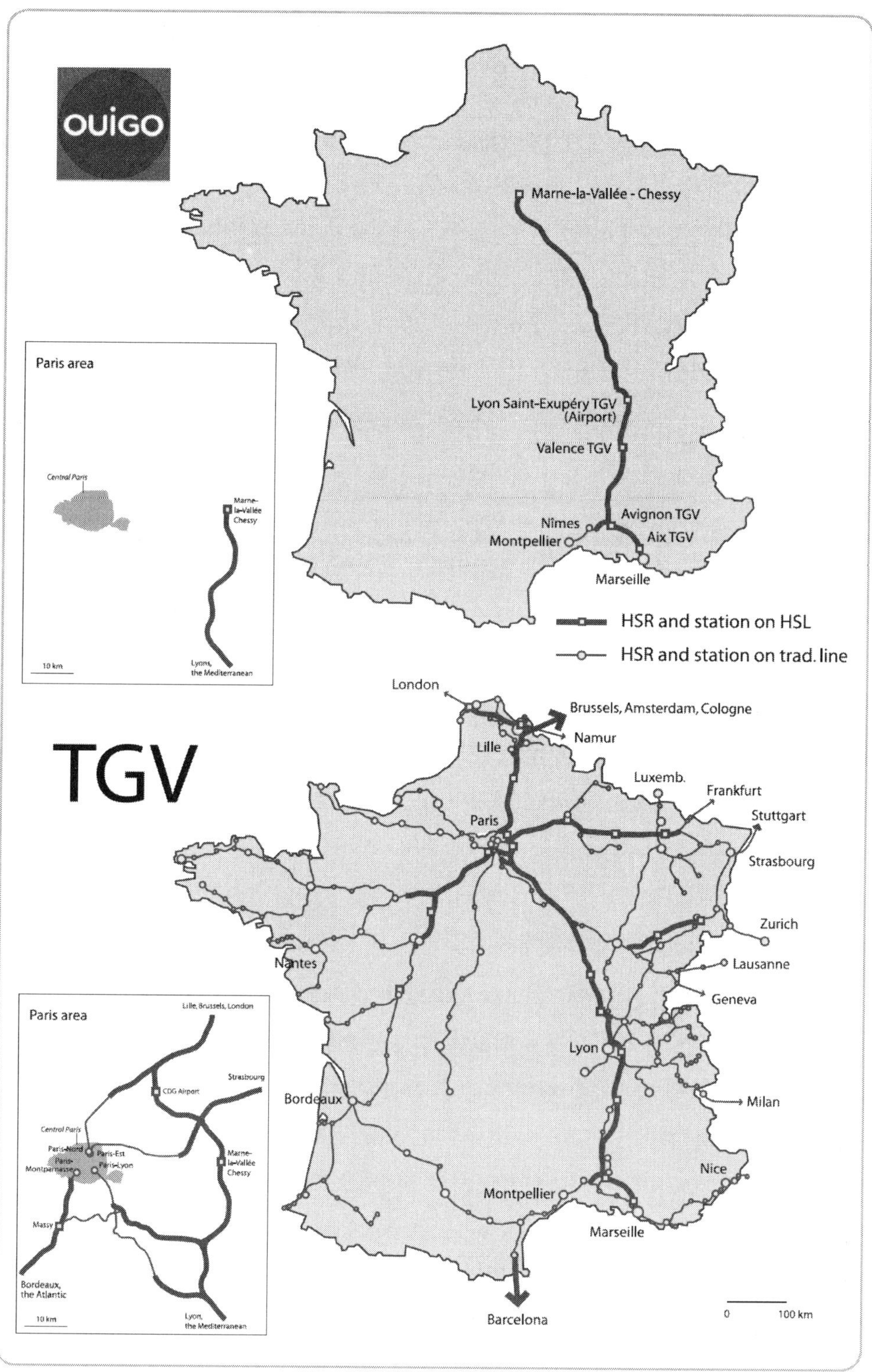

자료: Delaplace & Dobruszkes (2015).

〈그림 5-14〉 OUIGO와 TGV 네트워크 구성도

서 서비스하는 것은 낮은 공항비용, 공항세금 협상에 대한 여지, 혼잡스럽지 않거나 혼잡이 적고, 회항시간을 쉽게 단축하거나 틈새시장을 서비스 할 수 있는 잇점 때문이다.

OUIGO는 다소 다른 목적이지만 이러한 전략을 따르고 있다. 파리 대도시 지역에서, 파리 중앙역에서 출발 및 도착을 하지 않음으로 기반시설 비용을 현저하게 절감할 수 있다. 또한 파리 Gare-de-Lyon(중앙역) 지역은 심각한 공급과 운영의 문제들이 일어나고 있어, 저비용 고속철 운영이 어렵다는 것을 알 수 있다. Lyon에서 Air-en-Provence까지, 고속철도 상에 위치해 있는 모든 주변 역의 서비스는 남부에 있는 대형도시(Marseille & Montpellier)로부터/또는 이 도시까지 경쟁력 있는 여행시간을 제공한다.

주변 목적지를 서비스하는 것은 접근과 출발시간에 대한 일반적인 문제를 제기한다. 공공수송을 위해 주변 목적지 터미널은 일반적으로 작게(혹은 매우 빈약하게) 제공되고 지역적으로 불리한곳에 위치해 있다. 특히 여행객들이 열차역의 반대 외곽지역 또는 도시 중심에 거주하는 사람들은 열차역까지 접근하기 위한 환승비용이 소요되고 있어, OUIGO의 낮은 운임에도 불구하고 이용이 제한되고 있다. 이러한 사례는 특히 Lyon에서 심각한데 이곳에서는 도시 중앙과 연결되는 공공수송 수단이 민간 사업자가 운영하는 트램이다(Rhonexpress 노선). 가장 저렴한 OUIGO의 왕복 항공권이 20유로인데 비하여, 트램의 성인 왕복 승차권이 EUR 27.59유로이다. 그러나 공항에 모든 사람들이 거주하고 있지 않으며, 공항을 이용하는 고객의 대부분이 일이나 친지 방문, 도시 중앙의 방문 등을 목적으로 하고 있다. 예를 들어, 파리의 동부외곽에서 거주하는 사람들이나 일하는 사람들은 접근 환승비용으로 인해 파리 Gare-de-Lyon 중앙역이나 Marne-la-Vallee Chessy 외곽 역을 이용하는 것이 비용 면에서는 거의 비슷할 것으로 추정되고 있다.

OUIGO는 연결 편 판매에서 저비용 항공사를 포함해 공유를 금지하고 있다. 실제로 여객들이 두 서비스 사이의 연결을 원하면, 별도로 2개의 승차권을 구입해야 하며 지연의 경우 모든 위험을 감수해야 한다. 이것은 OUIGO 네트워크의 공간적 규모로만 제한하고 있다. 저비용 항공사가 파리와 Marseille, Montepellier 혹은 도시 간 항공편을 운항하지 않음으로 OUIGO는 저비용 항공사와 직접적으로 경쟁하지는 않는다. 실제로, 저비용 항공사는 여행시간(예: Marseille-Lille, Montpellier OUIGO 노선을 포함하고, 터미널로 부터의 출발이나 도착에 대한 접근 및 출발 상황에 의존하고)과 관련되어 매력이 떨어지는 HSR서비스가 있는 곳에서 노선을 운영하고 있다.

〈표 5-11〉 마케팅 및 의사소통 체계

구분	저비용 항공사	OUIGO	전통적 프랑스 고속철도
목표고객	여가고객	여가고객	높은 운임고객 중심의 전체 고객
임직원 태도	즐거움을 제공	친근함	중립적임
웹사이트	자체 웹사이트	전용 웹사이트, SNCF와 관련 없음	잘 알려진 웹사이트, OUIGO를 포함한 다양한 언어 이용
제복	특이한 색상	밝은 청색계열	회색와 진청색, 흰색과 회색

(3) 여행 전: 마케팅, 소통과 예약

마케팅과 소통 측면에서 OUIGO는 젊은 직원들의 태도와 쉬운 웹사이트 이용 등으로 고객에게 친구 같은 인식이 되는 것이 목표이다. 제복의 상징성은 신선함과 독특함(밝은 파란)이 되도록 디자인하고 있으며, 저비용 항공사들이 독특한 색을 사용하는 것과 같이 새로운 브랜드 이름이나 상품으로서 OUIGO의 판촉을 지원하고 있다. 이러한 요소들이 OUIGO가 저비용 항공사 모형과 유사한 경향을 보이는 특성으로 볼 수 있다. 그러나 OUIGO는 저비용 항공사와는 대조적으로 분명하고 투명한 정보를 채택하고 있다. OUIGO는 다음 시즌의 예약일자를 공개할 것이라고 발표한다. 웹사이트는 여정(어른)에 따라 10유로에서 35유로 또는 85유로까지 다양한 운임구조를 보여주고 있으며, 추가나 할인은 주요 페이지로부터 접근이 가능한 부분에서 분명하게 보여주고 있다.

초기 혁신적인 상품으로 보이는 기존 프랑스 HSR은 고속운송 서비스에 중점을 두어 왔다. TGV의 설립은 여객의 프로파일로부터 영향을 받았다. 기존 HSR은 사회적 상위층, 단체 직장인과 모바일 근로자에 의해 많이 이용되었다. 이에 비하여 OUIGO는 대부분 비즈니스 여객들과 가족들에 의해 이용되었다. OUIGO를 탑승한 여객의 20~25%가 어린이이지만 프랑스 기존 고속철도의 경우는 단지 6%로 나타나고 있다.

예약과정 〈표 5-12〉에서, OUIGO는 여러 방법에서 저비용 항공사와 유사하게 나타나고 있다. 승차권 판매 사무실과 판매 대리점이 없으며 여객들은 e-탑승권을 출력하거나 또는 스마트폰에서 보여줘야 한다. 그러나 이것은 특정 집단에게 일부 할인을 하는 기존 프랑스 HSR과는 다소 상이하다. OUIGO는 기존 프랑스 HSR (무료예약, 국제나 신용카드사용에 대한 추가 비용이 없으며 장애여객과 동반하는 여행객은 할인)과 일부 속성들만 공유하고 있다. 이에 비해 몇몇 서비스는 OUIGO 혹은 기존 HSRs(예를 들어,

〈표 5-12〉 예약수준 비교

	Low-cost airlines	OUIGO	Trad. French HSR
Bookings	*Internet or by phone (premium fare)*	Internet and smartphone only	*Internet, (smart)phone, stations and travel agents*
Ticket	e-Ticket Compulsory self-printing	e-Ticket Compulsory self-printing or smart-phone-based e-ticket	*e-Ticket, self-printing or printed*
Overbooking	*Depending on the airlines*	No	No, but extra seats explicitly sold over normal capacity (foldaway seats)
Compensation in case of delays or cancellation due to the transport company	Airlines are supposed to follow EU regulations	Less favourable specific general terms and conditions of sale	*Favourable scheme in case of delays or cancellation*
Booking opening	*Ryanair: 8 months*	About 4–6 months	*3 Months*
Booking fees	***Used to be quite common***	None	None
Extra fees for international/credit card use	***Quite common***	None	None
Free luggage	*One hand luggage*	One hand luggage and one hand bag	***Any***
Extra luggage	Extras E.g., Ryanair: from EUR15 to EUR45 online and from EUR30 to EUR75 at the airport	Any extra and/or larger luggage EUR5 if booked in advance or EUR40 at the station	***None***
At-home luggage pick up/delivery	None	None	***Yes (extra fee)***
Disabled	*No free ticket but discount may apply for the accompanying traveller (subject to airlines)*	Free ticket for one accompanying traveller (depending on the handicap)	*50%–100% Discount including one accompanying traveller (depending on the handicap)*
Registered disabled ex-servicemen	No discount	None*	***50%–75% Discount and up to 100% discount for one accompanying traveller (depending on the handicap)***
Discounts for younger people	*Infants: EUR30 (Ryanair)* *Discount under 16*	EUR5 for any child under 12. No free travel on adult's lap	***Free under 4 (on adult's lap)***
Discounts for older people	None	None	***50% discount under 12 and 25% discount from 61***
Other discounts based on the traveller	*None*	Groups (4–8 adults)*	***Various discount cards depending on age and family's size*** Discount for groups and families ***Discounts for SNCF's workers and their relatives***
Refundable/flexible tickets	*Depending on fares or subject to administrative fees*	No Personal tickets	*Depending on fares and on booking way*
Booking and real-time information by SMS	*EUR1.30 (Wizzair)* *EUR1.69 (Ryanair)*	EUR1 (return)	***Free***
Pets	***None (except guide dogs)***	Less than 6 kg and put into a bag: counted as extra hand luggage, so extras may apply More than 6 kg: EUR30	*Less than 6 kg and put into a bag: EUR6* *More than 6 kg: 50% discount based on second-class adult full fare*
Electrical socket	***None***	EUR2	***Free (when it exists)***

자료: Delaplace & Dobruszkes (2015).

OUIGO에서의 추가운임은 전기소켓 이용이지만 애완견의 무게나 다른 수하물에 따라 무료거나 저렴한 추가 운임이 부과)에서 더 매력적이 될 수 있다.

OUIGO는 모바일 운임에 대해 저비용 항공사와 기존 HSR과는 대비된다. 실제로, 12세 이하 여객은 어떤 편도 여정에 대해서도 매우 늦게 예약을 했을지라도 언제나 5유로를 지불한다. 이것은 4세 이하는 무료승차권이 없다는 것을 포함하고 있다. 12세 이하 5유로 운임은 대부분 가족과 레저 여행객들에게는 매우 매력적이다. 더욱이, 유모차는 추가 수하물(무료임)로 간주하지 않는다. 그리고 12세 이하의 아동이 3명이면 추가 수하물도 무료로 제공한다.

(4) 터미널에서 탑승경험

주요 주변 역의 서비스에서 OUIGO는 기존 HSR와는 다르게 대응하고 있다. 즉, 중앙역과 그 주변에서는 〈표 5-13〉과 같이 대기시간 동안 쇼핑, 카페, 개인일정 등을 소비할 수 있다. 중앙역은 보다 많은 운송 노선이 있고 활동하는 장소로 이해될 수 있다(Bertolini & Spit, 1998). 이에 비해 주변 역들은 외곽지역에 고립되어 있거나 혹은 공항 근처에 있거나, 종종 최소의 편의시설들을 제공하고 있다. 저비용 항공사 여객들은 공항 혹은 터미널에 따라 다양한 것들을 경험할 수 있다. OUIGO는 여객들이 탑승수속(승차권 검사와 추가 수하물과 애완견을 포함)을 위하여 적어도 30분 선에 철도역에 나와야 하는 점에서 기존 HSR과는 다른 운영을 하고 있다. 비록 항공사 여객들은 사전에 탑승수속을 해야 하지만, 철도인 OUIGO에서의 30분 수속시간은 출발지에서 목적지까지 여행시간에 비하여 매력적이지 못하다. 그러나 상대적으로 이 같은 추가적인 시간은 장거리 여정에서는 영향이 적게 나타난다.

〈표 5-13〉 탑승과정의 경험 비교

구분	저비용 항공사	OUIGO	전통적 프랑스 고속철도
터미널 서비스와 상업시설	터미널과 공항여건에 종속됨	라운지가 없고, 상업시설과 서비스가 부족함. 역주변이 활성화되지 않음	주요역에 라운지와 다양한 상업시설. 역주변이 활성화됨
탐승수속 및 탑승시간	공항과 항공사 정책에 따라 다름	30분 전 탑승수속, 출발 5분 전까지 플랫폼 도착	2분 전 탑승수속 및 탑승

탑승경험에서 〈표 5-14〉는 객실승무원과 관련하여 OUIGO가 기존 HSR과는 차별화하고 있음을 보여준다. 기본적으로, TGV 여객은 승차권 검사로 승무원과 만나며 필요하면 몇몇 정보를 물어볼 수 있다. OUIGO는 승차권이 대부분 탑승 전 통제되므로 여객의 탑승 중 요구에 대해서 더 많은 객실승무원의 접촉이 필요하다. 친절한 객실승무원은 모

〈표 5-14〉 탑승경험 비교

구분	저비용 항공사	OUIGO	전통적 프랑스 고속철도
승무원/여객 접촉	빈번함 (판매 및 안전)	빈번함 (고객배려)	제한됨 (티켓검사 등)
식음료	음료 및 스낵 판매	식당칸 및 자판기 없음	음료 및 스낵 판매
객실시설(Wifi, 전원소켓 등)	없음	선택적 소켓, Wifi 제공 안 함	Wifi 제공, 필요 시 소켓 제공
좌석	대체로 좁은 공간	약간 여유 있는 공간	여유로운 공간
신문	판매	없음	없음
쓰레기/청소	운항 중 및 공항	개별 쓰레기통 없음. 청소업체 운항 중 청소, 야간 청소작업	청소업체 탑승 안 함

든 것을 점검하는 기차 안에서는 여객들의 질문에 대응해 준다. 객실승무원들이 안전과 판매에 보다 많이 관여하는 저비용 항공사의 사례와는 대조적이다.

OUIGO 여객들은 기존 고속열차에 비하여 수하물이 없을 때 제공 선반이 주어지지 않는 좌석으로 보다 넓은 좌석공간을 이용할 수 있다. 비록 선택사양의 전기 소켓 이용이 있지만 와이파이 혹은 개인적인 휴지통은 없어, 저비용 항공사와 같이 외주계약자들이 여정동안 가벼운 청소를 수행한다. 마지막으로, 다양한 벽보는 OUIGO의 전형적인 색깔과 완벽하게 일치하고 분명하게 친절한 메시지를 전달한다.

5.5.3 운임과 수요에 대한 기본적인 영향

OUIGO의 단위 비용은 기존 프랑스 HSR과 비교하여 절반으로 나타나고 있다. 이 비율은 저비용 항공과 거의 비슷하다. Delaplace & Dobruszkes(2015)는 예약과 여행일자에 따라 다양한 가설을 고려하여 3개 시나리오를 설계하여 운임과 수요에 대한 영향을 분석하였다.

(1) 시나리오 1: 늦은 예약, 비수기 여행

이 시나리오는 충동적이고 예측할 수 없는 여행을 고려한 것이다. 여정은 일과 시간에 준비하며 대체로 출발 4일전에 예약한다. 여행자들은 아침에 출발하는 경향이 있고 목적지에서 하룻밤을 보내며, 돌아오는 편은 가장 저렴한 편을 예약하고 간단한 손가방 정도만 휴대하고 있다. 이러한 시나리오에서 〈그림 5-15〉는 운임에서 현저한 차이를 보여주고 있다. OUIGO 복귀 운임에서 20~50유로 사이의 모든 노선을 고려하여 가장 저렴

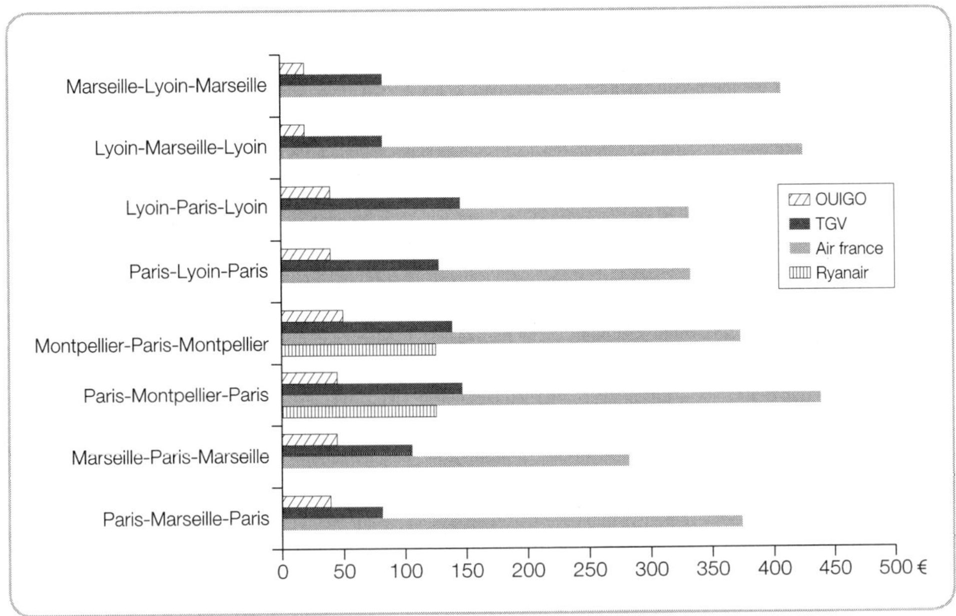

〈그림 5-15〉 Late Booking에서의 운임 비교

한 운임을 선택하는 것으로 나타나고 있다. 이에 비해 기존 HSR 서비스는 2배에서 4배까지 비싸고, 에어프랑스는 6배에서 21배까지 비싸며 Ryanair는 2.5~2.8배 비싸게 나타나고 있다.

(2) 시나리오 2: 마감직전 예약, 비수기 여행

이 시나리오는 이전 것과 비슷하나 예약을 여행하기 하루 전에 하는 등 촉박한 여행을 고려하고 있다. 모든 운임은 약간 높지만 OUIGO와 경쟁자들과의 운임 비율은 비슷하다(그림 5-16). 시나리오 1과 2에서 주목할 만한 것은 기존 HSR 서비스가 2배 이상 높다는 것이다. 즉, 여정 스케줄을 고려 시 유연성이 적은 기존 HSR은 현저하게 더 비싼 것처럼 보이고 있다.

(3) 시나리오 3: 긴 주말

이 시나리오는 Pentecost의 긴 주말과 관련이 있다. 대체로 토요일 아침에 출발하는 경향이 있고, 일찍은 아니지만 오찬을 위해 목적지에 시간 내에 도착한다. 복귀 여정은 점심 이후 월요일 오후에 하고 오후 늦게 혹은 이른 저녁에 돌아온다. 단지 하나의 손가방만을 지참하고 유연성은 요구하지 않는다. 운임은 시나리오 1이나 2보다 모두 현저하

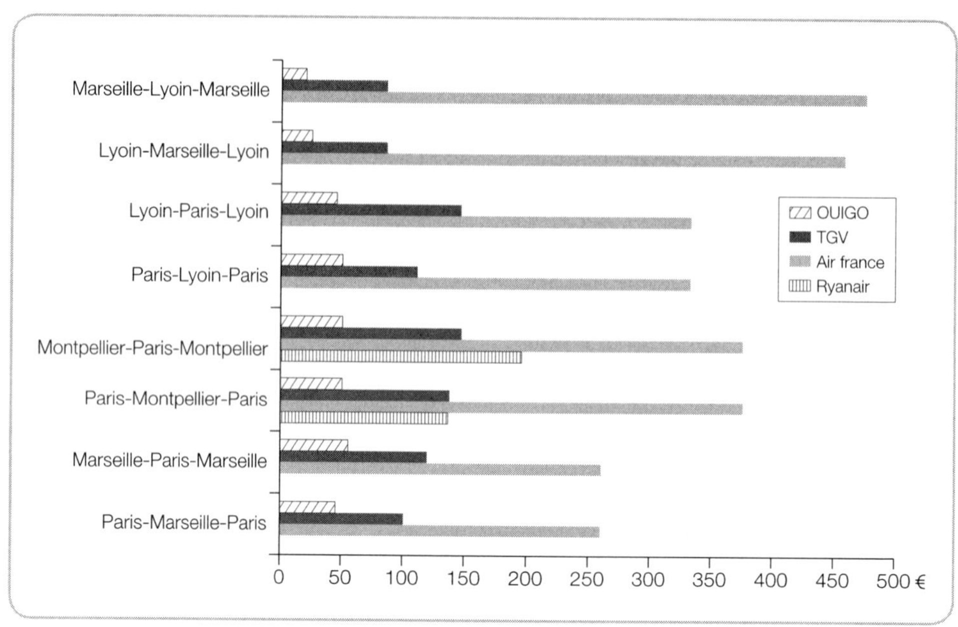

〈그림 5-16〉 Last-minute Booking에서의 운임 비교

게 높으며 비수기보다는 더 많은 것을 포함하는 경향이 있다.

Paris-Marseille 돌아오는 편을 고려하면, OUIGO는 모든 주의 예약에서 가장 저렴한 선택이 된다. 기존 HSRs내에서, iDTGV는 TGV보다 저렴한 운임으로 시작한다. 그러나 주중 TGV 예약은 가능하고, iDTGV는 일정시점에서 갑자기 더 비싸진다. 따라서 운임은 TGV보다 약간 저렴해지지만 저가 선택의 대상으로는 고려하지 않는다.

Paris-Lyon노선에서, OUIGO는 경쟁자들보다 저렴하게 시작하지만 예약을 시작했을 때 TGV 가격에 수렴된다. 에어프랑스는 그때 가장 저렴한 선택이 되고 여행 2주전에 가장 비싸진다. 결론적으로, OUIGO는 비수기 동안 저가/저운임으로 선택된다. 성수기 동안은 운임이 높지만 경쟁자들보다 현저하게 낮출 수 있다.

(4) 접근 비용

운임비교는 접근 여정의 비용을 고려하지 않고는 이해를 할 수 없다. 고객이 어디로부터 출발하고 도착하는지에 관한 광범위한 장소를 인지해야 한다. 모든 경우를 분석하는 것은 어렵지만 도심지역에 대한 접근을 분석하는 것은 비교적 간단히 분석할 수 있다. 주요(기대된) 결론은 도심지역으로부터 HSR 주변역까지의 접근에 시간이 소비되며 비용이 추가로 소요된다는 것이다. 지역 공공수송에 의존하여 주변 터미널을 접근하는

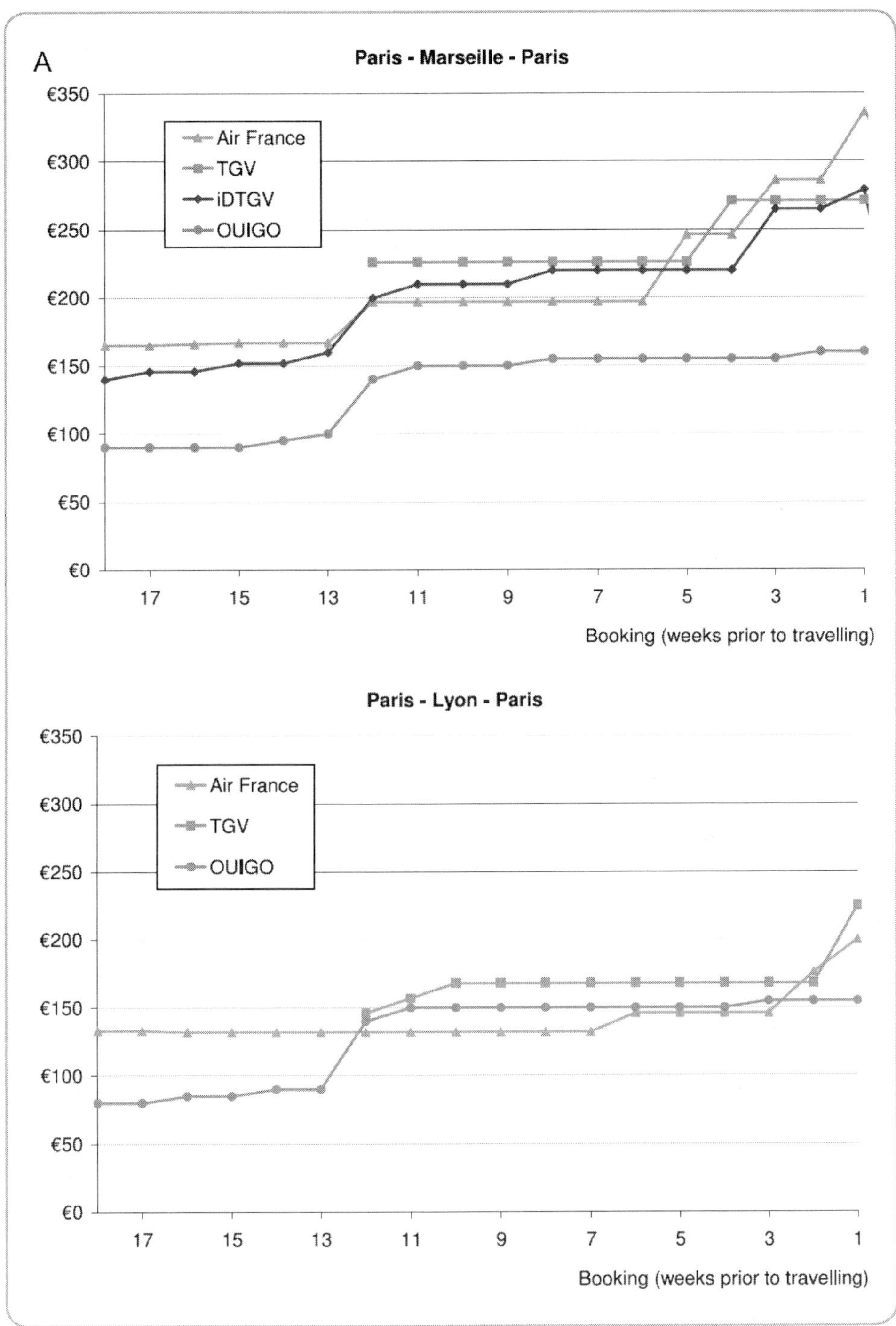

〈그림 5-17〉 장기 휴가기간의 운임비교 (2014년 6월 7일~9일)

〈표 5-15〉 도심과 터미널 간 대중 접근교통

Terminals	Transport mode and service	Location	Public transport	Travel time*	Single	Return
Paris Gare-de-Lyon station	HSR (TGV only)	Central, main station	Underground/RER	6.5	€1.70	€3.40
Marne-la-Vallée Chessy station	HSR (OUIGO)**	Peripheral HSR station	RER	45.0	€7.50	€15.00
Paris CDG airport	Air**	Largest Paris airport	RER	41.5	€9.75	€19.50
Paris Orly airport	Air	Second Paris airport	RER+rail shuttle	39.5	€11.65	€23.30
Marseille Saint-Charles station	HSR (OUIGO+TGV)	Central, main station	Underground	5.0	€1.50	€3.00
Marseille Provence airport	Air	Peripheral airport	Shutlle bus + underground	46.5	€8.80	€13.20
Montpellier Saint-Roch station	HSR (OUIGO+TGV)	Central, main station	Tram	7.5	€1.40	€2.50
Montpellier Méditerranée airport	Air	Peripheral airport	Tram + bus	52.5	€2.60	€5.20
Lyon Part-Dieu station	HSR (TGV)	Central, main station	Underground	26.0	€1.70	€3.40
Lyon Saint-Exupéry airport & station	Air/HSR (OUIGO)***	Peripheral HSR station beside the airport	Express tram + underground	55.0	€15.70	€27.20

것은 사실상 비싸므로 이것은 OUIGO의 매력적인 운임을 상쇄시킨다. 역으로, 주변 터미널은 외곽으로부터 혹은 외국으로 통근하는 사람들에게는 시간 효율적이고 비용 효율적이다. 주차운임을 지불하지 않으며 공공 운송수단은 매력적이다.

(5) 수요의 영향

2013년 9월, OUIGO는 약 6개월 내에 백만 승차권의 판매(사람들은 좋은 가격에서 유연성을 얻기 위하여 동일한 여정에도 값이 매우 저렴한 여러 승차권을 구입하기 때문에 일부는 여행가능성이 적다)에 도달한다고 발표하였다. 2014년 2월(개시 후 10달), 이백만 개의 승차권이 판매되었다. 이것은 겨울기간임에도 불구하고 판매가 성장하였다는 것을 보여주고 있다. 2014년 9월(개시 후 일 년 반 이후), OUIGO의 고객은 500만 명이 되었다. 2013년 결과를 고려하면 20만 명 이상의 여객이 10유로로 여행했으며 30만 명의 아동들이 5유로로 여행하였다. 이미 언급한 대로 가족의 이용은 기존 프랑스 HSR보다 훨씬 크게 나타났다.

2013년 실시한 설문조사에서 OUIGO 사용자의 약 25%가 만일 OUIGO가 없었더라면 전혀 여행을 하지 않았을 것이라고 응답하였다. 이것은 다양한 새로운 HSR 서비스에서 관측된 교통량에서 유도된 공유와 일치한다. OUIGO 여객의 다른 25%는 다른 교통수단을 통해서 환승하는 것으로 조사되었다. 또한 SNCF 임원이 보고한 것은 200만 명 여객의 53%가 1년 후 기존 HST 고객으로 계산된다는 것이고, HSR가 OUIGO가 출현하기 전 지배적인 운송수단이었음을 나타내 주고 있다.

5.5.4 시사점

OUIGO가 일반적인 저비용 항공사 정의를 충족하는지는 알 수 없지만, 프랑스에서 기존의 고속철도인 HSR과는 다른 사업모형을 택하고 있다. 생산부문의 관점에서 OUIGO는 제도 및 인력운영과 관련해서는 프랑스 HSR 모형을 따르고 있다. 반면에, 기술적인 요소(기반시설 청구, 차량 이용, 좌석 밀도 등)는 다른 모형을 택하고 있다. 즉, OUIGO는 저비용 항공사 모형을 따르는 것으로 분석되고 있다.

네트워크 관점에서 OUIGO는 하이브리드 네트워크 모형을 따르고 있다. 저비용 항공사가 택하고 있는 비연결 운항 정책이 OUIGO에서도 채택되고 있고, OUIGO는 저비용 항공사의 마케팅과 소통기법에서 유사성을 보이 있어 기존 HSR 모형과는 대조가 된다. 예약과 관련된 고객의 신택 또는 터미널에서의 고객경험에서 OUIGO는 하이브리드 모형을 택하는 것으로 보여진다. 또한, 탑승경험은 저비용 항공사와 기존 프랑스 HSR 모두와 차이를 나타내고 있다.

OUIGO는 단순히 저렴한 HSR 서비스가 되지 않지만 많은 부분에서 저비용 항공사와 대비된다.

- OUIGO는 하이브리드 모형으로 볼 수 있지만, 철도운송이 공공운송의 특성을 가지고 있어 제도적인 측면을 무시할 수 없다. 공기업은 여전히 많은 공공 서비스 의무와 강력한 노동조합의 관계유지 책임를 가지고 있다. 따라서 OUIGO는 신자유주의 전략만을 수행할 수 없다.
- OUIGO 모형은 철도산업에 대해 기술적 제약의 특이성에 의해 구분될 수 있다. 선형 기반시설, 다양한 제약, 공급 문제 등 이러한 것들은 기존 HSR 모형으로부터 쉽게 배제될 수가 없다. 또한 쉽게 저비용 항공사 모형을 재생산할 수 없다. 결과적으로 OUIGO는 저운임 상품으로 OUIGO을 포지션 하는 경향이 있다.

고속철도 부문에서 경쟁문제는 심각하게 증가할 것으로 예측된다. SNCF는 국가 차원에서 독점적으로 운영되어 왔다. 저비용 항공사로 부터의 경쟁은 HSR 시장점유율이 적은 곳인 장거리 노선에서는 아직도 제한이 있다. 그러나 EU가 도입하려는 철도자유화의 다음 단계는 국제 주요노선을 더욱 개발할 것으로 예상된다. 특히, 저비용 항공사는 단거리 노선을 포함하여 점점 더 많은 노선을 취항할 의도를 가지고 있어 SNCF는 이렇게 증가하는 경쟁을 고려하여 대응할 수 있어야 한다.

따라서 OUIGO에게는 새로운 경제모형, 관리, 종업원 관계, 고객과의 관계, 새로운 기업 혹은 브랜드 이미지, 세분화된 시장을 처리할 수 있는 능력에 대하여 전통적인 사업 모형의 변화를 테스트할 수 있는 기회가 된다. OUIGO는 HSR이 비싸고 고급상품이라는 인식이 증가할 때 프랑스 HSR의 새로운 이미지에 공헌할 것이다.

5.6 저비용 항공사의 성장과 지속성의 과제

5.6.1 유럽 저비용 항공사 설립과 운영

전 세계적으로 저비용 항공사의 사업영역이 급속히 확대되고 있다. 항공시장에 대한 규제 완화 이후 유럽과 미국을 중심으로 등장한 저비용 항공사 사업모형은 고객의 욕구와 맞으면서 커다란 발전을 이뤄왔고, 글로벌 저비용 항공사가 출현하게 되었다. 저비용 항공사의 사업 확대로 평균운임은 지속적으로 인하되고, 인하된 운임은 새로운 수요를 유인하는 효과를 통해 저비용 항공사의 발전의 동인이 되고 있다.

그러나 신생 저비용 항공사가 모두 성공한 것은 아니다. 미국에서는 사우스웨스트항공이 저비용 항공사 사업모형으로 큰 성공을 하고 있으나, 실제로 항공시장 규제 완화 이후에 설립된 대다수 저비용 항공사는 사업을 철수하였다. 특히, 기존 항공사의 자회사 형태로 진입한 모든 저비용 항공사는 타 항공사 또는 모기업 항공사에 인수합병 되거나 사업을 철수하였다. 유럽에서도 유사한 현상이 나타나고 있다. 1992년~2012년의 20년 동안 유럽에서 설립된 신생항공사 중에서 저비용 비즈니스 모형으로 시장에 진입한 항공사의 대부분이 사업을 철수하였다.

미국과 유럽의 사례에서 보듯이 시장에 대한 규제 완화로 비교적 자유로운 시장진입이 가능해지면서 많은 신생 항공사가 설립되었지만, 대부분의 항공사는 수익성을 확보하지 못하고 사업을 철수하게 되었다. 저비용 항공사의 성장은 글로벌 항공시장에서 비즈니스 모형과 비즈니스 프로세스의 혁신에 큰 영향을 주었고, 항공사의 시장전략을 사업자 중심에서 고객중심으로 바꾸는 계기가 되었다.

저비용 항공사의 성장을 다룬 많은 연구가 있지만, 대부분 성장 요인을 확인하는 데 초점이 맞춰져 있었다. 그러나 실제 새롭게 시장에 진입한 항공사 중에서 일부의 항공사만 사업에 성공하여 시장에 존속할 수 있었고, 대다수의 항공사는 시장에서 철수하였다. 따라서 어떤 요인들이 신생 저비용 항공사의 사업철수에 영향을 주게 되었는지를 분석할 필요가 있다.

Budd et al.(2014)는 1992~2012년의 20년 동안 유럽에서 설립된 저비용 항공사 중 43개 항공사를 대상으로 분석을 실시하였고, 이들 항공사 중에서 사업을 철수한 33개 항공사를 대상으로 사업철수 요인에 대한 분석을 실시하였다. 본 절에서는 Budd et al.(2014)의 연구 결과를 중심으로 유럽에서 사업을 철수한 저비용 항공사의 특성을 살펴본다.

저비용 항공사에 대한 학계의 정의는 정립되어 있지 않다. 다만, 산업계를 중심으로 저비용 구조를 기반으로 선택적 운임제도를 통해 낮은 운임을 제공하는 항공사 정도로 인식하고 있다. Button & Ison(2008)은 이 같은 저비용 항공사의 유형을 다음과 같이 구분하였다.

- 전세항공사로부터의 전환형
- 사우스웨스트항공의 사업모형 복제형
- 기존 사업모형으로부터의 비용절감형
- 기존 항공사의 자회사형
- 정부 및 공공기관의 지원형

Budd et al.(2014)은 1992~2012년 동안 설립된 저비용 항공사 중에서 지역항공사 성격을 가지고 있는 Alpi Eagle(이탈리아), FlyBe(영국), Air Finland (핀란드) 제외한 43개 항공사를 대상으로 사업철수 항공사의 특성을 분석하였다. 이 중 사우스웨스트항공의 사업모형 복제형이 17개(40%), 전세항공사의 전환형이 15개(35%), 기존 항공사의 자회사형이 10개(23%)로 나타나고 있어, DeBon Air(영국)을 제외하고 모두 이들 3개 유형으로 설립되었다.

그러나 43개 저비용 항공사 중에서 33개가 사업을 철수하여 사업철수율이 77%의 높은 비율에 이르고 있다. 그러나 이 비율은 미국에서 항공시장 규제 완화 이후 설립된 항공사의 사업철수율 94%에 비하면 상대적으로 낮은 비율이다. 2013년까지 사업을 운영하고 있는 10개 저비용 항공사 중 4개는 사우스웨스트항공 사업모형 복제형이며, 2개사(Vueling, Gemamwings)는 기존 항공사 자회사형이다. Transvia(네델란드), Jet2(영국)은 전세항공사의 전환형이며, Air Berlin은 장거리 노선을 운항하고 있다.

유럽의 저비용 항공사 중에서 사우스웨스트항공 사업모형을 복제한 항공사의 사업 철수율은 17개 항공사 중에서 13개로 76%이고, 기존 항공사의 자회사형 항공사의 사업 철수율은 10개 항공사 중 8개로 80%로 나타나고 있다. 또한 전세항공사 전환형의 경우에는 15개 항공사 중에서 13개가 철수하여 87%를 나타내고 있다. 따라서 항공시장의 경

〈표 5-16〉 1992~2012년 설립된 유럽 43개 LCC 현황

항공사	국가	유형	국가별 유지율
VirginExpress	Belgium	FSC subsidiary (Virgin)	0%
Sterling	Denmark	Diversified charter operator	0%
FlyingFinn	Finland	Southwest copycat	0%
AirTurquoise	France	Southwest copycat	0%
AirBerlin	Germany	**Diversified charter operator**	40%
Dba		FSC subsidiary (British Airways)	
GermaniaExpress(gexx)		Diversified charter operator	
Germanwings		**FSC subsidiary (Lufthansa)**	
HLX		Diversified charter operator	
IcelandExpress/WOW	Iceland	**Southwest copycat**	100%
EUJet	Ireland	Southwest copycat	50%
Ryanair		**Southwest copycat**	
MyAir	Italy	Southwest copy-cat	0%
VolareWeb		FSC subsidiary (Alitalia)	
Windjet		Diversified charter operator	
Star1	Lithuania	Diversified charter operator	0%
BasiqAir	Netherlands	Diversified charter operator	33%
Transavia		**Diversified charter operator**	
VBird		Southwest copycat	
ColorAir	Norway	Southwest copycat	50%
Norwegian		**Southwest copycat**	
AirPolonia	Poland	Southwest copycat	25%
Centralwings		Southwest copycat	
GetJet		Southwest copycat	
WizzAir		**Southwest copycat**	
Snowflake	Scandinavia	FSC subsidiary (SAS)	0%

〈표 5-12〉 1992~2012년 설립된 유럽 43개 LCC 현황 〈계속〉

항공사	국가	유형	국가별 유지율
SkyEurope	Slovakia	Southwest copycat	0%
ClickAir	Spain	FSC subsidiary (Iberia)	50%
Vueling		**FSC subsidiary (Iberia)**	
FlyMe	Sweden	Southwest copycat	0%
FlyNordic		Diversified charter operator	
Goodjet		Southwest copycat	
AirScotland	UK	Diversified charter operator	18%
Bmibaby		FSC subsidiary (bmi)	
Buzz		FSC subsidiary (KLM)	
Debonair		No category identified	
easyJet		**Southwest copycat**	
FlyGlobespan		Diversified charter operator	
Go		FSC subsidiary (British Airways)	
Jet2		**Diversified charter operator**	
MyTravelLite		Diversified charter operator	
ThomsonFly.com		Diversified charter operator	
ZoomUK		Diversified charter operator	

주: 표 안의 굵은 글자는 2013년 운항 항공사임. WOW항공은 2019년 4월에 운항중단.

쟁이 심화되면서 많은 신생 저비용 항공사가 사업에서 철수하였지만, 사우스웨스트항공의 사업모형을 따르는 경우에서 상대적으로 낮게 나타나고 있다.

EU에서 신생 저비용 항공사의 설립시기를 연대순으로 구분하면 4개의 시점으로 구분해 볼 수 있다. 개척시기(Pioneer), 선발 진입시기(Early Adopter), 주류 진입시기(Mainsteam), 후발 진입시기(Late Adopter).

- 개척시기: 1992년 이전부터 1998년까지로 8개의 항공사가 설립되었다. Ryanair,

Noewegian, Air Berlin은 1992년 이전에 설립되어 운영되었으나, 1992년 이후 사업모형을 저비용 사업모형으로 개편하여 사업을 운영하였다. 이 시기에 진입한 항공사는 선발진입자의 효과를 활용할 수 있었으며, 저비용 항공사 간의 경쟁이 상대적으로 낮았다. 따라서 사업철수는 4개 항공사(철수율 50%)로 나타났고, 사업철수 전 평균 8.5년을 운영하였다.

- 선발 진입시기: 1999~2002년 기간으로 북서유럽 중심으로 8개의 저비용 항공사가 설립되었다. 이 중 6개 항공사(75%)가 기존 항공사의 자회사 또는 전세항공사의 전환형이었다. 그러나 8개의 신생항공사 중에서 7개가 사업에 철수하였고(사업철수율 88%), 평균 사업기간은 5.7년이었다. 다만, Bmibaby는 10년간 운항하였다.
- 주류진입 시기: 2003~2006년 기간으로 11개 국가에서 25개의 저비용 항공사가 신설되어 유럽 저비용 항공시장을 활성화하였다. 이 중 52%는 기존 항공사의 자회사 또는 전세항공사의 전환형이었고, 48%는 사우스웨스트 사업모형의 복제형이었다. 25개 신설 저비용항공사 중에서 20개 항공사가 사업을 철수(철수율 80%)하였고, 철수한 항공사는 평균 4.1년을 운항하였다.
- 후발 진입시기: 2007~2012년 기간으로 2개 저비용 항공사가 설립하였으나 모두 사업에서 철수하였고(철수율 100%), 평균 2년 운항하였다.

5.6.2 유럽의 사업철수 저비용 항공사의 유형과 특성

유럽의 저비용 항공사 설립은 EU의 확장과 같이 북서유럽에서 시작되어 점차 남부유럽, 지중해, 중부 유럽 및 동유럽으로 확산하는 추세를 보였다. 그러나 시장에 진입한 항공사들이 창출한 새로운 수요에 비하여 과도한 공급으로 경쟁이 심화되면서 재정적 압박이 심화되었다. 따라서 33개 항공사가 평균 4.7년 운항하고 사업에서 철수하였다.

사업에서 철수한 저비용 항공사의 평균 사업기간은 5개(15%)는 1년 이내, 26개(79%)는 5년 이내, 30개(91%)가 10년 이내를 운항하였고, 3개 항공사만 10년 이상 운항하였다. 최초의 사업철수는 1999년 영국 루튼 공항 기반의 DeBonair이다. DeBoneair는 사우스웨스트항공의 사업모형을 따르지 않고 새로운 사업모형을 시도하였다. 즉, 전형적인 저비용 항공사와는 달리 비효율적인 항공기를 이용하여 유럽의 주요 공항을 운항하였고, 비즈니스클래스를 운영하였다. 따라서 높은 비용구조를 감당하기 어려워 사업에서 철수하였다. 2003년 영국항공의 자회사 저비용항공사인 Go는 easyJet에 인수되었고, 같은해 스웨덴의 Goodjet도 사업에서 철수하였다.

〈표 5-17〉 연대별 유럽 저비용 항공사 설립시기

	Year	Number	Airline
Pioneer	Pre-1992	1	*Ryanair (founded in 1985 as a regional operator, restructured as a LCC in 1990/91*)*
	1993	1	*Norwegian*
	1994	0	
	1995	1	*easyJet*
	1996	2	Debonair, Virgin Express
	1997	0	
	1998	3	*Air Berlin (founded in 1978, launches Mallorca shuttle and seat-only low cost services in 1998**)*, Color Air, Go Fly
Early Adopter	1999	0	
	2000	2	Basiq Air, Buzz
	2001	0	
	2002	6	Bmibaby, *Germanwings*, Goodjet, HLX, MyTraveLite, SkyEurope
Mainstream LCCs	2003	13	Air Polonia, Air Scotland, dba, EU Jet, FlyGlobespan, Flying Finn, Germania Express, Get Jet, *Iceland Express (now WOW)*, *Jet2*, Snowflake, V Bird, WindJet
	2004	6	FlyMe, FlyNordic, MyAir, ThomsonFly.com, *Vueling*, *Wizz Air*
	2005	4	Air Turquoise, CentralWings, Sterling, *Transavia.com (Transavia founded in 1965, established subsidiary low cost brand Basiq Air in 2000, merged Basiq Air and Transavia to form transavia.com***)*
	2006	2	Click Air, Zoom UK
Late Adopters	2007	0	
	2008	1	Volare Web
	2009	1	Star1
	2010	0	
	2011	0	
	2012	0	

Airlines highlighted in italics were operational at the time of writing.
자료: Budd et al. (2014).

2003~2006년 기간에는 14개 저비용 항공사가 파산하거나 사업에서 철수하였고, 2007~2009년은 글로벌 경제위기로 인해 수익성을 유지하지 못하고 많은 저비용 항공사들이 사업에서 철수하게 되었다. 특히, 후발 진입 항공사들은 이미 시장에서 사업을 운영하면서 기반을 갖춘 저비용 항공사들과의 경쟁에서 차별적인 경쟁우위를 나타내지 못하였다. 선발 진입 항공사들은 안정적인 사업기반과 효율적 사업운영을 바탕으로 신생 항공사들과의 경쟁에서 우위를 점하게 되었다. 사업에서 철수한 항공사의 12개(35%)는 사우스웨스트항공 사업모형 복제형이었고, 12개(35%)는 전세항공사의 전환형, 9개(27%)는 기존 항공사의 자회사형 저비용 항공사이다.

항공사	개척시기			선발 진입시기				주류 진입시기				후발 진입시기					
	96	97	98	99	00	01	02	03	04	05	06	07	08	09	10	11	12
AirPolonia								■	■								
AirScotland								■	■	■							
AirTurquoise										■	■						
BasiqAir					■	■	■	■	■	■							
Bmibaby							■	■	■	■	■	■	■	■	■	■	■
Buzz							■	■	■								
Centralwings										■	■	■	■	■			
ClickAir											■	■	■	■			
ColorAir			■	■	■	■	■	■	■	■	■	■	■	■			
Dba								■	■	■	■	■	■				
Debonair	■	■	■	■													
EUJet								■	■	■							
FlyGlobespan								■	■	■	■	■	■	■			
FlyingFinn								■	■								
FlyMe									■	■	■	■					
FlyNordic									■	■	■	■	■				
GermaniaExp.*								■	■	■							
GetJet								■	■								
Go			■	■	■	■	■	■									
Goodjet							■	■									
HLX							■	■	■	■	■	■					
MyAir									■	■	■	■	■	■			
MyTravelLite							■	■	■	■							
SkyEurope							■	■	■	■	■	■	■	■			
Snowflake								■	■	■	■	■					
Star1														■	■		
Sterling										■	■	■	■				
Thomson**									■	■	■	■	■				
VBird								■	■								
VirginExpress	■	■	■	■	■	■	■	■	■	■	■	■					
VolareWeb													■	■			
Windjet								■	■	■	■	■	■	■	■	■	■
ZoomUK											■	■	■				

*GermaniaExp.: GermaniaExpress(gexx) **Thomson: ThomsonFly.com

〈그림 5-18〉 사업철수 항공사의 사업운영 시기

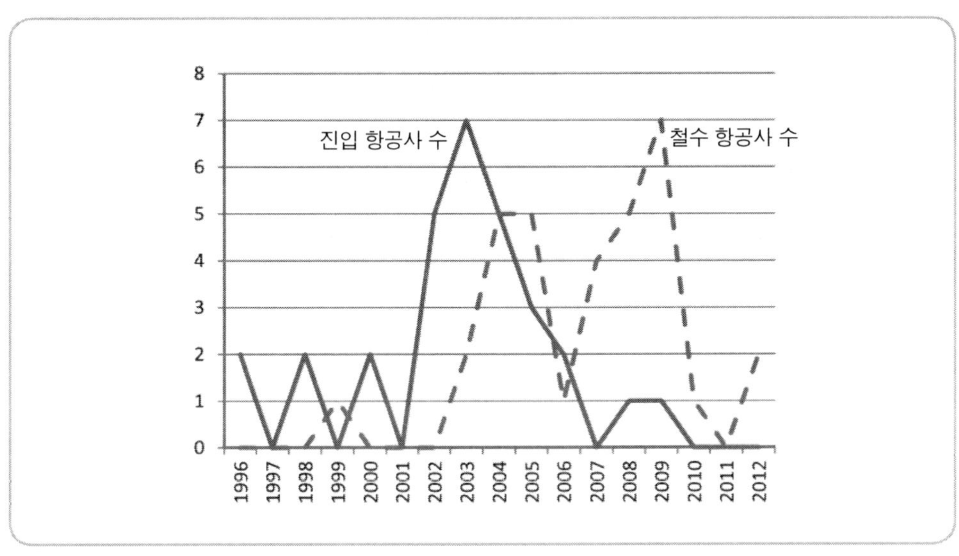

〈그림 5-19〉 유럽 저비용 항공사 설립 및 철수 현황

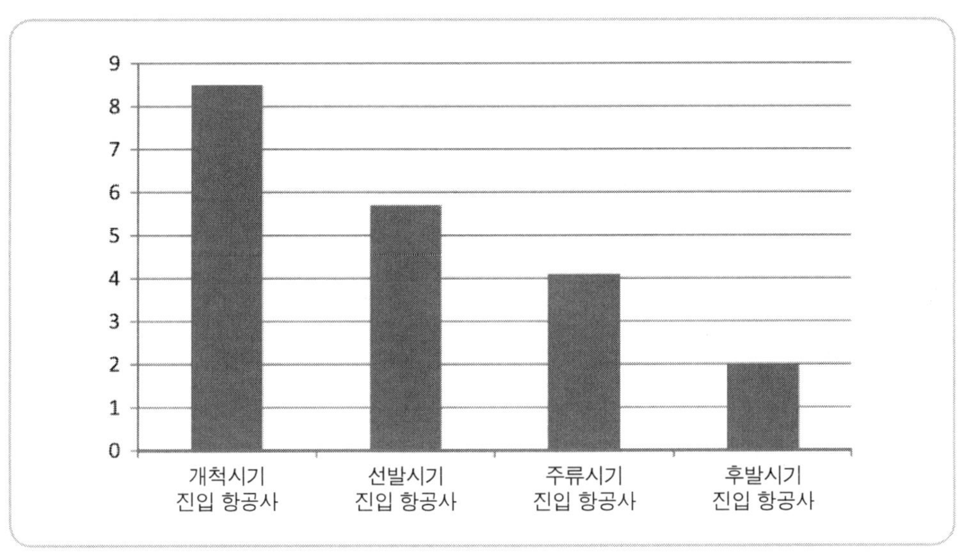

〈그림 5-20〉 유럽의 사업철수 저비용 항공사의 평균 사업기간

따라서 어떤 유형의 저비용 항공사가 사업운영에서 효과적 또는 비효과적이라 단정하기 어렵다. 2013년까지 운영되고 있는 항공사 중에서 2개 항공사는 기존 항공사의 자회사형(Germanwings, Vueling)이고, 3개 항공사는 지역기반의 저비용 항공사(Air Berlin, Norwegian, Ryanair)이고, 1개 항공사는 화물항공사인 Channel Express에서 전

환된 것이고(Jet2), Transvia는 전세항공사업자가 Basiqair와 합병한 항공사이다. 사우스웨스트항공 사업모형을 복제한 항공사는 easyJet과 Iceland Express(WOW) 2개뿐이다.

5.6.3 사업철수 항공사의 소유구조와 사업규모

유럽 항공시장에서 사업에서 철수한 항공사의 50%인 17개 항공사는 기존 항공운송사업을 운영하지 않았던 개인 또는 민간 기업이었다. 이들 항공사는 평균 2년 사업을 운영하고 철수하였다. 반면에 11개 항공사(32%)는 기존 항공사 또는 여행사가 투자하였고, 평균 4년 운영하였으며, 그중 3개 항공사는 10년 이상 운영하였다. 그러나 기존 항공사의 자회사 또는 전세사업자형 자회사의 경우는 수익성을 떠나 모기업의 전략적 판단에 따라 사업을 철수하기도 하였다. 반면에, 모기업의 재정적, 기술적, 인적 지원을 받는 것이 불가능한 독립계 저비용 항공사의 경우는, 모기업의 영향력 없이 보다 유연하고 혁신적으로 사업을 운영하면서 경쟁력을 키운 것으로 분석된다. 그럼에도 불구하고, 기존 항공운송 사업경험이 사업의 지속성에 긍정적인 영향을 주고 있음을 알 수 있다.

사업에 철수한 33개 항공사는 평균 10대의 항공기(1~48대)로 22개 목적지를 운항하였다(Air Turquoise, 4개 목적지 ~ centralwings 56개 목적지). 총 332대의 항공기를 운영하였으며, B737 계열이 57%, A320 계열이 18%, Forkker 70/100이 10%, ABe146s가 6%, MD80/82/83이 4%를 점유하였다. 99%는 제트기종을 운영하였지만, 1%(3대)는 터보프롭(Let410s 2대, ATR-42 1대)을 운영하였다. 사업철수한 항공사의 60%는 단일기종을 선택하였고, 2기종을 운영하는 항공사는 30%, 3기종을 운영하는 항공사는 9%로 나타났다. 2014년까지는 2/3이 단일기종을 운항하고 있으나, 단일기종 운영이 성공의 요소라 할 수 없다.

2013년 운항 중인 저비용 항공사에서 이용하는 항공기는 총 854대로, 98.8%는 제트기종, 1.2%는 터보프롭(Dash-8s)으로 구성되어 있다. 특히, 49.5%는 B737NGs, 43%는 A320 계열로 구성되어 있어 두 기종 계열이 92.5%를 점하고 있다. 주요 항공사별로는 Ryanair가 303대의 B737/800, easyJet가 193대, Air Berlin이 122대를 운항하고 있고, 5개사는 41대 미만을, WOW는 2대를 운영하고 있다.

유럽의 저비용 항공사는 비교적 소득수준이 높은 북서유럽을 시작으로 외곽공항을 이용하여 틈새시장을 운영하는 전략을 주로 취해 왔다. 그러나 사업을 철수한 항공사는 16개 국가에서 발생하였는데, 영국에서 29%가 나타났고, 이탈리아, 독일, 스웨덴에서 많이 발생하였다. 특이할 만한 것은 오스트리아, 그리스, 포루투칼, 룩셈브르크, 스위스에서는 저비용 항공사 설립 시도가 없었다는 점이다. EU의 확대와 유럽의 항공자유화 추세에도 불구하고 이들 지역에서 저비용 항공사 설립 시도가 없었던 것 또한 중요한 연구주제이다.

5.6.4 시사점

성공한 저비용 항공사로 대표되는 사우스웨스트항공은 단일기종을 유지하고, 서비스 신뢰도가 높고 연료효율성이 좋은 130석 이상의 항공기를 운영하고 있다. 특히, 항공사업의 핵심적 성공요인은 충분하고, 지속 가능하며, 장기간에 걸쳐 연중으로 수요가 만들어지는 노선을 개발하는 것이다. 따라서 운임전략을 통한 수요창출과 서비스 차별화를 통한 수요유인 등의 전략으로 노선을 개발할 수 있는 역량이 저비용 항공사의 성공요인이 된다.

사업에서 철수한 항공사는 이 같은 노선개발에 실패하였고, 동시에 비효율적인 항공기를 선택하여 운항하였다. 예를 들어, 영국의 EUJet는 공항에의 접근이 어려웠던 Kent의 Manston 공항을 기반으로 Fokker100 기종을 이용하여 운항하였고, 수익성을 내기 어려워 결국 사업을 철수하였다. 반면에, Ryanair는 유럽전역에서 공항접근이 비교적 유리한 외곽공항을 기반으로 303대의 B737-800을 운항하였고, 2013년 총 7,900만 명을 수송하였다. easyJet은 1995년 2대의 임대기를 이용하여 운항을 시작하였으나, 2012년 193대의 항공기로 5,900만 명을 수송하였다.

유럽에서 저비용 항공사의 성공은 다음과 같은 요인으로 평가되고 있다.

- 강력한 브랜드 및 상품인지도 형성
- 선발진입의 효과
- 발전된 지역인 북서유럽을 기반으로 사업 운영
- 사우스웨스트항공 사업모형의 유지
- 단거리 중심의 공항 간 운항과 B737/A320 계열의 효율적 항공기와 기단 단순화
- 고객중심의 상품설계 및 고객응대
- 경쟁 항공사와의 직접적 노선경쟁 회피

반면에, 유럽 항공시장에서 사업에 철수한 요인은 다음과 같이 설명되고 있다.

- 가용자원, 사업범위, 사업규모에서 소규모 운영
- 사우스웨스트항공 사업모형을 배제하고 비수익 모형 시도 및 확대 (DeBoneair 비즈니스 클래스 운영, Silverjet, EOS, MaxJet 등의 비즈니스 전용항공사)

- 기존 항공사 또는 여행사의 자회사는 모기업과의 충분한 차별화 부재
- 상대적 후발진입에 따른 비용과다 및 비효율적 기재 운영

유럽의 항공자유화가 확대되었으나, 새로 항공시장에 진입한 저비용 항공사는 충분한 시장수요 발굴 없이 공급이 확대되면서 심한 경쟁을 겪게 되었다. 즉, 수요에 비하여 많은 공급자가 존재하였다. 초기 개척시기 및 선발 진입시기의 진입자는 새로운 수요창출에 성공하였고 사업을 확대할 수 있었다. 그러나 후발 진입시기의 진입 항공사는 경쟁대응이 힘들고 신규수요 창출과 수요유인에 실패하면서 77%의 신생 저비용 항공사가 사업에서 철수하였다.

글로벌 경제의 불확실성이 지속되고 있고 유럽의 경제환경이 개선될 여지가 낙관적이지 못하므로, 단기적으로는 유럽에서의 저비용 항공사의 성장기회가 매우 제한적일 것이다. 따라서 유럽 항공사의 성장기회는 비유럽권인 중동, 극동아시아, 아프리카 등 타 지역에서 찾아야 할 것이다. 이들 지역에 대한 유럽 저비용 항공사의 합작 항공사가 새로운 성장기회를 제공하게 될 것이다. easyjet의 범 아프리카 저비용 항공사인 Fastjet의 설립이 이 같은 예시가 될 수 있다.

따라서 새로운 수요 창출에 한계를 가지는 지역에서는 더 이상 성장의 기회를 찾는 것이 어렵다. 저비용 항공사가 비즈니스 혁신을 통해 수익창출과 비용절감에 노력하는 경우에도, 근본적으로 지속적인 수요 창출이 없이는 사업지속이 어렵기 때문이다. 기존 사업지역을 벗어나 새로운 지역에서의 사업기회를 모색하고, 특히 타 지역의 사업진출은 신규 수요의 창출뿐만 아니라, 기재운영의 효율성, 네트워크 확대, 항공협정 규제의 우회 등 부가적인 효과를 얻을 수 있어 항공사의 지속 가능한 사업운영에 효과적이다.

참고문헌

Alamdari, F., Fagan, S. (2005). Impact of the adherence to the original low cost model on the profitability of low cost airlines. Transportation Review, 25(3), 377-392.

Ater, I. (2012). Internalization of congestion at U.S. hub airports. Jounal of Urban Economics, 72(2), 196–209.

Barbot, C. (2006). Low-cost airlines, secondary airports, and state aid: an economic assessment of the Ryanair-Charleroi airport agreement. Journal of Air Transport Management, 12 (4), 197–203.

Bel, G., Fageda,X. (2010). Privatization, regulation and airport pricing: an empirical analysis for Europe. Journal of Regulation Economics, 37(2), 142–161.

Bertolini, L., Spit, T. (1998). Cities on Rails: The Redevelopment of Railway Station Areas. E&FNSpon, London and NewYork.

Bilotkach,V., Pai, V. (2015). Hubs versus airport dominance. Transportation Science, 50(1), 166-179,

Borenstein, S. (1989). Hubs and high fares: Dominance and market power in the U.S. airline industry. The RAND Journal of Economics, 20(3), 344-365.

Borenstein, S. (1992). The evolution of U.S. airline competition. The Journal of Economic Perspectives, 6(2), 45-73.

Borenstein, S., Rose, N. (1994). Competition and price dispersion in the U.S. airline industry. Journal of Political Economy, 102(4), 653-683.

Brueckner, J. (2002). Airport congestion when carriers have market power. American Economics Review, 92(5), 1357–1375.

Bubalo, B., Gaggero, A.A. (2015). Low-cost carrier competition and airline service quality in Europe. Transport Policy, 43, 23–31.

Budd, L., Francis, G., Humphreys, I., Ison, S. (2014). Grounded: Characterising the market exit of European low cost airlines, Journal of Air Transport Management, 34, 78-85.

Button, K. (2012). Low cost airlines: a failed business model? Transportation Journal, 51 (2), 197-219.

Button, K., Ison, S.G. (2008). The economics of low cost airlines: introduction. Research Transportation Economics, 24, 1-4.

CAPA Centre for Aviation. (2012). Ryanair Defeats European Recession and Posts All-time Annual High Net Profit, But Outlook Less Rosy.

China Internet Network Information Center (CNNIC). (2014). Statistical Report of the Internet Development Status in China.

Civil Aviation Management Institute of China (CAMIC). (2010). An Investigation of the Market Characteristics of Civil Aviation in 2010.

de Wit, J., Zuidberg, J. (2012). The growth limits of the low cost carrier model. Journal of Air Transport Management, 21, 17-23.

de Wit, J.G., Zuidberg, J. (2016). Route churn: an analysis of low-cost carrier route continuity in Europe. Journal of Transport Geography, 50, 57-67.

Delaplace, M., Dobruszkes, F. (2015). From low-cost airlines to low-cost high-speed rail? The French case. Transport Policy, 38, 73–85.

Dobruszkes, F. (2013). The geography of European low-cost airline networks: a contemporary analysis. Journal of Transport Geography, 28, 75–88.

Dobruszkes, F., Dehon, C., Givoni, M. (2014). Does European high-speed rail affect the current level of air services? Transportation Research Part A, 69, 461–475.

Doganis, R. (2006). The Airline Business. Routledge, London.

Dresner, W., Lin, J.-S.C., Windle, R. (1996). The impact of low-cost carriers on airport and route competition. Journal of Transport Economic & Policy, 30(3), 309–328.

Forbes, S. (2008). The effect of service quality and expectations on customer complaints. Journal of Industrial Economics 56(1), 190–213.

Forbes, S., Lederman, M. (2010). Does vertical integration affect firm performance? Evidence from the Airline Industry. RAND Journal of Economics, 41(4), 765–790.

Fu, X., Dresner, M., Oum, T.H. (2011). Effects of transport service differentiation in the U.S. domestic airline market. Transportation Research Part E, 47 (3), 297-305.

Fu, X., Lei, Z., Wang, K., Yan, K., (2015), Low cost carrier competition and route entry in an emerging but regulated aviation market – The case of China, Transportation Research Part A, 79 (2015) 3-16.

Fu, X., Oum, T.H., Yan, J. (2014). An analysis of travel demand in Japan's inter-city market: empirical estimation and policy simulation. Journal of Transport Economic & Policy, 48 (1), 97-113.

Fu, X., Zhang, A., Lei, Z. (2012). Will China's airline industry survive the entry of high-speed rail? Research Transportation Economics, 35, 13-25.

Gerardi, K., Shapiro, A. (2009). Does competition reduce price dispersion? New evidence from the airline industry. Journal of Political Economy, 117(1), 1–7.

Gilbert, D. (1996). Relationship marketing and airline loyalty schemes. Tourism Management, 17(8), 575-582.

Givoni, M., Dobruszkes, F. (2013). A review of ex-post evidence for mode substitution and induced demand following the introduction of high-speed rail. Transportation Review, 33(6), 720–742.

Glady, N., Baesens, B., Croux, C. (2009). Modeling churn using customer lifetime value. European Journal of Operational Research, 197, 402-411.

Gonzalez-Savignat, M. (2004). Competition in air transport, the case of the high speed train. Journal of Transport Economic & Policy, 38(1), 77-108.

Graham, A. (2000). Demand for leisure air travel and limits to growth. Journal of Air Transport Management, 6, 109-118.

Graham, A. (2013). Understanding the low cost carrier and airport relationship: a critical analysis of the salient issues. Tourism Management, 36, 66-76.

Greenfield, D. (2014). Competition and service quality: New evidence from the airline industry. Economics Transportation, 3, 80–89.

Hofer, C., Windle, R., Dresner, M. (2008). Price premiums and low-cost carrier competition. Transportation Research Part E, 44(5), 864-882.

Hollander, A. (1987). On price-increasing entry. Economica, 54(215), 317-324.

Homsombat, W., Lei, Z., Fu, X. (2011). Development status and prospects for aviation hubs-a comparative study of the major airports in South-east Asia. Singapore Economic Review, 56(4), 573-591.

Homsombat, W., Lei, Z., Fu, X. (2014). Competitive effects of the airlines-within-airlines strategy-pricing and route entry patterns. Transportation Research Part E, 63, 1–6.

Hunter, L. (2006). Low cost airlines: business model and employment relations. European Management Journal, 24(5), 315–321.

Kim, B.-D., Shi, M., Srinivasan, K. (2001). Reward programs and tacit collusion. Marketing Science, 20(2), 99-120.

Klemperer, P. (1987). Markets with consumer switching costs. The Quarterly Journal of Economics, 102(2), 375-394.

Klophaus, R., Conrady, R., Fichert, F. (2012). Low cost carriers going hybrid: evidence from Europe. Journal of Air Transport Management, 23, 54-58.

Lawton, T. (2002). Cleared for Take-off: Structure and Strategy in the Low-fare Airline Business. Ashgate, Aldershot.

Lei, Z., O'Connell, J.F. (2011). The evolving landscape of Chinese aviation policies and impact of a deregulating environment on Chinese carriers. Journal of Transport Geography, 19, 829–839.

Li, Z., Zheng, Q. (2008). Low cost carrier strategy. Price: Theory Practice, 8, 66-67.

Li, Z.C., Lam, H.K., Wong, S.C., Fu, X. (2010). Optimal route allocation in a liberalizing airline market. Transportation Research Part B, 44(7), 886-902.

Liu, W., Luk, K.R. (2009). Reform and opening up: way to the sustainable and harmonious development of air transport in China. Transportation Policy, 16, 215-223.

Lordan, O., Sallan, J.M., Simo, P. (2014). Study of the typology and robustness of airline route networks from the complex network approach: a survey and research agenda. Journal of Transport Geography, 37, 112-120.

Mason, K.J. (2000). The propensity of business travellers to use low cost carriers. Journal of Transportation Geography, 8(2), 107-119.

Mayer, C., Sinai, T. (2003). Network effects, congestion externalities, and air traffic delays: or why all delays are not evil. American Economics Review, 93(4), 1194–1215.

Mazzeo, M. (2003). Competition and service quality in the U.S. Airline Industry. Review of Industrial Organization, 22(4), 275–296.

Morrison, S. (2001). Actual, adjacent, and potential competition: estimating the full effect of southwest airlines. Journal of Transport Economics and Policy, 35(2), 239-256.

Morrison, S.A. (2001). Actual, adjacent, and potential competition estimating the full effect of Southwest airlines. Journal of Transport Economic & Policy, 35, 239-256.

Morrison, S.A., Winston, C. (1995). The Evolution of the Airline Industry. The Brookings Institution, Washington, DC.

Nash, C. (2010). European rail reform and passenger services–the next steps. Research Transportation Economics, 29(1), 204–211.

Njegovan, N. (2006). Elasticities of demand for leisure air travel: a system modeling approach. Journal of Air Transport Management, 12, 33-39.

Oliveira, A.V.M. (2008). An empirical model of low-cost carrier entry. Transportation Research Part A, 42, 673-695.

Pels, E., Nijkamp, P., Rietveld, P. (2001). Airport and airline choice in a multiple airport region: an empirical analysis for the San Francisco Bay Area. Regional Studies, 35(1), 1-9.

Perloff, J., Salop, S. (1985). Equilibrium with product differentiation. The Review of Economic Studies, 52(1), 107-120.

Prince, J., Simon, D. (2015). Do incumbents improve service quality entry? Evidence from airlines' on-time performance. Management Science, 61(2), 372–390.

Reggiani, A., Nijkamp, P., Cento, A. (2010). Connectivity and concentration in airline networks: a complexity analysis of Lufthansa's network. European Journal of Information Systems, 19(4), 449-461.

Richards, K. (1996). The effects of Southwest Airlines on U.S. airline markets. Research Transportation Economics, 4, 33-47.

Rosenthal, R. (1980). A model in which an increase in the number of sellers leads to a higher price. Econometrica, 48(6), 1575-1579.

Rupp, N. (2009). Do carriers internalize congestion costs? Empirical evidence on the internalization question. Jounal of Urban Economics, 65(1), 24–37.

Rupp, N., Holmes, G. (2006). An investigation into the determinants of flight cancellations. Economica, 73, 749-783.

Rupp, N., Sayanak, T. (2008). Do low cost carriers provide low quality service? Rev. Anal. Economics, 23(1), 3–20.

Ryanair. (2014). Q3 Fiscal Year 2013. Website Ryanair.

Santos, G., Robin, M. (2010). Determinants of delays at European airports. Transportation Research Part B, 44(3), 392–403.

Smyth, M., Pearce, B. (2006). Airline cost performance. IATA Economics Briefing No. 5.

Spring Airlines. (2012). Creating greater China's top LCC brand. Presentation at the CAPA LCCs and New Age Airlines Conference, Macau, Sep 2012.

Spring Airlines. (2014). Spring Airlines IPO prospectus. Submitted to China Securities Regulatory Commission.

Suzuki, Y. (2000). The relationship between on-time performance and airline market share: a new approach. Transportation Research Part E, 36(2), 139-154.

Tan, K.M. (2016). Incumbent Response to Entry by Low-Cost Carriers in the U.S. Airline Industry. Southern Economic Journal, 82(3), 874-892.

Thelle, M.H., Pedersen, T.T., Harhoff, F. (2012). Airport Competition in Europe. Copenhagen Economics.

Vowles, T. (2001). The southwest effect in multi-airport regions. Journal of Air Transport Management, 7(4), 251-258.

Wiltshire, J. (2013). IATA Economic Briefing No. 11: Airport Competition, IATA, November 2013.

Windle, R., Dresner, M. (1995). The short and long run effects of entry on U.S. domestic routes. Transportation Journal, 35, 14-25.

Windle, R., Dresner, M. (1999). Competitive responses to low cost carrier entry. Transportation Research Part E, 35, 59-75.

Zhang, Q., Yang, H., Wang, Q., Zhang, A. (2014). Market power and its determinants of the Chinese airline industry. Transportation Research Part A, 64, 1–3.

Zhang, Y., Round, D. (2008). China's airline deregulation since 1997 and the driving forces behind the 2002 airline consolidations. Journal of Air Transport Management, 14 (3), 130-142.

Zhang, Y., Round, D. (2011). Price wars and price collusion in China's airline markets. International Journal of Industrial Organization, 29(4), 361-372.

6 장

관광-항공의 융합과 협력

6.1 관광부문의 IT 활용과 소비자 행동

6.1.1 정보기술과 관광

정보기술(IT)의 발전은 여행 및 관광산업을 극적으로 변화시켰다. 1960년대 CRS 개발, 1980년대 GDS의 개발은 항공산업에서 나타났지만, 이를 기반으로 관광산업에 큰 영향을 주었다. 특히, 1990년대 초기 인터넷의 등장으로 관광산업은 기회와 도전을 의미하는 신기술의 발전에 따라 함께 변화되었다. 인터넷은 지난 20여 년간 다양한 사업 활동으로 진화되었고, 정보기술의 지속적인 발전에 따라 관광산업에서 고객을 유치하고 여행정보를 활용하는 방법에 영향을 주었다.

인터넷의 대규모 정보유통으로 많은 사람이 자신의 기억이 아닌 인터넷 공간에 저장된 다양한 지식과 정보를 쉽게 이용할 수 있는 "외부기억"을 활용할 수 있게 되면서 개개인의 일상생활에서 인터넷 의존도가 심화되었다. 결과적으로 검색엔진과 같은 수단이 여행객의 관광상품 접근에 지배적인 영향력을 갖게 되었다. 또한, 소셜미디어의 급격한 성장으로 인해 온라인 통신의 역할이 변화되었다. 모바일 기기의 발달, 스마트폰 및 여행용 앱의 이용 증가는 정보검색을 위한 새로운 지형을 창출하고, 끊임없이 변하는 여행객의 요구사항을 확인하여 해결할 수 있도록 함으로써 여행결정에서 점점 중요해지게 되었다.

소비자 행동에 대한 IT의 영향을 이해하는 것이 사업 운영의 핵심적인 기초가 되며, 효과적이고 지속 가능한 마케팅 소통전략을 확인하고 개발할 수 있게 한다. 기술은 끊임없이 변화하기 때문에 기업운영상 중요한 것은 이러한 기술들이 장기전략 목표에 기여할 잠재력이 있는지를 확인하는 것이다. 사전 여행계획(소비자가 정보를 탐색하는 단계) 시기는 여행경험의 근본적인 구성요소로 간주되는데, 여행객들은 여행계획을 수립하기 위해 상당한 규모의 정보가 필요하다. 개별 여행객들이 접할 수 있는 정보는 여객의 의사결정, 특히 방문 목적지 선정에 막대한 영향을 끼치며, 나아가 여행계획을 통해 여행객이 향후 여정을 결정하고, 기대할 수 있도록 도와준다. 따라서 여행계획은 IT가 여행 및 관광을 어떻게 변화시켰는지를 이해할 수 있도록 하는 창구 역할을 수행한다.

IT의 발전이 관광 분야에 미치는 영향이 증대되었다. 지난 수년간 여행객들의 인터넷 사용은 안정화되었으며, 다수의 온라인 유통경로는 성숙단계에 들어섰고 SNS 및 이동통신 시스템이 등장하여 인터넷 관련 여행정보의 지형을 주도하게 되었다. 따라서 기술적 지식이 풍부한 고객들이 지속 가능한 방식의 IT 활용행태를 발전시킬 수 있도록 하는 효과적인 전략개발이 필요하다. 관광상품은 비가시적이고, 경험적이며, 소멸 가능한 제품이다. 전통적인 마케팅, 유통 및 상품에 대한 대고객 서비스 등은 여행 관련 대중 매체뿐만 아니라 중계자(예: 여행사), 목적지 마케팅기관(DMO) 같은 다른 대행기관에 주로 의존해왔다. 인터넷 시대 이전에는 제품유통 및 대고객 서비스의 범위가 제한적이었다.

인터넷은 1990년대 중반 상용화 이래로 모든 생활영역에 침투하였으며, 상품 유통 과정에서 지속적으로 중개인을 배제해 왔고, 중개인 배제의 문제점이 인식되면서 새로운 형태의 중개인을 재도입하면서, 관광산업의 기본 구조를 변화시켰다. 인터넷은 지속적인 기술혁신을 활성화하고, 새로운 비즈니스 관행을 조성하고 있으며, 다수의 산업 분야에서 경쟁형태를 변화시켰다. 인터넷은 HTML 단계를 벗어나 상호작용이 가능한 기술개발로 발전하였고, 이와 같은 발전으로 인해 다양한 비즈니스 모형이 새롭게 출현하게 되었다. 예를 들어 Amazon.com은 1995년 온라인 서점으로 시작했으나 2018년 6.15억 명의 사용자를 보유한 최고의 온라인 소매업체로 성장했으며, 2012년 600억 달러의 수익을 올리고 클라우드 서비스, AI 등 다양한 IT 사업 분야를 확장하고 있다.

1990년대 중반 이후, 여행 및 관광 부문에서는 마케팅 매개체로 인터넷을 활용함과 동시에 새로운 유통경로를 적극적으로 이용하였다. 인터넷 활용을 통해 소비자를 연결하는 새로운 시스템의 발전 기반을 제공했으며, CRS/GDS는 신규 진입자의 진입장벽을 현저히 완화시켰다. 1990년대에는 일련의 온라인 여행사인 Expedia, Preview Travel, Priceline, Travel Bids 등이 여행시장에 대한 일반고객의 직접적인 접근을 가능하게 하였다.

이러한 새로운 중개자들은 소비자 및 공급자에게 새로운 편익을 제공했는데, 거래비용을 절감하고 소비자들에게 대량구매 할인, 여타 판매경로로 부터의 조정기능이 철폐되었기 때문이다. 이러한 혁신은 소비자들이 광범위하게 받아들였다. 예를 들어 Expedia는 2013년 미국 내에서 매월 1,240만 명이 방문하고 Kayak.com은 1,051만 명이 접속하며 TripAdvisor.com은 5,700만 명이 전 세계에서 사용하면서 TripAdvisor의 토론장에는 매일 2,800개의 새로운 주제가 등재되고 있다.

여행객의 인터넷 사용으로 인해 다양한 종류의 서비스 사업기회가 나타났다. 인터넷 도입 초기 10년(1991~2002) 동안 여행 및 관광산업은 인터넷 활용의 선두 주자가 되었으며, 온라인을 통해 기존고객과 잠재고객 모두와 매우 효과적으로 의사소통하였다. 거의 모든 관광단체들은 2000년대 초까지 웹사이트를 개발했으며, 단순한 전자 안내책자에서 고도의 상호작용 시스템으로 발전하여 예약, 검색, 가상여행을 지원하고, 웹사이트는 잠재 방문자와 접촉하는 주요 기반이 되었다.

이러한 변화는 여행사와 항공사를 연결하는 GDS와 같은 영역 내의 컴퓨터 활용을 감안하면 쉽게 이해할 수 있다. 동 기간 다수의 혁신적인 목적지 마케팅 기관(DMO)은 관광 시스템 내 동반자로서의 새로운 역할을 인식하기 시작했는데, 여기에서는 DMO는 "정보중개자"가 되어 관련 정보를 이해당사자들이 공유함으로써 사용될 수 있는 새로운 시스템의 개발과 조정을 시도하였다.

2001년부터 현재까지는 관광마케팅에 더욱 큰 변화가 일어났는데, 기술의 초점이 웹사이트 기능 및 사용가능성에서 고객 설득과 권한위임 그리고 최근에는 모바일 시스템으로 이동하였다. 다수의 핵심 기술변화는 초기 10년 동안 실현되었지만, 상호작용이 가능한 기술의 활성화로 인해 새로운 적응단계가 나타났으며, 관광마케팅 서비스 체계의 또 다른 변화가 필요하게 되었다.

최근 10년간의 가장 중요한 현상은 사회관계망의 발달로, 운임비교, 신개념 가상공동체, 소비자평가 사이트 등을 포함하고 있다. 예를 들어 Tripadvisor는 2000년에 설립되었는데, 관련 소비자 기반으로 정보를 수집하고 여행상품 및 관광지에 대한 소감을 읽고 게시하며 상호 교류 가능한 여행공지 게시판에 참여하도록 도와준다. 최근 모바일 컴퓨팅 체계인 스마트폰의 도입은 통신, GPS, 사진, 인터넷을 포함한 다양한 기술을 결합하였으며, 나아가 사용자가 여행경험을 언제 어디서나 통제 가능해짐으로써 사회 환경이 더욱 풍부해졌다. 새로운 사회적 환경에 의해 조성된 "여행자 그룹"은 가치체계 내에서 중심역할을 한다. 인터넷은 사회매체 및 지역기반 브라우징에 의거한 새로운 양방향 의사소통 방식과 결합하여 여행 및 관광 의사소통과 마케팅 속성을 근본적으로 변화시켰다.

6.1.2 인터넷을 활용한 여행계획 추세

인터넷 기술은 다양한 일상생활의 경험 속에서 발전했으며, 여행계획에 활용되고 여행객들로 하여금 새로운 유통경로를 활용하여 그들의 행태를 조정하고 나아가 경험을 평가하도록 한다. 이러한 평가과정 결과는 향후 여행에서 이러한 기술의 사용을 강화하거나 감소시킨다. 또한, 해당 기업들과 지속적인 연계강화를 위해서는 인터넷 사용유형이 어떻게 변화하는 지를 항상 이해해야 한다.

템플대학 관광 및 전자상거래 연구소에서는 인터넷기반 설문조사를 2007년에서 2012년 기간 중 미국인 30만 명 대상으로 실시하여 미국 여행객의 여행계획을 위한 인터넷 사용에 대한 행태적 분석을 실시하였다. 항공여행 계획을 위해 웹사이트 사용유형, 정보검색 활동, 온라인 예약/지불 활동 등에 대하여 온라인 설문조사를 실시하였다. 여행객에게는 인터넷을 활용한 여행계획에 대해 문의했는데 구매상품 유형, 예약 시 사용한 유통경로, 인터넷을 사용한 예약/지불 범위를 포함하였다. 또한, 인터넷 사용 경험과 관련된 질문 및 만족도와 유용성을 포함하였다. 설문조사 결과로 여행객의 인터넷 사용에서 여러 가지 중요한 추세를 발견하였다.

(1) 추세 1: 여행계획을 위한 인터넷 사용은 다양하고 성숙되었다

무엇보다도 여행계획에서 인터넷 사용은 포화단계에 도달했으며, 인터넷은 지속적으로 여행계획 정보수집의 최우선적인 수단으로 인식되고 있다. 조사 결과 다수 여행객은 향후 여행을 준비하는데 기술 의존적임을 보여준다. 항공권, 숙박, 렌터카 같은 전통적인 여행상품이 온라인 여행시장에서 대세를 이루며, 여행계획 및 온라인 상품구매를 위해 웹사이트상의 검색이 일반화되었다.

이와 같은 상품이 여행경비의 대부분을 차지함으로써 추가 성장 여지가 적고 성장도 하락할 수 있을 것으로 보인다. 또한, 미국 여행객들은 향후 여행계획 수립 시 인터넷 활용에 매우 익숙한 것으로 나타났다. 자주 지적되고 기존 연구에서도 언급된 신뢰도 결여, 사용상 불편, 온라인상 개인 맞춤형 서비스 결여 등은 소비자의 필요와 선호도를 정확하게 측정할 수 있는 스마트 체계 증가뿐만 아니라 웹사이트 디자인 및 보안 조치 강화로 인해 극복된 것으로 보인다. 인터넷 얼리 어댑터인 여행 및 관광산업에서는 지난 20년간 인터넷을 상품유통과 시장연결에 활용해 왔다. 이러한 추세는 소위 "e투어리즘"이 여행 및 관광산업의 표준이 된 이래로 놀랄만한 일이 아니다. 특히, 여행계획을 위한 인터넷 활용의 확실한 포화상태로 인해 마케팅 관리자들은 새로운 도전에 직면하게 되었다. 왜냐하면 경쟁부문에서 장기적인 성공을 위해 자신들을 차별화할 새로운 방안을 찾아야 되기 때문이다.

(2) 추세 2: 세대 간의 상이점 및 공통점

미국여행 설문결과 미국 소비자들의 세대 간 인터넷 활용에는 중요한 차이점뿐만 아니라 유사점도 명백히 나타났다. 특히 Silent Generation, 베이비부머, X세대, Y세대별로 행태적인 특성뿐만 아니라 기술적인 추세가 반영되었다. 일반적으로 전 세대에 걸쳐 인터넷은 가장 중요한 여행계획 수단이 되었으며, 인터넷 활용에서 세대간 차이는 명확하지 않다. 즉, 인터넷은 연령대와는 무관하게 여행자들에게 침투되어 있다.

그러나 연령이 낮을수록 특히 Y세대가 여행계획 수립에서 보다 활동적이며 참여가 높다. 그들은 다양한 정보 및 통신장비를 활용하며, 인터넷에서 여러 경로를 사용하고, TV, 기록물, 비디오, 사회관계망을 포함한 다양한 자료원으로부터 정보를 수집한다. 또한, 자주 온라인으로 예약하며 온라인 여행사(OTA) 이용도가 높고, 다수의 방문 잠재 목적지를 고려한다. 적극적으로 할 일과 쇼핑 및 식사 장소를 찾고 있으며, 축제, 이벤트 및 스포츠를 포함한 광범위한 여행경험을 찾는다. 비디오를 시청하며 채팅을 하고, 팟캐스트를 들으며 온라인 광고에 쉽게 반응한다. 마케팅 및 경영 측면에서 이와 같이 여행을 계획하는 소비자를 유치하기 위해서는 적절한 소통경로와 "언어"를 결합하는 것이 중요하다.

(3) 추세 3: 사회관계망, 이동통신기기, 새로운 의사소통 경로 지원

사회관계망 및 기타 새로운 형태의 온라인 통신수단은 여행계획 수립에 큰 영향을 미쳤다. 사회연결망 및 사진/비디오 공유 사이트는 여행계획을 위해 웹사이트를 사용함에 따라 더욱 인기가 높아졌다. 특히 온라인 여행계획 단계에서 타 여행객이 등재한 논평을 보는 것은 온라인에서 중요한 활동이 되었다. 스마트폰 보유 증가로 인해 언제 어디서나 인터넷 활용이 가능해짐으로써 여행객의 정보검색 및 계획수립에 막대한 영향을 끼쳤다. 가장 중요한 변화추세는 지도 및 경로안내를 인쇄하기 위한 인터넷 활용의 감소인데, GPS 사용 혹은 스마트폰 앱 위치기반 서비스 사용이 증가했기 때문이다.

대다수 소비자는 현재 모든 것을 사전에 계획할 필요가 없다. 대신에 일련의 중요한 결정을 연기하고(예: 호텔, 식당, 쇼핑 등), 여행을 떠난 후에 결정한다. 인터넷이 주요 여행정보 수집원이 되었으며, TV, 라디오, 영화 같은 전통적인 통신수단은 유용하지만 일부는 지난 수년간 중요도가 상승하였다. 이러한 통신수단이 다양한 분야에서 인터넷의 보완재 역할을 했기 때문이다.

여행객들은 의식적으로 목표 여행상품에 대해 보다 포괄적인 이해와 편견에 덜 영향받는 결정을 위해 광범위한 정보를 수집한다. 여행 및 관광산업 마케팅 담당자의 주요 과제는 소위 e-구전효과의 중요도 증가이다. 즉, e-구전효과는 계획단계의 상품선정 뿐만 아니라 소비자의 태도, 인식, 의도에 영향을 미친다. 또 다른 과제는 이동통신 장비(태블릿 컴퓨터 및 스마트폰)를 활용한 인터넷의 무제한 접속으로 발생하게 되었다. 여행객들이 과거에는 출발 전에 조치하던 주요한 결정(목적지의 식당 선정)을 연기함으로써 여행계획 행위 자체를 많이 변화시켰다. 따라서 새롭게 등장한 정보탐색 경로와 플랫폼은 여행 및 관광 분야의 가치체계에 대해 새로운 변화를 가져왔다.

(4) 추세 4: 경험을 검색하는 행위의 지속

인터넷을 활용하여 기존여행 상품, 즉 숙박, 항공권을 검색 및 구매는 포화상태에 도달하였는데, American Travel Study의 조사 결과는 여행계획에서 점점 여행경험이 고려된 상품으로 탐색행동이 변화하는 것을 나타내고 있다. 여기에는 박물관 입장권, 쇼핑, 식사 등이 포함되는데 항공권 및 숙박 대비 금전적인 중요도는 떨어지는 상품들이다. 이것은 인터넷의 인지된 경제적 가치가 점점 종전에 부차적이라고 간주되었던 상품으로 이전하고 있음을 보여준다.

박물관 입장권 및 특정 행사 참여권 같은 상품은 편리하게 디지털화하여 인터넷을 통해 배포된다. 이러한 상품의 인터넷 적용 증가로 인해, 인터넷이 디지털화한 제품과 비주류 상품(long tail) 유통 및 거래의 완벽한 장소가 되었다. 이것은 대단히 중요한 추세를 나타내는데, 마케팅 담당자 및 관리자들이 산업에서 그들의 사업 모형 내에 새로운 수익원을 포함 및 결합함으로써 가치를 창출할 수 있는 실행 가능방안을 제시하는 중요한 기회를 제공한다.

요약하면 설문조사를 통해 나타난 결과는 인터넷이 여행계획의 근본속성에 막대한 영향을 미쳤음이 나타났다. 중요한 점은 지난 20년에 걸쳐 미국 여행객들은 여행계획을 위한 인터넷 사용에 대해 그들의 반응측면에서 명백한 전략을 개발하였다. 이러한 전략들은 비교적 안정적이며 제한된 수의 정보원 및 정보유통경로를 활용한 것으로 나타났다. 실제로 다수의 소비자는 필요한 정보를 얻는 더 나은 방법을 이해한 것으로 보이며, 최상의 거래를 하고 인터넷에서 다른 여행객들과 대화할 곳을 알게 되었다. 조사 결과 미국인들은 전적으로 인터넷을 활용하는 여행객과 그렇지 않은 여행객으로 이분화 됨을 보여주었다. 이와 같은 두 가지 진화경로의 차이점은 많은 의미를 갖는다. 인터넷을 전통적인 여행계획 목적으로 사용하는 여행객은 포화상태에 도달했으며, 동일한 정보원 및 경로를 활용하는 특정 "습관"을 지속한다.

대조적으로 사회관계망, 이동통신기기, 온라인 및 오프라인 경로를 통해 여행 필요사항을 찾는 새로운 유형의 여행객들이 등장하였다. 고차원적인 활용이 신속하게 확산되고 있으며 정보기술의 발달은 지속적으로 여행인구를 증가시킬 것이다. 온라인 여행세계의 지속 성장은 이와 같은 새로운 분야를 이해하고 활용함으로써 성취될 수 있다.

6.1.3 전략적 시사점

비즈니스 환경의 변화를 이해하고 활용하는 것은 지속성장을 위해 필수적이다. 오랜

속담에서 제시하는 의미가 진리로 인식되고 있다. ("마차 채찍을 만든 마지막 회사는 가장 품질이 뛰어난 제품을 만들었겠지만 사업에서는 퇴출되었다.") 인터넷은 여행 및 관광업계로 하여금 여행객들을 연결할 수 있는 다양한 기회를 제공한 반면 많은 도전을 초래하였다. 오늘날의 여행 및 관광 사업은 진화하는 고객들에게 제공할 지속 가능한 경쟁우위 수단 및 경로를 찾아야만 한다. 기술변화는 여행 및 관광업계에 중대한 영향을 초래하였다.

인터넷이 여행계획을 위한 주요 정보원이며 OTA 등이 온라인 정보 공간을 주도하는 한편, 소비자들은 온라인 및 오프라인의 다양한 경로를 활용하여 여행을 위한 다양한 정보를 취득한다. 수많은 의사소통 방식을 갖는 소셜미디어는 인터넷에서 여행계획 행태에 대한 영향이 증가하고 있다. 검색엔진, 여행포탈, 가상 커뮤니티, 웹사이트 등은 여행계획의 또 다른 단계에서 상이한 목적으로 활용된다. 반면 영화, 다큐멘터리, 라디오, 잡지 같은 오프라인 정보원들은 여행경험을 풍성하게 하는 보완역할을 수행한다. 여행 및 관광업계는 지속 가능한 경쟁 우위를 개발하기 위하여 제품 유통과 향후 예상고객 및 반복구매 고객에게 상품을 유통하고 소통 기능을 개선하기 위한 최적의 유통경로 및 정

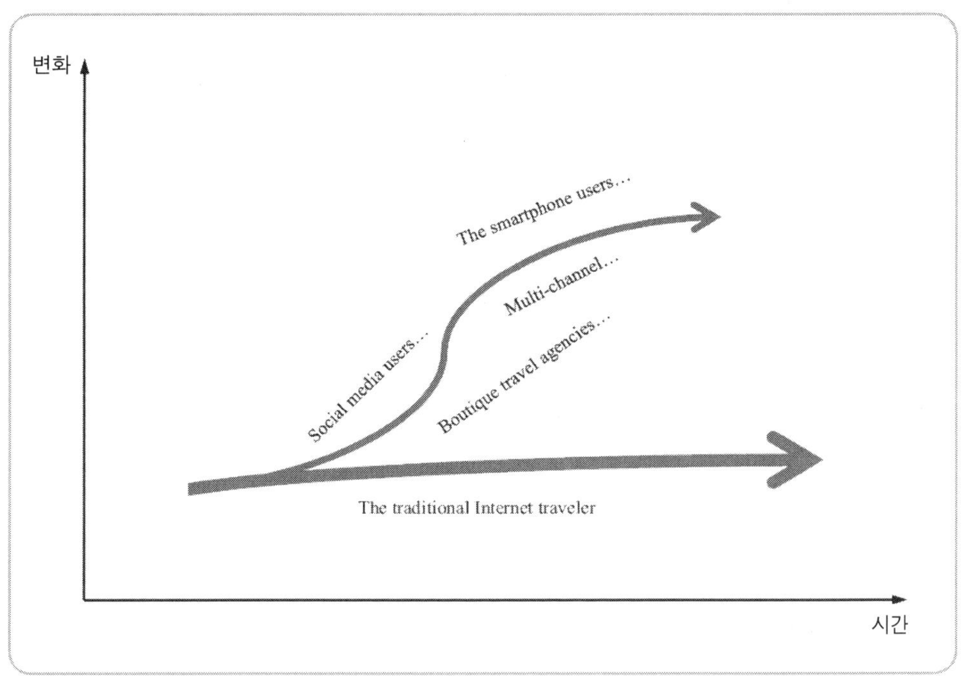

자료: Xiang et al. (2015).

〈그림 6-1〉 여행계획 수립을 위한 인터넷 이용의 진화

보원을 발굴해야만 한다.

혁신적인 비즈니스에서는 보조 상품의 가치를 인식해야 한다. 여행 및 관광업은 다수의 제품 및 서비스가 결합된 산업이다. 항공권, 호텔, 렌터카는 1990년대 초 인터넷의 시작 이래로 집중적으로 온라인 상품화 및 배포된 품목이다. 공급 및 수요 양 측면의 재무적 중요성으로 인하여 이러한 상품들은 여행 및 관광분야 인터넷의 경제적 기반역할을 지속할 것이다. 그러나 본 분석에서 나타난 바와 같이 전통적으로 부차적으로 여겨졌던 박물관, 축제 및 기타 이벤트 등이 온라인 구매에서 점점 우선순위가 높아지고, 향후 인터넷 성장을 견인하는 잠재력을 갖는다. 이러한 상품들은 개별적으로는 여행전체 패키지에 금전적 영향이 낮지만 여행경험의 핵심적 역할을 하며, 온라인상에서 규모의 경제로 발전될 수 있다. 여행 및 관광업은 지역 기업가들이 장기 경쟁력 유지를 위한 소비자들의 변화하는 욕구를 충족할 수 있는 환경을 조성해야만 한다.

여행 및 관광업계는 상이한 연령대에서 나타나는 여행계획을 위한 인터넷 활용의 차이점을 인식해야만 한다. 전 연령대에서 여행계획을 위해 인터넷을 활용하지만, Y세대 소비자들이 현재 가장 대표적으로 나타났다. 소셜미디어, 모바일컴퓨팅, 인터넷을 통한 세밀한 여행계획 수립이 가능해 짐에 따라, 업계는 이러한 수단의 보급을 활용하기 위해 결합이 유지되어야 한다. 젊은 세대들은 디지털 정보 활용에 익숙할 뿐만 아니라, 여행계획수립도 더욱 중시함을 인식하는 것이 필수적이다. 본 연구 결과에 따르면 젊은 세대들은 휴가계획을 수립할 때 유용한 정보를 찾기 위해 다양한 수단을 활용하는 것으로 나타났다. 이와 같은 관심으로 인해 젊은 소비자 대상 전략을 개발함으로써 사업기회를 찾을 수 있다. 예를 들어 웹사이트 콘텐츠 개발 및 온라인/오프라인 고객관계프로그램 상의 다양한 전략을 통해 고객유치에 활용할 수 있다.

미국 여행객의 인터넷 활용 추세는 일련의 중요한 연구 과제를 제시한다. 특히 최근 호텔업계(예: 힐튼호텔) 및 예약대행 업체(예: Expedia.com)간에 효과적이며 사용이 편리한 모바일 앱 제공을 위해 경쟁중이다: 어떤 방식이 더 많은 고객의 선택을 받으며, 그 이유는 무엇인가? IT 분야에서 선도자는 상당히 유리하지만, 모바일 앱 분야에서 선도자의 이점이 고객충성도 측면에서 지속 가능한 이점을 제공하는가? 모바일 분야의 후발주자가 과거 기술적 결함과 선발주자의 실수를 뛰어넘는 이점을 갖는가? 후발주자는 모바일 분야에서 확고한 입지 구축을 위해 저가격 제공을 보장해야만 하는가?

소셜미디어 관련 연구 주제는 C2B 소셜미디어를 통한 정보의 흐름 관련 주제 혹은

B2C 소셜미디어를 통한 정보 흐름 관련 주제로 특징지어질 수 있다. C2B 정보의 흐름과 관련한 다수의 호텔과 관광분야 기업들의 관심 분야는 자체 기업 및 경쟁사의 상품에 대해 언급된 블로그의 텍스트마이닝으로 경영상 유용한 추세 및 유형을 찾아낼 수 있기 때문이다. 텍스트마이닝에서는 실제고객의 블로그 내용과 비도덕적인 경쟁사의 왜곡된 등재내용을 지속적으로 구분해야만 한다. 예를 들어 기만적인 등재내용에는 "나" 또는 "우리"라는 대명사가 블로그에 없는데, 가상으로 등재하는 경우 개인이 잠재적으로 죄의식을 느끼기 때문이다. 이러한 왜곡된 내용을 찾아내기 위해서는 추가조사가 필요한데, 호텔 및 관광업체가 데이터마이닝을 통해 순수한 정보를 취득한다면 유용한 결과를 만들 수 있다. 블로그 데이터 마이닝을 통해 확인된 추세는 고객들과 보다 강력한 유대관계를 저해하는 서비스를 수정하고 개선할 수 있을 것이다.

소셜미디어를 통한 B2C 정보교류와 관련하여, 이러한 경로가 특정고객에게 마케팅 메시지 전달에 효과적이라는 데에는 의문의 여지가 적다. 그러나 다양한 소셜미디어 전략의 투자수익률(ROI) 측정에는 신중해야 한다. 모든 소셜미디어가 동일한 결과를 도출하지는 않으며, 각 전략의 투자수익률 추정은 각각의 가중치를 고려해야 한다. 각 의견의 숫자 및 특정 소셜미디어 활동가들의 숫자를 측정하는 것은 투자수익률 측정의 예비단계이나 투자수익률의 유일한 측정방법이 되지는 않는다.

호텔 및 관광업계에 의견을 등재할 때 고객들로 하여금 특정 비밀번호를 사용하도록 하는 것은 투자수익률을 측정하는 추가 조치가 될 수 있다. 인터넷 기반 성장 분야 확대로 인해 고객 연계 유지 방법을 도출하는 사업이 지속됨에 따라, 추가적인 과제들이 나타날 것이다. 현재 온라인 성장 부문이 기업들로 하여금 대고객 서비스 향상 기회를 제공할 수 있는지는 신중하게 판단해야 한다.

아울러 소셜미디어의 텍스트마이닝 진전으로 인해, 소위 새로운 조사체계로써의 빅데이타, 기업들이 고객을 보다 잘 이해하고, 욕구와 필요에 즉각적인 맞춤서비스를 제공하게 되었다. 전략적인 견지에서 단기간에 소멸되는 인기 있는 기술을 채택하기보다는 기술적인 환경을 통해 고객시장의 장기적인 추세를 이해할 수 있도록 적응해야 한다.

6.2 여행자 전환행동

6.2.1 고객 전환행동

국제선 항공시장에서 자유경쟁과 성장을 촉진하기 위해 미국이 1980년 국제항공운송 법률을 제정할 때까지 항공업계는 전통적으로 독점체제로 운영되었다. 향후 미국의 항공사들은 1992년 항공의 자유에 관한 조약에 서명함으로써 항공시장 자유화를 주도하였다.

항공시장의 확대와 항공운송 수요의 변화는 공항, 항공사, 승객 및 국가와 같은 이해관계자에게 영향을 미쳤다. 그 영향은 항공사들에게는 수익에 직접적인 영향을 미치기 때문에 특히 중요하다(Lee & Kim, 2013). 따라서 승객을 유치하기 위한 경쟁이 더욱 치열해졌으며, 항공사가 고객의 항공사 선택과 전환을 결정하는 요인을 파악하는 것이 중요하게 되었다.

전환행동은 이전에 사용된 재화나 용역을 제공받던 대상을 변경하는 행동이며 행동의도에 종속된다. 상품이나 서비스를 재구매하는 것은 공급자에게 유리하고 긍정적인 결과를 나타내는 반면, 전환은 불리하고 부정적인 결과를 나타낸다(Han et al., 2011, Keaveney, 1995). 고객 전환행동이 서비스 제공업체의 재정적 손실로 이어질 수 있기 때문에 사업자는 서비스 품질, 만족도, 대안 선호도, 대안 부족, 가격, 전환비용 및 개인특성 등과 같은 속성를 사용하여 전환행동의 원인을 밝혀내려고 노력하고 있다. 그러나 전환행동의 포괄적인 결정요인을 확인하려는 연구는 상대적으로 많지 않았다.

고객이 한 공급자에서 다른 공급자로 전환한다는 개념은 마케팅에만 국한되지 않는다. 특히 장소 간 이동을 조사하는 '이주 분야'의 연구에서 인문지리학에 근거한 연구가 시도되고 있다. 서비스 제공업체의 전환은 고객들이 한 서비스 제공업체에서 다른 서비스 제공업체로의 고객 흐름의 이동인 반면(Bansal et al., 2005), 이주는 한 곳에서 다른 곳으로 사람들의 물리적 이동을 나타낸다. 이주에 관한 선행연구에서는 '푸시-풀' 프레임워크를 이용하여 고객의 이동을 설명하였다. 이 프레임워크는 '푸시효과'로 사람들을 원래 위치에서 멀어지게 만드는 부정적인 요소와, '풀효과'로 새로운 목적지로 사람들을 끌어들이는 긍정적 요인을 설명하고 있다.

푸시-풀 모형은 개인의 움직임을 어떻게 결정하는지 설명하지 않기 때문에 개인적 및 사회적 맥락에 기초하여 '무어링' 요소를 추가하여 '푸시-풀-무어링' 프레임워크(이후 'PPM'이라고 함)로 확장되었다. '무어링' 요인은 전환비용이나 개인적 특성과 같은 추가요소로 인해 이주결정을 더 쉽거나 어렵게 만드는 요인이다. PPM 모형은 이주연구에 사용되는 새로운 패러다임이다.

전환행동은 고객이 현재의 서비스 공급자를 다른 공급자(Bansal & Taylor, 1999, Keaveney, 1995, Njite et al., 2008)로 이동하거나 교체하는 것을 의미하며, 고객충성도의 반대 개념이다(Wieringa & Verhoef, 2007). 고객 전환행동으로 인해 회사는 새로운 고객을 얻거나 고객을 다른 회사로 잃을 수 있다. 전환행동은 비즈니스에서 필수적인 개념이다. 기업이 이를 활용하여 자신의 강점과 약점을 재평가하고 새로운 고객을 유치하는 도구로 사용할 수 있기 때문이다(Njite et al., 2008).

고객 전환행동에 대한 많은 연구는 네 가지 유형으로 나눌 수 있다.

- 전환행동 그 자체와 전환행동에 영향을 미치는 변수들 사이의 관계 이해
- 전환행동의 관점에서 개별집단 간의 평균차이 비교
- 전환행동을 결정하고 고객이 서비스 공급자를 전환하게 하는 속성을 밝히는 과정
- 계획된 행동이론과 푸시-풀-무어링 모형과 같은 기존이론을 적용한 전환행동의 확인

대부분의 연구는 특정 변수와 전환행동 사이의 관계뿐만 아니라 직접 역할, 중재 역할 또는 중간 역할과 같은 변수의 역할을 밝히려고 시도하였다.

6.2.2 이주이론 및 PPM 모형

사람들의 이동(이주)은 오랫동안 인구통계분야에서 중요한 연구주제였다. 이주란 원래 위치(즉, 거주하는 곳)에서 새 위치(즉, 새로운 환경)로 이동하는 행동, 즉 특정 기간 동안 두 장소 간의 이동(Bolye & Halfacree, 1998)을 말한다. 초기의 이주이론 연구인 Ravenstein(1885)의 연구에서는 1881년 영국인에 대한 전국인구조사를 통해 일곱 가지 이동 특성을 밝혀내었고, 이 일곱 가지 특성을 "이주의 법칙"에 결합하였다. 1938년 Herberle은 푸쉬-풀 요인을 통해 이주를 분류하고 설명하였고, 이 푸시-풀 모형이 현재까지 가장 전통적이고 중요한 이론 중 하나로 간주되고 있다(Lewis, 1982). 푸시-풀 모형에서, 원래의 위치를 떠나는 것을 촉진시키는 요소를 푸시 요소(push factor)라고 불리는 반면, 목적지에 사람을 유인하는 요소를 풀 요소(pull factor)라 한다(Lewis, 1982). 푸시 요소는 사람이 원래 장소를 떠나는 원인이 되는 부정적인 요소인 반면 끌어오는 요소는 새로운 대상에 끌리는 사람을 끌어들이는 긍정적 요인이다(Bansal et al., 2005).

그러나 이 모형이 개별이동을 완전히 설명하지 못하고 푸시-풀 모형이 거시적 분석

이라는 비판도 있다(Bansal et al., 2005; Hou et al., 2011). Lee (1996)는 출발지과 목적지의 요소를 비교하는 것은 이동 결정을 내리는 간단한 의사결정 과정이 아니라고 말하고 또한 이 두 요소 사이의 관계에는 고려해야 하는 장애물이 있다. 이러한 장애물은 일부 사람에게는 무시당할 수 있지만 다른 사람들에게는 극복하기가 불가능할 수도 있다. 전형적인 장애물은 베를린 장벽(Berlin Wall), 이민법 및 이동 비용 등 두 위치의 이동을 방해하는 제도적이거나 물리적인 장애물이다. Lee (1996)는 개인의 변화에 저항하는 능력과 개인의 생활주기는 이주를 촉진하거나 지연시킬 수 있음을 연구하였다. 비슷한 맥락에서, Longino(1992)는 전환을 방해하거나 촉진시키는 요인으로 개인의 생활양식, 사회 및 특수 요소를 제시하고, Moon (1995)이 PPM을 만들기 위해 푸시-풀 모형에 추가 한 "무어링"개념을 제안하였다. 즉, 전환결정에 영향을 미치는 요인은 푸시-풀 요인의 거시적 수준뿐만 아니라 개인 및 사회적 요소에 대한 영향도 있음을 설명하고 있다(Bansal et al., 2005).

PPM 모형은 이주이론에서 비롯된 것으로, 전환행동을 이해하는 데 유용한 개념적 프레임워크가 될 수 있다. 이주는 단순히 지리적 위치 간의 이동뿐 아니라 다양한 일상활동으로 확장되기 때문이다. 특히, 전환 서비스 제공자는 다른 유형의 이주로 해석될 수 있다(Njite et al., 2008). Bansal et al.(2005)는 이주와 전환동작 사이의 유사점을 강조하고 PPM 모형을 서비스 분야에 처음 적용하였다. 이 밖에 PPM 모형을 적용한 연구가 확산되고 있다. Zhang et al.(2008)는 블로그 서비스 제공자를 위한 소비자의 전환의도를 연구했으며, Hou et al.(2011)은 온라인 롤 플레잉 게임 서비스 부문에 적용했다. Hsieh et al.(2012) 역시 PPM 프레임 워크를 사용하여 블로그에서 소셜 네트워킹 사이트로 전환 의사결정 요소를 설명했다.

6.2.3 전환행동의 선행변수

고객 전환행동에 영향을 미치는 PPM 요소가 확인된 경우에도 잠재변수는 각 서비스 산업마다 다를 수 있다.

(1) 푸시 효과

푸시와 풀 요인들은 특정 기간 내에 다른 관점으로부터 만들어진 두 가지 개별적인 평가이다. 푸시 요인(push factor)은 삶의 질에 부정적인 영향을 미치는 기존장소의 특성에 기초한 전환 이유로 설명될 수 있다. 이주이론에서와 같이 서비스 부문의 푸시 요인에는 서비스 실패, 부적절한 직원 행동 및 가격책정 문제와 같은 서비스 공급자와 관련된 부정적인 요인에 대한 인식이 포함된다. 푸시 효과에는 만족도가 낮고 신뢰도가 낮은 것과 같은 정서적 반응으로 인한 전환도 포함된다.

서비스 품질은 고객전환 연구에서 일반적으로 사용되는 요인이다. 서비스 품질은 서비스의 우수성에 대한 고객의 전반적인 판단으로 정의된다(Zeithaml, 1981). 서비스 성능에는 핵심 서비스 성능과 서비스 발생 성능이 포함된다(Han et al., 2011). 서비스 품질은 서비스 속성과 관련하여 고객이 서비스 성능 및 서비스 기대수준을 비교하며 이 둘 사이의 차이로 인식된 것이다(Bitner, 1990). 서비스 품질을 높게 평가한 고객은 긍정적인 행동의 의도를 보이지만, 서비스 품질을 낮게 평가한 고객은 다음 소비자 선택 상황에서 재구매하기보다는 오히려 다른 대안을 선택하는 경향을 보인다.

고객만족은 고객전환 연구에서 자주 사용된다. 만족은 서비스나 상품이용 후에 감정 상태를 의미하며, 서비스 품질은 서비스 성과에 대한 고객의 판단으로 제공자가 통제할 수 있다. 만족도는 일반적으로 고객유지와 재방문이나 추천과 같은 긍정적인 행동에 영향을 미치는 요인으로 인식되고 있다. 그러나 만족한 고객조차도 전환 의도를 가질 수 있어, 만족도와 전환의도 간에 부정적인 인과관계가 있다. 또한 만족하지 않은 고객은 만족한 고객보다 더 큰 전환의도를 나타내며 고객이 만족스럽지 않으면 적극적으로 대안을 모색하게 된다(Hou et al., 2011).

가격 요인은 고객전환 연구에서 푸시요인으로 작용한다. 가격은 실제가격과 인식된 가격으로 구분할 수 있다. 실제가격은 고객이 상품이나 서비스를 구매하기 위해 지불하는 실제비용을 의미하며, 인식된 가격은 고객이 해석하는 가격이다. 인식된 가격은 교환행동을 수반하는 요인 중 하나이며, 가격과 관련된 요인으로 인해 고객의 이전이 발생하는 것으로 인식되고 있다. 고객은 제품이나 서비스에 대해 가격이 너무 높거나 불공평하다고 판단되면 기존 이용 사업자를 전환하는 경향이 있다(Keaveney, 1995). 따라서 가격은 서비스나 상품 제공사업자에 의한 부정적인 푸시요소가 될 수 있다.

신뢰 또한 전환의도에 중요한 요소이다. 신뢰는 상대방에게 진실하게 영향을 줄 수 있는 기술과 기능이 포함되어 있어 공급자가 정직하다고 믿을 수 있다. 고객에 대한 회사의 신뢰는 건설적인 관계구축 및 구매의도를 높이는 것과 재검토 및 추천(Su et al., 2014; Sui & Baloglu, 2003)과 같은 긍정적인 행동의도를 초래한다(Kim et al., 2013). 반대로 고객이 회사에 대한 신뢰가 낮으면 대안을 선택하는 경향이 있어, 낮은 신뢰는 고객이 이용하는 회사에 대한 부정적인 푸시요소가 될 수 있다.

따라서 낮은 서비스 품질, 낮은 만족도, 높은 가격 및 낮은 신뢰는 고객 이전행동과 관련된 부정적인 푸시요소이다. 이러한 푸시요소는 전환의도 또는 행동으로 이어지는 부정적인 관계를 만든다.

(2) 풀 효과

이주이론에서 이주결정은 원래 위치와 관련된 요소뿐만 아니라 대상과 관련된 요소의 영향을 받다. 예를 들어 목적지가 기존 연구에서 확인되었거나 고객이 선호하는 선행변수를 제공하면 더 나은 기후 또는 더 나은 교육 시스템과 같은 삶의 질이 좋아지며 새로운 목적지로 이동하는 경향이 있다. 이주이론에서 풀요소는 이주자가 목적지와 목적지를 매력 있게 만드는 속성에 대해 긍정적인 요소로 설명할 수 있다. 또한 풀요소는 대상의 특성과 특성의 유형요소, 즉 이주자와 관련된 특성보다는 대상 자체의 매력도로 설명할 수 있다.

서비스 분야의 전환행동 연구에서 풀요소는 대안 매력도로 설명된다. 새로운 서비스 제공업체가 더 나은 서비스를 제공하거나 고객이 새로운 공급업체가 더 신뢰할 수 있거나 좋다고 느낀다면 고객은 새로운 서비스 제공업체가 가격이 높거나 불편할 정도로 멀리 떨어져 있다는 사실을 인식하더라도 전환행동을 수행한다. 즉, 대안의 매력적인 요소는 고객 전환행동에 직접적으로나 긍정적으로 영향을 미치고 있다.

(3) 무어링 효과

Moon(1995)은 무어링 효과를 경험적, 심리적 안정을 제공하는 문화적, 공간적 요소로 정의하고 있다. 무어링 효과는 사람들이 현재 위치에 머물러 있거나 새로운 장소로 이동하도록 동기를 부여하는 데 중요하다고 평가되는 문화적 가치에 영향을 받는다. Hou et al.(2011)은 푸시-풀 효과로는 설명할 수 없는 몇 가지 이유 때문에 사람들이 단순히 여행하기를 원한다고 주장하고 있다. 무어링 효과가 그 같은 이유로 좋은 설명이 될 수 있다. 즉, 무어링 효과는 개인의 특성뿐만 아니라 사람이나 환경과 관련된 집단결정을 유도하는 사회적 요소를 포함한다고 할 수 있다.

전환요소에 대한 고객의 인식은 무어링 요소 중 하나이다. 경제적 조건은 높은 비용으로 사람들이 이동계획을 포기하게 할 수 있기 때문에 사람들의 이동에 중요한 역할을 한다. 이주비용의 개념은 마케팅 이론에서 전환비용과 많은 공통점이 있다. 전환비용은 서비스 제공업체가 변경될 때 발생하는 비용 또는 희생이며 금전적 비용이나 희생뿐만 아니라 시간과 노력, 익숙하지 않음, 불확실성과 같은 비금전적 비용이나 희생을 포함한다. 전환행동에서 전환비용은 무어링을 구성하는 중요한 요소로 밝혀졌다. 전환비용이 높으면 전환의도에 직접적이고 긍정적인 영향을 미친다. 즉, 높은 전환비용으로 인해 전환이 방해받을 수 있으며, 고객이 서비스 공급자를 전환하지 못할 수 있기 때문이다.

서비스와 상품의 선택에서 다양성 추구는 다양한 경험을 추구하는 개인적 선호로 설명될 수 있으며, 다양성 추구의 경향은 많은 기존 브랜드 중에서 낯선 선택을 선호하는 것으로 간주될 수 있다. Roos(1999)는 모든 전환고객이 서비스와 상품에 만족하지 않고 일부는 단순히 변화를 추구하기 위해 전환하는 것으로 분석하였다.

이주자의 이전경험은 이동을 촉진시키거나 방해할 수 있으며 이주이론에 중요한 역할을 한다. 예를 들어, 성공적인 이동경험을 가진 사람들은 다시 이동하는 경향이 있는데, 이는 다음 이동을 무리 없이 할 수 있다는 자신감 때문이다. 이전경험은 지역 내 이동뿐만 아니라 서비스 제공자 전환행동에도 중요한 역할을 한다. 이전 경험이 없는 사용자가 현재 상태로 남아 있기 때문에 사전의 전환경험이 전환행동에 영향을 미치는 개인변수로 인식되고 있다. 즉, 이전의 전환경험과 전환비용이 무어링 효과에 포함된다. 따라서 기존의 서비스 제공자 및 새로운 제공자와 관련된 이유 이외에, 높은 전환비용, 낮은 다양성 추구 경향 및 낮은 이전의 전환경험과 같은, 사람과 관련된 조건들이 고객의 전환의도에 직접적이고 부정적인 영향을 주게 된다.

이주이론에서 무어링 변수는 푸시-풀 변수와 실제 이주 결정 사이에서 작용함으로써 조절 효과를 갖는다. 또한 무어링 변수로 분류되는 전환비용 및 다양성 추구경향은 서비스 품질 또는 만족도 및 전환행동 연구에서의 전환의도와 같은 독립변수 사이의 영향을 완화시킨다. Chih et al.(2012)는 전환비용이 낮을 때 만족도는 전환의도에 부정적인 영향을 미치는 반면, 전환비용이 높을 때 만족도와 전환의도 간의 관계는 유의미한

〈표 5-8〉 저비용 항공사, 저비용 철도 및 고속철도 상품조건의 비교

구분		주요 속성	
전환의도	푸시요소	• 낮은 서비스 품질 • 낮은 고객만족	• 높은 가격 • 낮은 신뢰
	무어링요소	• 높은 전환비용 • 낮은 사전 전환경험	• 낮은 다양성 추구 • 비자발적 선택
	풀요소	• 대안의 매력 • 가격편익	• 대안의 기회

관계가 없음을 발견하였다. 즉, 전환비용은 고객만족과 전환의도 사이의 조정효과가 있다. 무어링 변수는 특히 풀 요소와 전환의도 사이의 중재효과뿐만 아니라 전환의도에 대한 직접효과도 나타난다. 예를 들어, 풀 요소(예: 대안 선호도)가 전환의도에 큰 영향을 미치더라도 고객이 강한 전환비용(예: 높은 전환 비용)을 인식하면 서비스 제공업체를 변경할 의사가 있다는 것이다.

전환의도는 현재 서비스 제공자에서 다른 서비스 제공자로 변경하려는 의도이다. 항공시장에서 푸시 요소는 항공사의 부정적인 요소와 고객의 부정적인 감정적 반응으로 구성되고, 풀 요소는 신규 항공사에 대한 고객의 긍정적인 반응을 반영하여 구성한다. 무어링 요인은 고객의 개인 취향과 개인을 둘러싼 상황요인을 반영한다.

기존 연구에서 밝혀지지 않은 전환원인인 "가격편익"이 중요한 영향을 미치고 있고, 더 많은 경로 제공, 더 많은 날짜와 시간에 제공되는 항공편 및 좋은 예약 접근성 등은 "대안제공 기회"로 인식될 수 있다. 고객이 선택의 여지가 없는 상황(예: 항공사를 회사 또는 동반자가 선택하거나 패키지 여행에 포함된 경우)은 무어링 요소인 "비자발적 선택"으로 인식될 수 있다.

푸시, 풀 및 무어링 구성은 전환의도에 유의하고 직접적인 영향을 미치고 있다. 특히, 풀 구조의 경로가 가장 강한 영향을 미치고, 무어링 및 푸시 요소에서 전환의도까지의 경로에 부분적으로 영향을 미치고 있다.

6.2.4 시사점

고객전환과 관련하여 푸시, 풀 및 무어링 결과는 모두 고객 전환의도에 직접적인 영향을 미치는 것으로 확인되었다. 특히, 항공산업에서 낮은 서비스 품질, 인지된 가격문제, 낮은 만족도 및 낮은 신뢰는 고객을 현재 이용하는 항공사에서 이탈할 수 있게 하는 반면, 대체 매력, 대안기회 및 가격 혜택은 고객을 새로운 항공사로 끌어들일 수 있는 요소로 확인되고 있다.

또한 높은 전환비용, 낮은 다양성 추구 경향, 낮은 이전 전환경험 및 비자발적 선택과 같은 고객의 개별특성 및 상황과 관련된 변수가 무어링 효과를 나타낼 수 있다. 고객의 항공사 전환의도가 다른 대안(풀 변수)의 강점과 개인의 특성 및 상황(무어링 변수)보다 현재 서비스 제공업체(푸시 변수)의 평가에 덜 영향을 받는다는 사실이 확인되었다. 무어링 영역의 조절역할은 푸시요인과 전환의도 사이의 관계에서 발견되지 않았지만, 풀 요인과 전환 의도사이의 관계에서는 발견되었다. 따라서 대체수준에 대한 인식의 매력과 유사한 수준에서, 대안에 대한 기회와 가격혜택의 존재는 낮은 선택 비용을 인식하고 보다 자발적인 선택에 직면한 고객이 높은 다양성을 추구하게 된다.

푸시 효과가 전환의도의 세 가지 견인요인 중 가장 약한 것으로 나타났다. 서비스 품질, 가격, 만족도 및 신뢰와 같은 잠재 변수는 이전의 전환행동 연구에서 지배적인 변수였다. 그러나 대체비용의 선호도, 가용성 및 전환비용 및 변동 추구 경향과 같은 무어링 요인과 같은 견인요인이 더 중요한 역할을 한다는 것이 확인되었다. 즉, 고객이 다른 항공사로 이동하는 이유는 고객이 현재 항공사에 부정적인 요소 또는 정서적인 반응이 있기 때문이 아니라, 자신에게 매력을 느끼거나 개인적인 특성이나 상황 때문이다. 따라서 기존의 전환행동 연구에서 고려되지 못한 이러한 변수들에 더 많은 주의를 기울여야 한다.

대체 항공사에 대한 고객의 긍정적인 반응인 풀 요소는 전환의도에 가장 중요한 영향을 미치는 것으로 나타났다. 더 많은 고객을 유치하기 위해서 항공사는 더 나은 고객 서비스, 가격 혜택, 판촉 행사 및 저렴한 항공권 가격과 같은 특별한 강점을 통해 고객에게 호소해야 한다. 대안을 위한 기회는 가장 큰 견인인자의 구성요소가 된다. 따라서 항공사는 새로운 항공기 모형, 항공 노선의 다양성, 홈 페이지, 배너 광고, SNS 및 기타 미디어를 통한 공지와 같은 다양한 마케팅 도구를 사용하여 보다 다양한 날짜와 시간에 제공되는 항공편을 홍보해야 한다. 또한 개개인의 개인적 특성과 환경에 관한 무어링 요인은 전환의도에 부정적인 영향을 미친다. 따라서 항공사는 정기적인 설문조사를 통해 전환비용, 항공사 전환경험 및 다양성 추구 경향을 비롯하여 자세한 고객 프로필을 얻어야 한다.

기존고객을 위한 고객충성도 프로그램과 반복 구매자를 위한 혜택으로 인해 높은 전환 비용에 대한 고객의 인식이 형성되어 전환을 방지할 수 있다. 무의식적인 선택은 또 다른 무어링 요소였으며, 이는 또한 전환행동을 방지할 수 있다. 따라서 홍보 캠페인은 대상고객뿐만 아니라 가족 및 사회집단을 대상으로 해야 한다. PPM 모형의 직접적인 영향에 대한 함의 외에도, 무어링 요소의 조절 효과에 대한 의미 있는 결과도 나타났다. 이 요소는 풀 요소와 전환의도 사이의 관계만을 완화시켰다(푸시 요소와 전환의도 사이의 관계는 아니다). 따라서 선택요소로 인해 항공사를 전환하는 고객은 변동 추구경향 및 이전 전환경험 또는 전환비용 및 비자발적 선택과 같은 상황요인과 개인적 특성에 영향을 받는다. 그러나 현재 항공사의 부정적인 요소로 인해 전환한 고객은 자신의 상황이나 특성을 고려하지 않고 변경한다. 따라서 항공사는 고객기반을 유지하기 위해 항상 높은 서비스 표준을 유지하고 부정적인 고객경험을 줄여야 한다.

6.3 항공사와 여행사: 역할과 과제

6.3.1 비즈니스 설정

여행사는 항공사와 고객과의 관계에서 중개자 역할을 한다. 1990년대 후반 여행사는 항공사의 지배적인 유통경로였다. 항공사는 여행사를 통해 모든 항공권의 75% 이상을 판매했으며, 특히 휴가철 판매는 90% 이상을 차지하였다(Shaw, 2008). 인터넷의 등장으로 항공권 직접 판매를 포함한 다양한 항공권 유통 경로가 활성화되면서 여행사의 항공권 판매 점유율은 감소하고 있지만, 여전히 미국 항공사 항공권 판매의 약 50%를 담당하고 있고, 다른 지역에서는 더 높은 시장점유율을 유지하고 있다. 예를 들어, 스페인에서는 약 70%, 인도에서는 80% 이상이 여행사를 통해 항공권이 유통되고 있다.

전통적인 여행사 외에도 인터넷 출현으로 온라인 여행사(Online Travel Agents: OTA)가 설립되었다. 미국의 주요 OTA는 Expedia, Travelocity 및 Orbitz이다. Cheyne et al.(2005)은 해외로 휴가여행을 준비할 때 인터넷과 전통적인 여행사 간의 소비자 선택에 영향을 미치는 요인을 조사하였고, 가장 중요한 요소가 신뢰성, 복잡성, 보증, 보안 및 비용을 처리 할 수 있는 능력으로 나타났다. 또한, 일반적으로 OTA보다 전통적인 여행사가 제공하는 서비스에 더 만족하는 것으로 나타났다.

소비자 여행 동향에 대한 조사에서(PhoCusWright, 2006), 항공권을 구입할 때 사용한 구매 방법과 다른 구매 방법에 영향을 미치는 요인을 분석하였다. 구매방법 선택의 가장 강한 동기부여 요인은 낮은 가격(약 51%)이라는 사실을 발견하였고, 다음으로 영향력 있는 두 가지 동인인 편의성 및 항공사 선택은 각각 10% 미만으로 평가되었다.

항공사는 GDS(Global Distribution Systems)를 통해 여행사에게 항공권을 유통하고 있다. 주요 GDS는 Sabre, Amadeus, Travelport이다. GDS는 여행사가 예약을 위해 시스템을 사용할 때 항공사로부터 수수료를 징수한다. 여행사는 관련 시스템에서 예약을 하는 수수료 지불 방식으로 GDS에서 이러한 수수료의 일부를 받고 있다.

6.3.2 수수료 계약

수수료 계약은 항공업계에서 흔히 볼 수 있으며, 여행사의 중요한 수익원이다. 항공사는 여행사에게 각 항공권 판매에 대한 수수료를 지불한다. 이는 고정가격이거나 판매가격의 일정 비율일 수 있다. 유럽 주요 항공사의 표준 수수료 비율은 1%이며 에미레이트항공과 같은 일부 항공사는 최대 9%의 수수료를 지불하고 있고, 아시아 태평양 지역

항공사의 경우 최대 10%에 달하고 있다.

수수료 계약은 여행산업의 다른 부분에서도 적용되고 있다. 예를 들어 호텔의 수수료율은 미국에서 18~30%(Ripin, 2007), 영국에서 8-10%(Morrison 1994)이다. 항공사는 비용절감을 위해 중개인 수수료를 줄이거나 제거하기 시작하였다. 예를 들어 영국항공은 1998년에서 2004년 사이에 승객당 30파운드에서 15파운드로 판매 및 유통비용을 감축하였다. 여행사에 수수료 지불을 취소하는 데는 여러 가지 이유가 있을 수 있다. 중요한 것은 저비용 항공사에 대한 전통적인 항공사의 전략적 대응으로서 유통비용을 줄이는 것이다(Dennis, 2007).

여행사의 수수료는 시간이 지남에 따라 감소했고 유통비용 또한 감소했지만, 크루즈 및 패키지 여행은 계속 높은 수수료를 받고 있다. 수수료 계약은 영업 목표를 충족시켜야 하는 요구에 의해 시간이 지남에 따라 더욱 정교해졌다. 수수료 계약에서 모든 판매단위에 대한 수수료 인상을 요구하려면 판매목표(또는 최소 판매량)를 달성해야 한다. Alamdari(2006) 조사에 참여한 8개 아시아 항공사는 모두 오버-라이드 수수료 또는 백-엔드 인센티브를 사용함을 나타냈다. 이러한 보상 프로그램은 항공사가 정한 특정 판매 기준을 여행사가 초과할 경우 특별 수수료를 제공한다.

판매 목표는 여행 숙박업계에서도 사용된다. 예를 들어, VillaDirect는 휴가 기간 중 주택의 임대 및 판매 비율에 따라 여행사에게 인센티브를 지불한다. 수수료는 년 간 예약수에 따라 점증적으로 증가하는 구조를 가지고 있어 더 많은 예약을 달성하도록 유인하고 있다. VillaDirect가 적용한 수수료 스케줄은 〈표 6-2〉와 같다.

〈표 6-2〉 VillaDirect의 수수료 수준

여행사 수수료 수준	최소 예약 수
5%	0-19
7.5%	20-39
10%	40-59
12.5%	60-79
15%	80-99
17.5%	100+

항공사는 여행사가 더 많은 상품을 판매하도록 권장하기 위해 판매목표를 제공하고 있다. Tacke & Fichtner(2007)가 제시한 바와 같이, 매출에 대한 소급 적용은 매출 수준의 한계점에서 다른 한계점까지의 성장에 강력한 인센티브를 제공한다. 다음 수익 수준에 도달하면 여행사에게 지금까지 달성한 전체 수익에 높은 수수료가 지급된다.

여행사는 수요를 창출할 수 있는 힘이 있다. 예를 들어 한 항공사의 항공편을 눈에 띄게 표시하고 다른 항공사의 상품을 표시하지 않을 수도 있다. 한 항공사가 수수료 체계에서 벗어나서 모든 사업을 경쟁업체에 맡긴다면, 수수료를 지불하는 것보다 훨씬 많

은 것을 잃게 된다. 여행사가 판매 목표에 도달하지 못하면 항공사는 유통비용을 지불하지 않는 무임승차를 할 수 있다. 대부분의 여행사는 좋은 조건의 가격을 보유하고 있지 않고, 판매목표에 미치지 못하고 이익을 내지 못하더라도 항공사의 상품을 판매한다. 고가용성 및 고객만족은 여행사가 원활하게 비즈니스를 운영하는 데 중요하기 때문에 이러한 행동이 정당화될 수 있다.

여행사가 일부 고객에게는 공정한 정보제공자로 인식되지만, 일반적으로는 항공사로부터 얻는 이익을 추종하기 때문에 공정하게 인식되고 있지 않다. 이익 확대를 위해 대리점, 온라인, 전통적 방법이든 간에 높은 수수료를 지불하거나 판매목표에 근접할 수 있는 여정만을 제시함으로써 고객의 선택을 제한하는 전략을 사용하게 된다. 여행사 외에도 GDS는 화면 선호도를 통해 이 전략을 사용한다. 메타 검색엔진 사이트는 검색 선호도에 영향을 미치고 경우에 따라 수수료를 지불하는 사이트만 검색한다. 항공사가 경쟁우위를 확보하려는 시장에서 검색결과의 화면 표출 편향은 불가피하게 나타난다.

6.3.3 경쟁: 규모의 중요성

두 경쟁 항공사가 동일한 여행사를 통해 항공권을 판매하는 사례를 살펴보자. 한 곳은 여행 요구량의 80%를 처리하고 다른 하나는 여행 요구량의 50%를 처리한다고 하자. 이 50%는 첫 번째 항공사가 제공하지 않는 20%를 포함하면 30%가 중복된다. 첫 번째 항공사는 예약의 80%를 받는 대신 여행사에 20% 할인 운임을 제공한다. 두 번째 항공사는 예약의 50%를 받는 대신 30% 할인된 운임을 제공한다. 두 번째 항공사가 더 높은 할인을 제공하지만 여행사는 여행사의 예약 중 가장 많은 부분을 충족 할 수 있는 첫 번째 항공사와의 협력을 통해 더 많은 혜택을 얻는다. 따라서 첫 번째 항공사는 계약협상에서 유리하게 된다.

Alamdari & Mason(2006)은 항공권 유통의 진화에 대한 연구에서 GDS로부터 더 많은 우대를 받을 수 있는 큰 항공사에 유리하게 작용할 수 있다고 결론지었다. Gallego & Talebian(2014)은 서로 다른 규모와 시장에서 두 경쟁 항공사 간의 중개자 역할을 하는 여행사의 판매목표 효과를 연구하였다. 항공사는 계약을 동시에 결정하면, 여행사는 충성고객과 비충성고객이 섞인 시장에서 수수료를 최대화하기 위해 판매를 할당하는 방법을 결정한다. 판매목표의 전략적 효과분석을 통해 더 큰 규모 또는 충성도가 높은 시장점유율을 가진 주요 항공사의 수익은 안정을 유지하고 있지만 다른 항공사는 수익을 잃는 것으로 나타났다.

전자상거래는 전통적이고 분열된 기존 여행사보다 큰 시장에서 제공하는 OTA의 출현을 초래하였다. 또한 항공사 간 경쟁이 늘어나 많은 사람이 비슷한 시간에 같은 목적지로 이동한다. 동시에 고객은 항공사에 대한 충성도가 낮아졌으며 여행사의 이 랙킹(Racking)이 더 큰 영향을 미치고 있음을 의미한다.

이 같은 분석은 판매경로에 영향을 줄 수 있는 더 많은 힘을 갖게 됨으로써 합병하는 항공사가 유리하게 되는 중요한 근거를 제공한다. 지난 10년간 항공업계는 몇 가지 통합사례를 포함하여 주요 산업 구조조정을 거쳤다. 합병은 어렵고 규모의 경제를 제공하지 않는다. Brueckner(2003)는 주요 합병과 동맹의 효과를 살펴보았는데 결론은 이들이 영향을 끼치면서 상거래를 창출하고 교대로 전환하고 있음을 보여주는 것 같다고 하였다. 그러나 합병은 영업력이 추가된다. 이 힘의 일부는 여행사와 협상비용을 성공적으로 얻음으로써 얻어진다. 또한 합병을 통해 항공사는 대규모 네트워크를 구축하고 그렇지 않은 경우 얻을 수 없는 기업거래를 보호할 수 있다(Button, 2003)

따라서 규모의 비대칭성은 작은 항공사에게 피해를 주게 되는데, 이는 여행사의 이익에 큰 기여를 할 수 있기 때문이다. 반면에, 대형 항공사는 여전히 소형 항공사를 초과하는 좌석을 공급함으로써 이익을 얻는다.

판매목표와 시장 지배력의 남용에 대한 법적 우려가 있다. 영국 항공(British Airways)은 판매목표를 설정하여 1990년대 초에 여행사 수수료를 추가로 지급하였다. 영국 BA의 주요 경쟁자인 Virgin Atlantic은 BA의 정책이 공정경쟁 법을 위반하고 있으며, 이 문제를 법원에 제기하였고 법원은 BA의 정책에 반대하였다. 법원은 시장점유율을 산출에서 규모의 중요성에 대한 언급하고 있다. "BA의 강력한 시장지위는 대리점에게 적은 수수료 마진을 제공하지만 총액으로는 더 많은 금액을 지불하고 있다.

BA의 경쟁자들(British Airways의 판매량보다 불가피하게 낮은 판매량)은 여행사들에게 비슷한 수준의 마진을 주기 위해 수수료 마진을 훨씬 더 많이 제공해야 했다. 따라서 추가 수수료 계획(판매 기준액에 도달해야 함)은 여행사들이 가능한 한 영국항공 항공권을 많이 판다는 생각보다는 그들이 비영국항공 항공권을 판매하면 수입이 낮을 것"이라는 것을 효과적으로 인식할 수 있다는 것이다.

비즈니스 관점에서 판매목표의 적법성에 대해 논란이 있다. 수수료 계약의 판매목표는 판매계약의 수량할인과 일부 유사한다. 수량할인에서는 사전 설정된 임계값을 초과하는 주문규모에 대한 할인이 제공되며 이는 대부분 법적으로 허용된다. 반면에 항공사별 판매목표 설정은 약탈가격 정책과 약간의 유사성이 있다.

고전적인 정의에서 약탈적 가격 책정은 규모가 작은 경쟁자를 해칠 수 있도록 더 큰 회사가 저가로 소비자에게 상품을 판매하는 것을 의미한다. 수수료 계약에서 큰 공급자가 중개인의 판매목표를 높게 설정하면 결과적으로 소규모 공급자에게 피해를 주는 것과 유사한 효과가 나타난다. 대부분의 법률 시스템은 약탈적 가격책정을 불법으로 간주하기 때문에 판매목표의 사용을 제한하기 위해 항공사-여행사 관계에 동일한 근거를 적용하는 것이 가능하다.

6.3.4 직접 유통

인터넷의 활성화로 항공사는 직접 유통경로를 통한 판매가 용이해졌다. 미국 항공사의 직접유통은 주로 항공사 웹사이트를 통해 이루어졌다. 직접 판매가 항공사에 도움이 되었는지는 확실하지 않다. Cheng(2010)은 다른 항공사의 유통 효율성을 비교하여 소비자가 여행사의 안내에 의존할 때 항공사의 성과가 더 나았다는 것을 밝혔다.

항공사의 수직적 통합이 항공사 실적에 부정적인 영향을 미친 것처럼 보일 수도 있지만 전체적인 현상은 아니다. Ramon-Rodriguez et al.(2011)은 선도적인 유통 또는 컴퓨터 예약시스템을 갖춘 대형 항공사의 조기 시작 및 수직적인 국제적 확장이 판매 및 유통경로가 해당 부문의 경쟁력에 얼마나 중요한지를 보여주고 있다고 주장한다. 경우에 따라 이러한 유통경로에 참여하는 것이 경쟁업체의 성장과 경쟁력을 저해하는 경우가 있다. 이러한 이점은 미국, 유럽 연합 및 세계 여러 국가의 합법적인 조치로 인해 단기적이었지만 선두자의 이점이 있었다.

항공사는 상당량의 여가 또는 상용여행을 예약한 대형 여행사에게 수수료를 지불한다. 수수료는 항공사 운영비의 3~4%를 차지한다. 그러나 항공사가 여행사에게 보상하기 위해 수수료를 인상해야 하기 때문에 직접 판매는 수수료 관점에서 효율적이지 않을 수 있다. 직접 판매가 시작된 후 가용 시장점유율이 감소한다. 직접 판매는 시장구조에 영향을 미치고 항공권 판매를 늘리는 것이 효율적이다.

직접 판매의 효과는 수수료 및 유통비용 절감에 국한되지 않는다. 자신의 항공권 배분 플랫폼을 구축함으로써 항공사들은 승객들이 항공사 간의 가격견적을 직접 비교하는 것을 어렵게 만든다(Bilotkach, 2010). 또한, 항공사들은 여행사와 직접경쟁하게 된다. 결과적으로 검색결과, 시장점유율 및 수수료에 대한 대립 가능성이 있다.

중요한 질문은 항공사가 여행사에게 제공해야 하는 좌석과 직접 판매를 위해 얼마를 유지해야 하는지에 관한 것이다. 항공사는 중개인을 통해 항공권을 판매하는 것이 아니라 최저요금을 유지하는 것을 선호하지만, 여행사들은 항공사 좌석에 대한 완전한 접근권한을 얻는 것을 선호한다. 유통경로의 경쟁력을 높이기 위해서는 항공사가 제공하는 최저운임을 포함하여 모든 항공사의 일정과 운임 데이터가 유통경로에 포함되어야 한다. 과거에는 항공사의 콘텐츠에 완전히 접근할 수 있는 여행사가 이를 달성했었다.

아메리칸 항공과 OTA 간의 2011년 충돌은 좌석 가용성 감소로 인해 항공사와 여행사 간에 발생할 수 있는 불편한 관계의 대표적인 사례이다. 아메리칸 항공은 여행사들에게 자체 발권기술을 사용하여 항공권을 배분하도록 권장함으로써 유통전쟁을 시작했었다. 이러한 조치로 인해 아메리칸 항공은 여행객으로부터 더 많은 수익을 창출할 수 있으며 비용을 절감할 수 있었다.

아메리칸 항공은 2011년 초 Orbitz와 재계약을 하지 않기로 결정하였는데, Orbitz가 아메리칸 항공의 직접 예약연결을 통하는 것을 동의하지 않았기 때문이다. 이후 Expedia와 Travelocity도 아메리칸 항공편을 화면에 표출하는 것을 중지한다거나 또는 예약 수수료를 인상하고 노출을 편향 시키겠다는 위협을 하였다. 싸움은 양측 모두에게 이득이 되지 않는다. 한편으로 온라인 수요 추세는 감소하였고, 다른 면에서 미국 항공사는 이 충돌로 인해 매출액의 1.6%인 5천만 달러의 손실을 입은 것으로 추정되었다 (Bilotkach et al., 2013).

6.3.5 전략적 시사점

〈그림 6-2〉는 여행업계의 세 가지 주요 비즈니스 그룹(서비스 제공 업체, GDS 및 여행사)에 대한 항공사의 유통경로를 보여준다. 각 그룹에는 복수의 경쟁자가 있다. 유통경로에서 수수료 지불 유예 기준의 설계는 수수료 계약에 대한 까다로운 문제이다. 이 기준은 특정 프로그램이 최소 판매목표에 도달하지 않은 대행사에 대한 지불을 처리하는 방법을 포함한다. 일부 계약은 다음 지불기간으로 지불을 유예하고, 대리인이 판매목표에 도달하거나 완전히 포기할 때까지 계속 지불을 유예한다.

더 큰 여행사의 경우 판매목표가 더 높다는 것이 자연스럽게 보일 수 있다. 그러나 여러 대행사 간 차별의 적법성에 대해서는 의문의 여지가 있다. 여행업계의 흥미로운 특징은 서로 다른 회사와 협력과 경쟁이 공존한다는 것이다. IT의 변화로 인해 기업에서 데이터를 저장하고 공유하는 방식이 혁신되었다. 클라우드 기술을 사용한다는 것

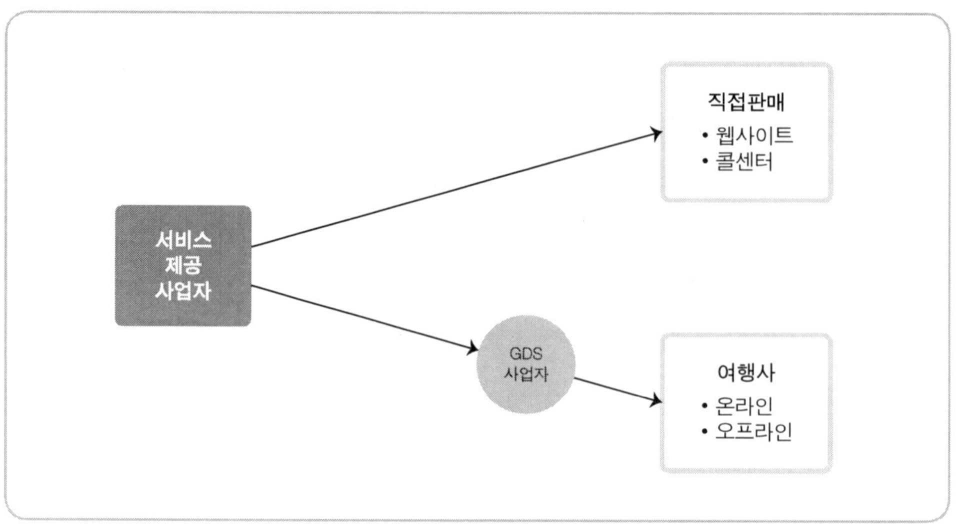

〈그림 6-2〉 항공사 유통경로

은 메인 프레임 시스템을 관리하고 유지할 필요가 없으며 GDS가 필요하지 않을 수도 있음을 의미한다. 유통시스템에서 GDS가 배제된다면 항공사와 여행사만 주요 플레이어로 남게 된다.

마지막으로 수수료 계약 및 판매목표의 사용은 여행업계에만 국한되지 않고 여러 다른 서비스 비즈니스에서도 이용하고 있다. 예를 들어 고객이 선호하는 기업(예: 아마존)에서도 수수료 계약은 제휴 프로그램에서도 사용되며, 고객은 그들의 구매에서 약간의 수수료를 돌려받게 된다. 이 프로그램에서 서비스 제공 사업자는 매출이 발생하는 경우에 판매목표를 지정할 수 있다. 수수료 계약을 이용하는 기타 산업에는 부동산 및 보험회사도 포함된다. 미국의 부동산 산업에서 수수료는 1983년 7~9%에서 2007년 5~6%로 감소했다. 보험업계에서는 수수료 마진을 통해 독립 에이전트와 사내 에이전트 모두에게 인센티브를 제공한다. 서로 다른 산업에서 수수료 계약의 유사점과 차이점을 분석하여 효과적으로 의사결정에 활용할 필요가 있다.

6.4 공항과 관광산업: 그리스 사례

그리스는 5000년의 역사를 가진 유럽 남동부의 관문이고, 많은 관광지를 갖고 있다. 그리스는 약 1400개의 섬을 포함하고 있는데, 그중 227개의 섬이 거주 지역으로 규모, 인구 및 발전적인 면에서 크게 다르다. 항공운송은 국가의 사회적, 경제적으로 모든 곳에서 중요한 역할을 한다. 그리스는 인구 약 1,080만 명으로 민간항공 공항이 38개로 많은 편이다. 2015년까지 모든 그리스 공항은 국가 소유이며 중앙에서 통제 및 관리를 하고 있다. 그러나 총 38개의 그리스 공항 중 14개가 그리스 정부에 의해 민영화 대상으로 선정되었다.

공식 절차는 2013년 4월 1일에 그리스 공화국 자산개발기금(HELenic Republic Asset Development Fund)의 필요에 의해서 시작되었다. 목표는 현재의 재정 상황을 감안할 때 재정지원을 할 수 없기 때문에 선정된 그리스 공항의 기반시설 및 개발에 투자 할 개인 자본 및 투자를 유치하는 것이다. 재정 목표와 함께 민영화는 관광개발, 연결성 및 고용에 기여할 것으로 기대하고 있다.

최근 몇 년 동안 그리스 방문객 수는 국가인구 수를 초과하여 크게 증가하였다. 2011년 방문자 수는 1,640만 명이고, 그중 71%가 항공을 이용하였다. 그리스는 수송부문과 같이 관광과 서비스 산업에서 매우 높은 계절성을 갖고 있는 관광객이 많이 방문하는 국가이다. 최근 입국 관광객의 증가로 인해 항공수요가 지속적으로 증가하고 있어, 기반시설 개발은 그리스 공항의 필요성과 함께 추가 투자에 대한 절박한 필요성이 대두되고 있다.

6.4.1 공항효율성 평가

지속적인 공항 운영 평가 및 벤치마킹 이용의 가치에 대해 공항 운영자 및 공항산업과 관련된 다른 조직들 사이에서 인식이 커지고 있다. 규제 당국과 함께 공항은 사용자 운임 설정을 위한 정책에 벤치마킹을 이용한다. 공항 민영화에 관심이 있는 투자자 및 은행가는 가능한 비즈니스 기회를 찾기 위해 벤치마킹 기술을 사용한다. 결과적으로 다양한 연구가 공항 벤치마킹을 위한 여러 기술을 활용해 왔다(Graham, 2005).

데이터포락분석(Data Envelopment Analysis: DEA)은 공항의 효율성을 분석하기 위해 다양한 연구에 사용되었고, DEA는 공항 벤치마킹에서 가장 많이 사용되는 방법이다. 예를 들어 Sarkis(2000)는 DEA를 사용하여 미국의 주요 공항 44개의 운영 효율성을 평가했는데 항공사들이 더 효율성이 있는 공항을 선호하는 경향이 있다는 것을 발견하였다. 공항이 주요 항공사의 허브가 되는 것, 공항이 다중 공항 시스템이나 단일 공항 시스템의 부분이 되는 것, 그리고 환경(대설 지대인지 아닌지)과 같은 요인들이 공항 효율성에 영향을 미치는지 조사했고, 첫 번째와 세 번째 요인은 공항 효율성에 큰 영향을 미치는 것으로 나타났다.

Martin & Roman(2001)은 DEA를 사용하여 37개의 스페인 공항의 효율성을 측정하고 민영화 이전에 정책적 고려사항들을 추출하였다. Fernandes & Pacheco(2002)는 DEA를 사용하여 브라질 내 35개 국내공항의 수용력을 분석하여 여객처리 및 공항자원 사용 측면에서 효율성을 분석하였다. Barros & Dieke(2007)는 모범 사례의 경계에 대하여 공항의 근접성을 결정하는 데 있어서 영역, 관리상태 및 작업량 단위(WLU)의 상대적인 역할의 검증과 함께, 2001~2003년 동안 패널 데이터를 사용하여 이탈리아 공항의 재무 및 운영성과를 분석하였고, 전반적으로 민간 공항이 높은 효율성 점수를 받았다.

Psaraki-Kalouptsidi & Kalakou(2011)는 DEA를 사용하여 승객과 항공기에 서비스를 제공하기 위해 에어사이드 및 육상 인프라를 평가한 다음 경제적 효율성을 분석하여 2004~2007년 그리스 공항의 효율성을 평가하였다. 총 승객 수와 항공기 이동 수를 산출물로 하였고, 투입물에는 터미널 건물의 전체 면적, 1층 면적, 출발 면적, 도착지역, 탑승수속 지역 및 직원들이 포함되었다. 에어사이드 운영이 육상 운영보다 평균적으로 더 효율적이었고 항공기 및 여객기가 더 많이 운항되는 공항이 더 효율적인 것으로 나타났다.

Adler et al.(2013)은 생산 공정을 설명하는 네트워크 DEA를 사용하여 부분적 관리 제어를 포함한 최종 및 중간 산출물을 분리하는 순차적 효과를 입증하여 유럽 공항 43곳의 효율성을 10년간 연구하였다. 즉, 중간 제품을 통해 항공 및 상업 활동을 접목하였다. 네트워크 모델은 인력, 자본, 자재 및 서비스 아웃소싱으로 교통량(승객, 화물 및 항공기 이동)을 생산하는 다중 생산 공항으로 정의하였다. 그에 따라 항공 부과금 및 승객에 대한 상업용 단말기 서비스에 이르기까지 수익이 발생하였다. 이러한 서비스의 일부를 제공하는 제3자의 역할과 위의 모든 것을 통제하는 관리의 역할 또한 네트워크 DEA 모델에서 고려되었다. 그 결과는 각 공항에 대해 중기적으로 달성할 수 있었던 유사한 대등한 단위 및 목표 값으로 벤치마크를 제공하였다. Wanke(2012)는 2009년 횡단면 자료를 사용하여 63개의 주요 브라질 공항에 대한 벤치마크 및 효율성 분석을 실시하였다.

Barros(2008)는 5년간의 심각한 경제위기 기간 동안 아르헨티나 공항의 기술적 효율성을 조사하였다. 이 조사 결과에 따르면 주요 공항은 위기 기간 동안 효율적으로 유지되었으며 허브 상태가 효율성에 긍정적으로 기여하였다.

Chi-Lok & Zhang(2009)는 25개의 표본 중국 공항에 대한 생산성 수준과 성장을 조사하여 공항 현지화 프로그램, 상장된 공항, 경쟁의 강도와 기타 공항 특성을 포함하여 경쟁과 중국 항공정책 개혁의 영향을 조사하였다. 허브 상태 및 지역경제, 해안도시, 관광도시, 인구 및 이벤트 변수, 항공사 합병, 영공개방협정 및 신규공항 개설과 같은 기타 공항 특성을 제어한 결과 지역화된 공항의 효율성이 경쟁 상대보다 훨씬 높았다. 또한 공항 현지화 프로그램은 공항 효율성 및 기술적 진보와 양의 상관관계가 있었다.

Curi et al.(2010)은 이탈리아 정부가 공항 효율성에 미치는 영향을 연구하여 2001년 3월에 이탈리아에서 새로운 공항경영 개념을 도입했다. 이 연구는 36개 주요 이탈리아 공항을 기반으로 하였고 분석 결과 기술적 효율성을 개선할 여지가 상당하다는 것을 알 수 있었다. Tsekeris(2011)는 2007년에 횡단면 데이터를 사용하여 상대적인 기술적 효율성을 고려하여 그리스 공항의 성능을 평가하였다. 결정 요인으로는 계절성, 섬의 위치, 크기, 공항과 가장 가까운 도시 간의 거리 및 공항의 민간/군사용 사용 등이 포함하였고, 분석에 따르면 대부분의 공항은 규모에 대한 수익이 증가하고 있으며 여름 시즌 동안 전반적인 기술 및 규모 효율성이 높게 나타나고 있다.

Gitto & Mancuso(2012)는 2단계 절차(DEA 및 절단된 회귀 분석)를 사용하여 2000~2006년에 28개 이탈리아 공항의 기술 효율성에 대한 규제 개혁의 영향을 평가하였다. 그들의 분석은 항공 및 비 항공 비즈니스에 대한 경영진의 자본 이득을 분석하기 위해 운영 및 재무적 관점의 두 가지 모델을 사용하였고, 민간 자본 유입과 총양허 계약이 공항 효율성에 기여함을 분석하였다. Chang et al.(2013)은 DEA를 사용하여 2008년 중국 공항 41개의 기술적 효율성을 조사한 다음 환경 요인으로 회귀 분석을 사용하여 지리적 특성과 서비스 전략이 중국 공항의 성과에 영향을 미치는지 평가하였다. 분석 결과 대도시에 위치한 공항은 매우 큰 항공기를 수용할 수 있고 더 많은 항공사가 운항하는 공항이 더 효율적이었다. 또한 공항 효율성은 항공사를 이용하는 항공사 수가 증가함에 따라 향상되었지만 지역의 중심 비즈니스 지역과의 거리는 효율성에 큰 영향을 미치지 않았다.

Coto-Millan et al.(2014)는 2009-2011 기간의 운영 및 재무 데이터를 사용하여 35개의 스페인 공항에 대한 비교 기술 분석을 수행하였고, 공항 규모가 공항 기술 및 규모 효율성에 긍정적인 영향을 미쳤으며 저비용 항공사의 존재가 규모 효율성에 긍정적인 영향을 미쳤음을 확인하였다. Merkert & Mangia(2014)는 효율성을 위한 주요 결정요인인 경쟁(다른 공항으로 그리고 육상 수송으로부터의 두 부문)의 역할을 평가하기 위해 2단계 접근을 적용하여 시간이 지남에 따라 35개의 이탈리아 및 46개의 노르웨이 공항의 비용 효율성을 연구하였다.

기존 연구를 바탕으로 Fragoudaki & Giokas(2016)는 그리스 공항에 대하여 공항의 역할을 분석할 수 있는 공항 효율성 분석을 시도하였다. 본토와 섬에서 운영되는 38개의 민간공항을 기반으로 하였으며, 이 중 28개는 섬 기반이고 10개는 본토를 기반으로 하고 있다. 또한 공항 중 12곳은 민간과 군에서 공동으로 활용하고 있다. 크기, 연간 교통량, 계절성 및 운영특성과 관련하여 그리스 공항과의 다양한 변화가 있으며, 이 특징이 분석에서 두드러지게 나타난다. 상당히 많이 유입되는 관광흐름의 이점에도 불구하고, 정부 소유의 그리스 공항은 실제로 노선개발과 같은 마케팅 전략에 집중하지 않았다(Halpern & Graham, 2015).

투입물로는 활주로 길이, 평방미터로 계류장 크기 및 여객 터미널 크기와 같은 공항 인프라 수준을 선택하였다. 총 항공기 이동, 총 승객 수 및 처리된 화물 톤에 대한 연간 데이터를 산출성과로 선택하였다. 활주로 길이는 각 공항에 착륙할 수 있는 항공기의 크기를 반영하는 기본 인프라 특성이다. 이것은 그리스 공항, 특히 섬에 있는 사람들에게 중요한 요소이며, 많은 경우 활주로의 길이는 수년간 국제선운영을 제약하는 요인이다. 두 개의 활주로가 있는(아테네 제외) 유일한 공항인 테살로니키 공항의 경우 두 활주로의 길이가 합산되었다(Yoshida & Fujimoto, 2004). 계류장 크기(평방미터)는 항공기 크기에 따라 항공기 주기 수를 나타내며 활주로 길이와 함께 특정시간에 공항에서 처리할 수 있는 에어사이드 교통량을 결정한다. 여름 시즌 동안, 그리스 섬의 공항은 항공편을 수용하기 위해 매우 치열한 상황에 직면해 있으며, 특히 비정기 항공편은 합의된 도착 시간이 아닌 시간에 동시에 도착할 수 있다. 터미널 크기는 시간과 특정 서비스 수준에서 승객의 흐름을 처리 할 수 있는 공항의 능력을 나타낸다. 일반적으로 이 데이터는 필요한 프로세스와 안전 및 품질 기준을 고려하여 승객의 최대 흐름을 나타낸다.

매우 높은 계절적 성수기인 여름철에 많은 문제가 일어나고 있기 때문에 그리스 공항에서 특히 많은 어려움이 있다. 승객을 터미널에 수용할 수 없고 터미널 빌딩 외부에 대기를 시킬 수 없는 경우도 있다. 매우 높은 계절성의 문제는 여름철에는 부족하고 겨울철에는 심각하게 활용되지 않는 공항 인프라의 투자 수준의 의사결정을 어렵게 하고 있다. 지연 및 대기는 서비스 용량이 수요를 충족시키지 못하는 수준까지 터미널의 다양한 시스템에서 증가한다. 이러한 상황은 시설의 절대 용량을 확인하는 것을 어렵게 하는 계절별 수요변동의 결과로 발생할 수도 있다(Fernandes & Pacheco, 2002). 계절성을 분석한 그리스 공항에 대한 선행연구는 이 요인이 공항 성능 평가(Psaraki-Kalouptsidi & Kalakou, 2011)에 큰 영향을 미치지 않거나 여름 시즌이 겨울 시즌 및 전체 연도와 비교하여 전반적인 공항 효율성을 향상시킨다는 결론을 내렸다. 이는 특정 관광 공항에 더 큰 영향을 미칠 수 있음을 의미한다 (Tsekeris, 2011).

여름철에는 관광객이 방문하는 국가에서 인프라가 더 잘 활용되는 것으로 인정되지만 관광의 정점기간은 국가마다 다르다. 또한 많은 경우 수요예측에 계절요인을 통합하는 인프라가 개발되었다. 따라서 계절적 수요가 여름에 인프라를 효율적으로 활용하는 것으로 판단되면 그 반대는 겨울 시즌에 유효하다. 동시에 계절성이 낮은 공항은 수요 변동이 크지 않기 때문에 이에 상응하는 인프라가 더 잘 맞을 수 있다. 그리스 공항의 경우 인프라 개발에 관한 결정은 정부 결정의 결과였다. 총 승객 수가 첫 번째 성과물로 설정되었다. 현실적으로 이것은 위에서 분석한 그리스 공항의 역할을 고려한 그리스 공항의 핵심 성과이다. 항공기 움직임과 공항 인프라 사용 수준을 반영하기 때문에 항공기 움직임의 수는 두 번째 성과로 사용되었다. 화물은 세 번째 산출성과로 고려하였다. 다수의 그리스 공항에는 항공화물에 대한 능력이 없으며(Katarelos & Lagoudis, 2011), 결과적으로 일부 경우 화물은 우편물을 나타낸다. 사용된 모든 데이터는 국내선 및 국제선을 포함한 연간 총 교통량을 나타낸다. 인프라 특성 외에도 운영 활동에 영향을 미치는 여러 가지 요인이 있다. 여기에는 바람, 온도, 공항 주변의 장애물 존재, 부분적으로 부과된 소음 감소 제한, 항행 지원 및 레이더 성능이 포함된다. 사실, 그리스 섬 공항의 대부분은 특히 여름철에 바람(바람막이)과 고온으로 인해 심각한 운영 문제를 겪고 있다.

그리스는 여행자 수혜 국가이기 때문에 그리스 공항은 다른 나라의 공항과는 상당히 다른 역할을 하고 있다. 이 공항들은 들어오고 나가는 교통량이 균형을 이루고 있다. 많은 그리스 공항과 특히 섬에 있는 공항의 경우 전 세계 공항에서 널리 사용되는 '공항 유치 지역'이라는 용어를 '공항 보급 지역'으로 대체 할 수 있다. 그리스에 있는 공항은 도착한 후 섬이나 공항 주변의 환대시설(다양한 종류의 숙박 시설)에 도착한 관광객들의 유입 흐름을 주로 처리한다. 따라서 입지(가장 가까운 도시로부터의 거리), 접근비용 및 대중교통 이용 가능성과 같은 일반적으로 사용되는 효율성 설명 변수는 사용되지 않았다. 반면에, 그리스 공항의 역할과 기능에 초점을 둔 다섯 가지 설명 변수가 선정되었다.

- 섬 또는 본토(Island or the mainland, ISL)에 있는 공항의 지리적 위치. 관광객이 크게 증가한 공항의 섬 위치가 공항 인프라 개발의 중요한 이유라고 할 수 있다.
- 연결성(CPT)은 각 도시를 다른 도시와 직접 연결하는 국내 및 국제도시의 수로 정의된다(Oxford Economics, 2011). 각 공항의 연결성은 2011년 각 그리스 공항에 도착한 항공편의 합계를 기준으로 산출되었다. 대부분의 그리스 공항은 주로 관광 흐름

처리 지점으로 사용되기 때문에 개별 국제 방문자와 여행사가 주변 지역의 특정 목적지에 대해 표시한 선호도는 각 공항의 산출 성과에서 중요한 역할을 한다. 이를 바탕으로 공항은 도시공항을 연결하는 국내선 및 국제선의 총 수에 따라 세 그룹으로 분류된다.

- 섬이나 공항의 "확산 지역"의 숙박 기반 시설(HTL) 수준. 적절한 객실 수뿐만 아니라 고급 호텔 단지의 존재는 공항 운영성과 및 개발에 결정적인 역할을 한다. 예를 들어 Peloponnese의 Kalamata 공항은 2010년 이 지역에 세계적 수준의 하이-엔드 리조트가 개장됨으로써 이 지역의 명성에 기여하였다. 공항 운영은 2009년 494건에서 2011년 716건, 2014년 2204건으로 증가하였다. 비슷하게 총 여객 교통량은 2009년의 60,459건에서 2011년 71,452건으로 증가했으며 2014년에는 220,374건으로 증가하였다.
- 위치(Locations)는 공항 네트워크에서 제공하고, 국내선 또는 국내선 및 국제선 모두를 수용하는 공항을 구별하였다.
- 운영의 혼합(MC), 민간 및 군대 사용. 그리스에서는 민간과 군대 비행을 위해 여러 공항(38개 중 12개 공항)이 동시에 사용되고 있다.

6.4.2 분석 결과 및 시사점

Fragoudaki & Giokas(2016)는 공항 성능에 영향을 미칠 수 있는 요인의 영향에 관한 여러 가설이 분석되었다. 공항의 효율성에 대한 분석 결과 호텔 인프라, 섬 위치 및 연결성이 공항의 기술 효율성에 긍정적인 영향을 미치고 있다. 구체적으로 섬에 위치한 공항이 본토에 있는 공항보다 효율적임이 확인되었다. 또한, 공항 주변 지역에 많은 호텔이 있는 경우가 소수의 호텔이 있는 경우보다 효율적임이 분석되었다. 연결 공항이 많은 공항이 연결이 적은 공항 보다 효율적이었고, 국제선과 국내선 전용 또는 혼합 운용이나 민군 공동 사용 등은 공항의 기술적 효율성에 큰 영향을 미치지 못하는 것으로 나타나고 있다. 따라서 Fragoudaki & Giokas(2016)는 다음과 같은 결론을 제시하고 있다.

첫째, 섬에 위치한 공항이 효율성에 긍정적인 영향을 미친다는 가정과 일치하는 긍정적인 신호이다. 실제로 "효율적인" 공항 중 10개가 섬에 위치한 공항으로 나타났다. 따라서 여름 시즌 동안 그리스 섬으로 유입되는 많은 교통량이 예상된다.

둘째, 호텔 인프라 요인은 긍정적인 신호를 보였는데 이는 지역의 더 큰 호텔 인프라가 효율성에 긍정적인 영향을 미친다는 가정과 일치한다. 실제로 목적지 환대 기반 시설(호텔)은 방문객을 유인하는데 중요한 역할을 하며 목적지 인기와 결과적으로 공항 수요를 지원한다.

셋째, 각 공항에 연결된 연결 가능성도 긍정적인 신호를 나타낸다. 이는 연결된 공항 수가 많아질수록 공항 효율성에 긍정적인 영향을 미친다는 것을 의미한다. 이는 목적지 인기와 연관되어 있으며 공항 인프라의 높은 활용도에 기여하고 있다. 마지막으로 국내선 또는 국제선 전용공항 여부와 민군 혼합 운영 여부는 공항 효율성에 큰 영향을 주지 않는다.

관광 국가에서는 공항이 중요한 역할을 담당하고 있다. 그리스 공항의 사례분석에서 많은 관광객을 처리할 때 공항이 위치한 섬 위치, 해당 지역의 호텔 인프라 및 연결성, 즉 각 공항에 직항으로 연결되는 도시의 수는 공항 효율성에 긍정적인 영향을 미친다. 반면에, 순수 국내선 또는 혼용 운영, 민간 및 군용 혼용 등의 요인들은 부정적인 영향을 미치는 것으로 보이나 큰 영향은 없는 것으로 나타났다.

국가의 지형학 및 세계의 관광 목적지로서의 정체성으로 인해 공항이 중요한 역할을 하게 된다. 그러나 공항 인프라의 효율적인 사용에 못지 않게 지역 환대산업은 항공사를 포함한 국제 관광 에이전트에게 매력적이어야 한다. 따라서 정부의 역할이 중요하며 공항이 사업 단위로 활동할 수 있는 역량을 증대하기 위해 현지 환대산업 및 지방정부와 협력하여 노선개발 및 개선된 서비스를 제공해야 하고, 이를 통해 자원을 효율적으로 사용하고 잠재적인 개발역량을 활용해야 한다.

참고문헌

Adler, N., Liebert, V., Yazhemsky, E. (2013). Benchmarking airports from a managerial perspective. Omega, 41, 442-458.

Alamdari, F. (2002). Regional development in airlines and travel agents relationship, Journal of Air Transport Management, 8(5), 339-348

Alamdari, F., Mason, K. (2006). The future of airline distribution. Journal of Air Transport Management, 12(3), 122-134.

Banker, R.D., Charnes, A., Cooper, W.W. (1984). Some models for estimating technical and scale inefficiencies in data envelopment analysis. Management Science, 30, 1078-1092.

Bansal, H. S., & Taylor, S. F. (1999). The service provider switching model (SPSM). Journal of Service Research, 2(2), 200-218.

Bansal, H. S., Taylor, S. F., & James, Y. St. (2005). Migrating"" to new service providers: Toward a unifying framework of consumers' switching behaviors. Journal of the Academy of Marketing Science, 33(1), 96-115.

Barros, C.P. (2008). Airports in Argentina: technical efficiency in the context of an economic crisis. Journal of Air Transport Management, 14(6), 315-319.

Barros, C.P., Dieke, P.U.C. (2007). Performance evaluation of Italian airports: a data envelopment analysis. Journal of Air Transport Management, 13, 184-191.

Bilotkach, V. (2010). Reputation, Search Cost, and Airfares. Journal of Air Transport Management, 5, 251-257.

Bilotkach, V., Rupp, N.G., Pai, V. (2013). Value of a platform to a seller: Case of American Airlines and online travel agencies. Available at SSRN 2335687.

Bitner, M. J. (1990). Evaluating service encounters: The effects of physical surroundings and employee responses. Journal of Marketing, 54(2), 69-82.

Bolye, P., & Halfacree, K. (1998). Migration and gender in the developed world. New York: Longman Press.

Bruecker, J.K. (2003). The benefits of codesharing and antitrust immunity for international passengers, with an application to the star alliance. Journal of Air Transport Management, 9(2), 83-89.

Buhalis, D., Law,R. (2008). Progress in information technology and tourism management: 20 years on and 10 years after the internet - the state of e-Tourism research. Tourism Management, 29(4), 609–623.

Button, K. (2003). Does the theory of the 'core' explain why airlines fail to cover their longrun costs of capital? Journal of Air Transport Management, 9(1), 5-14

Castillo-Manzano, J.I., Lopez-Valpuesta, L. (2010). The decline of the traditional travel agent model. Transportation Research Part E, 46(5), 639–49

Chang, Y.-C., Yu, M.-M., Chen, P.-C. (2013). Evaluating the performance of Chinese airports. Journal of Air Transport Management, 31, 19-21

Charnes, A., Cooper, W.W., Rhodes, E. (1978). Measuring the efficiency of decision making units. European Journal of Operational Research, 2, 429-444.

Cheng, K. (2010). Evaluation of US legacy airline distribution strategies. Journal of Air Transport Management, 16(6), 337-339.

Cheyne, J., Downes, M., Legg, S. (2005). Travel agent vs internet: What influences travel consumer choices? Journal of Vacation Marketing, 12(1), 41-57.

Chih, W. H., Wang, K. Y., Hsu, L. C., & Cheng, I. S. (2012). From disconfirmation to switching: An empirical investigation of switching intentions after service failure and recovery. The Service Industries Journal, 32(8), 1305-1321.

Chi-Lok, A.Y., Zhang, A. (2009). Effects of competition and policy changes on Chinese airport productivity: an empirical investigation. Journal of Air Transport Management, 15 (4), 166-174.

Curi, C., Gitto, S., Paolo Mancuso, P. (2010). The Italian airport industry in transition: a performance analysis. Journal of Air Transport Management, 16, 218-221.

Dennis, N. (2007). End of the free lunch? The responses of traditional European airlines to the low-cost carrier threat. Journal of Air Transport Management, 13(5), 311-321.

Fernandes, E., Pacheco, R.R. (2002). Efficient use of airport capacity. Transportation Research Part A, 36, 225-238.

Fragoudaki, A., Giokas, D. (2016). Airport performance in a tourism receiving country: Evidence from Greece. Journal of Air Transport Management, 52, 80-89

Gallego, G., Talebian, M. (2014). Commissions and Sales Targets under Competition. Management Science, 60(9), 2180-2197.

Gitto, S., Mancuso, P. (2012). Two faces of airport business: a non-parametric analysis of the Italian airport industry. Journal of Air Transport Management, 20, 39-42.

Graham, A. (2005). Airport benchmarking: a review of the current situation. Benchmarking: An International Journal, 12(2), 99-111.

Halpern, N., Graham, A. (2015). Airport route development: a survey of current practice. Tourism Management, 46, 213-221.

Han, H., Kim,W., Hyun, S.S. (2011). Switching intention model development: Role of service performances, customer satisfaction, and switching barriers in the hotel industry. International Journal of Hospitality Management, 30(3), 619-629.

Hou, A.C.Y., Chern, C.C., Chen, H.G., Chen, Y.C. (2011). Migrating to a new virtual world: Exploring MMORPG switching through human migration theory. Computer in Human Behavior, 27(5), 1892-1903.

Hsieh, J.K., Hsieh, Y.C., Chiu, H.C., Feng, Y.C. (2012). Post-adoption switching behavior for online service substitutes: A perspective of the push-pull-mooring framework. Computers in Human Behavior, 28(5), 1912-1920.

Katarelos, E., Lagoudis, I. (2011). Greek airport capacity utilization: what about airfreight? International Journal of Aviation Management, 1 (1/2), 124-139.

Keaveney, S.M. (1995). Customer switching behavior in service industries: An exploratory study. Journal of Marketing, 59(2), 71-82.

Kim, M.J., Lee, C.K., & Chung, N. (2013). Investigating the role of trust and gender in online tourism shopping in South Korea. Journal of Hospitality & Tourism Research, 37(3), 377-401.

Lee, E.S. (1966). A theory of migration. Demography, 3(1), 47-57.

Lee, M., & Kim, B.J. (2013). How can growth in air travel demand influence airline operational performance and profitability. Journal of Transport Research, 20(4), 55-66.

Levere, J.L. (2011). American Airlines in Fee Battle With Web Agencies. New York Times.

Lewis, G.J. (1982). Human migration: A geographical perspective. London and Canberra, Australia: Croom Helm.

Longino, C.F., Jr. (1992). The forest and the trees: Micro-level considerations in the study of geographic mobility in old age. In A. Rogers (Ed.), In elderly migration and population redistribution (23-34). London: Bellhaven.

Martin, J., Roman, C. (2001). An application of DEA to measure the efficiency of Spanish airports prior to privatization. Journal of Air Transport Management, 7 (3), 149-157.

Merkert, R., Mangia, L. (2014). Efficiency of Italian and Norwegian airports: a matter of management or of the level of competition in remote regions? Transportation Research Part A, 62, 30-38.

Moon, B. (1995). Paradigms in migration research: Exploring "moorings" as a schema. Progress in Human Geography, 19(4), 504-524.

Morrison, A. (1994). Marketing Strategic Alliances: The Small Hotel Firm. International Journal of Contemporary Hospitality Management, 6(3), 25-30.

Njite, D., Kim, W.G., & Kim, L.H. (2008). Theorizing consumer switching behavior: A general systems theory approach. Journal of Quality Assurance in Hospitality & Tourism, 9(3), 185-218.

O'Connell, J.F., Williams, G. (2006). Transformation of India's Domestic Airlines: A case study of Indian Airlines, Jet Airways, Air Sahara and Air Deccan. Journal of Air Transport Management, 12(6), 358-374.

Psaraki-Kalouptsidi, V., Kalakou, S. (2011). Assessment of efficiency of Greek airports. Journal of Airport Management, 5(2), 170-186.

Ramón-Rodríguez, A.B., Moreno-Izquierdo, L., Perles-Ribes, J.F. (2011). Growth and internationalisation strategies in the airline industry. Journal of Air Transport Management, 17(2), 110-115.

Ravenstein, E. G. (1885). The Law of migration. Journal of the statistical society of London, 48(2), 167-235.

Ripin, P., Keyword Confusion. Hospitality Net May (2007). www.hospitalitynet.org/news/4031253.html

Roos, I. (1999). Switching processes in customer relationships. Journal of Service Research, 2(1), 68-85.

Sarkis, J. (2000). An analysis of the operational efficiency of major airports in the United States. Journal of Operations Management, 18, 335-351.

Shaw, S. (2008). Aviation marketing and the leisure market, In 'A. Graham, A. Papatheodorou, P Forysth'. Aviation and Tourism, Implications for leisure travel (2008).

Su, L., Hsu, M.K., Swanson, S. (2014). The effect of tourist relationship perception on destination loyalty at a world heritage site in China: The mediating role of overall destination satisfaction and trust. Journal of Hospitality& Tourism Research, 41(2), 180-210.

Sui, J.J., Baloglu, S. (2003). The role of emotional commitment in relationship marketing: An empirical investigation of a loyalty model for casinos. Journal of Hospitality & Tourism Research, 27(4), 470-489.

Swanson, S.R., & Hsu, M.K. (2009). Critical incidents in tourism: Failure, recovery, customer switching, and word-of-mouth behaviors. Journal of Travel & Tourism Marketing, 26(2), 180-194.

Tacke, G., Fichtner, C. (2007). Commission systems in tourism. Trends and Issues in Global Tourism 2007, Springer, Berlin.

The PhoCusWright (2005). Consumer Travel Trends Survey. 8th ed. Travel Trade Gazette.

Tsekeris, T. (2011). Greek airports: efficiency measurement and analysis of determinants. Journal of Air Transport Management, 17(2), 140-142.

Vinod, B. (2009). Distribution and revenue management: Origins and value proposition. Journal of Revenue and Pricing Management, 8, 117-133.

Wanke, P.F. (2012). Capacity shortfall and efficiency determinants in Brazilian airports: evidence from bootstrapped DEA estimates. Socio-Economics Plan. Science, 46, 216-229.

Wieringa, J.E., Verhoef, P.C. (2007). Understanding customer switching behavior in a liberalizing service market: An exploratory study. Journal of Service Research, 10(2), 174-186.

Xiang, Z., Gretzel, U. (2010). Role of social mediain online travel information search. Tourism Management, 31(2), 179–188.

Xiang, Z., Magnini, V.P., Fesenmaier, D.R. (2015). Information technology and consumer behavior in travel and tourism: Insights from travel planning using the internet. Journal of Retailing and Consumer Services, 23, 244-249.

Yoshida, Y., Fujimoto, H. (2004). Japanese-airport benchmarking with the DEA and endogenous-weight TFP methods: testing the criticism of overinvestment in Japanese regional airports. Transportation Research Part E, 40, 533-546

Zeithaml, V. A. (1981). How consumer evaluation processes differ between goods and services. In J. Donelly, & W. George (Eds.), Marketing of services proceedings series (186-190). Chicago: American Marketing Association.

Zhang, K. Z. K., Cheung, C. M. K., Lee, M. K. O., & Chen, H. (2008). Understanding the blog service switching in Hong Kong: An empirical investigation. In In the 41st annual Hawaii international conference proceeding, system science.

7장

항공서비스의 고객만족과 고객행동

7.1 서비스 품질과 고객충성도

항공산업이 크게 성장하고 있지만 고품질의 고객서비스를 제공하는 것이 항공운송 산업에서 경쟁력을 유지하기 위한 중요한 수단으로 인식되고 있다. 따라서 항공승객의 서비스 품질을 분석하고 항공사 고객만족도와 행동의도를 향상시킴으로써 항공사의 경쟁력에 긍정적인 영향을 미칠 수 있도록 해야 한다. 항공사의 경우 고객이 인지한 서비스 품질이 항공사 고객만족도 및 충성도에 긍정적인 영향을 미친다는 사실이 밝혀졌지만, 비행 전 서비스와 기내 서비스 품질에 대한 고객의 인지가 항공사 고객만족도 및 충성도에 어떠한 영향을 미치는지도 분석되어야 한다.

항공사 서비스 품질은 항공사의 조직 및 서비스의 상대적 효율에 대한 고객의 전반적인 인식으로 나타낼 수 있다. 또한, 항공사의 서비스 품질에는 항공사 고객과 직원 간의 상호작용이 포함되어 있으므로 항공사의 고객 접점 직원이 고객을 대하는 방식은 항공사 고객이 인지한 서비스 품질을 평가할 때 중요한 고려 사항이다.

비행 전 경험에는 항공사가 제공하는 서비스 외에도 항공사가 제공하지 않고 직접 통제할 수 없는 서비스가 포함된다. 예를 들어 탑승 전 서비스 품질에 대한 고객의 인식은 항공사가 직접 통제할 수 없는 출발공항 시설(주차시설) 및 서비스(레스토랑 및 셔틀 서비스)의 영향을 받는다. 또한, 항공권은 흔히 온라인 여행사 또는 전통적인 여행사를 통해 구매되며 고객과 항공사 간에 직접적인 접촉이 없을 수 있다. 가격이 고객만족과 충성도에 미치는 영향이 큰 것으로 확인되지만 항공사는 비행 전 경험 관점에서의 고객 충성도에 대한 영향은 확인되지 않고 있다. 따라서 가격공정성과 항공사에서 직접적으로 통제할 수 없는 비행 전 서비스 경험은 항공사 고객이 인식한 비행 전 서비스 품질의 개념에 포함되지 않는다.

항공사는 고객에게 비행 전 서비스 품질에 대한 고객의 인식을 향상시킬 수 있는 다양한 서비스를 비행 전에 고객에게 제공할 수 있다. 예를 들어, 예정된 항공편 전날, 온라인 체크인이 가능할 때 또는 예정된 항공편이 지연이나 변경된 경우 고객에게 문자메시지 또는 이메일 알림을 보낼 수 있다. 이 같은 필수적인 운항관련 정보를 제공하는 것은 항공사 고객의 비행 전 서비스 품질을 향상시킬 수 있기 때문이다.

항공사 고객의 탑승수속/탑승 전 과정의 효율성에 대한 인식과 사전 예약 기간 동안 항공사의 고객접촉 직원이 어떻게 대우를 했는지에 대한 인식은 항공사 고객이 비행 전 서비스 품질을 인지할 때 고려해야 할 중요한 고려 사항이다. 또한 항공사 고객이 기내 서비스 품질을 평가할 때 항공기의 청결과 고객이 기내 승무원으로부터 받은 서비스의 인식과 같은 가시적인 특징은 중요한 고려사항이 된다.

항공사 품질에 대한 고객인식이 항공사 고객만족의 핵심 동인이라고 하지만, 서비스 품질이 고객만족에 긍정적이고 직접적인 영향을 미친다는 것은 확인되지 않고 있다. 따라서 항공사 고객이 비행 전 서비스 품질의 인지와 기내 서비스 품질의 인지가 고객만족도에 긍정적이고 직접적인 영향을 미칠 것인가를 분석할 필요가 있다.

많은 연구에서 고객충성도의 개념모델에서 고객만족의 중재 역할을 강조하고 있다. 따라서 고객만족은 항공승객이 비행 전 서비스 품질과 항공사 고객충성도 사이의 관계를 부분적으로 중재하고 항공사 고객이 비행 전 서비스 품질을 인지하면 고객충성도에 직접적으로 혹은 간접적으로 영향을 미치게 된다. 또한, 고객만족은 부분적으로 항공사 고객이 기내 서비스 품질과 항공사 고객충성도 사이의 관계를 중재 할 것이며, 항공사 고객이 기내 서비스 품질을 인지하면 항공사 고객충성도에 직간접적으로 긍정적인 영향을 미치게 된다.

가격도 고객만족의 중요한 요소이다. 항공사 고객이 느끼는 가격공정성은 고객만족에 긍정적이고 직접적인 영향을 미치고 있다. 인지된 비행 전 서비스와 기내 서비스 품질은 각각 항공승객 만족도에 긍정적이고 직접적인 영향을 미치고 있다. 반면에, 항공사 상용고객프로그램 회원은 항공사 고객충성도에 긍정적이고 직접적인 영향을 미치고 있지만, 항공사 고객충성도에 대한 항공사 고객의 가격공정성에 대한 직접적인 영향은 작게 나타나고 있다. 항공사 고객만족도는 긍정적인 직접 효과를 나타내고 있으며, 비행 전 서비스 품질은 긍정적인 직접 효과와 간접 효과를 모두 나타내고 있다. 인지된 기내 서비스 품질은 항공사 고객충성도에 긍정적이고 간접적인 영향을 미치고 있지만, 항공사 고객충성도에 대한 인지된 기내 서비스 품질의 직접 효과는 약하게 나타나고 있다. 따라서 고객만족도가 인지된 기내 서비스 품질과 항공사 고객충성도 간의 관계를 완전히 중재하고 있으며, 비행 전 및 기내 서비스 품질이 고객만족도 및 충성도에 독립적인 영향을 미치고 있다.

항공사는 기상상황 등에 의한 지연 또는 공항 직원이 제공한 서비스로 인한 기타 실패에 직접적인 책임을 지지 않는다. 그럼에도 불구하고 항공사가 직접 통제할 수 있는 비행 전 서비스 및 기내 서비스 경험에서 항공사가 고객의 서비스 품질에 대한 인식을 향상시킬 수 있다. 더욱이 항공사 고객이 비행 전 서비스 품질을 인지 한 것은 고객충성도에 직접적이고 간접적인 영향을 끼치고 있다. 따라서 항공사 고객이 인지한 서비스 품질의 이 두 가지 측면을 구별하는 것이 필요하다.

항공사는 직접 통제할 수 있는 비행 전 서비스 경험의 질을 향상시킴으로써 고객충성도를 향상시킬 수 있다. 앞서 설명한 바와 같이 비행 전 경험의 품질에 대한 고객의 인식을 향상시키기 위해 다양한 사전 비행 서비스를 제공할 수 있다. 또한 고객의 감정을 더 잘 이해하고 적절한 서비스 솔루션을 구현하기 위해 고객의 여행에 대응할 수 있는 것을 구현할 수 있다. 예를 들어, 긴 대기열, 직원 부족 또는 기타 불편함은 고객의 비행 전 (탑승 수속) 서비스 및 기내 서비스 경험에 부정적인 영향을 미칠 수 있다. 고객 여행 매핑을 통해 항공사는 여러 접점(체크인)에서 다양한 고객(예: 어린아이 동반 고객과 비즈니스 고객) 그룹의 요구를 식별해야 하며, 적절한 서비스 솔루션을 제공할 수 있어야 한다.

7.2 고객참여와 고객충성도

정보통신기술은 서비스 공급자와 소비자 간의 상호작용을 다양하게 변형시켰다. 정보통신 기술의 발전에 따라 셀프서비스 기술은 많은 카운터 작업에서 직원을 교체함으로써 직원의 관여 없이도 고객이 서비스 프로세스에 직접 참여할 수 있도록 해 준다. 이를 통해 서비스 사업자는 언제 어디서나 서비스를 제공할 수 있다. 정보통신 기술과 셀프서비스 기술(예: 셀프 체크인 키오스크 또는 온라인 체크인 시스템)은 항공운송 업계에서 널리 사용되고 있다. 탑승 수속 서비스의 셀프서비스 기술은 항공사가 공간을 최적화하고 운영비용을 낮출 뿐만 아니라, 고객이 서비스 제공업체와 더 빠르고 더 원활한 상호작용을 통해 시간과 비용을 절약할 수 있도록 도와준다. 셀프서비스 기술을 채택하려는 항공사의 의지와 더불어, 이러한 기술의 성공과 이점은 고객참여에 결정적으로 의존한다.

서비스 지향적인 마케팅 논리를 기반으로 고객은 항상 공동창조자의 역할을 수행한다. 따라서 서비스 지향적 논리는 고객을 수동적인 소비자로 보는 대신 가치 있는 공동창조자로 간주하고 기업을 표준화된 가치를 창출하는 생산자가 아닌 가치 공동창조 과정의 촉진자로 간주한다. 고객참여는 또한 고객이 수행하는 가치 창출 활동으로 Xie et al.(2008)가 정의한 "prosumption" 개념과 일치하며 결국 소비자가 소비하고 소비경험이 되는 제품을 생산하게 된다. Wünderlich et al.(2013)은 제공업체와 사용자의 활동수준을 기반으로 상호작용 서비스, 셀프서비스, 머신 대 머신 서비스 및 제공자 활성화 서비스와 같은 네 가지 유형의 스마트 서비스를 제공하는 스마트 서비스 상호작용 매트릭스를 제안하였다. 여기서 셀프서비스는 사용자 활동은 높지만 공급자 활동은 낮은 특성을 가진 서비스를 나타낸다.

항공사의 온라인 체크인 시스템은 셀프서비스 기술을 사용하는 전형적인 기업과 고객 간의 상호작용 사례 중 하나이다. 이러한 시스템을 통해 고객은 언제 어디서나 온라인 체크인을 쉽게 할 수 있고 항공사는 필요한 비용과 자원을 절감할 수 있을 뿐만 아니라 고객에게 더 나은 서비스를 제공 할 수 있다. 따라서 항공사와 고객이 공유하는 가치를 공동으로 창출할 수 있다. 서비스 지배적인 논리와 가치 명제에 대한 개념이 점차적으로 사용되고 있지만, 비즈니스-고객관계의 실증적 연구는 고객참여가 고객 인식가치에 어떤 영향을 미치는지, 그리고 인식가치가 어떻게 고객만족도 및 충성도에 그러한 기술을 이용하는 기업이 추구하는 이점에 대한 영향을 미치는지 조사해 왔다.

가치 공동창조는 서비스 지향적 논리의 중심 논리이며 고객참여가 주요 전제이기 때문에 고객참여를 통해 고객은 참여의 내재적 가치뿐만 아니라 외재적 가치를 공동생성할 수 있다. 이는 항공사 서비스 맥락에서 고객만족과 행동 결과에 영향을 미친다(그림 7-1).

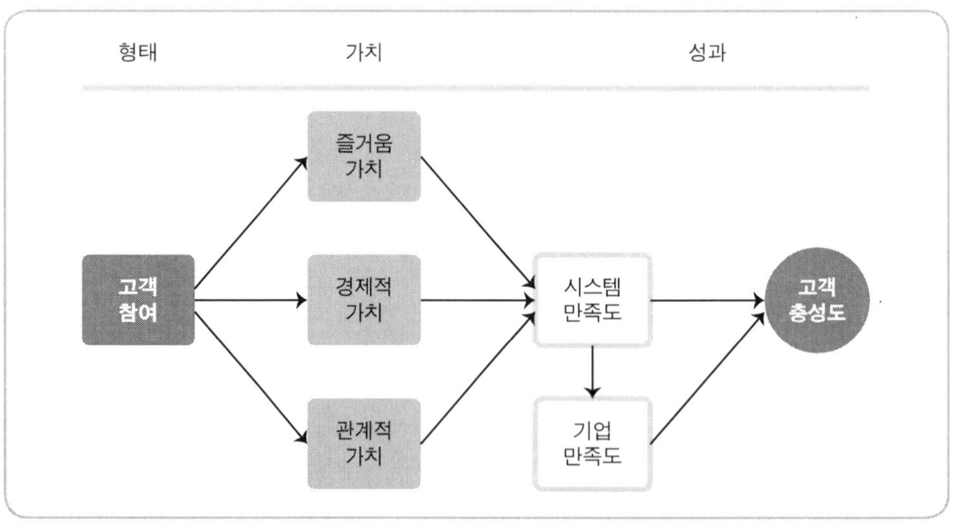

자료: Chen & Wang (2016).

〈그림 7-1〉 고객참여가 고객충성도에 미치는 영향분석의 개념모형

7.2.1 고객참여 및 공동가치 창출

서비스 지배적 논리에 따르면 고객은 가치를 수동적으로 받는 사람이 아니라 적극적으로 가치 공동창조자로 간주되므로 기업은 가치 공동창조 과정의 촉진자 역할을 수행해야한다. 고객참여는 서비스 공동생산에 관련된 노력을 반영하며, 이러한 참여로 기업은 고객과 보다 친밀하고 더 많은 수익을 창출할 수 있다. 특히, 고객참여는 셀프서비스 기술의 맥락에서 가치 통합 프로세스의 중요한 구성요소이다. 높은 사용자 활동수준이지만 또한 낮은 제공자 활동수준이다. 가치 공동창조는 서비스 지향적인 논리의 중심이며 고객참여의 주요 전제이다. 고객참여는 고객과 기업 모두에게 가치를 제공하는 것으로 나타나고 있다. 서비스를 공동으로 만들므로 더 많은 가치를 인식하는 고객은 더 만족하는 경향이 있다. 그러나 고객만족도와 충성도와 같은 서비스 결과에 대한 고객참여의 효과에 대한 과거 연구 결과는 혼합되고 일관성이 없다. 서비스 지향적 논리의 주요 전제에 비추어 볼 때, 고객참여 자체는 고객만족도를 높이는 열쇠는 아니지만 대신 여기에서 중요한 공동창조 가치가 된다.

서비스 고객은 셀프서비스 또는 공동 생산 서비스 업무에 대한 동기 부여로서 내재적 보상뿐만 아니라 외재적 보상도 필요로 한다. 따라서 공동 창출된 가치는 고객만족과 충성도와 같은 고객참여와 서비스 결과 사이의 중재자 역할을 할 수 있다. Holbrook(1999)은 자기중심적이고 지향성이 다른 능동 대 반응성, 내재적 대 외재적이라는 3차원을 기반으로 하는 가치의 유형을 제안하였다.

고객이 서비스 공동 생성에 참여하도록 유인하는 외부 영향(경제적 및 관계적)과 본질적인 가치(즐거움)를 모두 고려한다. 경제적 가치는 핵심 서비스의 이점 및 비용 결과와 관련이 있다(예: 더 나은 품질, 맞춤형 서비스 제공, 고객에 대한 통제력 향상). 관계적 가치는 고객과 서비스 제공업체 간의 감정적 또는 관계적 거래에서 파생된 가치와 관련된다. 내재적 가치는 소비경험에서 발생하는 즐거움, 기쁨, 재미와 같은 내재적 보상이나 심리적 혜택을 의미한다. 최근 연구들은 고객참여를 통해 즐거움, 경제적 및 관계적 가치의 공동창조를 확인하였다.

7.2.2 공동창조된 가치와 만족

인지된 가치는 공급자와 발생하는 관계적 거래의 특성에 대한 고객의 인식을 나타내며, 만족도는 고객이 인지한 가치에서 만들어진 전반적인 느낌을 반영한다. 만족은 사전 기대치와 소비한 후 인지한 결과 사이의 차이로 나타낼 수 있다. 많은 경험으로부터 고객이 인지한 가치는 서비스 제공업체의 고객만족에 긍정적인 영향을 미치는 것으로 분석되고 있다.

Chen & Wang(2016)은 고객참여와 고객충성도의 관계를 〈그림 7-1〉과 같은 개념 모형으로 나타내었다. 고객참여의 하나인 셀프서비스 기술의 관점에서 서비스 제공을 맞춤화할 수 있는 능력은 고객만족에 영향을 주는 주요 요인이다. 즐거움, 경제 및 관계적 가치로 이어질 수 있는 고객참여는 세 가지 유형의 가치가 모두 셀프서비스 기술에 대한 고객만족의 결정요인으로 작용한다고 가정할 수 있다. 항공사 온라인 체크인 시스템을 예로 들면 좌석선택 및 식사주문과 같은 사용자 맞춤형 서비스가 제공될 수 있다. 기쁨과 행복과 같은 긍정적인 소비감정은 만족의 평가에 긍정적 영향을 미치고, 친절하고 즐거운 관계는 고객에게 가치를 더해 주므로 만족도가 높아진다. 즐거움과 같은 가치는 소비자가 공동창조에 참여하도록 유도하는 동기부여가 되기 때문에 고객만족에 영향을 줄 수 있다.

정보시스템 연구에서 흔히 사용되는 시스템 만족도는 이용 가능한 정보시스템이 정보 요구사항을 충족한다고 사용자가 판단한 정도로 정의된다. 즉, 시스템 만족도는 시스템 자체에 대한 고객만족도이다. 시스템은 사업자가 제공하는 서비스 기능 중 하나일 뿐이므로 시스템에 대한 고객만족도는 사업자 전체에 대한 만족도를 나타낸다. 예를 들어 항공사의 소비경험은 체크인 절차뿐만 아니라 탑승 및 여행 경험 전체로 구성된다. 실제로, 탑승수속 경험은 주변 서비스이며 탑승경험은 핵심서비스로 볼 수 있다. 따라서 고객이 주변 서비스인 탑승수속 경험에서 불만을 느끼는 경우에도 항공사 전체의 만족도에 부정적인 영향을 미칠 수 있다.

고객충성도는 고객 마케팅에서 중요한 목표이다. 사업자의 장기 지속성을 위한 핵심 요소이기 때문이다. 기존 고객을 유지하고 고객충성도를 강화하는 것은 경쟁우위 확보를 목표로 하는 서비스 제공업체에게 중요한 과제이다. 충성도에 대한 만족도의 긍정적 영향은 서비스와 셀프서비스 기술에 대한 기존 연구에서 광범위하게 제시되어왔다. 만족한 고객은 더 강한 재구매의도를 가지고 주변에 제품/서비스를 추천할 가능성이 더 많기 때문이다.

7.2.3 고객참여의 중요성

Chen & Wang(2016)는 셀프서비스 기술 사용에 대한 고객만족도와 충성도를 높이기 위한 전제 조건이 가치 공동창조를 위한 고객참여의 중요성임을 확인하였다.

첫째, 고객이 항공사의 온라인 체크인 시스템 사용에 참여할 때 외적(예: 경제적, 관계적) 및 내재적(예: 즐거움) 가치를 창출할 수 있다. 학습관점에서 고객참여는 투자된 상당한 시간과 노력 및 학습된 경험으로 인해 고객의 즐거움을 창출할 수 있다. 따라서 고객을 위한 즐거운 참여경험을 창출하는 것이 가치 공동창조에 중요하다. 일반적으로 소비경험 및 특히 셀프서비스 기술의 맥락에서 고객참여의 본질적인 가치의 중요한 역할을 확인할 수 있다. 고객참여에 의해 공동으로 창조한 세 가지 가치 중에서 경제적 가치에 대한 고객참여의 효과가 가장 큰 것으로 보이지만 즐거움 가치에 미치는 영향도 상당하다. 이는 고객이 서비스 공동생산에 참여하도록 장려하기 위해 고객이 서비스를 공동으로 생산하는 데 사용할 메커니즘이나 플랫폼을 설계할 때 쾌락적 및 실용적인 동기를 모두 고려해야 함을 의미한다. 따라서 사용하기 쉬운 체크인 서비스를 제공하는 것 외에도 항공사 회원 및 일반 고객과 함께 존재하는 관계결속을 강화하기 위해 항공사는 더 많은 고객이 이를 사용하도록 장려하기 위해 재미, 즐거움과 같은 심리적 요소를 이 과정에 추가하는 방법을 고려할 수 있다. 이러한 심리적 요소는 본질적으로 보람 있는 활동의 즐거움이나 경험에 의해 나타나는 체험적 상태를 묘사하는 "흐름"의 상태를 만드는 데 사용될 수 있다. 즐거운 활동은 그 사람들이 자신을 위해 즐기고, 유지하고, 반복하기 위해 노력할 수 있는 경험을 제공하므로 이러한 활동은 고객참여를 통해 공동으로 가치창조를 제공할 수 있다. Chen & Wang(2016)의 분석에서는 즐거움 가치가 세 가지 공통된 가치 중 시스템 만족에 가장 큰 영향을 미치는 것으로 나타났다. 즐거운 활동이 고객참여를 장려하는 중요한 역할에 대한 기존 연구의 결과를 반영하여 고객만족을 창출한다. 예를 들어, Phillips & Baumgartner(2002)의 소비감정 연구에서 소비감정은 만족에 긍정적인 영향을 미친다. 또한 대화형 기술 및 온라인 커뮤니티의 맥락에서 즐거움은 기술 채택에 대한 사용자의 긍정적인 태도를 향상시키는 중요한 본질적인 이점으로 밝혀졌다.

둘째, 고객참여를 통해 고객이 인지한 가치가 시스템뿐만 아니라 사업자에 대한 만족도에 긍정적인 영향을 미치므로 고객충성도에 영향을 미친다. 많은 연구에서 나타난 것처럼 고객참여가 고객과 기업 모두에게 가치를 제공할 수 있음을 확인하였다. 서비스 지향적 논리에 뿌리를 둔 가치 공동생성에 대한 고객참여의 역할에 대한 경험적 증거를 제공한다. 예를 들어, 온라인 체크인 시스템에 참여함으로써 고객은 경제적, 관계 및 즐거움의 측면에서 가치를 창출할 수 있으며, 항공사는 고객만족 및 충성도의 이점을 얻을 수 있다. 따라서 실제로 고객만족 및 기타 결과에 영향을 줄 수 있는 긍정적인 경험을 만드는 방법은 실제로 중요한다. 또한, 고객이 온라인 셀프서비스 맥락에 성공적으로 참여하려면 관리자는 편온함뿐만 아니라 경험적 가치를 창출할 수 있는 기회를 모색해야 하며 공동의 가치에 대한 참여가 서비스 과정에 고객이 참여함으로써 고객만족에 기여했는지 확인해야 한다.

셋째, 고객만족도가 고객충성도에 대해 긍정적인 영향을 미치지만, 고객만족도는 두 가지 형태 — 온라인 체크인 시스템에 대한 만족도와 사업자(항공사)에 대한 만족도 — 로 차별화될 수 있다. 이는 시스템이 소비경험의 핵심(이 경우에는 탑승 서비스 경험) 대신 소비 프로세스와 관련된 하나의 구성요소이기 때문에 온라인 체크인 맥락에서 중요한다. 따라서 시스템과 관련된 고객만족도는 사업자에 대한 고객만족도에 직접적으로 영향을 줄 수 있지만 실제로는 그렇지 않을 수도 있다. 시스템 만족도는 사업자 충성도에 대한 기업 만족도에 긍정적인 영향을 미쳐 사업자가 추구하는 가치에 파급 효과가 있기 때문이다. 따라서 경제, 관계 및 즐거움 가치를 제공하는 것과 같이 고객중심 기능을 갖춘 셀프서비스 시스템을 설계하고 제공하는 것은 시스템 자체에 참여함으로써 고객을 사업자의 형평성에 연결시키는 중요한 통로 역할을 한다.

가치 공동창조 프로세스에서 고객참여의 중요한 역할을 감안할 때 고객참여의 선구자와 잠재적 중재자를 파악하면 고객참여 행동에 대한 통찰력을 높이고 고객경험을 향상시키는데 사용할 수 있는 보다 효과적인 서비스 전략을 제안할 수 있다. 따라서 항공사가 온라인 체크인 서비스에 대한 고객참여로 인한 공동 창작가치를 감안할 때, 기존의 체크인 채널에서 고객을 온라인 체크인 서비스로 전환하는 방법에 대해 더 많은 검토가 필요하다.

7.3 항공사 전환비용과 상용고객프로그램

반복적으로 구매하는 시장에서 고객은 종종 한 사업자 (제품)에서 다른 사업자 (제품)로 전환하는데 드는 비용에 직면한다. 고객이 직면 할 수 있는 이른바 전환비용의 유형은 다양한 종류가 있다. 전환비용에 관한 연구는 주로 고객이 이용하는 사업자를 전환하는 경우의 기업의 행동에 초점을 맞추고 있다. 이론적인 연구에서 전환비용의 존재가 기업의 시장 지배력에 영향을 미칠 수 있으며, 결과적으로 편익손실을 초래할 수 있음을 보여주고 있다. 전환비용은 고객입장에서 사업자 또는 제품을 변경하여 발생하는 비용 절감의 편익이다.

전환비용은 실증분석을 통해 예측하는 것이 어렵다. Shy(2002)는 가격 및 시장점유율에 대한 관측된 데이터를 사용하여 전환비용을 산정하는 간단한 방법을 제안하였다. 그의 접근 방식을 사용하면 사업자 및 시장의 특정 데이터를 수집하여 어떤 요인이 전환비용에 영향을 미치는지 조사할 수 있다. 그러나 어떤 요인이 전환비용에 영향을 미치고, 그 영향 정도에 대한 연구는 거의 이루어지지 않고 있다.

따라서 전환비용에 영향을 미치는 요인을 이해하는 것이 중요하다. 대부분의 전환비용이 기업의 행동에 영향을 받는다면, 적절한 방식으로 전환비용을 줄일 수 있다. 그러한 대안 중 하나가 상용고객프로그램이다. 많은 항공사가 상용고객프로그램을 시행하고 있는데, 이것은 반경쟁적이며 전환비용으로 인한 고객의 편익손실을 초래하며, 특히 한 항공사가 지배하는 시장에서 비판을 받고 있다.

정책 관점에서 무엇이 전환비용을 결정하는지를 확인하는 것이 중요할 수 있다. 그러나 습관형성과 전환비용 사이의 관계가 복잡하게 얽혀있다. 습관이 비용전환의 중요한 부분이라면, 전환비용을 줄이는 규정을 구현하는 것이 어려울 뿐만 아니라 그러한 규정의 편익효과가 과장될 수 있다.

7.3.1 항공운송에서 전환비용: 추정 및 결정 요인

(1) 전환비용 추정

전환비용은 두 사업자의 제품이 기능적으로 동일할지라도 고객이 경쟁제품으로 선택을 전환하는 데 소요되는 비용이다. 따라서 구매가 반복되는 경우에만 전환비용이 발생할 수 있다. 여러 가지 이유로 전환비용을 추정하기란 쉽지 않다. 비용은 대부분 직접적인 금전적 비용보다는 학습 및 거래비용과 같은 간접적인 비용이며, 사업자 선택을 전환하지 않는 고객의 경우에는 대부분 이러한 비용이 전환되지 않으므로 실현되지 않는다. 그러나 Shy(2002)는 가격 및 시장점유율에 대한 데이터만 이용하여 전환비용을 추정하기 위한 간단한 모형을 제안하였다. 이 모형은 여러 가지 단순화된 가정에 달려 있지만 장점은 소량의 정보로 전환비용을 추정할 수 있다는 것이다.

Shy(2002)가 제안한 전환비용 추정모형은 다음과 같이 설명된다. 두 사업자 A, B를 고려하고, 각각 이용고객이 N_a, N_b라 가정하자. Shy(2002)는 개별고객의 전환비용을 추정하는 것이 아니라, 고객의 이용사업자 전환에서 나타나는 포괄적인 전환비용을 추정하고 있다. 즉, 고객이 A 사업자에서 B 사업자로 전환할 경우에 발생하는 평균적인 전환비용의 개념으로 추정한 것으로 고객 개인의 전환비용을 추정하는 것은 아니다.

고객이 거래사업자를 선택하는 이유는 선택된 사업자로부터 얻게 되는 효용이 경쟁사업자에 비해 높기 때문이다. 효용은 주관적인 가치로 사업자가 제공하는 가격 및 편익뿐만 아니라 해당 사업자와의 관계형성에 따른 충성도 등 주관적인 선호 등을 포함하게 된다. Shy(2002)는 이 같은 효용의 변화에 따라 고객이 새로운 거래사업자로 전환하는 현상이 발생하는 것으로 가정하고 있다.

A, B 사업자가 제공하는 가격을 각각 P_a, P_b라 하자. $P_a < P_b$이면 일반적으로 고객은 가격이 더 저렴한 A 사업자를 선택한다. 그러나 이 경우에도 가격이 비싼 B 사업자를 선택하는 고객도 존재한다. 이것은 B 사업자의 가격 P_b가 A 사업자의 가격보다 비싸지만, B 사업자가 제공하는 다양한 편익의 가치 S_B가 P_b-P_a보다 크게 느끼기 때문이다.

TV 구매를 예로 들어보자. A사 제품은 100만 원, B사 제품은 80만 원에 판매되고 있다. 성능이나 디자인, 회사에 대한 이미지 등은 주관적 가치에 영향을 준다고 가정한다. 만일 주관적 가치가 TV 선택에 영향을 주지 않는다면, 가격이 저렴한 B사 제품이 선택될 것이다. 따라서 A사는 고객유출을 방지하기 위해 가격을 20만 원 인하한 80만 원에 판매해야 할 것이다. 이 경우에 A사가 인하한 20만 원은 고객의 이전을 방지하기 위해 지출한 비용으로 인식될 수 있고 이것이 고객 전환비용의 한 예라 할 수 있다.

이 경우에는 A사가 20만 원을 할인해 주어야 기존 고객이 B사로 전환하지 않을 것이다. 그러나 A사에 대한 이미지 또는 A사로부터 받는 여러 가지 부가적인 서비스의 가치가 5만 원 정도로 고객이 평가하고 있다면, A사는 20만 원까지 할인해 주지 않아도 고객은 B사로 전환되지 않을 수 있다. 예를 들어 A사가 10만 원을 할인해 주는 경우 고객은 B사로 구매를 전환하면서 10만 원의 추가적인 이익을 기대할 수 있고, A사를 떠남으로써 A사로부터 받을 수 있는 서비스 가치 5만 원을 포기하게 된다. 따라서 이 경우에는 A사의 기존고객이 B사로 전환함으로써 10만 원의 추가이익과 5만 원의 기대손실이 발생해 종합적으로 5만 원의 추가 비용감소의 이익을 기대할 수 있다. 따라서 A사로부터 받게 될 부가서비스의 가치가 5만 원인 경우에는 A사는 현재 B사와의 가격차 20만 원에서 기대손실 5만 원을 제외한 15만 원만 인하해도 기존 고객의 구매를 유지시킬 수 있게 된다. 즉, 이 경우에도 A사 고객이 B사로 전환되지 않도록 A사가 지불하는 가치는 금전적 보상 15만 원과 기대손실 5만 원을 합한 20만 원이 고객전환 비용이 된다.

고객전환 비용은 금전적 지출비용과 고객의 주관적 인지가치의 합으로 나타낼 수 있다. S_a, S_b를 각각 사업자 A와 사업자 B의 고객전환 비용이라 하자. 고객이 거래사업자를 선택한 경우는 선택한 사업자에 대한 인식효용이 크기 때문이다. 따라서 고객이 인식하는 사업자의 효용은 다음과 같이 나타낼 수 있다.

$$\text{사업자 A의 효용 } U_a = \begin{cases} -P_a, & \text{고객이 유지될 때} \\ -P_b-S_a, & \text{고객이 } B\text{로 전환할 때} \end{cases}$$

고객이 가격이 비쌈에도 불구하고 사업자 A를 계속 선택하는 것은 P_a의 비용을 지불할 가치가 있다고 느끼기 때문이다. 즉, P_a의 가격을 지불하고도 얻어지는 주관적인 가치가 P_a-P_b보다 크게 느끼기 때문이다. 따라서 고객이 계속 사업자 A를 선택하는 경우에 인식하는 주관적 효용은 $-P_a$로 평가할 수 있다. 반면에 P_b의 비용을 지불하고 사업자 B로 전환하는 경우에는 사업자 A로부터 얻는 주관적 가치 S_a를 지불가격 P_a에서 빼더라도 사업사 B의 가격 P_b보다 크게 느끼기 때문이다. 즉, $P_a-S_a \geq P_b$가 되고, 이 경우에는 고객은 사업자 B로 이전하게 되며 사업자 A에 대해 고객이 느끼는 주관적 효용은 $-(P_b+S_a)$가 된다.

이 같은 효용의 정의를 바탕으로 다음 기회에 사업자 A와 사업자 B의 고객으로 남아 있게 될 고객 수는 다음과 같이 정의된다.

[사업자 A의 고객 수]

- $P_a > P_b + S_a$: 사업자 A의 현재 고객이 모두 사업자 B로 이전한다.
- $P_a < P_b + S_a$: 사업자 A의 고객이 계속해서 사업자 A를 선택한다. $P_b < P_a + S_b$인 경우에도 사업자 B의 고객이 사업자 A로 이전하지 않는다.
- $P_b > P_a + S_b$, $P_a < P_b + S_a$: 사업자 A의 고객은 유지되면서, 사업자 B의 고객이 모두 사업자 A로 이전한다.

[사업자 B의 고객 수]

사업자 A의 경우와 동일한 조건에서 고객전환이 발생한다.

- $P_b > P_a + S_b$: 사업자 B의 현재 고객이 모두 사업자 A로 이전한다.
- $P_b < P_a + S_b$: 사업자 B의 고객이 계속해서 사업자 B를 선택한다. $P_a < P_b + S_a$인 경우에도 사업자 A의 고객이 사업자 B로 이전하지 않는다.
- $P_a > P_b + S_a$, $P_a < P_b + S_a$: 사업자 A의 고객이 모두 사업자 B로 이전한다.

따라서 이 같은 관계를 정리하면 다음기의 사업자 A, 사업자 B의 고객 수 n_A, n_B는 다음과 같이 나타낼 수 있다.

$$n_A = \begin{cases} 0, & P_a > P_b + S_a \\ N_A, & P_b - S_b < P_a < P_b + S_a \\ N_A + N_B, & P_a < P_b - S_b \ (P_a < P_b + S_a) \end{cases}$$

$$n_B = \begin{cases} 0, & P_b > P_a + S_b \\ N_B, & P_a - S_a < P_b < P_a + S_b \\ N_B + N_A, & P_b < P_a - S_a \ (P_b < P_a + S_b) \end{cases}$$

여기서 사업자 A, 사업자 B의 고객이 느끼는 주관적 가치인 S_a, S_b는 고객전환에 대한 전환비용이 된다. 따라서 S_a와 S_b가 크면 클수록 고객이 전환될 가능성이 낮게 된다. 따라서 사업자의 고객 수는 전환비용 가격과의 관계에 의해 결정된다.

만일 B사업자의 다음번 고객 수가 n_B이고 가격이 P_b라고 가정한다면, B 사업자의 다음번 매출은 $n_B \times P_b$가 된다. 그러나 사업자 A가 가격을 조정하는 경우에는 사업자 B의 고객 수가 변할 수 있다. 사업자 A의 가격이 $P_a - S_a > P_b$가 되면, 사업자 A의 모든 고객 N_A은 사업자 B로 이전하여, 사업자 B의 고객 수는 $N_A + N_B$가 된다. 이때 수익은 $P_b \times (N_A + N_B)$가 되지만 수익의 상한은 $(P_a - S_a) \times (N_A + N_B)$이 된다. 따라서 사업자 A가 P_a 가격을 조정하여 $P_a - S_s > P_b$가 되는 경우 수익의 상한이 $(P_a - S_a) \times (N_A + N_B)$가 되는데, 이 값이 $n_B \times P_b$보다 작다면 사업자 B는 사업자 A의 고객을 전환하려 노력하지 않을 것이다. 즉, $n_B \times P_b = (P_a - S_a) \times (N_A + N_B)$가 되는 수준에서 사업자 A의 가격결정과 전환비용이 결정되면, 사업자 A의 시장을 사업자 B가 침해하는 경우가 나타나지 않게 된다. 이 경우 $n_B = N_B$가 되고, P_a와 P_b가 주어진 경우 사업자 A의 전환비용은 다음과 같이 산출될 수 있다.

$$S_a = P_a - \frac{N_B}{N_A + N_B} P_b$$

예를 들어 P_a=100, P_b=50, N_A=100, N_B=150인 경우 사업자 A의 전환비용은 $S_a = 100 - \frac{150}{250} 50 = 100 - 30 = 70$이 된다. 따라서 사업자 A의 경우 다음 번 가격을 100에서 120까지 증가시키는 경우에도 사업자 B로 고객이 전환되지 않는다. $P_a < P_b + S_a = (50 + 70) = 120$. 마찬가지로, 사업자 B는 다음번 가격을 30 이하로 인하하지 않으면 사업자 A의 고객을 전환시킬 수 없게 된다. $P_b < P_a - S_a = 100 - 70 = 30$.

이 같은 고객전환 비용을 K개의 상품에 적용하는 경우를 고려해 보자. 고객 수에 따라 K개의 상품을 $N_1 > N_2 > \cdots > N_K$로 순서를 정하자. 이때 각 상품의 전환비용은 다음과 같이 나타낼 수 있다.

$$S_i = P_i - \frac{N_K}{N_i + N_K} P_K, \quad i = 1, 2, \cdots, K\text{-}1.$$

$$S_K = P_K - \frac{N_1}{N_K + N_1} P_1$$

(2) 전환비용의 잠재적 결정 요인

사업자는 전환비용을 결정하고 수정하기 위한 동기를 가지고 있다. 항공운송산업의 전형적인 예는 상용고객프로그램이다. 상용고객프로그램을 통해 고객은 비행 할 때마다 포인트 또는 크레딧을 받는다. 이 포인트는 무료 항공편 또는 상위 클래스로 업그레이드 할 때 사용할 수 있다. 특히, 보상체계를 비선형으로 설계함으로써 고객은 한 항공사를 오랫동안 이용할 수 있도록 하는 동기를 부여하고 있다. 상용고객프로그램은 고객의 전환비용을 증가시킬 수 있다.

상용고객프로그램은 항공시장에 대한 진입장벽을 만들고 항공시장의 경쟁력에 부정적인 영향을 미친다고 비난받았다. 특히, 특정한 항공사의 시장지배력이 클 때 고객 편익에 부정적인 영향을 줄 수 있다. 측정된 전환비용에 영향을 줄 수 있는 다른 요소는 출발 편수, 서비스 품질 등과 같은 항공사의 품질수준이다. 고객의 강한 습관형성으로 인해 전환비용이 크게 발생할 수도 있다. 이것은 사업자가 의도적으로 전체 전환비용을 책정하지는 않는다는 것을 나타낸다.

Carlsson & Lofgrn(2006)은 1992~2002년 스웨덴의 국내 항공 노선에 대한 전환비용을 추정하여 상용고객프로그램을 포함한 전환비용의 결정요인을 분석하고, 이들 프로그램이 전환비용을 증가시키는지 여부를 검증하였다.

Carlsson & Lofgren(2006)는 스웨덴 국내선 7개 노선의 가격과 고객 데이터를 사용하여 고객전환 비용을 분석하였다. 물론 노선 상에서 경쟁이 있을 때만 전환비용을 계산할 수 있고, 경쟁상황이 주기마다 다양하기 때문에 데이터 세트는 불균형한 패널 데이터를 보이고 있다. 스톡홀름은 허브 도시이기 때문에 모든 노선은 스톡홀름에서 출발하지만 Arlanda 및 Bromma 공항에서 출발하는 경우도 포함된다. Arlanda는 이 두 공항 중 더 큰 공항이며, SAS는 Arlanda를 국내선의 허브공항으로 사용한다. Bromma 공항은 SAS의 경쟁업체가 주로 사용하는 더 작은 공항이다.

분석 자료는 스웨덴 민간항공청(Swedish Civil Aviation Administration)에서 얻은

각 항공사의 실제 고객 데이터를 사용한다. 가격 데이터는 항공사가 시간표에 게시한 가격을 사용한다. 조사한 기간은 1992년 1월에서 2002년 9월까지 조사하였다. 실제 항공권 가격은 물론 정상가보다 낮을 것이다. 항공사는 다양한 예약클래스를 이용하여 여러 종류의 가격으로 항공권을 판매하고 있다. 비교 오류를 최소화하기 위해 가장 유연한 항공권 가격을 사용하였고, 이는 추정한 전환비용이 전환비용의 상한선이 된다는 것을 의미한다.

앞에서 설명한 데이터를 기반으로 각 노선의 전환비용을 계산할 수 있다. 시간에 따른 결과를 비교할 수 있도록 모든 항공권 가격은 2001년 가격으로 환산하였고, 계산된 전환비용은 〈표 7-1〉에 나와 있다. SAS 항공(항공사 1)의 전환비용은 3개의 항공사가 있는 경우를 제외하고 다른 항공사의 전환비용보다 상당히 높게 나타났다. 이는 대체로 유연하고 가격이 비싼 항공권을 주로판매하기 때문으로 분석된다. 분석에 사용된 평균 항공권 가격은 약 3500SEK이다. 따라서 항공사 1의 평균 전환비용은 평균 항공권 가격의 거의 70%에 해당하고 있다.

〈표 7-1〉 스웨덴 국내선 항공사 평균 전환비용 (SEK, 2001년 가격)

노선 (표본 수)	항공사 1	항공사 2	항공사 3
Stockholm-Gothenburg (27)	2,289 (223)	1,035 (145)	
Stockholm-Lulea (21)	2,745 (364)	1,017 (234)	
Stockholm-Malmo (26)	2,305 (218)	1,303 (175)	2,390 (63)
Stockholm-Sundsvall (17)	2,484 (392)	703 (210)	
Stockholm-Umea (22)	2,307 (346)	1,169 (487)	
Stockholm-Ostersund (3)	2,440 (226)	1,009 (254)	
모든 노선	2,411 (343)	1,068 (326)	2,390 (63)

주) 괄호 안의 표준오차. 첫 번째 열의 괄호 안의 수는 각 경로에 대한 관측 수.

Carlsson & Lofgren(2006)은 전환비용에 영향을 줄 수 있는 여러 속성을 분석하였다. 분석에 포함된 변수는 〈표 7-2〉에 제시되어 있다. SAS항공은 덴마크, 노르웨이, 스웨덴이 함께 소유하고 있지만 스웨덴의 국영 항공사이기도 하다. 국영 사업자는 많은 경우 직접적 또는 간접적인 정부지원으로부터 이익을 얻고 있으며 국내시장에서 강력한

〈표 7-2〉 전환비용 분석을 위한 주요 지표

변수	설명	평균	표준편차
가격	공시가격	3,470.64	444.40
고객 수	항공사 수송고객 수	98,211.50	55,252.10
출발편	항공사 출도착 항공편 수	1,279.73	517.54
경쟁사 출발편	경쟁 항공사 출도착 항공편 수	1,326.31	563.56
SAS	SAS 항공사 더미변수	0.494	0.501
Bromma 공항	Bromma 공항 이용 더미변수	0.226	0.419
FFP	SAS 프로그램 이용다능성 더미변수	0.349	0.478
SASFFP	SAS FFP 더미변수	0.174	0.380

위치를 차지하고 있다(Janic, 1997; Doganis, 2001). 스칸디나비아 국적사인 SAS항공의 경우도 마찬가지이다. SAS항공은 분석 대상의 모든 노선에서 운영되며, Arlanda공항은 전체 기간 동안 국내 네트워크의 허브로 사용되었다.

따라서 SAS항공 전환비용이 다른 항공사의 전환비용과 다른지 확인하는 것이 중요한다. 규제 완화 이후 SAS항공의 주요 경쟁자 중 하나는 스톡홀름의 Bromma에 있는 소규모 공항에서 운영되는 Braathens/Malmo항공이다. 이 공항은 도시 중심에 근접해 있기 때문에 이 공항에서 비행기로 갈 때의 전환비용이 더 많이 들 수 있다. 1997년 SAS항공은 상용고객프로그램인 Eurobonus를 국내시장에 선보였다. 그러나 2001년 상용고객프로그램의 사용은 스웨덴 경쟁당국(Swedish Competition Authority, 2003)의 판결로 독점노선으로 제한되었다. SAS항공은 Eurobonus의 도입 이전과 이후 Eurobonus의 사용제한에 관한 데이터를 모두 보유하고 있기 때문에 SAS항공 및 경쟁업체 모두에 대해 상용고객프로그램의 전환비용에 대한 영향을 예측할 수 있다. 이 외에도 출발 편수를 설명변수로 포함하였다.

출발 편수는 전환비용에 중요한 영향을 미친다. 이는 항공사가 출발 횟수를 늘리면 그 항공사로의 여행의 편익이 증가하기 때문이다. 예를 들어, 여행 일정을 변경하는 것이 쉬우며 지연에 따른 부정적인 영향은 더 작다. 독점변수의 계수는 중요하고 긍정적이다. 국적 항공사인 SAS항공의 전환비용은 다른 항공사에 비해 거의 470 SEK 높게 나타나고 있다. 앞서 논의한 바와 같이 SAS항공은 국적 항공사이며 오랫동안 국내시장에서 강력한 입지를 확보하였다. 그러나 주요 경쟁자가 주로 사용하고 있는 스톡홀름 Bromma의 소규모 공항에서 운항하는 경우 전환비용이 더 높게 나타나고 있다. 대체로 작은 공항은 시내 중심 가까이에 위치해 있기 때문이다.

SAS항공의 상용고객프로그램인 Eurobonus가 전환비용에 미치는 영향은 항공사마다 다르다. SAS항공 이외의 항공사의 경우, Eurobonus 프로그램을 아무런 제한없이 사용하는 기간에는 전환비용이 낮았으나, SAS의 경우 순효과는 반대로 나타났다. 즉, Eurobonus 프로그램을 아무런 제한없이 사용할 수 있는 기간 동안 전환비용이 더 높았다. SAS항공에 대한 순효과는 약 410 SEK이며, 이는 계산에 사용된 평균 항공권 가격의 약 12%에 해당한다.

상용고객프로그램에 대한 미국 시장의 선행연구에서 Proussaloglou & Koppelman (1999)은 자주 여행하는 비즈니스 고객들은 상용고객프로그램에 대해 평균 72달러의 가치로 인식하는 반면, 일반 비즈니스 고객은 52달러의 가치를 인식함을 발견하였다. 이 값은 항공권 가격의 11%와 8%에 해당한다. Nako(1992)는 시장점유율이 30%인 항공사의 상용고객프로그램에 대해 고객은 52.5달러의 평균 지불의사가 있음을 추정하였다. 이는 평균 항공권 가격의 약 10%에 해당한다.

7.3.2 습관 형성, 전환비용 및 정책 권고

상용고객프로그램은 상당한 전환비용으로 작용하고 있다. 전환비용에 관해서 Klemperer(1995)는 경쟁감소로 가격상승뿐만 아니라 전환비용 그 자체로 피해를 받는 고객이 있어 상당한 편익의 손실이 나타날 수 있다고 주장한다. 이 때문에 전환비용과 관련한 정책개입이 필요하고, 스웨덴의 경우 상용고객프로그램의 사용이 가장 큰 항공사인 SAS항공에 국한하여 실제로 정책개입이 일루어졌다.

경제학에서 의도적으로 반복되는 행동은 습관으로 간주될 수 있다. Pollak(1970)은 ① 과거의 소비가 현재의 선호도와 현재의 수요에 영향을 미치고, ② 재화의 과거 소비량이 더 높다는 것은 습관이 형성되는 것을 의미할 수 있다. 이 같은 정의는 기업이 습관에 영향을 미칠 수 있게 한다는 것을 보여주고 있다. 과거의 소비 영향력이 강하면 기업들은 고객 유치를 위해 다양한 전략을 사용할 수 있다. 특히 새로운 고객을 유치하는 것이 중요한다. 따라서 전환비용의 결정요인 중 일부는 습관에 영향을 미치므로 전환비용에 대한 영향을 강화한다. 예를 들어, 상용고객프로그램이 습관형성에 영향을 미칠 수 있다는 것이다. 또한 항공사가 독점노선을 처음 운영하는 주요 이점은 새로운 항공사가 노선에 진입할 때 고객들의 습관형성을 축적할 수 있기 때문이다.

항공운송 분야에서의 습관형성에 대한 경험적 증거는 경제적 문헌에서는 찾아보기 어렵다. 심리학에서는 여행선택이 실제로 습관적이라고 인식되고 있다. 그러나 습관형성에 대한 경험적 증거가 거의 없는 이유는 부분적으로는 습관을 측정하는 데 어려움이 있기 때문이다. 습관을 나타내는 모든 선택 연구에 종종 나타나는 관성도 볼 수 있다. 전환비용의 추정치가 습관의 척도라고 인식하고 있어 습관형성이 가능하다면 전환비용은 양의 값으로 나타날 것이다. 그러나 그 반대는 유지되지 않을 수도 있다. 즉, 긍정적인 전환비용이 있지만 습관형성이 없을 수도 있다는 것이다.

습관형성과 전환비용 사이의 연관성에 대한 정책적 시사점은 무엇인가? 항공사의 선택이 부분적으로 습관에 의해 좌우되고 이 습관이 고의적(합리적)이라고 생각하면 전환비용의 편익손실이 과장될 수 있음을 시사한다. 그러나 습관이 비의도적이라면 상황은 다르다. 이성적인 습관은 개인이 습관형성의 대상이 된다는 사실을 고려하기 때문에 편익손실을 초래하지는 않는다. 물론 합리적인 습관형성으로 인해 비용이 발생했을 때 편익손실이 발생할 수는 있다.

7.3.3 시사점

Carlsson & Lofgren(2006)는 Shy(2002)가 제안한 간단한 방법을 사용하여 스웨덴 내 국내 항공 여행에 대한 전환비용을 추정하였다. 계산결과 항공권 가격에서 전환비용이 상당하다는 것을 알 수 있다. 또한 전환비용이 출발 횟수, 공항 이용료, 항공사 자체 및 상용고객프로그램의 존재여부와 같은 요인에 의해 영향을 받는다는 것을 분석하였다. 따라서 SAS항공이 상용고객프로그램을 독점 노선에 사용하는 것을 제한하는 법원 판결이 합리적임을 일부 지지하고 있다.

상용고객프로그램의 사용에 제한이 없는 동안 SAS항공에 대한 전환비용의 증가는 평균 항공권 가격의 약 12%였다. 또한 SAS항공의 전환비용은 다른 항공사의 전환비용보다 높은 것으로 나타났어, 스웨덴 시장에서 SAS항공이 지배적인 항공사임을 입증하고 있다. 그러나 이 같은 결과의 해석에 있어서 주의가 필요하다. 습관을 고려한다면 SAS항공의 상용고객프로그램을 독점노선에서 사용하는 것을 제한하려는 판결은 다소 규제적일 수 있다. 강한 합리적인 습관형성이 있다면 전환비용이 높을 것이며, 반대로 습관에 대한 정의를 비의도적인 것으로 간주하는 경우 SAS항공이 독점 노선에서 상용고객프로그램을 사용할 수 있도록 하는 판단이 너무 느슨할 수 있다. 그 이유는 독점이 습관에 미치는 영향 때문이다. 상용고객프로그램은 다른 항공사가 장래에 이 노선에 진입할 경우 습관을 강화시켜 전환비용을 증가시킬 수 있다. 전환비용은 상용고객프로그램에 의해 영향을 받지만, 관찰된 높은 전환비용에서 얻을 수 있는 정책 권장 사항은 분명하지 않다.

7.4 항공사 고객만족도

7.4.1 항공사 서비스 품질과 고객만족

1978년 많은 민간항공사가 등장하기 전까지 항공산업은 규제산업이었다. 최근에는 고객을 유치하기 위해 저렴한 운임을 강조하는 민간 저비용 항공사 수가 크게 증가하였다. 오늘날 항공사는 비용절감, 수요 변동관리 및 품질 요구사항 충족과 같은 다양한 과제에 직면해 있다. 이러한 문제 외에도 세계 항공업계의 치열한 경쟁으로 인해 고객에 대한 서비스 품질에 대한 인식의 중요성이 더욱 커졌다. 많은 연구에서 항공사의 시장점유율과 매출은 호의적인 구전 및 서비스 품질에 대한 고객 인지에 의한 고객유지, 다른 말로 고객만족과 고객충성도에 기인하는 것이 입증되었다.

저비용 항공사와 포괄서비스를 제공하는 기존 항공사의 경쟁이 증가하는 환경에서 고객과 항공사 간의 관계를 심층적으로 이해하는 것이 필요하다. 저비용 항공사와 기존 항공사 간의 몇 가지 차별화된 특성을 확인할 수 있다. 저비용 항공사는 저렴하고 단순한 운임제로 기내식 서비스 등을 제공하지 않지만 기존 항공사는 다양한 서비스 클래스에서 다양한 탑승 전 및 기내서비스를 제공하고 복잡한 가격구조를 적용하고 있다.

저비용 항공사는 대부분 외곽공항에서 연결편이 없는 지점 간 경로를 운영하는 반면 기존 항공사는 주요 공항의 허브를 중심으로 허브-스포크(hub-and-spoke) 모형을 운영한다. 저비용 항공사의 경우 비용절감 방법은 "좌석을 지정하지 않으며, 고밀도 좌석으로 구성하고 온라인에서만 항공권을 판매한다. 한 종류 유형의 항공기를 사용하는 저비용 항공사와는 달리, 기존 항공사는 여러 유형의 항공기를 운영한다(Baker, 2013). 일부 소규모 항공사는 두 항공사 유형성의 특성을 혼합한 비즈니스 모형을 채택하여 "하이브리드 항공사"를 탄생시켰다.

많은 연구에서 가격이 저비용 항공사 또는 기존 항공사를 선택하는 데 결정적인 요인임을 확인하였지만, 고객만족을 반드시 이끌어내는 것은 아니다. 저비용 항공사는 금전에 대한 가치를 이유로 고객을 유치하는 반면, 충성도 높은 고객기반을 유지하고 구축하는 것은 큰 도전과제로 남아있다. 그러나 Akamavi et al.(2015)은 가격이 저비용 항공사의 고객충성도에 대한 결정요소가 아니라고 주장한다. 일부 연구에서는 저렴한 운임에 따른 낮은 서비스 표준보다는 항공사 운영 효율성의 결과로서 낮은 운임을 유지하고 있다고 분석하고 있다. 이러한 개념은 경쟁자가 가격을 쉽게 모방한다는 사실을 고려할 때, 지속 가능한 경쟁우위를 유지하기 위해서는 가격요인을 뛰어 넘는 전략이 필요함을 의미한다.

고객만족 및 충성도 측면에서 서비스 품질을 분석한 연구가 많았다. 그러나 저비용 항공사와 기존 항공사에 대한 고객만족의 연구에서 다양한 서비스 품질차원의 역할에 대해서는 상충되는 결과를 제공하며, 상대적인 중요성도 명확하지 않은 것으로 나타나고 있다. 또한, 저비용 항공사와 기존 항공사에 대한 고객의 잠재적 인식 차이를 조사한 연구는 거의 없다.

따라서 서비스 품질(항공사의 유형성 및 직원의 품질을 통해 입증된 바와 같이), 고객만족 및 행동의도의 관계에 대한 항공사 유형성의 영향을 평가할 필요가 있다. 즉, 저비용 항공사와 기존 항공사 간 서비스 품질차원의 차이가 존재하는지를 검토할 필요가 있다. 일반적으로 고객만족이 행위의도에 가장 강력한 결정인자라고 주장하지만, 저비용 항공사와 기존 항공사의 경우에는 만족-의도 관계의 강도에 대한 결론이 혼합되어 나타나고 있기 때문이다.

7.4.2 고객만족과 고객행동의 관계

고객만족의 개념은 학계 및 산업계에서도 중요하게 인식하고 있다. 대다수의 만족도 연구는 고객의 기대, 제품 또는 서비스 품질에 대한 인식, 기대치와 현실 사이의 차이에 근거하여, 기대치의 확인 또는 불확실한 것 사이의 동적 관계로 추정되며 마지막 결과는 만족도이다. 항공사 및 기타 산업의 고객만족도에 대한 기존 문헌에서는 고객만족도가 서비스 품질과 밀접한 관련이 있음을 보여주고 있다. 서비스 품질이란 조직과 그 조직 서비스의 상대적 열세 또는 우위에 대한 고객의 전반적인 느낌을 말한다. 더 양질의 서비스를 제공하는 항공사는 고객만족도가 낮은 항공사보다 고객만족도가 높으며 결과적으로 고객이 많게 된다.

SERVQUAL 모형을 기반으로 Kim & Lee(2011)는 유형성, 신뢰성, 응답성, 보증 및 공감성 등 고객만족도에 영향을 주는 서비스 품질의 여러 차원을 확인하였다. 또한 AIRQUAL 모형이라고 하는 서비스 품질 측정도구가 제안되었다. SERVQUAL 모형을 기반으로 한 AIRQUAL 모형은 항공산업의 특성에 맞춰져 있으며, 항공기 유형, 터미널 유형, 인력, 공감, 이미지의 다섯 가지 차원으로 서비스 품질을 측정한다.

고객만족도는 반복구매 및 입소문 추천의 지표이다. 많은 연구에서 고객만족도가 높을수록 기업이익이 높아지는 것을 확인하고 있다. 또한 고객만족도는 시장점유율, 수익성, 입소문 및 고객충성도에 대한 긍정적인 광고효과를 증가시키는 선행요인이다. 일부 연구에서는 행동의도를 고객만족이 선행된 하나의 다각적인 구성으로 간주하지만, 다른 연구는 이를 별도의 구성으로 분리하여 다양한 사업자 관련 성과를 보다 정확하게 포착한다.

LCC와 FSC 환경에서 서비스 품질, 고객만족과 행위의도 간의 관계가 혼합되어 있다. Loureiro & Fialho(2016)는 LCC와 FSC의 서비스가 고객에 의해 유사하게 인식되고, 행위의도와 만족과의 관계에서 유의한 차이가 없음을 분석하였다. 경쟁으로 인해 기존 항공사가 가격을 낮추고, 저비용 항공사와 유사한 기본 서비스를 제공하게 되었다고 주장한다. Leong et al.(2015)도 저비용 항공사와 기존 항공사 간의 인과관계의 차이를 확인하지 못하였다.

그러나 두 항공사 유형에 대해 논의된 개념 간의 관계에서 강도의 차이가 있음을 나타내고 있다. Suhartanto & Noor(2012)는 FSC를 이용하는 고객은 저비용 항공사를 이용하는 고객보다 더 만족하고 있다고 한다. 또한 저비용 항공사의 만족도는 서비스의 치밀성, 직원 행동 및 가격에 가장 큰 영향을 받는 반면, FSC의 경우 고객만족도는 물리적인 항공기의 외형에 영향을 받는다. Suhartanto & Noor(2012)는 저비용 항공사보다 FSC의 경우 고객의 서비스 품질에 대한 인식이 높다는 사실과 달리, Baker(2013)는 저비용 항공사의 경우 서비스의 품질이 높다는 사실을 발견하였다.

가격과 관련하여 Rajaguru(2016)는 금전에 대한 가치가 항공사 유형별로 만족도를 크게 높이는 반면 서비스 품질은 FSC에 대한 만족도와 행동의도의 선행요인으로서 중요한 역할을 한다고 분석하였다. 서비스 품질 대 가격의 역할은 Mikulić & Prebežac(2011)의 연구에서 강조되었는데, 서비스 품질의 강력한 역할이 FSC에 고객충성도를 결정하고 저비용 항공사에는 가격의 강력한 역할이 충성도를 결정하다는 것을 발견하였다.

이러한 토대에 기초하여 Koklic et al.(2017)은 〈그림 7-2〉에서 보여주는 개념적 모형을 제안하였다. 항공업계의 고객만족도는 항공사의 유형성 및 직원의 업무능력에 의해 긍정적으로 영향을 받는다. 또한 고객만족도는 항공사나 추천된 항공사로부터 반복적

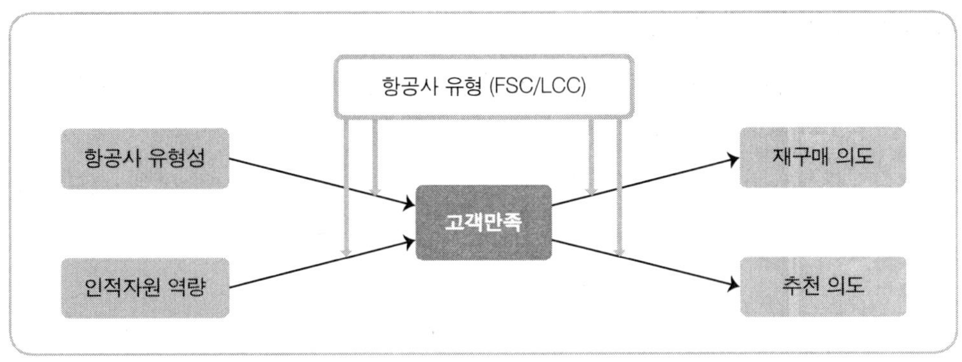

〈그림 7-2〉 고객만족과 고객행동의 개념적 모형

인 구매의도에 영향을 미친다. 더 중요한 것은, 항공사 유형성이 서비스 품질(항공사 유형성 또는 직원)과 고객만족도 및 고객만족도와 두 유형의 의도 간의 관계에 관련성이 있다는 것을 추론할 수 있다.

(1) 고객만족의 결정 요인 및 결과

고객만족은 항공사가 제공한 서비스 경험에 대한 전반적인 만족도를 의미한다. 일부 연구는 만족도가 서비스 품질보다 선행한다고 주장하지만, 서비스 품질이 고객만족도를 증가 시킨다는 것은 많은 연구에서 입증되고 있다. 주요 서비스 품질 차원 중에서도 물체 및 사물로 대표되는 물리적 환경으로 정의된 항공사 유형성이 확인되었다. Nadiri ct al.(2008)은 항공사의 유형성이 만족의 가장 중요한 요인이라는 사실을 발견했으나 다른 요인과 비교해 보다 중요하다는 증거는 결정적이지 않다. 예를 들어, 항공산업에서 고객만족을 형성하는데 인적자원이 핵심 요소임을 일부 연구에서 제시하고 있다. 항공사 직원은 서비스 만족도를 높이기 위해 고객의 욕구를 이해하고 파악해야 한다.

사업자의 관점에서 행동의도는 고객만족의 가장 중요한 결과 중 하나이다. 많은 연구에서 만족하는 고객이 많을수록 반복 구매할 확률이 높게 나타난다. 또한, 고객만족도는 사업자에 대한 긍정적인 추천 및 추천을 유도한다. 그러나 일부 연구에서는 부정적 관계도 나타나고 있다. 즉, 불만족스러운 고객이 더 많은 입소문을 낸다는 것이다. 항공사의 맥락에서 대부분의 연구자는 고객만족도가 반복구매 및 권장사항의 지표임을 제시하고 있다. 반면에, Forgas et al.(2010)는 두 항공사의 만족도와 충성도 간에 중요한 관계를 확인할 수 없었다고 한다.

(2) 항공사 형태의 관련 역할

선행연구에 따르면 저비용 및 기존 항공사가 제공하는 서비스는 차별화가 있으며 고객에 의해 인지되고 있다. 기존 항공사는 항공사의 유형성과 직원이 제공하는 서비스의 품질에 따라 우수한 서비스에 의존하지만 저비용 항공사는 주로 저렴한 가격으로 고객을 유치한다. Rajaguru (2016)는 저비용 사업자에 비해 포괄적 서비스를 제공하는 기존 항공사의 경우는 고객만족에 대한 서비스 품질의 영향이 크게 증가함을 보여준다. Loureiro & Fialho(2016)는 저비용 항공사는 만족에 대한 서비스 품질 요소가 중요하지 않다는 영향을 확인했지만, 이러한 관계는 기존 사업자와 크게 다르지 않다고 결론지었다.

이러한 결과에 비추어 두 항공사 형태 간의 항공사 유형성 및 직원 서비스 수준의 차이가 고객만족에 영향을 미치는 정도가 다양하다는 가설을 세울 수 있다. 구체적으로는 항공사의 형태와 직원에 대한 고객인식의 효과가 저비용 항공사와 달리 포괄 서비스를 위한 항공사의 고객만족도에 더 강한 영향을 미친다는 점을 가정할 수 있다. 이는 기존(저비용 대비) 항공사가 서비스 품질 제공에 중점을 두기 때문이다 .

항공사 형태가 항공사에 대한 고객만족도와 후속적으로 반복구입 의도와의 관계를 연결시켜 주고, 다른 사람에게도 항공사를 추천할 것을 제안한다. 기존 문헌은 만족과 행동의도 사이의 관계에 영향을 미치는 항공사 유형의 역할에 관련성이 있는 것들에 대하여 모순된 증거를 제공한다. Leong et al.(2015)는 저비용 항공사와 기존 항공사에 대한 만족도와 충성도 간의 인과관계에 유의한 차이가 없음을 발견하였다. Loureiro & Fialho(2016)에 따르면 만족도와 행동의도 간의 관계 강도는 두 항공사 유형에 따라 다르지 않다. Forgas et al.(2010)는 저비용 서비스 대 기존 항공사에 대한 만족도에서 충성도까지 다양한 경로의 상관계수에 대한 실증적 지원을 제공한다. Curras-Perez & Sanchez-Garcia(2016)는 구전행동에 영향을 미치는 만족의 경우, 두 항공사 유형에 중요한 차이가 있음을 확인하였다. 이러한 차이점이 방법론의 한계, 표본의 차이 또는 다른 요인에 따라 나타나는지 여부는 분명하지 않다.

만족은 저비용 및 기존 항공사 모두에 대한 미래 행동의도의 핵심 동인이 되어야 한다. 그러나 항공사 유형 및 직원과 같은 요소의 중요성이 높아서 기존 항공사에서 구매할 때 고객만족도가 더 강하다는(즉, 보다 긍정적인) 결과를 기대할 이론적 근거가 있다. 저비용 항공사와는 달리 포괄 서비스에 대한 미래의 선택의도에 영향을 미치기 때문이다.

7.4.3 분석 결과 및 시사점

Koklic et al.(2017)은 유럽 연합의 성인에 대한 온라인 설문조사를 수행하였다.[1] 699명의 응답자 중 382개의 응답을 사용하여 분석하였다. 항공사 유형에 대한 평가는 항공사의 고객만족도와 긍정적인 연관이 있었다. 항공사 직원의 업무능력에 대한 인식은 만족스런 만족도와 관련이 있었다. 항공사와의 만족도는 항공사로부터 재구매하려는 고객의 의도와 항공사 추천의향에 긍정적인 영향을 주었다.

항공사 유형의 제안된 관련성 역할 테스트에서 두 그룹 구조모형은 데이터와 매우 적합하였다. 결합된 표본의 경우와 마찬가지로, 모든 가설은 각 항공사 유형 내에서 지원되어 제안된 관계의 존재 및 방향이 항공사 유형에 따라 변하지 않음을 나타낸다. 또한, 이 모형은 저비용 항공사(기존 항공사 대비)에서 고객만족도의 변동이 21%(31% 대비), 반복구매 의사가 37%(27% 대비), 추천 의사의 변동이 73%(77% 대비)를 설명하고 있다. 항공사 직원의 업무능력은 저비용 항공사보다 기존 항공사에 대한 고객만족에 더 큰 영향을 미쳤다. 항공사 유형에 대한 고객만족도 유형의 영향에 대한 항공사 유형의 조정효과의 방향이 항공사 직원의 업무능력 효과와 일치하였다.

항공사 만족도가 긍정적으로 기존 항공사보다 저비용 항공사에 대한 반복구매의 의사에 영향을 미친다. 항공사의 추천에 관한 의도에 대하여 항공사 만족도 영향은 항공사 유형별로 다르지 않은 것으로 나나났다. 저비용 항공사와 기존 항공사의 평균을 비교한 결과, 두 항공사 유형에서 모든 종속 변수의 평균이 유의미하게 다르다는 것을 알 수 있다. 따라서 고객들은 저비용 항공사가 포괄 서비스 사업자보다 낮은 품질의 항공사 유형성 및 직원으로 서비스하는 것으로 인식하고 있음을 알 수 있다. 그러나 고객은 여전히 저비용 항공사에 만족하고 있고, 미래에 구매할 가능성이 높으며, 기존 항공사보다 이용과 친지에게 권유할 가능성이 큰 것으로 분석된다. 항공산업의 서비스 품질 결정요인(특히 항공사의 유형성 및 직원의 품질)에서 항공사의 유형성과 직원 요인은 저비용 및 기존 항공사 모두에게 만족과 행동의도에 중요한 동인이 되고 있다.

전반적으로, 고객만족과 고객행동의 개념모형은 저비용 항공사 및 기존 항공사 모두에서 영향을 미치고 있다. 제안된 주요 관계(즉, 구조적 경로)는 두 항공사 유형 모두에서 중요했으며, 고객만족도를 높이기 위해 저비용 항공사 및 기존 항공사는 항공사 직원

[1] IATA(2015)에 의하면 전 세계 항공사 고객은 남성이 66%, 고객 32%는 35세 미만, 46%는 35~54세, 22%는 55세 이상이다.

에 의해 제공되는 높은 서비스 품질과 양질의 항공사 유형성을 제공해야 한다. 즉, 양질의 서비스를 목표로 하여 직원 교육에 투자하는 항공사가 고객만족도를 높인다는 개념을 뒷받침한다.

항공사에 대한 만족도는 다른 사람에게 항공사를 추천하는 과정에서 미래에 항공사로부터 반복구매 하는 고객의 의도를 유도할 수 있다. 이러한 결과는 고객만족에 관한 선행 연구가 반복구매 및 입소문 추천의 지표임을 뒷받침한다. 분석 결과로부터 고객만족도는 앞으로 동일한 항공사를 이용하는 것보다 개인의 추천 의향이 더 강하게 반영되는 것을 알 수 있다. 개인의 추천결정은 노력이 거의 필요하지 않으며 위험이 적고 비용이 들지 않는 전략으로 간주된다. 반면에, 재구매결정은 더 많은 노력이 필요하며 구매과정과 그 결과와 관련하여 더 높은 위험을 수반한다.

항공사 만족에 대한 인적요인과 항공사 유형성의 품질에 대한 긍정적 영향은 기존 항공사보다는 저비용 항공사가 전반적 또는 방향성(항공사 유형의 경우)으로 보다 약하게 나타난다(즉, 덜 긍정적이었음). 이 결과는 Rajaguru(2016)와 맥을 같이하며, 저비용 항공사에 대한 고객만족도는 항공사 직원의 업무능력에 대한 고객의 인식과 항공사의 인지도에 따라 결정되는 것으로 나타났다.

두 항공사 유형을 통하여 항공사 유형성의 역할이 약한 것은 Loureiro & Fialho (2016)가 발견한 항공사 승무원이 고객응답의 핵심동인이라는 것과 일치하며, 항공사 유형성보다는 직원 업무능력에 의해 더 영향을 받는 것으로 나타났다. 특히, 유형-만족 관계에 대한 항공사 유형의 중요성 분석 결과는 저비용 항공사와 기존 항공사 간의 구분이 점차 희미해지고 있음을 나타내고 있다. 기존 항공사에서 일부 차별화 상품요소를 포기하여 두 유형의 항공사 사이의 격차를 줄이고 있다. 따라서 기존 항공사는 고객을 실망시키지 않기 위해 고품질의 항공사 유형성 및 인적 서비스를 제공하는데 특히 주의를 기울이는 것이 중요하다. 반면에, 저비용 항공사 고객은 이러한 서비스 품질특성에 대한 기대치가 높지 않으므로 항공사에 대한 만족도가 크게 중요하지 않은 동인으로 인식되고 있다.

만족도와 반복구매 의도 간의 연계성이 기존 항공사보다 저비용 항공사에서 더 강하게 나타나고 있다. 만족도 척도는 넓고 항공사 직원 및 항공사 유형성에 대한 만족도에만 초점을 맞추는 것이 아니라, 제공되는 서비스에 대한 항공권 가격의 고객만족도와 같은 다른 측면을 포함하고 있다. 가격은 고객의 항공사 선택에 중요한 역할을 하며, 만족도 측정에 포함되어 부분적으로 더 큰 영향을 미쳤을 수도 있다.

가격이 항공사 선택의 강력한 동인이 되는 경우에 저비용 항공사(대비 기존 항공사)에 대한 구매의도에서 만족에 강하게 영향을 줄 수 있다. 반면 기존 항공사를 선택하는 고객들은 서비스 품질에 대해 보다 높은 관심을 유지하는 것처럼 보인다. 표면상으로는 고객약속과 같은 추가요인(고객만족도를 뛰어 넘는)은 포괄 서비스(저비용 항공사 관련)에 대한 반복 구매의사에 더 큰 영향을 미칠 수 있다.

전체 서비스 만족도는 저비용 항공사를 이용하는 고객보다 기존 항공사로 여행을 한 고객들에서 낮게 나타나고 있다. 이 결과는 기존 항공사의 만족도가 더 높은 Suhartanto & Noor(2012)의 인지도와 완전히 다른 것이다. 기대 부적합모형을 사용하면 저비용 항공사로 여행할 때 항공사의 유형성 및 인적자원의 품질에 대한 기대수준이 매우 낮으나, 인시된 결과가 만족스럽게 충족될 때 발생할 수 있다. Curras-Perez & Sanchez-Garcia(2016)는 저비용 항공사를 이용하면서 고객들이 합리적인 기본서비스를 저렴한 가격에 받고 그 기대를 성취할 것으로 예상한다. 또한, 다시 여행하고 추천할 의사가 있는 의사표현의 수준도 저비용 항공사 고객의 경우 더 높았으며 이는 만족도가 높을수록 사업자에 유리한 행동을 실행하려는 의지가 커짐을 의미한다.

결론적으로 항공사들이 직원에 투자하는 것과 같이 비행기 좌석의 편안함 같은 높은 품질수준의 항공사 유형성을 지속적으로 유지해야 한다. 이것은 고객이 경험의 관점에서 가장 인상적인 면을 다른 고객에게 전달하기 때문이다. 항공사 유형성과 직원의 업무능력 모두 항공사의 고객만족에 중요한 영향을 미치고 있다. 만족스러운 경험을 보장하는 것은 만족한 고객만이 항공사를 지인에게 추천할 것이고 장래에 동일한 항공사와 함께 여행할 가능성이 높아지기 때문이다.

전반적으로 항공사의 재정적인 투자가 어떻게 항공사 유형 및 직원 업무능력의 개선으로 이어지는가를 분석하고 고객만족도를 산출하는 것이 필요하다. 직원의 업무능력이 항공사 유형성보다는 고객만족에 더 큰 영향을 미치는 점을 감안할 때, 항공사는 인적품질을 효과적으로 개선하는 방법에 특히 주의를 기울여야 한다.

경쟁 환경이 바뀌고 이에 따라 항공사가 서비스를 조정함에 따라 이러한 기대치가 유동적이며 변화될 수 있으므로 항공사가 고객의 기대치를 이해하고 지속적으로 모니터링 하는 것도 중요하다. 고객의 기대수준을 이해하는 것은 항공사가 이러한 기대를 성공적으로 수행하며 결과적으로 고객을 만족시킬 수 있다는 것이 핵심이다.

7.5 고객의 서비스 기대수준과 고객선호도

7.5.1 서비스 기대수준과 의사결정 기준

서비스 기업에서 높은 품질의 서비스 수준은 기업의 수익성 개선과 지속가능성을 위해 핵심 요인으로 인식되고 있다. 경쟁기업에 비해 경쟁우위를 달성하기 위해 서비스 관리자는 거래과정 초기부터 고객의 의견을 듣고 확인하여 고객의 요구사항에 대한 효과적이고 분명한 대응을 해야 한다. 고객은 대체로 서비스 품질, 소요 비용, 시장의 경쟁수준에 대해 매우 잘 알고 있고, 일부 고객은 회사에게 경쟁사업자와 비교하여 분명하게 차별화된 서비스를 제공할 것을 요구하고 있다.

항공사에서는 고객이 자신의 항공사에 대해 어떤 기대치를 가지고 이용하는지에 대해 충분한 지식이 없이 자신들이 제공한 서비스에 대해 고객의 인지도를 측정하여 분석하고 있다. 기존의 연구에서도 항공사가 서비스 품질에 대해 고객이 기대하는 정도를 이해하는 것이 매우 중요한 것으로 분석되고 있다. 고객이 이용 항공사를 결정하는 과정에서 운임 및 스케줄뿐만 아니라 해당 항공사가 고객의 기대를 얼마나 중요하게 반영하고 있는가 하는 것이 매우 중요하게 인식되고 있다. 따라서 고객이 항공사에 대해 기대하는 수준을 잘못 이해하거나 잘못 평가한다는 것은 항공사의 자원배분 결정에 심각한 문제가 발생할 수 있다.

선호 항공사를 결정할 때 고객이 갖고 있는 서비스 기대수준이 얼마나 영향을 미치며 어떤 우선순위를 가지고 있는가를 분석할 필요가 있다. 물론, 고객이 인지하는 서비스 기대수준과 실제 이용하는 서비스 수준은 항공사에 따라 다를 수 있다. 그러나 항공사가 고객이 인지하는 서비스 수준에 대한 평가로부터의 개선 방안을 마련하는 것보다는, 고객의 기대수준을 이해하고 기대수준과의 차이를 분석하여 서비스 수준의 개선 방안을 마련하는 것이 더욱 중요하기 때문이다.

고객의 의견을 통한 경쟁우위 분석을 위해 5단계 접근방법을 활용할 수 있다.

- 1단계: 의사결정 대안(DA)과 의사결정 기준(DC) 확인
- 2단계: 의사결정 대안의 평가 기준을 선택하고 평가할 의사결정자(DM) 선정
- 3단계: 의사결정자에 따라 각 의사결정 기준에 대한 가중치의 선호도 결정
- 4단계: 각 의사결정 대안에 대한 우선순위지수 결정
- 5단계: 각 의사결정 대안의 순위에 대한 중요도는 중심가중치 벡터(Central Weight

Vector)를 이용하고, 신뢰도 요인(Confidence Factor) 결정

이 같은 접근방법을 기반으로 Kurtulmusoglu et al.(2016)은 항공사의 서비스에 대한 고객의 의견을 수집하기 위해 4개 분야로 구분한 설문조사를 실시하였다.

- 인구통계학적 특성과 항공편 서비스 이용에 관한 조사
- 각 의사결정 기준(DC)에 대해 고객의 서비스 기대수준(0~100점) 조사
- 고객이 인지하는 기대수준을 기반으로 항공사 서비스에 대한 의사결정 기준(DC)의 중요도 조사
- 터키의 3개 항공사를 대안으로 고려하여 의사결정 기준에 대한 고객의 만족도 수준을 5점 척도로 조사

Kurtulmusoglu et al.(2016)는 의사결정 기준을 선정하기 위해 표적그룹면접(Focused Group Interview)을 실시하였고, 터키의 3개 항공사의 관리자를 대상으로 검증을 거쳐 총 27개의 의사결정 기준을 선정하였다. 선정된 의사결정 기준에 대하여 터키 이스탄불의 아타튀르크 국제공항에서 일반석 고객을 대상으로 설문조사를 실시하였다. 설문조사는 평일과 주말을 포함하여 실시하였고, 총 450개 설문이 배포하여 348개의 유효한 응답을 확보하여 분석하였다.

설문조사 응답자의 62%는 남성이고 85%가 35~54세이며, 94% 이상이 대학 이상의 교육을 받은 것으로 조사되었다. 35.5%는 일주일에 한 번 이상 항공서비스를 이용하고

〈표 7-3〉 항공사 서비스 기대수준 의사결정 기준

운항일정의 편의성	식음료의 수준과 다양성	친절성 및 책임성
기내 식음료	예약 용이성	문제해결과정의 참신성
항공권 가격	고객의 개인화 욕구수준	배려적이고 친철한 승무원
기내오락물	온라인 예약	객실승무원 서비스
기내 좌석공간	안전하고 신뢰하는 수하물처리	운항승무원의 전문성
기내 공기순환	고객불만 처리	운항안전성
항공기 청결	여정 마일	이용자 친화적인 종합 웹사이트
정확성	충성고객에 대한 보상	고객서비스의 즉시성과 정확성
정시성	장애인, 임산부 및 노약자를 위한 시설	운항 편수

있으며, 77%는 적어도 한달에 한 번 이상 항공서비스를 이용하는 것으로 조사되었다. 즉, 설문조사 응답자는 고학력의 중장년 남성으로 항공서비스 이용이 빈번한 그룹임을 알 수 있다.

항공사에서 제공하는 서비스에 대하여 고객이 인지하는 기대수준에 대하여 터키의 3개 항공사를 대상으로 설문조사를 통하여 실증분석을 실시하였다. 고객이 선택하는 의사결정 대안은 터키의 3개 항공사로 가정하였고, 서비스 기대수준을 평가할 의사결정 기준 27개에 대하여 우선순위와 선호도를 분석하였다.

7.5.2 항공사 서비스요인의 중요도

터키의 항공운송 시장은 과점상태에서도 높은 경쟁수준을 나타내고 있고, 국내외에 많은 직항 노선을 운영하고 있다. Kurtulmusoglu et al.(2016) 연구에서 선정한 항공사는 터키의 국내시장에서 가장 큰 3개 항공사이며, 터키 항공운송산업에서 중요한 역할을 하고 있다. Kurtulmusoglu et al.(2016) 분석에서는 국제선 운항보다는 국내선 운항에 중점을 두고 분석하였고, 분석에 포함된 3개의 항공사를 각각 AF1, AF2, AF3로 표기하였다.

AF1은 모든 서비스를 제공하는 항공사로서 서비스를 차별화함으로써 경쟁력을 유지하고 있고, AF2와 AF3는 서비스 차별화 대신에 저운임 전략을 사용하여 가격에 민감한 고객을 유인하고 있다. AF1는 오랜기간 항공운송 사업을 해 왔으며 글로벌 동맹체인 스타얼라이언스 회원 항공사이다. AF1은 기내오락, 기내식 서비스, 고품질의 편안한 좌석 및 넓은 앞뒤 좌석공간을 제공하고 있다. 뿐만 아니라 세계적으로 홍보와 할인 캠페인을 하고 있다.

AF2는 원래 전세항공사로 설립되었지만 터키 항공시장에서 두 번째로 큰 항공사로 성장하였다. AF2는 기내식을 제공하지 않고 지상시간을 단축하여 비용을 절감하고 있다. 특히, 동적 가격 시스템을 이용하여 각 항공편에 대해 다양한 가격수준을 제공함으로써 고객을 유인하고 있다. 사전좌석 예약, 고객 라운지 서비스 등을 제공하지 않고 있으며, 터키 내 3개 항공사 중 가장 많은 부분을 브랜드에 투자하면서 공격적인 마케팅 활동을 진행하고 있다.

AF3는 선택운임 제도를 도입하여 필요한 서비스에 대해 추가 요금으로 필요한 서비스(사전좌석 예약, 선호좌석, 기내식 서비스 등)를 이용하도록 하는 저비용 항공사 모형을 따르고 있다. 고객이 항공권을 예약할 때, 향후 항공편에 대해 낮은 항공권 가격을

〈표 7-4〉 항공사 서비스 기대수준 의사결정 기준의 중요도 순위

서비스 기준	순위	서비스 기준	순위	서비스 기준	순위
운항일정의 편의성	10	예약 용이성	7	문제해결과정의 참신성	16
기내 식음료	26	고객의 개인화 욕구수준	24	배려적이고 친철한 승무원	20
항공권 가격	1	온라인 예약	3	객실승무원 서비스	21
기내오락물	22	안전하고 신뢰하는 수하물 처리	13	운항승무원의 전문성	18
기내 좌석공간	8	고객불만 처리	19	운항안전성	23
기내 공기순환	5	여정 마일	25	이용자 친화적인 종합 웹사이트	9
항공기 청결	6	충성고객에 대한 보상	17	고객서비스의 즉시성과 정확성	15
정확성	2	장애인, 임산부 및 노약자를 위한 시설	14	운항편수	11
정시성	4	친절성 및 책임성	12		
식음료의 수준과 다양성	27				

제공하지만, 해당 항공권에 대해서는 취소나 환불을 해주지 않고 있다. 특히, AF3는 인터넷 판매에 초점을 맞추어 고객을 유치하고 있다.

이들 3개 의사결정 대안 항공사에 대하여 항공사 서비스 기대수준에 대한 의사결정 기준의 중요도는 〈표 7-4〉와 같이 조사되었다. 가격에 대한 기대수준이 가장 높은 중요도로 나타났고, 정확성, 온라인 예약, 정시성 등에 대한 기대수준 역시 높은 중요도로 인식되고 있다. 반면에, 식음료의 다양성과 품질에 대한 기대수준은 가장 낮은 중요도를 나타내고 있고, 기내 식음료 서비스, 비행거리, 고객화된 요구 서비스에 대한 기대수준은 매우 낮은 것으로 나타나고 있다.

이 같은 의사결정 기준에 대하여 실제 항공서비스를 이용하는 고객 26명으로 의사결정자 그룹을 구성하였다. 이 그룹은 선정된 3개 항공사의 각 항공사에 탑승한 고객으로, 주로 항공편을 교통수단으로 이용하면서 한 달에 한 번 이상 항공편을 이용하는 고객으로 구성되었다. 의사결정 그룹 내의 평가자는 각 항공사에 대해 27개 의사결정 기준에 대한 중요도 가중치를 결정하였다.

〈표 7-5〉는 가중치와 중요도 순서에 따라 의사결정 대안으로 선정한 각 항공사에 대한 우선순위 지수(Rank Access Index)를 나타내고 있다. 즉, 각 평가기준에 대한 중요도

〈표 7-5〉 평가기준의 중요도에 따른 항공사 우선순위 지수

구분	항공사	1순위	2순위	3순위
평가기준의 중요도 가중치 기준	AF1	0.61	0.39	0.00
	AF2	0.00	0.01	0.99
	AF3	0.39	0.60	0.01
평가기준의 중요도 순위 기준	AF1	0.12	0.37	0.50
	AF2	0.09	0.44	0.47
	AF3	0.79	0.18	0.03

순위와 중요도 가중치를 기준으로 각각 해당 항공사가 어떤 순위가 될 것인가를 확률적으로 분석한 것이 우선순위 지수로 표시하였다.

중요도의 가중치를 기준으로 분석하면 항공사 AF1의 서비스 기대수준이 가장 높을 가능성(1위)이 61%의 확률로 나타나고, 항공사 AF3가 서비스 기대수준이 1위일 가능성이 39%임을 알 수 있다. 따라서 항공사 AF2의 경우는 기대수준이 1위가 될 가능성은 전혀 없는 것(0%)으로 나타나고 있다. 그러나 평가기준의 중요도 순위를 기준으로 각 평가기준에 대한 고객의 기대 서비스 수준은 항공사 AF3가 가장 중요하다고 평가할 가능성이 79%로 나타나고 있고, AF1(12%), AF2(9%) 순으로 1위 가능성을 평가하고 있다.

〈표 7-6〉은 중요도 가중치와 중요도 순서에 따라 분석된 각 평가대안(항공사)별 27개 평가기준에 대한 중요도 가중치와 신뢰도 지수(Confidence Factor)를 나타내고 있다. 중요도 가중치를 이용한 항공사 순위에 따른 신뢰도 지수값은 각 항공사별로 0.61, 0.0, 0.39로 나타나고 있다. 즉, 61%의 확률로 AF1에 대한 기대수준이 가장 높게 평가되는 것에 대한 신뢰수준은 61%를 나타내고 있고, 반면에 AF2는 기대수준이 1위가 될 가능성이 0%로 나타나는 데 1위로 나타날 신뢰도도 0%임으로 AF2의 서비스에 대한 기대수준이 1위가 될 가능성은 전혀 없다고 할 수 있다.

중요도의 순위를 이용한 각 항공사의 신뢰도 지수는 각각 0.13, 0.17, 0.84로 나타나고 있다. 즉, AF3가 중요도 순위기준으로 서비스 기대수준이 가장 높을 가능성이 79%로 나타나는 데, 신뢰수준 역시 84%의 확률로 1위 가능성을 나타내고 있다. AF3의 기대수준에 가장 큰 영향을 미치는 평가기준은 항공권 가격, 정시성, 온라인 예약, 정시성 성과로 나타나고 있다. 반면에, 무료 기내식과 음료, 기내 식음료의 다양성과 품질, 여행거리

〈표 7-6〉 3개 항공사의 중요도 가중치와 신뢰수준 (CF)

Airline	By criteria importance weights														
	CF	*CWV*													
		C_1	C_2	C_3	C_4	C_5	C_6	C_7	C_8	C_9	C_{10}	C_{11}	C_{12}	C_{13}	C_{14}
AF1	0.61	0.10	0.01	0.04	0.01	0.05	0.06	0.06	0.08	0.08	0.01	0.05	0.01	0.08	0.03
AF_2	0.00	0.10	0.01	0.04	0.01	0.05	0.06	0.06	0.08	0.08	0.01	0.05	0.01	0.08	0.03
AF_3	0.39	0.10	0.01	0.04	0.01	0.05	0.06	0.06	0.08	0.08	0.01	0.05	0.01	0.08	0.03
	CF	C_{15}	C_{16}	C_{17}	C_{18}	C_{19}	C_{20}	C_{21}	C_{22}	C_{23}	C_{24}	C_{25}	C_{26}	C_{27}	
AF_1	0.61	0.02	0.01	0.02	0.03	0.03	0.03	0.02	0.02	0.02	0.01	0.04	0.03	0.04	
AF_2	0.00	0.02	0.01	0.02	0.03	0.03	0.03	0.02	0.02	0.02	0.01	0.04	0.03	0.04	
AF_3	0.39	0.02	0.01	0.02	0.03	0.03	0.03	0.02	0.02	0.02	0.01	0.04	0.03	0.04	
By criteria importance orders															
Airline	*CF*	*CWV*													
		C_1	C_2	C_3	C_4	C_5	C_6	C_7	C_8	C_9	C_{10}	C_{11}	C_{12}	C_{13}	C_{14}
AF_1	0.13	0.04	0.00	0.14	0.01	0.05	0.07	0.06	0.11	0.08	0.00	0.05	0.01	0.09	0.03
AF_2	0.17	0.04	0.00	0.17	0.01	0.04	0.06	0.06	0.12	0.08	0.00	0.05	0.01	0.09	0.03
AF_3	0.84	0.04	0.00	0.14	0.01	0.05	0.07	0.06	0.11	0.08	0.00	0.05	0.01	0.09	0.03
	CF	C_{15}	C_{16}	C_{17}	C_{18}	C_{19}	C_{20}	C_{21}	C_{22}	C_{23}	C_{24}		C_{26}	C_{27}	
AF_1	0.13	0.02	0.00	0.02	0.03	0.03	0.02	0.01	0.01	0.02	0.01	0.04	0.02	0.04	
AF_2	0.17	0.01	0.00	0.02	0.02	0.03	0.02	0.01	0.01	0.02	0.01	0.04	0.02	0.03	
AF_3	0.84	0.01	0.00	0.02	0.03	0.03	0.02	0.01	0.01	0.02	0.01	0.04	0.02	0.04	

는 항공사의 서비스 기대수준에 거의 영향을 미치지 않는 것으로 나타나고 있다.

7.5.3 시사점 및 결론

Kurtulmusoglu et al.(2016)의 분석을 통하여 항공권 가격이 고객의 서비스 기대수준에 가장 중요한 영향을 미치고 있음을 확인하였다. 이것은 항공권 가격이 항공사 서비스 품질의 주요 결정요인임을 보여주는 기존의 연구 결과와도 일치하고 있다. Gursoy et al.(2005)는 항공권 가격에 관련된 불만 빈도가 가장 높은 것을 확인하였고, Hsu et al.(2007)은 항공권 가격을 고객 서비스 수준에 필수적인 기준으로 제시하고 있어 고객이 항공사 서비스의 기대수준에서 가격에 매우 민감함을 시사하고 있다.

정시성은 선호하는 항공사를 결정할 때 고객이 고려하는 두 번째로 높은 기대수준을 나타내고 있다. Parasuraman et al.(1991)은 정시성이 서비스 신뢰성의 가장 중요한 구성요소임을 제시하였고, 대부분의 고객이 정시성을 핵심 서비스로 인식하고 있음을 보였다. 마찬가지로 서비스 신뢰성은 항공사 서비스 품질 평가의 가장 강력한 요인이 되고 있다. Surovitskikh & Lubbe(2008)는 정시성이 서비스의 일관성을 유지하는 가장 중요한 요소로 제시하였다.

그러나 정시성에 대한 기대수준이 항상 항공사에 의해 만족되는 것은 아니다. 따라서 지연이 발생하는 경우에 대기시간을 통제할 수 없을 때는 고객의 인식을 변화시키는 것이 효과적이다. 고객은 일정한 한도 내에서는 지연을 감내하지만, 일정한 한도를 넘는 경우에는 불만행동을 나타내게 된다. 특히, 불만행동의 하나로 고객이 항공사를 변경하면, 이는 항공사의 수익성에 영향을 미치게 된다. 따라서 항공사의 시장점유율을 감소시키고 고객 지연비용뿐만 아니라 승무원 비용과 불필요한 연료소모와 같은 직간접 비용의 증가를 초래한다.

온라인 예약은 고객에게 세 번째로 중요한 서비스 기대수준으로 인식되고 있다. 항공사들은 새로운 시장에 접근하고 비용을 최소화하며 고객만족과 가치를 높이기 위해 온라인 예약을 이용하게 한다. 온라인 예약은 회사의 효율성과 생산성을 향상시킬 뿐만 아니라 고객에게 새롭고 편리한 구매채널을 제공할 수 있기 때문이다.

기내식과 음료, 기내식의 다양성 및 품질은 기존 연구에서 제시되었던 것과는 대조적으로 고객의 서비스 기대수준에는 별 영향을 미치지 않는 것으로 나타났다. 반면에, 기내식 제공과정에서 승무원과 고객의 상호작용에 대한 서비스 기대수준은 기내식음료보다는 다소 높게 나타나고 있다.

기내식음료를 포함하는 케이터링 서비스는 항공사 선택과정에서 중요한 속성으로 인식되고 있다. 항공권 가격, 좌석공간 등의 속성과 함께 항공시장에서 경쟁력을 유지하면서 고객충성도를 높여 수익을 높일 수 있는 중요한 속성으로 인식하고 있다. AQR (Airline Quality Rating) 평가에서도 항공사 이용고객 불만 요인의 많은 부분이 기내식의 질적 저하를 제시하고 있다. 일부의 연구에서는 일부 고객은 항공권 가격이 좀 더 비싸지만 고급 식음료를 제공하는 항공사를 선호하는 것으로 분석되었다.

비행거리는 항공사에 대한 서비스 기대수준에 거의 영향을 미치지 않는다는 것으로 나타났다. 기존의 연구에서는 비행거리가 서비스 품질 평가에서 중요한 속성임을 제시하였고, 마일리지 프로그램 역시 고객충성도에 중요한 영향을 미치고 있음을 분석하였다. 그러나 고객이 기대하는 서비스 품질에 완전히 만족하지 못하는 고객은 마일리지 프로그램 때문에 항공사를 변경하지는 않는 것으로 나타났다.

Kurtulmusoglu et al.(2016)는 가격과 정시성이 항공서비스를 이용하는 고객이 인지하는 품질의 기대수준에 중요한 영향을 미치고 있음을 확인하였고, 기내식 서비스 또는 비행거리 같은 개인적인 성향에 따른 편익에 대한 중요도는 상당히 낮은 것으로 분석하였다.

서비스 기대수준에서 선호하는 항공사는 AF3로 확인되고 있는데, AF3가 시장에서 경쟁적 지위를 유지하기 위해 저렴한 비용의 리더십 전략을 따르고 있음을 보여주고 있다. 그러나 가격만으로 경쟁하는 것이 시장에서 선두의 경쟁력을 유지하는 것은 아님을 알 수 있다. 따라서 항공사는 고객에게 제공하는 서비스 품질이 이용하는 고객이 충분히 비용을 지불할 가치가 있다는 것을 인식시킬 필요가 있다. 서비스 품질에 대한 인식을 높이는 것이 고객의 가격 민감도를 낮출 수 있는 요인이기 때문이다.

고객에게 제공하는 서비스 품질에 대한 인식을 높기기 위해서 항공사는 고객의 의견을 효과적이고 효율적으로 청취하고, 고객들에게 안정적인 서비스를 제공과 함께 기대수준에 부합하는 서비스 전달 시스템을 구축하는 것이 중요하다. 따라서 지속적인 고객의견 수렴과정과 고객으로부터의 모니터링, 고객의 서비스 기대수준에 대한 행동변화 등을 분석해야 한다.

항공사를 포함한 기업의 성과에 영향을 미치는 가장 중요한 요소가 시장에서 고객이 인식하는 제품 또는 서비스에 대한 품질이다. 기존 연구 자료는 기업이 시장에서의 나타나는 고객의 목소리를 기업중심으로 이해하려고 함으로써 오해하는 경우가 자주 나타나고 있음을 지적하고 있다. 고객의 목소리를 고객 관점에서 바라보기 보다는 기업의 경영관리 관점에서 이해하려 하기 때문에 시장의 요구와 기업의 대응이 일치하지 않는 경우가 발생하게 되는 것이다.

고객의 기대와 요구를 모두 만족시키는 것은 불가능하다. 그러나 고객이 기대하는 서비스 수준에 맞추도록 가능한 서비스 품질을 개선하는 노력이 필요하다. 이 과정에서 고객의 목소리를 정확히 이해하고, 고객이 기대하는 서비스 품질 수준에 대한 정확한 평가를 통해 서비스를 제공함으로써 가격 이외의 다양한 속성으로 서비스 이용을 확대시킬 필요가 있다. 특히, 항공사에서는 노선별 특성에 따라 이 같은 고객의 서비스 품질 기대수준이 다양하게 나타날 수 있음으로 세밀한 분석을 통해 노선별 서비스 기대수준에 따른 차별화된 서비스 제공으로 경쟁력을 유지할 수 있도록 해야 할 것이다.

참고문헌

Akamavi, R.K., Mohamed, E., Pellmann, K., Xu, Y. (2015). Key determinants of passenger loyalty in the low-cost airline business. Tourism Management, 46, 528–5545.

Alamdari, F. (1999). Airline in-flight entertainment: the passengers' perspective. Journal of Air Transport Management, 5 (4), 203-209.

Babbar, S., Koufteros, X. (2008). The human element in airline service quality: Contact personnel and the customer. International Journal of Operations & Production Management, 28, 804-830.

Baker, D.M.A. (2013). Service quality and customer satisfaction in the airline industry: A comparison between legacy airlines and low-cost airlines. American Journal of Tourism Research, 2(1), 67–77.

Balcombe, K., Fraser, I., Harris, L. (2009). Consumer willingness to pay for in-flight service and comfort levels: a choice experiment. Journal of Air Transport Management, 15(5), 221-226.

Belobaba, P., Odoni, A., Barnhart, C. (2015). The global airline industry. John Wiley & Sons.

Carlsson, F., Lofgren, A. (2006). Airline choice, switching costs and frequent flyer programmes. Applied Economics, 38, 1469-1475.

Chang, L.Y., Hung, S.C. (2013). Adoption and loyalty toward low cost carriers: the case of Taipei-Singapore passengers. Transportation Research E, 50, 29-36.

Chang, Y.H., Yeh, C.H. (2001). Evaluating airline competitiveness using multiattribute decision making. Omega, 29 (5), 405-415.

Chang, Y.H., Yeh, C.H. (2002). A survey analysis of service quality for domestic airlines. European Journal of Operational Research, 139 (1), 166-177.

Chen, C.F. (2008). Investigating structural relationships between service quality, perceived value, satisfaction, and behavioral intentions for air passengers: evidence from Taiwan. Transportation Research Part A, 42(4), 709-717.

Chen, C.F., Chen, F.S. (2010). Experience quality, perceived value, satisfaction and behavioral intentions for heritage tourists. Tourism Management, 31(1), 29-35.

Chen, C.F., Wang, J.P. (2016). Customer participation, value co-creation and customer loyalty - A case of airline online check-in system. Computers in Human Behavior, 62, 346-352.

Chung, J.Y., Petrick, J.F. (2013). Price fairness of airline ancillary fees: An attributional approach. Journal of Travel Research, 52, 168-181.

Curras-Perez, R., Sanchez-Garcia, I. (2016). Antecedents and consequences of consumer commitment in traditional and low-cost airlines. Journal of Travel & Tourism Marketing, 33(6), 899–911.

Doganis, R. (2001) The Airline Business in the Twenty-First Century, Routledge, London.

Forgas, S., Moliner, M. A., Sánchez, J., Palau, R. (2010). Antecedents of airline passenger loyalty: Low-cost versus traditional airlines. Journal of Air Transport Management, 16(4), 229–233.

Gursoy, D., Chen, M.H., Kim, H.J. (2005). The US airlines relative positioning based on attributes of service quality. Tourism Management, 26(1), 57-67.

Holbrook, M.B. (1999). Introduction to customer value. In M. B. Holbrook (Ed.), Consumer value: A framework for analysis and research (1-29). New York: Routledge.

Hsu, Y.L., Hsu, C.C., Bing, P.C., 2007. Capturing passengers' voices: the application of KANO's model in the airline industry. In: International Conference on Logistics, Shipping and Port Management, 28, 1-14

Hutchinson, J., Lai, F., Wang, Y. (2009). Understanding the relationships of quality, value, equity, satisfaction, and behavioral intentions among golf travelers. Tourism Management, 30(2), 298–308.

IATA (2015). 2015 global passenger survey.

International Air Transport Association. (2014). International Air Transport Association annual review 2014.

Janic, M. (1997). Liberalisation of European aviation: analysis and modelling of the airline behaviour, Journal of Air Transport Management, 3, 167-180.

Jiang, H. (2013). Service quality of low-cost long-haul airlines - The case of Jetstar Airways and AirAsia X. Journal of Air Transport Management, 26, 20-24.

Kim, Y.K., Lee, H.R. (2011). Customer satisfaction using low cost carriers. Tourism Management, 32 (2), 235-243.

Klemperer, P. (1995) Competition when consumers have switching costs: an overview with applications to industrial organization, macroeconomics and international trade. Review of Economic Studies, 62(4), 515-539.

Klemperer, P. (1987). Markets with consumer switching costs. Quarterly Journal of Economics, 102, 375-394.

Kurtulmusoglu, F.B., Can, G.F., Tolon, M. (2016). A voice in the skies: Listening to airline passenger preferences. Journal of Air Transport Management, 57, 130-137

Leong, L. Y., Hew, T. S., Lee, V. H., Ooi, K. B. (2015). An EM–9 artificial-neural-network analysis of the relationships between SERVPERF, customer satisfaction and loyalty among low-cost and full-service airline. Expert Systems with Applications, 42(19), 6620-6634.

Lin, Y. H. (2015). Innovative brand experience's influence on brand equity and brand satisfaction. Journal of Business Research, 68(11), 2254–2259.

Loureiro, S. M. C., & Fialho, A. F. (2017). The role of intrinsic in-flight cues in relationship quality and behavioural intentions: Segmentation in less mindful and mindful passengers. Journal of Travel & Tourism Marketing, 34(7), 948-962.

Koklic, M.K., Kukar-Kinney, M., Vegelj, S. (2017). An investigation of customer satisfaction with low-cost and full-service airline companies. Journal of Business Research, 80, 188–196

Martínez-Garcia, E., Ferrer-Rosell, B., Coenders, G. (2012). Profile of business and leisure travelers on low cost carriers in Europe. Journal of Air Transport

Management, 20, 12-14.

Meuter, M.L., Ostrom, A.L., Bitner, M.J., Roundtree, R. (2003). The influence of technology anxiety on consumer use and experiences with self-service technologies. Journal of Business Research, 56 (11), 899-906.

Mikulićk, J., Prebežac, D. (2011). What drives passenger loyalty to traditional and lowcost airlines? A formative partial least squares approach. Journal of Air Transport Management, 17(4), 237–240.

Nadiri, H., Hussain, K., Ekiz, E. H., Erdogan, S. (2008). An investigation on the factors influencing passengers' loyalty in the North Cyprus national airline. The TQM Journal, 20(3), 265–280.

Nako, S. (1992) Frequent flyer programmes and business travellers: an empirical investigation. Logistics and Transportation Review, 28(4), 395.

Parasuraman, A., Zeithaml, V.A., & Berry, L.L. (1988). Servqual: A multiple-item scale for measuring consumer perceptions of service quality. Journal of Retailing, 64(1), 12.

Phillips, D.M., & Baumgartner, H. (2002). The role of consumption emotions in the satisfaction response. Journal of Consumer Psychology, 12(3), 243-252.

Pollak, R. A. (1970) Habit formation and dynamic demand functions, Journal of Political Economy, 78, 745-763.

Proussaloglou, K., Koppelman, F. (1999) The choice of air carrier, flight, and fare class, Journal of Air Transport Management, 5(4), 193-201.

Rajaguru, R. (2016). Role of value for money and service quality on behavioural intention: A study of full service and low cost airlines. Journal of Air Transport Management, 53, 114-122.

Rychalski, A., Hudson, S. (2016). Asymmetric effects of customer emotions on satisfaction and loyalty in a utilitarian service context. Journal of Business Research, 71, 84-91.

Sharpe, S. (1997) The effect of consumer switching costs on price: a theory and its application to bank deposit market, Review of Industrial Organization, 12, 79–4.

Shy, O. (2002). A quick-and-easy method for estimating switching costs. International Journal of Industrial Organization, 20, 71–87.

Suhartanto, D., Noor, A. A. (2012). Customer satisfaction in the airline industry: The role of service quality and price. Asia tourism forum conference. 1–9. Bandung: Bandung Institute of Tourism.

Surovitskikh, S., Lubbe, B. (2008). Positioning of selected Middle Eastern airlines in the South African business and leisure travel environment. Journal of Air Transport Management, 14 (2), 75-81.

Swedish Competition Authority (2003) There is no such thing as a free lounge –a report on frequent flyer programmes, Swedish Competition Authority Report 2003:1.

Tsaur, S.H., Chang, T.Y., Yen, C.H. (2002). The evaluation of airline service quality by fuzzy MCDM. Tourism Management, 23(2), 107-115.

Wünderlich, N. V., Wangenheim, F. V., Bitner, M. J. (2013). High tech and high touch a framework for understanding user attitudes and behaviors related to smart interactive services. Journal of Service Research, 16(1), 3-20.

Xie, C., Bagozzi, R. P., Troye, S. V. (2008). Trying to prosume: toward a theory of consumers as co-creators of value. Journal of the Academy of Marketing Science, 36(1), 109-122.

8 장

항공서비스의 고객경험과 고객행동

8.1 온라인 탐색과 고객경험

8.1.1 항공권 전자발권과 구매행동 변화

전자발권이 도입되어 운영되면서 전 세계 항공권의 대부분이 전자항공권으로 발권되고 있다. 전자발권을 통해 항공사는 인터넷을 통한 거래절차의 간편화 등 비용절감이 가능해졌고 항공권 판매경로에도 많은 변화를 가져왔다. 2005년 항공사의 웹사이트 판매 점유율이 58%였으나, 2011년에는 온라인 여행사가 전체 온라인 항공권 판매의 23%를 점유하는 것으로 나타나고 있다. IATA는 수년 내에 항공서비스 분야가 급격하게 변화할 것으로 전망하고 있고, 항공권 판매경로는 더욱 집중화되고 여행사들은 기업 고객에 집중화하게 될 것으로 전망하고 있다.

대부분의 일반 소비자는 가격에 매우 민감하게 반응하고, 고객충성도 프로그램의 영향이 제한적인 것으로 나타나고 있다. IATA에서도 항공사 고객이 과거 어느 시기보다 가격에 민감하게 반응하는 것으로 분석하고 있다. 항공사 고객 특성이 변하게 된 이유로는 부분적이지만 정보통신기술이 영향을 미친 것으로 보고 있다. 특히 인터넷으로 인해 가격투명성이 증가함에 따라 고객들이 가격비교를 용이하게 할 수 있도록 한 것도 하나의 이유로 볼 수 있다. 항공사의 전자발권이 일반화되고 항공사 고객이 항공권 예약 및 발권을 위해 인터넷을 이용하게 되면서 인터넷을 통한 온라인 항공권 판촉은 피할 수 없는 수단이 되었다.

여행 부문과 운송 부문을 분리하여 분석하는 것은 바람직하지 않다. 특히 항공교통의 경우에는 항공사의 수송 규모가 국제선 여행의 많은 부분을 차지하게 되므로 분리하여 분석하는 것은 더욱 어렵다(Iniguez et al., 2014). 항공권은 인터넷으로 가장 폭넓게 거래되는 관광서비스 상품으로 나타나고 있다(Nielsen, 2013). 미국 내 운송, 여행 및 관광분야의 광고 투자가 전체 매출액 기준 점유율 8%로 5위로 나타나고 있으며(IAB, 2013), 여행 및 운송기업의 온라인 광고는 대부분 동일 광고 내의 금전적인 보상을 포함하는 직접적인 캠페인으로 나타나고 있다(Admetrics.com, 2013).

가격할인과 같은 유형의 판촉활동은 항공사에서 택하고 있는 고객과의 소통전략으로 많이 활용되며, 무엇보다도 고객충성도를 확보하기 위해 사용되고 있다. 고객이 지불하는 가격에 대하여 항공사의 고객충성도 프로그램에 대한 고객이 인식하는 가치는 항공사 선택에서 매우 중요한 영향을 미치고 있다. 일반적으로 온라인을 이용하는 고객들은 판촉활동을 선호하는 것으로 분석되고 있다.

미국의 사례로 온라인 쿠폰을 사용하는 가정이 증가하는 것으로 나타나고 있는데, 2005년 미국 가정의 12%가 온라인 쿠폰을 사용했으나 2012년에는 22%까지 증가하였다(Forrester, 2012). 또한 Forrester(2014)는 미국 소비자의 70% 이상이 인터넷 구매시 1~5개의 온라인 쿠폰을 사용하고, 60%의 응답자가 온라인 쿠폰 및 할인권을 선호하며 이러한 판촉이 온라인 사이트 방문의 주요 동기라고 밝히고 있다. 동시에 68%의 응답자는 제품 구매 결정시 온라인 판촉이 결정적일 수 있다고 밝히고 있어, 온라인 판촉활동이 온라인 판매를 유발하는 가치 있고 적절한 수단이며 소비자 만족을 증가시키는 데 기여하는 것으로 분석되고 있다.

그러나 모든 온라인 판촉활동이 효과적인 것은 아니며, 소비자들이 인터넷에 대해 동일한 방식으로 반응하는 것도 아니다. Forrester(2014)의 연구에서는 약 59%의 응답자가 디지털 쿠폰 및 쿠폰코드를 다른 유형의 디지털 판촉활동에 비해 영향력이 높은 방식이라고 인식하고 있다.

온라인 판촉활동의 효과는 또 다른 변수에 의존하는데 쾌락추구 및 실용추구 등 소비자의 성향에 따라 소비자의 반응 및 선택과정이 결정된다. 따라서 모든 온라인 판촉이 동일한 결과를 초래하는 것은 아니다. 또한 소비자의 과거 인터넷 활용경험이 소비자 반응을 변화시킬 수 있어 의사결정 및 온라인 의사소통과정에 영향을 미치는 것으로 알려지고 있다. 따라서 항공권 유통과정에서 인터넷 사용자들은 온라인 접속 경험과 관계없이 온라인 판촉활동에 동일하게 반응하지는 않을 것이라는 것은 쉽게 짐작할 수 있다. 즉, 소비자의 성향에 따라 판매촉진 활동의 유형을 금전적, 비금전 측면, 실용적, 쾌락적 측면으로 구분하여, 인터넷 이용경험 수준에 따라 항공권 온라인 구매에 영향을 주는 효과적인 방안을 탐색할 필요가 있다.

8.1.2 온라인 구매행동

(1) 인터넷 사용 경험과 온라인 구매의도

과거 인터넷 사용 경험은 온라인 활동의 주요한 영향요인으로 인식하였고, 소비자의 선호도, 브랜드 및 제품평가, 온라인 구매 관련 위험도 인지에 중요한 영향을 미치는 것으로 알려졌다(Stanforth et al., 2000). 온라인 항공권 구매 의도와 관련된 주요 결정요소로 사용자의 상황통제 인식 및 위험인식으로 알려져 왔다. 온라인을 통해 항공권을 구매하는 사용자는 인터넷으로 수행하는 작업에 대해 스스로 통제하고 있다는 인식을 가지고 있고, 이를 통해 위험 및 걱정에 대한 우려를 감소시키며, 항공권 온라인 예약 시의 실수(심리적인 위험), 항공권을 받지 못하거나 항공기가 존재하지 않을 것 같은 걱정(실행위험), 개인정보 유출(프라이버시 위험)의 우려를 감소시킬 수 있다.

항공사를 이용하기 위해 고객은 e-티켓을 거의 의무적으로 구매하여야 하므로, 고객은 항공권 구매에 따른 심리적 위험과 실행위험, 프라이버시 위험에 노출되어 있다. 인터넷 이용과정에서 인터넷 이용과 관련된 작업과정에서 개인이 결정할 수 있는 상황통제에 대한 인식은 시스템에 대한 경험이 증가할수록 높아지고 온라인 구매에 대한 전반적인 위험 인식 같은 다양한 우려를 감소시킬 수 있다. 인터넷 활용 경험이 많은 사용자들은 이러한 기술 관련 위험 인식이 상대적으로 낮게 나타나고 있다(Reisenwitz et al., 2007). 또한, 인터넷 활용을 최근에 시작한 사용자들은 온라인 활동을 순수하게 경험하려는 경향이 있으나, 활용경험이 오래된 사용자는 특정 목표를 염두에 두고 활동하는 것으로 분석되고 있다(Novak et al., 2000).

인터넷 활용경험이 오래된 사용자는 예상하지 못했던 상황에도 덜 민감하게 반응하며, 이용환경의 변화 등에서도 쉽게 영향을 받지 않는다(Bruner & Kumar, 2000). 즉, 인터넷 활용경험은 고객이 정보를 평가하고 처리하는 방식의 차이를 가져오고 고객의 구매의도에 다시 영향을 미칠 수 있게 된다. 업무수행과 관련해서도 인터넷 이용자의 온라인 숙련도가 온라인 항공권 구매의도에 긍정적인 영향을 갖는 것으로 나타나고 있다(Bigne et al., 2010). 또한, 과거의 인터넷 사용경험이 구매의도에 직접적인 영향이 있는 것으로 나타나고 있다(Pedersen & Nysveen, 2005). 그러나 또 다른 연구에서는 과거 인터넷 사용 경험이 구매의도에 직접적인 영향을 미치지 못하고 있으며, 웹사이트 및 광고에 대한 태도를 통해 간접적인 영향을 갖는 것으로 분석되기도 한다(Bruner & Kumar, 2000).

(2) 온라인 판촉활동과 고객행동

지금까지 항공사에서는 고객충성도 유지를 위해 상용고객프로그램(FFPs)에 집중하고 있으며, 이러한 프로그램 내에서 가격할인, 무료항공권 및 좌석승급 등 다양한 우대서비스를 제공함으로써 상품구매 및 재구매를 유도해 왔다. 기존의 대부분의 연구에서 고객에 대한 우대조치가 항공권 구매 및 재구매에 긍정적인 영향을 미쳤으며, FFP의 효과는 어떤 우대조치가 제공되는지에 따라 중요하게 영향을 미치는 것으로 분석되었다.

기존 연구에서 고객의 항공사 선택은 상용고객프로그램을 통해 제공되는 우대조치 및 항공운임이 가장 중요한 영향을 미치는 것으로 나타났다. 즉, 항공운임은 고객의 선택에 부정적인 영향을 미치는 반면, 상용고객프로그램은 긍정적인 영향을 미치는 것으로 입증되었다. Hess et al.(2007)은 상용고객프로그램이 휴가, 출장 여행객에게 큰 영향을 미치는 것으로 분석하였으며, 특히 출장 여행객들이 다른 고객에 비하여 상용고객프로그램에 대한 유용성을 높게 인지하는 것으로 분석하였다. 출장 여행자들은 접근시간 단축, 정상급 항공사 탑승, 더 나은 좌석이용을 위해 추가 요금을 지불할 의사가 있는 것으로 나타났다.

기존 연구에서 온라인 판촉활동이 온라인 구매의도에 긍정적인 영향을 미치는 것으로 나타나고 있지만, 그 영향 정도는 상황에 따라 다르게 나타나고 있다. 특히, 구매의도는 거래에 따른 위험요인에 의해 영향을 받는 것으로 나타나 거래위험을 축소하는 요인에 의해 크게 영향을 받는 것으로 분석되고 있다. 따라서 판촉활동은 고객이 인지하는 위험 수준에 따라 서로 다른 효과를 갖는 것으로 가정할 수 있다.

반면 또 다른 연구에서는 판매촉진 활동의 효과는 제공하는 편익의 유형에 따라 결정되는 것으로 분석되고 있다. 속성이론을 기반으로 Raghbir & Corfman(1999)은 판촉활동의 특성이 소비자의 행동에 영향을 줄 것이라고 분석하고 있다. 즉, 판촉활동별로 상이한 편익이 제공됨으로써 소비자에게 서로 다른 필요성을 만족시켜 줄 수 있게 된다. 편익은 본질적으로 실용적 편익과 쾌락적 편익으로 구분할 수 있다. 실용적 편익은 소비자로 하여금 유용성, 효율성 등 지불금액 대비 고객이 인식하는 가치를 최대화하는 데 기여하며, 쾌락적 편익은 즐거움, 오락 또는 자존감 등과 같은 내재적인 구매동기에 영향을 주고 있다. 개별 판촉활동은 금전적인 속성의 판촉활동과 비금전적인 판촉활동으로 구분할 수 있다. 비용에 기반을 둔 금전적 판촉활동은 실용적인 편익을 제공하는 경향이 있으며, 비금전적인 판촉활동은 쾌락적 편익을 제공하는 경향이 있다.

금전적인 편익은 판촉활동 대상의 속성이 능동적이거나 개개인이 자신의 선택에 대해 정당화할 필요를 느끼는 경우에 효과적이며, 자신의 선택에 대해 정당화할 필요성을 느끼지 않는 경우에는 쾌락적 편익이 더욱 효과적이다. 또한, 판촉활동에서 소비자가 기대하는 편익이 일관성을 갖는 경우에는 해당 판촉활동에 대한 소비자의 태도가 보다 우호적으로 나타나게 된다. 소비자의 온라인 구매행태에 있어서 실용적 편익과 쾌락적 편익을 모두 추구하고 있지만, 인터넷 상에서 소비자가 추구하는 주요한 편익으로는 오락성, 정보성, 물품구입 편의성으로 볼 수 있어 실용적 편익을 보다 중시하는 것으로 나타나고 있다.

금전적인 편익은 주로 소비자로 하여금 신속한 구매, 대량 구매와 대량 소비를 유도하며, 비금전적인 편익은 새로운 소비자에게 제품 사용을 유도하는 데 효과적이다. 항공시장에서는 가격이 항공권을 구매하는 결정적인 요인으로 나타나고 있는데, Yu(2008)는 온라인 구매자들이 오프라인 구매자보다 가격 및 판촉활동에 민감하게 반응하고 있음을 분석하였다. 즉, 가격할인 및 인지된 편익이 온라인 구매의도에 긍정적인 효과를 갖는 것으로 나타났다. 따라서 이러한 상품군에서는 금전적인 편익에 근거한 판촉활동이 구매를 유발하는 데 효과적임을 예상할 수 있다.

전망이론(Prospective Theory)에서는 각 판촉활동의 편익이 소비자에게는 긍정적이거나 부정적으로 인식될 수 있음을 나타내고 있다. 금전적인 판촉편익은 일반적으로 소비자가 기대하는 손실의 감소로 받아들여지는 반면, 비금전적인 판촉은 실용적이거나 쾌락적 편익에 관계없이 편익의 증가로 인식한다. 인터넷의 초보 사용자는 전문가보다 온라인 제품 구매에 위험성을 많이 느끼며, 가격할인과 같은 위험을 감소시키는 판촉활동을 선호하는 경향을 보이고 있다. 반면에 인터넷 사용 전문가들은 추가적인 제공을 얻을 수 있는 판촉활동을 선호하는데 온라인 구매와 관련하여 인터넷 이용 초보자들보다 자신감을 갖기 때문이다(Sanchez & Villarejo, 2004).

8.1.3 온라인 구매행동 사례분석

온라인 구매의도에 실용적인 편익이 가장 큰 영향을 미침으로 다음과 같은 가정을 고려할 수 있다. 즉, 초보적인 인터넷 사용자의 경우 금전적인 온라인 판촉활동이 여타의 판촉활동에 비하여 항공권 구매의도에 더 큰 영향을 미친다. 반면, 인터넷 사용 전문가의 경우 비금전적이고 실용적인 온라인 판촉활동이 다른 판촉활동에 비하여 항공권 구매의도에 더 큰 영향을 미친다. Crespo-Almendros & Barrio-García(2016)는 이 같은 가정에 대하여 온라인 판촉활동을 금전적 판촉활동, 비금전적인 실용적 판촉활동, 비금전적 쾌락적 판촉활동의 세 가지로 구분하고, 인터넷 이용자를 초보자 및 전문가 두 그룹으로 구분하여 유럽 항공사인 “이베리아”항공을 대상으로 검증을 실시하였다.

분석 결과 편익에 대한 가치는 20~50% 할인으로 나타났다. 금전적인 가치가 결정된 후, 연구자들은 인터넷 사용자들에게 매력적이라고 간주되는 편익들을 선택하도록 하였다. 판촉활동을 위해 선택된 편익 및 서비스는 사용자의 대응에 영향을 미친다. 특히 항공권과 호텔 숙박은 전형적으로 함께 구매되는 서비스임이 입증되었다. 이러한 접근방식에 따라 소비자의 관심을 끌 수 있는 기회 극대화를 원했고, 실험을 위해 선택된 세 가지 특별 편익은 구간당 120유로 할인(금전적인 판촉), 무료수하물(비금전적 실용적 판촉), 2박 무료호텔 숙박권(비금전적 쾌락적 판촉)이었다.

항공권 판매와 관련되어 쾌락적 편익과 실용적 편익을 분석하기 위해 목표 그룹과 동일한 특성을 가진 90명을 대상으로 사전 테스트를 실시하였다. 사전 테스트에서 '항공권'에 대한 분석에서 실용적 및 쾌락적 요소가 유사하게 나타나고 있고, 비금전적인 판촉활동과 120유로 할인에 대한 가치인식에 있어 유의적인 차이점이 나타나지 않았다. 사전 테스트에서 판촉 유형을 분석했는데, 금전적 판촉 (가격할인)과 비금전적인 실용적 판촉활동 (무료 호텔숙박)은 실용적인 편익으로 인식되었고, 비금전적 쾌락적 판촉활동 (무료수하물)은 쾌락적 편익을 제공하는 것으로 나타났다.

스페인의 이베리아 항공에 대한 실증 분석 결과에서는 예비조사와 같이 세 가지 편익의 인지가치는 유의적인 차이가 없는 것으로 나타났다. 제공된 각각의 편익에 대하여 할인 및 무료수하물은 주로 실용적인 편익으로 간주되었으며, 호텔숙박은 쾌락적 편익으로 인지되었다. 따라서 금전적인 온라인 판촉활동이 인터넷 초보자에게 온라인 항공권 구매를 활성화하는 가장 효과적인 방안으로 나타났다. 반면에, 인터넷 활용 전문가에게는 비금전적인 실용적 온라인 판촉활동이 항공권 구매를 유인하는 가장 효과적인 것으로 나타났다. 그러나 인터넷 활용 초보자에게는 비금전적인 실용적인 온라인 판촉활동이 가장 효과가 낮은 편익을 나타내고 있다. 비금전적 쾌락적 온라인 판촉활동은 인터넷 활용 초보자 및 전문가 모두에게 중간 정도의 효과를 나타내고 있다.

8.1.4 시사점

인터넷 이용이 일반화되고 있어 항공권 구매과정에서도 온라인 판촉활동 효과를 분석하여 항공사의 가장 적절한 온라인 판촉 전략을 도출하고 수익증대에 기여할 수 있는 방안을 모색해야 한다. 온라인 판촉활동은 온라인 항공권 구매의 효과적인 도구로 입증되고 있다. 특히, 인터넷 사용경험에 따른 차별적인 온라인 판촉활동이 필요한 것으로 나타났다. 그러나 사용자의 과거 인터넷 사용 경험자체만으로는 온라인 구매의도에 직접적으로 영향을 미치지 않는다. 이러한 결과는 Bruner & Kumar(2000)의 연구 결과와는 일치하나 Pedersen & Nysveen(2005)의 연구와는 불일치하는 것으로 나타났다. 즉 금전적인 편익이 온라인 구매를 활성화하는데 항상 유리한 것은 아니며, 구매는 소비자의 특성과 개인의 인터넷 사용경험에 의해 좌우되는 것으로 나타났다.

따라서 항공사가 온라인 판촉 캠페인을 통해 온라인 판매를 증가시키기 위한 가장 효과적인 온라인 판촉 유형은 인터넷 사용경험에 따라 차별화해야 하는 것으로 분석되었다. 인터넷 사용 초보자를 대상으로 하는 경우는 금전적인 속성을 중심으로 설계하고, 인터넷 전문가를 대상으로는 비금전적인 실용적 온라인 판촉활동이 설계되어야 한다. 항공권 온라인 구매행동에 대한 기존 연구에서 주요 구매동기가 가격임이 확인되었지만, 가격기반 온라인 판촉의 설득력은 소비자의 인터넷 경험에 따라 다르게 나타나고 있다. 즉, 인터넷 사용경험이 적을수록 가격할인이 항공권 구매에 더욱 중요하게 작용하는 것으로 나타나고 있다.

금전적인 온라인 판촉활동에 대한 전반적인 선호도 분석 결과는 Chandon et al.(2000)의 연구와 일치하고 있다. 즉, 제품이 실용적인 속성을 가지는 경우 소비자는 판촉에 따른 실용적인 편익을 더욱 중시하고, 이러한 편익을 제시하는 판촉유형을 선호한다는 것이다. 반면에, 다른 연구에서는 인터넷 초보사용자들이 전문가 집단보다 온라인 구매시 온라인 마케팅에 더욱 민감한 것으로 나타나고 있다. 이것은 Optimal Stimulation Level 이론에 따른 결과와 유사한 것으로, 새로운 자극에 대한 친숙도가 인터넷 전문가들에게는 "평이한" 것으로 간주되어 초보자들처럼 놀라워할 수준에 도달하지 못하기 때문에 유효성을 상실한 것으로 볼 수 있다. 따라서 항공권 관련 온라인 판촉활동은 비교적 인터넷 초보자를 대상으로 하는 경우 효과적이며 금전적인 온라인 판촉이 가장 매력적이고, 인터넷 전문가 그룹에는 비금전적 온라인 판촉활동이 효과적인 것으로 나타나고 있다.

항공사가 온라인 판촉을 목적으로 온라인 판촉활동을 설계할 때는 잠재고객의 과거 인터넷 사용 수준이 분석되어야 한다. 즉 온라인 경험 수준에 의거 상이한 판촉방안이 설계되어야 한다. 이러한 목표를 달성하기 위해서는 쉽지는 않지만 항공사들이 고객의 인터넷 사용경험에 대한 사전지식을 필요로 하고 있다. 최근 온라인 정보 출처에 대한 기술발전으로 인터넷 사용에 대한 수십만 명의 인구 통계적, 생활양식 및 온라인 행동 유형 등 웹사이트 사용자의 정보를 제공받을 수 있다. 이러한 정보들은 기업들이 디지털 매체를 이용한 판촉계획에 활용할 수 있다. 따라서 항공사의 온라인 판촉 전략으로는 금전적인 판촉을 시작하는 것을 추천하며, 비금전적인 편익대비 더 높은 구매의도를 야기하는 것으로 나타났다. 사용자들이 인터넷 사용 경험을 축적함에 따라, 온라인 웹사이트, 의사소통이 비금전적인 판촉으로 연결되어야 하며 항공권 온라인 구매자들을 위한 홍미 혹은 레저 관련 요소를 추가해야 한다.

8.2 항공권 탐색과 구매행동

8.2.1 항공권 탐색 개요

일반적으로 소멸성 제품에 대한 소비자의 인식은 마감일이 다가 오면서 가격이 하락할 것으로 예상하고 있다. 이러한 제품은 영업일 종료 시점보다 영업을 시작하는 시점이 더 중요하게 고려된다. 그러나 항공권의 경우는 항공사에서 의도적으로 출발시점이 가까워질수록 가격을 인상하는 전략을 택하고 있어, 시간이 지남에 따라 가격이 상승한다. 항공사는 사전구매 기한을 사용하여 이러한 가격전략에 대한 소비자의 소비행태를 유도할 수 있다. 즉, 특정 기한(즉, 항공기 출발 전 최소 일수)까지 구매해야 하는 할인운임을 제공함으로써, 항공사는 가격에 민감한 소비자가 출발 전에 더 많은 구매를 하도록 유도할 수 있다. 반면에, 가격에 덜 민감한 소비자들에 대하여 항공사는 출발이 가까워질수록 더 높은 가격을 받을 수 있다. 일반적으로 항공사는 사전구매 마감일이 다른 여러 할인된 상품을 판매한다. 할인운임 상품이 미국에서 전체 예약의 66%를 차지하는 것으로 나타나고 있고, 이 할인된 운임 상품 중 93.3%가 4개의 사전구매 기한 제약을 포함하고 있다. 21일(3%), 14일(47%), 7일(32%) 및 3일(12%)(Puller & Taylor, 2012).

사전구매 기한이 체계적인 운임인상으로 이어지더라도 사전구매 기한을 얼마로 설정할 것인가는 불확실하다. 시장에서 소비자의 수요행태에 따라 구매기한 시기를 결정해야하기 때문이다. 실제로 출발 7일 전 구매조건이 있는 저렴한 항공권을 판매하는 경우에도 출발 6일 전에 항공권 가격이 인상한다는 것을 의미하지는 않는다. 즉, 사전에 저렴한 가격으로 구입하려는 수요가 많은 경우에는 수익경영시스템에서 출발 7일 전 구매상품에 배분한 좌석이 일찍 매진되어 출발 7일이 되기 전에 가격이 인상될 수 있기 때문이다. 또한, 저렴한 운임에 대한 수요가 적은 경우에도 출발 직전에 높은 운임의 수요가 많이 발생할 것으로 예상되는 경우에는 출발 7일 전 구매조건의 저렴한 항공권에 매우 적은 좌석을 배정하여 일찍 좌석이 매진될 수도 있게 된다. 소비자의 관점에서 볼 때 이는 7일 전 사전구매 의 할인된 상품은 출발하기 전 7일 이전에 구입해야 하지만, 출발 7일 전까지 구매가 보장되는 것은 아니라는 것이다.

출발 시간이 가까워짐에 따라 항공사 가격이 왜 상승하는가? 항공사는 판매할 제품과 가격을 우선 결정하여 설정한 후, 수익경영 시스템을 사용하여 각 가격대에서 판매할 좌석 수를 결정한다(Li, 2001). 항공사 제품과 가격은 판매기간의 시작시점에 공지된다. McAfee & te Velde(2006)는 항공시장에서 구매 마감일이 다가올수록 가격이 상승할 것으로 가정한다. 시간이 지남에 따라 가격이 상승하는 것은 소비자의 행동특성, 특히 가격에 민감하지 않은 새로운 소비자가 늦게 등장하기 때문으로 설명하고 있다.

많은 연구에서 수요 발생 과정이 소비자 유형에 따라 다르다고 가정하여 수요의 불확실성을 모형화해 왔다. 항공산업에서 이 가정은 가격에 민감한 여가 소비자가 가격에 민감하지 않은 비즈니스 소비자보다 미리 운임을 탐색하고 구입하는 경향이 있음을 의미한다. Li(2001)와 Dana(1998, 1999a, 1999b)는 항공사가 불확실한 수요 하에서 가격과 사전구매 기한의 차이에 따른 여러 상품을 제공하는 것이 최적임을 분석하였다. 사전구매 기한은 소비자의 수요특성에 따라 시장을 분할하는 데 도움이 되며 항공편의 효율적인 좌석배분에도 영향을 주고 있다.

경제학에서 성수기 가격결정 모형은 해당 성수기만을 위한 가격결정보다는, 여러 기간에 걸쳐 발생하는 수요를 효율적으로 관리할 수 있도록 해야 한다. 즉, 성수기 가격정책을 통해 성수기에 집중되는 수요를 비수기로 이진시킬 수 있는 가격정책이 요구된다. 사전구매 기한의 제약은 항공편의 여러 가격수준의 판매 결과에 영향을 미칠 수 있다. 아울러, 사전구매 기한을 갖고 있는 상품들이 성수기 항공편에서 인기리에 판매되기도 하지만, 비성수기에서도 효과적으로 판매가 가능할 수 있어 가격에 민감한 소비자를 성수기에서 비성수기로 효과적으로 수요를 이전시키는 수단이 될 수 있다(Gale & Holmes, 1992).

출발일이 다가옴에 따라 항공사 가격이 상승하는 이유와 항공사가 사전구매 기한을 설정하여 할인운임을 제공하는 것이 왜 유익할까? 이는 최소한 두 개의 소비자 유형, 즉 예약과정의 초기에 발생하는 가격에 민감한 고객과 예약과정의 후기에 나타나는 가격에 덜 민감한 고객이 존재하기 때문이다.

Hotle et al.(2015)은 개인이 구매 마감일을 앞당기기 위해 어떻게 반응하고, 이러한 마감 시간으로 인한 가격 불확실성을 분석하기 위해 개인의 검색 및 구매 행동에 대한 클릭스트림 데이터(Clickstream Data) 분석을 사용하였다. 클릭스트림 데이터 분석은 고객이 인터넷을 통해 웹사이트를 방문하게 되면 발생하는 데이터로 이상적으로 온라인 클릭스트림 데이터를 사용하면 항공권 소비자의 최종적인 구매결정과 함께 방문한 여러 여행사이트에서 발견한 모든 일정표를 확인할 수 있다. 대부분의 사업자는 클릭스트림 데이터로부터 얻을 수 있는 방문 웹사이트의 페이지 수준의 정보를 추출하고 필요한 자료를 저장하는 데 필요한 역량이 부족하다.

초기의 온라인 검색 및 구매 행동에 대한 연구는 각 페이지에서 상세한 정보의 추출 없이 이용행태를 분석하는 것에 주력하였다. 예를 들어, Johnson et al.(2004) 및 Zhang et al.(2007)은 소비자가 30일 동안 방문한 온라인 항공여행 매장 수를 예측하는 분석을 실시하였고, Brynjolfsson et al.(2010)은 주요 서적상점에서 페이지 수준의 콘텐츠를 추출하여 여러 화면을 검색하는 소비자가 판매자 평판과 같은 비가격요인에 의해 동기부여를 받았음을 분석하였다.

클릭스트림 데이터는 특정 제품에 대한 검색 및 구매 횟수에 대한 정보를 제공한다. 상품은 소비자가 입력한 검색 매개 변수 집합으로 시장(특정 출발지 및 목적지 공항 쌍으로 정의됨), 여행 유형(편도 또는 왕복) 및 출국/입국 날짜로 구분되어 검색된다. 소비자는 하나 이상의 검색 매개 변수 세트를 입력할 수 있으며, 이는 여러 개의 독립적인 검색으로 데이터베이스에 표시된다.

2009년 4/4분기에 미국을 여행하기 위해 온라인 여행사를 통해 구입한 모든 왕복 항공권에 대한 ARC의 데이터에서, 단순 왕복항공권에 대한 체류 기간의 분포는 〈그림 8-1〉에 나타나 있으며, 항공권의 97.2%는 14일 이하의 체류기간을 나타내고 있다. 비즈니

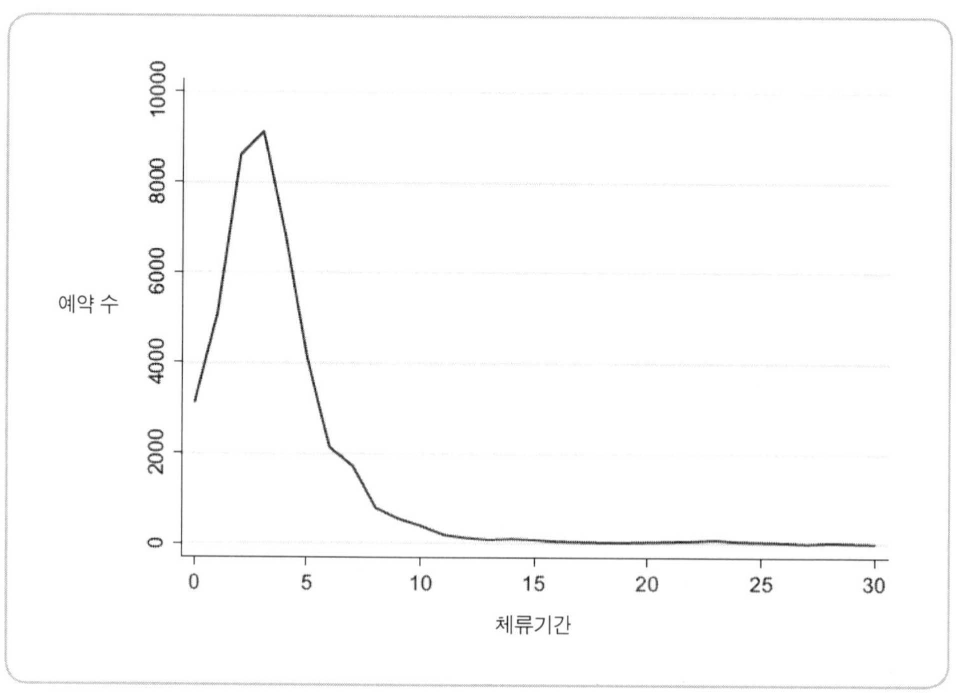

〈그림 8-1〉 ARC 정보를 사용한 체류 기간분포

스 및 여가 승객의 평균 체류기간은 각각 3.36일 및 7.91일로 나타났고 전체 평균 체류기간은 5.44일로 나타났다(Bruger, 2010). 이러한 이용특성에도 불구하고 데이터베이스에 포함된 왕복여정은 0~331일(고객이 항공권을 검색하고 구매할 수 있는 사전 출발일수의 최대일수)에 해당하는 장기체류를 포함하고 있다.

Hotle et al.(2015)은 총 46개의 비즈니스 목적 여행시장과 14개의 여가목적 여행시장을 포함하여, 비즈니스 목적 여행 소비자(즉, 가격에 민감하지 않고 시간에 민감) 및 여가목적 여행 소비자(즉, 가격에 민감하고 시간에 민감하지 않음)를 구분하여 검색 행태에 대한 분석을 실시하였다. 클릭스트림 데이터에서는 비즈니스 목적 여행 소비자와 여가목적 여행 소비자를 직접 구별할 수 없으나, Borenstein Business Index[1](Borenstein, 2010)를 사용하여 시장을 "광범위한 비즈니스 목적" 시장과 "광범위한 여가목적" 시장으로 구분할 수 있다.

〈표 8-1〉은 검색된 평균 최저 운임이 여가 및 비즈니스 목적 여행시장에서 각각 $252.86, $327.17임을 보여준다. 모든 시장에서 평균 최저 검색 운임은 출발 22일에서 30일 동안 $256.58이며 출발 1~2일 전에는 $402.25로 증가한다. 또한 비즈니스 목적 여행시장에서 소비자가 검색한 운임의 범위와 편차는 여가목적 여행시장보다 일반적으로 더 크게 나타난다. 최저 운임은 거리에 따라 영향을 받으며, 1000마일 이상의 시장에 대해

〈표 8-1〉 검색회수에 의한 최저 가능 일일 왕복여정 운임 분포 (USD)

	Obs	Min	Mean	Median	Max	Std. Dev.	CV
Market							
Leisure	64,602	98.00	252.86	228.00	868.00	88.07	0.3483
Business	119,002	42.00	327.17	268.80	1584.80	203.14	0.6209
Distance (in miles)							
0–250	20,131	98.00	277.34	236.00	1488.00	147.74	0.5327
251–500	38,603	42.00	273.29	228.00	1042.80	169.44	0.6200
501–750	25,126	148.00	267.07	248.80	1153.80	89.16	0.3338
751–1000	62,723	98.00	253.10	228.00	868.00	87.80	0.3469
1001–1250	18,090	130.00	361.32	326.80	1009.20	146.05	0.4042
1251–1500	18,931	216.80	528.98	392.80	1584.80	305.24	0.5770
Days from departure[a]							
1–2	2316	118.00	402.25	348.80	1584.80	245.86	0.6112
4–6	27,950	98.00	377.57	319.20	1564.80	243.96	0.6461
8–13	44,743	98.00	285.72	248.80	1153.80	149.00	0.5219
15–20	41,352	42.00	263.78	238.80	998.80	115.26	0.4369
22–30	47,755	42.00	256.58	236.00	978.80	109.31	0.4260

[1] 1995년 American Travel Survey에서 파생되었으며 도착 및 출발 승객의 여행목적에 대한 정보를 제공한다. 출국 또는 출국하는 비즈니스 승객의 비율이 33% 미만인 경우 시장을 '광범위하게 여가'로 분류하였다. 다른 모든 시장은 광범위하게 비즈니스로 분류한다.

서는 최저 운임의 중간 값과 최저 운임이 눈에 띄게 증가한다.

항공수요에 대한 많은 선행연구는 가격 내재성을 적절히 다루지 못했고, 가격은 외생적이라고 가정하였다. 그러나 수요 모형에서 가격은 수요에 의해 영향을 받고 동시에 수요에 영향을 주기 때문에 내생적이다(이것은 종종 수요와 공급의 동시성이라 불린다). 경험적 연구에 따르면 내생 정도가 수정되지 않으면 가격 계수가 과소평가되는 것으로 나타났다.

여행비용은 운송수단에 사용되는 연료 및 노동과 높은 상관관계가 있어 이동거리의 함수(또는 운송 기간)에 따라 다를 것으로 예상할 수 있다. 또한, 비용은 공항마다 다를 수 있다. 예를 들어, 항공사는 대다수의 비즈니스 목적 여행객에게 서비스를 제공하는 대형 공항 또는 목적지에서 추가 서비스(특히 상용고객 라운지 및 우선 체크인 레인)를 제공할 수 있기 때문이다.

8.2.2 최저 운임에 대한 분석

〈그림 8-2〉 ~ 〈그림 8-4〉 및 〈표 8-2〉는 최저 운임, 검색 횟수 및 아웃바운드 항공편 출발 일수에 대한 구매 횟수 정보를 제공한다. 〈그림 8-2〉는 비즈니스 및 여가시장에서 예약 기간 동안 평균 최저 직항 운임이 어떻게 변화되는지 보여주고 있다. 평균 최저 직항 비즈니스 시장 운임은 항상 여가시장 운임보다 높게 나타났다. 운임이 일자별로 가장 크게 인상될 때와 출발 전 일수는 비즈니스와 여가시장에서 상이하게 나타나고 있다.

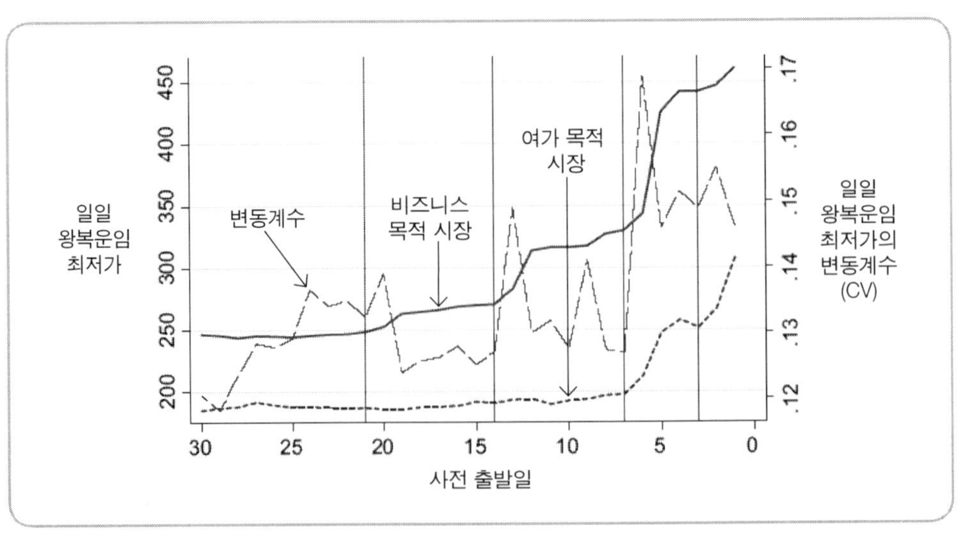

〈그림 8-2〉 여가 및 비즈니스 시장의 최저운임 변화

평균 최저 직항 운임의 인상은 〈그림 8-2〉에서 수직선으로 표시된 것과 같이 사전구매 기한과 높은 상관관계가 있다. 사전구매 마감일은 운임이 시장에서 제공되는 마지막 날에 해당한다. 시간 t의 사전구매 기한을 고려할 때, 시간 t-1에서 운임이 인상되는 것으로 예상할 수 있다. 항공사들이 다른 가격전략을 사용한다고 가정할 때, 분석 데이터베이스의 시간 t-2에서 운임이 증가할 것으로 예상한다. 즉, 기한이 지난 두 기간 후에 운임이 인상되는 것은 미국의 기존 항공사 대다수가 왕복운임을 사용하는 반면 저비용항공사(LCC)는 편도운임을 사용하기 때문일 수 있고, 왕복가격의 사전구매 마감시간은 아웃바운드 출발일과 관련 있기 때문이다. 편도가격의 경우, 아웃바운드 및 인바운드 여정에 대해 별도의 가격이 제시되며 아웃바운드 및 인바운드 여정에 대한 사전구매 마감일이 다를 수 있다.

예를 들어, 1일 왕복항공권을 구매한 사람을 생각해보자. 이 예에서는 할인상품 제공이 수익경영 통제에 영향을 받지 않았으며 허용 가능한 판매 기간 내에 항상 사용할 수 있다고 가정한다. 아웃바운드 출발일로부터 14일 이상 남은 경우에는 기존 항공사 및 LCC 항공사가 제공하는 아웃바운드 및 인바운드 운임이 동일한 14일 사전구매 제한을 적용받는다. 그러나 출발일 13일 이전에는 기존 항공사가 아웃바운드 및 인바운드 여정의 가격을 묶어서 책정하고, LCC는 아웃바운드 및 인바운드 여정을 별도로 가격을 책정하기 때문에 상품 불일치가 발생한다. 출발 13일 전부터 소비자는 LCC로부터 14일 사전구매 운임과 함께 인바운드 운임과 7일 사전구매 운임으로 아웃바운드 운임으로 구매할 수 있다.

사전구매 기한을 중심으로 평균운임이 인상되지만, 이 증가는 불확실하고 소수의 소비자만 인식할 수 있다. 이 같은 불확실성은 주로 항공사의 수익경영시스템, 가격 시스템 및 수요예측의 변동 간의 상호작용 때문이다. 〈표 8-2〉는 소비자 관점의 운임추세, 특히 출발일 이전에서 이용 가능한 가장 낮은 직항 운임이 t-1 하루 동안에 얼마나 자주 변화하는지를 보여준다. 예를 들어, 출발 3일에서 2일까지 비즈니스 여행 일정의 26.7%가 운임이 인상되는 경험을 했으며, 13.2%는 감소하는 것을 경험했고 60.1%는 여전히 동일한 수준을 유지하였다. 그러나 특정 기간에는 운임이 변경될 가능성이 더 높았다.

〈표 8-2〉에는 운임증가가 발생할 확률이 25%를 넘는 사전 출발일(DFD)이 음영으로 강조되어 표시되어 있다. 가격 불확실성 유발에 대한 사전구매 기한의 영향은 구매 기한 후 t-1 및 t-2 일에 발생하는 사전 출발일과 관련되어 높은 확률로 나타난다. 시간 t에서 주어진 기한의 경우 운임인상 확률은 't-1에서 t-2'의 경우가 't에서 t-1'보다 높으며, 기존

〈표 8-2〉 최저가 직항 일일 왕복여행 운임 변화

DFD	How will the lowest fare available today change if I search tomorrow?					
	Business markets			Leisure markets		
	% Decrease	% Stay same	% Increase	% Decrease	% Stay same	% Increase
2	11.3	53.2	35.5	8.2	44.2	47.6
3	13.2	60.1	26.7	10.3	53.8	35.9
4	12.4	72.1	15.5	16.5	72.9	10.5
5	10.0	54.6	35.4	15.2	50.0	34.8
6	8.1	28.1	63.8	7.0	22.1	71.0
7	10.4	49.5	40.2	12.0	35.0	52.9
8	13.5	68.4	18.1	13.4	66.7	19.9
9	10.8	62.2	27.1	12.3	66.1	21.7
10	12.8	68.2	19.0	15.5	66.6	18.0
11	11.9	72.5	15.6	14.6	69.6	15.7
12	13.9	62.1	24.1	15.0	69.6	15.4
13	12.8	37.8	49.4	15.3	59.6	25.2
14	13.9	48.8	37.3	13.7	61.6	24.7
15	14.3	68.7	17.1	13.6	72.7	13.6
16	15.2	69.0	15.8	14.0	71.1	15.0
17	14.9	67.3	17.8	16.8	71.4	11.8
18	12.7	70.7	16.6	13.0	74.3	12.7
19	14.3	69.5	16.2	11.0	75.2	13.8
20	13.4	53.1	33.5	14.0	71.7	14.3
21	14.5	59.1	26.4	13.6	71.5	14.9
22	13.9	66.9	19.3	13.9	74.5	11.7
23	13.0	68.8	18.2	15.8	70.7	13.6
24	15.3	68.1	16.6	13.8	69.6	16.7
25	13.4	71.3	15.4	11.4	74.4	14.2
26	14.7	72.5	12.8	11.9	73.9	14.2
27	14.5	70.7	14.8	16.0	72.4	11.6
28	13.1	73.5	13.4	13.9	74.0	12.2
29	14.2	73.3	12.6	13.5	74.5	12.0
30	12.6	73.2	14.2	14.3	71.7	14.0

참고: 운임증가가 발생할 확률이 25% 이상 되는 출발일은 음영 처리됨.

항공사 및 LCC의 다양한 가격 책정 전략에 의해 나타나게 된다.

비즈니스 및 여가시장을 비교함으로써, 비즈니스 시장에서 21일 및 14일 사전구매 마감일에 대해 최저운임이 인상될 가능성이 더 높다. 이것은 항공사들이 적극적으로 사전구매 기한을 사용하여 비즈니스 시장에서 비즈니스 및 여가 소비자를 세분화시키는 것을 의미한다. 모형화 관점에서, 이러한 가격결정의 불확실성은 제안된 운임에 대한 변동계수(CV) 척도를 포함시킴으로써 분석할 수 있다(그림 8-2). CV는 소비자가 출발로부터 일정기간 동안 온라인 여행사의 웹사이트에서 확인할 수 있는 가격범위가 된다.

CV는 1일간의 체류기간에 제공되는 (직항) 운임의 평균분포를 나타낸다. 출발이 가

까워질수록 항공사 간 제공하는 운임이 더 다양해지므로 CV는 증가된다. CV는 사전구매 기한이 지난 후 가장 높게 나타난다. 이는 항공사 간 왕복 및 편도 가격정책의 차이로 인한 가격변동을 반영하기 때문이다. 사전구매 마감 기일이 가까워지면서 CV가 크게 하락하는 것은 제안된 최저 운임의 평균치와 직항 일정에 대한 좌석을 제공하는 경쟁 항공사의 수가 감소했기 때문이다(즉, 항공편이 출발 직전에 팔린다).

8.2.3 검색 횟수에 대한 분석

일반적으로 항공 소비자는 사전구매 마감일이 언제 시작되는지, 운임인상 신호가 언제 시작하는지 인지하지 못하지만, 유연한 날짜 검색도구는 소비자가 이러한 동향을 파악하는데 도움이 될 수 있다. 유연한 날짜 검색도구는 OTA 웹사이트와 항공사 웹사이트를 통해 제공된다. 이러한 도구는 일반적으로 다음 중 하나를 사용하여 운임을 표시한다.

- 선호 날짜 전후 3일과 함께 출발 및 도착 날짜에 이용할 수 있는 최저 왕복운임을 표시하는 매트릭스 형식.
- 출발 가능한 한 달 동안 이용할 수 있는 최저 편도운임을 표시하는 달력. 기존 항공사 및 OTA는 일반적으로 매트릭스 형식을 사용하지만, LCC는 일반적으로 달력 형식을 사용한다. 이는 행렬 형식이 자연스럽게 왕복운임을 표시하는 데 도움이 되는 반면 달력 형식은 편도운임을 표시하는 데 적합하기 때문이다.

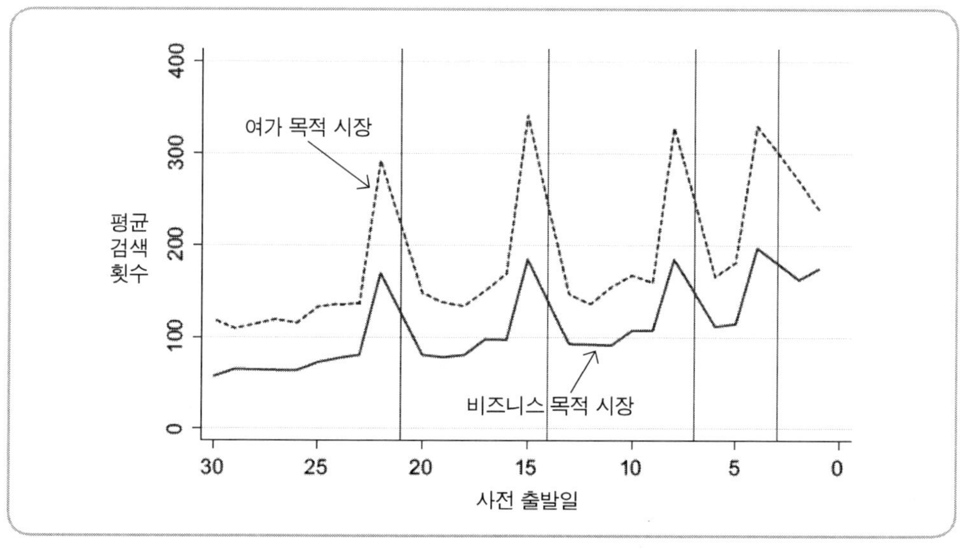

〈그림 8-3〉 시장별 평균 검색 수

소비자의 검색 및 구매 행동이 사전구매 기한으로 인한 가격 불확실성의 영향을 받는지 분석할 필요가 있다. 앞서 나온 〈그림 8-3〉은 출발 일자를 기준으로 비즈니스와 여가시장에서 평균 검색 횟수를 나타낸다.

8.2.4 구매 횟수에 대한 분석

〈그림 8-4〉는 출발 일수 기준으로 비즈니스 및 여가시장에서 평균 구매 횟수를 보여준다. 〈그림 8-3〉과 비교하여, 구매 수는 출발일로부터 모든 일자의 정보가 포함된다. 사전구매 기한의 영향이 구입행위(검색 대 행동)에는 덜 명확하게 나타나지만, 사전구매 기한 또는 구매직전에 구매활동이 증가하였다는 증거가 나타나 있다. 이 증가는 7일간의 사전구매 기한(일반적으로 운임이 크게 인상되는 경우)에서 가장 일반적으로 나타나고 있다(여가 및 비즈니스 시장 모두에서). 평균 구매횟수는 출발 6일 전에 협곡을 지나고 7일에 최고조에 이른다는 것은 소비자들이 7일 사전구매 요구를 갖고 있는 운임을 피하기 위하여 선호하는 출발 일을 하루 바꿀 수 있음을 나타내고 있다.

8.2.5 모형 분석 결과 및 시사점

검색 횟수와 구매 횟수 예측모형을 통한 분석 결과 출발 일에 접근함에 따라 검색이 증가하는 경향이 있음을 알 수 있다. 검색 행동에 대한 최종 기한의 영향은 〈표 8-2〉의

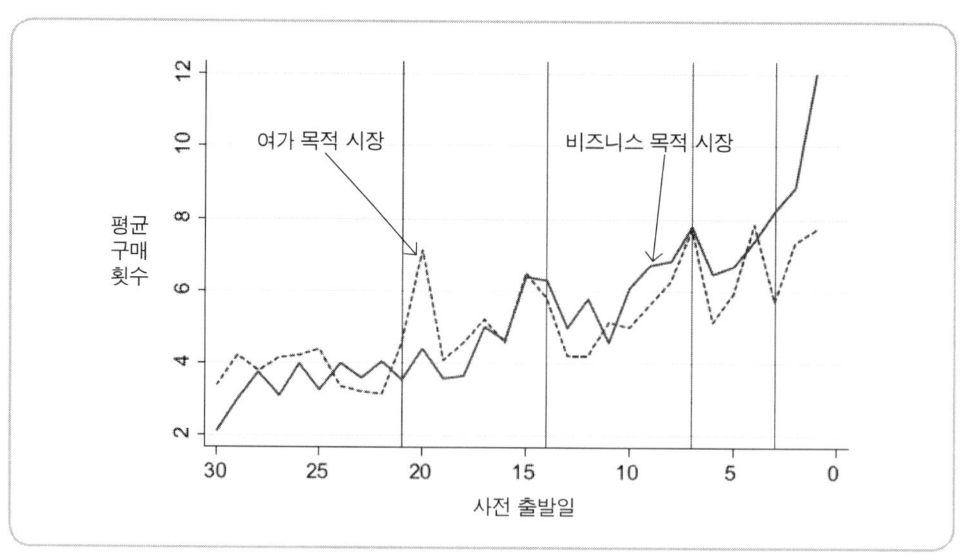

〈그림 8-4〉 시장별 평균 구매 수

음영 처리된 셀에서 볼 수 있다. 이러한 날짜에는 자동검색 도구인 웹 봇 검색이 포함되므로 사전구매 마감 시간에 해당하는 계수는 크게 나타난다. 마감시간이 소비자의 검색행동에 미치는 영향 분석에서, 검색 횟수는 마감 기한 직후의 날보다 마감 기한 바로 전날 더 크게 나타났다. 계수의 차이는 14일 사전구매 마감 및 21일 사전구매 마감에서 가장 크게 나타났다.

이 결과는 더 낮은 운임을 구매하기 위해 개인이 인바운드 출발 일자를 1~2일 변경하는 것을 나타낸다. 특히, 출발 항공편을 미리 구매하는 고객(여가 목적 고객이 될 확률이 더 높음)에서 더 잘 나타나고 있다. 항공권 검색은 주말에 줄어들지만 직항 서비스를 제공하는 주요 경쟁 항공사 수가 증가함에 따라 검색이 감소함을 나타내고 있다. 여가목적 여행시장을 비롯하여 출발지와 목적지 공항 사이의 거리가 멀어질수록 검색량이 증가하는데, 이것은 거리가 늘어남에 따라 운전 및 기타 대체 교통수단이 항공보다 매력적이지 않기 때문이다.

구매행태는 검색모형에 대한 결과와 유사하게 나타나고 있다. 즉, 주말에는 구매 횟수가 줄고, 장거리 시장 및 주요 경쟁 항공사가 더 많은 시장에서 구매가 발생한다. 또한, 7일, 14일 및 21일 사전구매 마감 시간대에 구매가 증가한 것으로 나타났다(단, 사전구매 마감 3일 동안은 해당되지 않음). 이는 개인(특히 사전에 구매하는 성향이 높은 여가목적 여행자)이 사전구매 마감일 이전에 더 낮은 운임을 이용하기 위해 하루 만에 여행 날짜를 변경한다는 것을 의미한다.

〈그림 8-5〉는 여행 웹사이트를 방문하는 동안 소비자가 입력한 첫 번째 검색 파라미터 세트를 사용하여 수집된 검색 횟수를 나타낸다. 이 결과는 온라인 여행대리점 데이터에서 조사된 것과 일치하며 사전구매 마감일 직전 검색 수가 급증하는 것으로 나타나고 있다. 가장 높은 검색빈도는 출발 7일전으로 나타나고 있다. 〈그림 8-5〉는 여행시장에 새로운 (그리고 덜 가격에 민감한) 소비자의 출현으로 인해 마감일이 도래하여 가격이 인상될 것이라는 기존 검색이론을 뒷받침하는 증거를 제공하고 있다(McAfee & te Velde, 2006; Mantin & Koo, 2010).

Hotle et al.(2015)는 사전구매 기한이 항공사 소비자의 검색과 구매행동에 미치는 영향에 대한 분석을 실시하였다. 고정된 자원량 및 사전에 결정된 가격과 일정을 갖는 소멸성 상품에 대한 마감기한 내의 소비자 검색을 분석하였다. 가격 불확실성은 사전구매 마감일에 의해 발생되고, 가격의 차이가 크게 나타나는 것은 항공사 간에 상품제공의 불일치로 인해 발생한다. 특히, LCC가 편도운임을 제공하고 기존 항공사가 왕복운임을

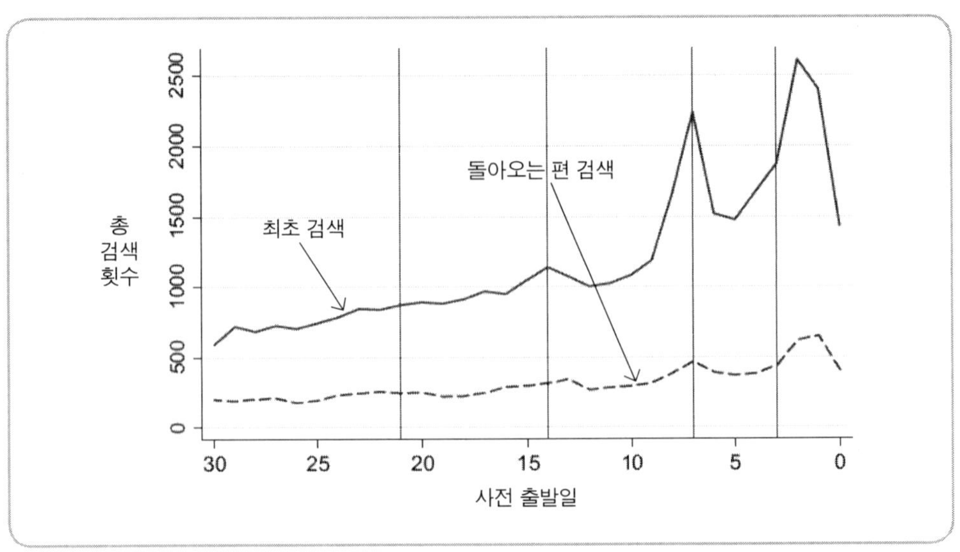

〈그림 8-5〉 주요 항공사의 클릭스트림 데이터를 사용한 검색 행동

제공할 때 가격편차가 크게 나타나며, 사전구매 마감기한 직후에 더욱 크게 나타난다. 또한, 유연한 검색도구의 존재는 소비자가 다양한 출발일의 운임을 검색할 수 있도록 한다. 이 검색도구는 소비자가 원하는 출발날짜를 변경하는 방법을 안내하여 사전구매 기한을 효과적으로 피할 수 있게 한다.

검색도구와 항공사 간의 가격정책 차이로 인해 사전구매 마감기한 직전에 검색활동이 증가하고, 수요는 사전구매 기한 직전으로 이동하는 것으로 나타났다. 이러한 결과는 수익경영 및 일정계획 모형이 일반적으로 수요가 독립적이라고 가정하기 때문에 현재의 항공사 관행에 중요한 의미를 갖는다. 그러나 실제로는 검색도구가 여러 출발일자에 걸쳐 (또는 여러 출발일자에 걸친 최소한의 전체 항공편으로) 지시하는 시점으로 수요가 이동하는 것으로 보인다. 이는 가격에 민감한 여가목적 수요를 최소한의 시간에 원하는 일정으로 이동시킴으로써 여가 및 비즈니스 목적 소비자 모두에게 도움이 될 수 있다. 특히, 시간을 더 중요하게 인식하는 비즈니스 목적 여행객의 예약이 늦게 발생하는 것을 고려하여 좌석의 여유를 더 두게 되지만, 실제 항공사는 이를 수익성 높은 전략으로 보지 않을 수 있다.

지난 5년 동안 델타항공은 "유연한 검색일정" 탐색도구를 웹페이지에 나타내는 위치를 변경하였다. 이 도구는 주로 홈페이지에 표시되었지만(더 불투명함), 고급 검색도구 옵션을 클릭해야 접근할 수 있다. 반면에 Southwest항공은 첫 번째 여정 검색 결과 후에, 돌아오는 항공편에 대해 눈에 띄게 낮은 운임달력을 링크하여 표시한다. 이러한 다양한 웹사이트 디자인이 가능한 이유는 델타항공의 소비자 구성이 사우스웨스트항공의 소비자 구성보다 이질적이기 때문에, 사전구매 마감시간을 사용하여 델타항공의 혜택을 더 많이 제안한다는 것이다(비즈니스와 여가 목적 수요를 비교하여 데이터에서 볼 수 있듯이).

소비자의 항공권 검색에 대한 분석 결과는 특정검색 및 출발날짜에 대하여 시장에서 발생하는 검색 및 구매 횟수가 검색요일, 출발일수, 최저 제공운임, 경쟁업체 전체에 제공되는 최저운임의 변동 및 운항 거리의 함수라는 것을 보여준다. 검색활동은 최종기한이 끝나기 전에 정점에 도달하고 마감기한 직후 감소한다. 이것은 자동화된 검색 도구가 여러 출발, 복귀 날짜의 가격에 대해 개인이 알 수 있게 도움을 주기 때문이다. 또한 사전구매 마감기한이 지난 직후에 발생하는 높은 운임을 피하기 위해 개인은 원하는 출발날짜를 1~2일씩 변경하는 것처럼 보이고 있다. 현재의 수익경영시스템은 이러한 행동을 고려하지 않기 때문에 이는 중요한 발견으로 볼 수 있고, 고객의 이 같은 행동을 고려하지 않은 현재의 수익경영시스템은 향후 개선될 필요가 있다.

앞으로는 경쟁가격이 어떻게 진화하는지, LCC가 편도가격 전략을 계속 사용할지 여부를 살펴보는 것도 중요하다. 항공사가 왕복운임을 사용하는 주된 동기는 왕복운임으로 체류기간 또는 여행 일수별로 시장을 세분화할 수 있으므로 비즈니스 및 여가목적 여행자를 구분할 수 있기 때문이다(예: 토요일 밤 체류가 포함된 여행의 경우 가격이 다를 수 있음). 현재 항공사는 경쟁업체의 모든 운임을 모니터링 하는 것이 현실적으로 불가능하다. 그러나 체류기간을 더 작은 하위 집합으로 제한하거나 동일한 출발(또는 귀환) 일자의 운임이 높은 상관관계를 갖는다는 사실을 이용함으로써 항공사는 경쟁사 운임을 모니터링하기 위한 보다 효율적인 알고리즘을 개발할 수 있다.

8.3 온라인 체크인 서비스 이용의도

온라인 항공권 예약, 온라인 체크인 서비스와 같은 서비스를 포함하여 운송업계에서 온라인 셀프서비스가 급증하고 있다. 온라인 셀프서비스를 성공적으로 구현함으로써 운송회사는 서비스 제공을 표준화하고 인건비를 줄이며 서비스 제공 옵션을 확장할 수 있다. 셀프서비스 체크인(웹, 키오스크 및 휴대전화 기반 포함)은 국제항공운송협회(IATA)의 신속한 여행 프로그램의 주요 구성요소 중 하나이다. 온라인 체크인 서비스는 소비자에게 다양한 선택과 통제를 하므로 연간 미화 21억 달러(IATA, 2015)의 기업 비용을 절감하고 있다.

Lu et al.(2009)는 공항 셀프서비스 체크인 기기를 사용하려는 소비자의 의도를 조사한 결과 기업들은 인터넷 기반 옵션과 같은 기타 셀프서비스 체크인 옵션에 대한 소비자 행동을 잘 이해하지 못하고 있다고 지적하였다. 또한, 신기술의 보급에 대한 연구는 주로 신기술 보급 이후의 효과를 무시하면서 초기 채택에 초점을 맞추고 있다(Wang et al., 2013). Rogers(1995)는 혁신 확산과정은 인식, 조사, 평가, 시험, 반복사용, 약속 등 6단계로 이루어지고 있음을 제시하고 있다. 즉, 혁신 확산과정에 따라 사용자의 인식은 기술에 대한 경험이 많아질수록 시간이 지남에 따라 변화하게 된다.

새로운 기술을 수용하는 행동에 영향을 미치는 두 가지 중요한 변수인 인지된 사용의 용이성(PEOU)과 인지된 유용성(PU)이 지속적인 사용의도를 예측하는지에 대한 여부는 거의 알려져 있지 않다. 또한 기술 사용행위를 더 잘 설명할 수 있는 개인의 심리적 요인과 같은 구성요소를 포함하기 위해 기술수용모형(TAM)의 확장이 제안되고 있다(Lu et al., 2009). 그러나 항공산업에서 온라인 셀프서비스의 중요성이 커지고 있음에도 불구하고 소비자의 심리적 요인이 온라인 셀프서비스에 대한 지속적인 의사결정에 미치는 영향에 대한 연구는 찾아보기 어렵다(Kokkinou & Cranage, 2013). 따라서 Lin & Filieri(2015)는 항공사의 온라인 체크인 서비스의 지속적인 이용의도를 분석하기 위해 기술수용모형과 개인의 혁신성 및 주관적 지식을 통합한 모형을 제시하고 분석을 실시하였다.

8.3.1 개념적 배경

개인의 혁신성은 개개인이 기꺼이 변화를 받아들이고 새로운 것을 시도하는 성격 특성을 의미한다. 이것은 글로벌 특성 수준 또는 도메인 특정 수준으로 정의할 수 있다(Hirunyawipada & Paswan, 2006). 도메인 고유의 혁신성은 식별 가능한 특성과 새로운 정보, 아이디어 및 제품의 실제 획득에 의해 정의된다.

전자상거래 및 여행서비스 온라인 예약은 일반적으로 정보기술 영역에서 혁신성의 정의를 채택하고 있다. 대조적으로, 개인의 혁신성이 다른 제품과 서비스를 통한 혁신을 향한 경향이기 때문에 특성 수준의 정의를 채택하고 있으며, 이 개념은 혁신적 특성을 확인하기 위해 심리학에서 널리 수용되어왔다. 성격 특성으로서 개인의 혁신성은 복잡한 기술지식을 이해하고 적용하며 새로운 기술의 불확실성에 대처하기 위한 개인의 능력에 대한 인식을 형성 한다. 개인의 혁신성은 '선천적 혁신성' 또는 '혁신적인 성향'으로 불려왔다.

개인의 지식은 주관적이거나 객관적일 수 있다. 주관적 지식은 자신의 기억에 저장된 제품이나 서비스에 대한 정보의 양에 대한 개인의 인식에 관련되며, 객관적 지식은 자신의 기억에 저장된 정확한 정보의 실제 양이다. 주관적 지식은 자기 개념이다. 자기 개념이란 개체로 자신을 준거하는 개인의 사고와 감정 전체를 가리킨다. 사람들은 시간이 지남에 따라 자기 개념의 일관된 시각을 유지하려고 노력하면서 자부심을 강화하는 활동을 수행하도록 동기부여를 한다. 자기 개념으로서의 주관적 지식은 자기 관련 행동과 경험을 해석하고 조직하며, 따라서 행동에 대한 동기부여의 결과를 가져온다. 우리가 알고 있다고 생각하는 것과 같은 주관적 지식과 우리가 실제로 알고 있는 객관적인 지식은 부분적으로 경험의 결과이지만, 다른 구조와 소비행동에 다른 영향을 미친다. 경험은 객관적인 지식보다 주관적인 지식과 더 관련이 있으며, 주관적 지식은 객관적인 지식보다 소비행동에 더 강한 영향을 미친다. 경험을 축적함으로써 개인들은 새로운 기술과 그것을 사용하는 방법에 대한 지식기반을 개발한다. 따라서 항공사 소비자의 주관적 지식, 즉 온라인 셀프서비스에 대한 지식수준, 사용방법 및 전문성에 대한 인식 또는 믿음에 대한 분석이 필요하다.

혁신성의 특성을 지닌 개인은 새로운 아이디어를 실험하려는 의지가 높아지고, 동료보다 일찍 신제품을 시험하기를 원하며, 서비스를 사용하기 전에 정보를 찾는 경향이 있다. 이러한 모든 것들이 신기술 상에서 다른 것보다는 소비자에게 보다 더 많은 지식을 갖게 한다. 따라서 개인의 혁신은 주관적인 지식에 긍정적인 영향을 미치고 있다. 셀프서비스의 맥락에서, Meuter et al.(2005)는 자신을 지식이 있다고 보는 소비자는 셀프서비스 사용에 대한 자신감이 더 크며, 온라인 셀프서비스의 사용을 쉽게 인식하고 셀프서비스 사용과 관련된 더 많은 이점을 인식하는 것으로 분석하였다.

혁신가는 새로운 것을 시도하는 것을 좋아하고 비혁신가보다 기술에 대해 더 잘 알고 있기 때문에 셀프서비스를 사용하기 쉽고 유용성이 높은 것으로 인식할 가능성이 크다. 혁신적인 개인은 더 많은 위험을 감수하는 경향이 있는데, 새로운 기술을 인지된 사용의 용이성(PEOU)과 인지된 유용성(PU)에 대한 혁신성의 역할에 대해서는 경험적 결과와 일치하지 않았다. Agarwal & Karahanna(2000)는 개인 혁신성은 웹사이트 이용에 있어 PEOU와 PU의 중요한 예측인자가 아니라는 것을 발견하였고, 다른 한편으로 Lu et al.(2005)는 모바일 기술을 통한 무선 인터넷 서비스 채택 연구에서 혁신성이 PEOU

및 PU에 큰 영향을 미친다는 사실을 발견하였다. 혁신적인 사람들은 온라인 체크인과 같은 새로운 기술을 사용하고, 새로운 기술을 처리하는 경우의 효과에 대해 더 확신을 갖고 있다. 따라서 개인의 혁신은 사용의 용이성과 유용성에 긍정적인 영향을 미친다고 할 수 있다.

많은 연구에서 TAM을 도입하고 확장하여 셀프서비스를 채택하려는 소비자의 의도를 설명하고 있다. 예를 들어, Meuter et al.(2000)은 온라인 셀프서비스 채택에 대한 만족도 또는 불만족을 초래하는 중요한 요인으로 유용성, 사용 용이성, 가용성 및 편의성을 확인하였다. Dabholkar(1996)는 온라인 셀프서비스의 사용에 있어 통제, 성능, 사용 용이성, 인간 상호작용의 필요성, 신뢰성 및 속도를 중요한 변수로 확인하였다. Pikkarainen et al.(2004)는 온라인 뱅킹에 대한 정보 및 정보량이 온라인 셀프서비스에 대한 소비자의 수용에 영향을 미쳤지만 사용 편의성, 즐거움, 보안 및 사생활은 온라인 뱅킹 사용에 영향을 미치지 않는 것으로 분석되었다. Lu et al.(2009)는 외부 자극, 인지된 서비스 품질, 인지된 행동 통제, 서비스 필요 및 인지된 위험과 같은 추가 요인을 고려하면서 대만 항공사 소비자의 셀프서비스 키오스크 체크인을 이용하려는 의도를 조사하였다. 분석 결과 PEOU와 PU가 기술사용에 대한 태도에 긍정적인 영향을 미치지만 태도와 외부 자극은 셀프서비스 체크인 키오스크를 사용하려는 행동의도의 강력한 예측요인인 반면 기술사용에 대한 행동의도를 예측하지는 못하는 것으로 나타났다.

TAM 요인이 새로운 기술의 초기 도입 이후에 반복 사용의도에 미치는 영향에 거의 관심을 두지 않았다. 따라서 인지된 사용 용이성은 지속의도에 긍정적인 영향을 미치고 있고, 인지된 유용성은 지속의도에 긍정적인 영향을 미친다. 혁신적인 소비자는 새로운 기술을 시도할 소지가 있지만, 초기 실험 후에도 계속 사용할 것인지 여부는 아직 알려져 있지 않고 있다.

온라인 셀프서비스 채택에서 소비자 혁신성의 역할에 대해 상반된 결과가 제시되고 있다. 예를 들어, Lassar et al.(2005)는 소비자 혁신이 온라인 뱅킹 등의 채택에 상당히 긍정적으로 영향을 미치고 있음을 보여주지만, Lu et. al (2005)는 모바일 기술 채택을 통해 개인 혁신성이 무선 인터넷 서비스를 크게 예측하지 못한다는 사실을 발견하였다. Liljander et al.(2006)은 소비자 (일반) 혁신성은 온라인 체크인에 대한 태도에 미미한 영향을 미친다는 것을 발견했으며, Jackson et al.(2013)은 개인의 혁신성은 전자상거래 구매시스템 채택의향에 영향을 미치지 않는다는 사실을 발견하였다. 혁신적인 개인이 특정기술이 제공하는 혜택을 인정하면 행동을 반복하기를 희망한다. 또한, 자신의 라이프 스타일(다른 사람들을 보는 방법)과 자기 이미지 개념을 따라 가기 위해 새로운 기술의 사용을 반복하게 된다. 따라서 개인의 혁신성은 지속의도에 긍정적인 영향을 미치고 있다.

사람들은 자기 개념과 행동사이의 일관성을 유지하도록 동기부여를 받는다. 예를 들어, 고객은 인지된 지식과 일치하는 제품을 선택할 가능성이 높다. 또한 시간이 지남에 따라 역량감각을 유지하고 강화하기 위해 동기부여되기 때문에 고객은 인지된 지식수준과 일치하는 경우 계속해서 기술을 사용하게 된다. Klerck & Sweeney(2007)는 유전자 변형 식품의 소비자 소비에 관한 연구에서 주관적 지식이 기술의 심리적 위험을 감소시키는 것으로 나타났으며, 이는 유전자 조작 식품을 검색하고 구매하는 의도에 영향을 미친다고 분석하였다. 새로운 기술의 초기 시험 후 소비자는 기술에 대해 더 자신감 있고 지식이 생길 수 있으며 계속 사용하면 지식이 풍부하다는 자체 개념이 강화된다. 또한 기술에 대한 지식이 많을수록 기술을 다시 사용하는 데 필요한 인지된 노력이 줄어들 것이다. 따라서 주관적 지식은 지속의도에 긍정적인 영향을 미치고 있다.

이 같은 분석을 통해 Lin & Filieri(2015)는 온라인 체크인 서비스에 대한 고객의 이용의도를 분석할 수 있는 개념모형을 제시하였다.

8.3.2 시사점

온라인 체크인 시스템에 대한 고객의도에 대한 분석 결과는 혁신성과 지식 모두 지속성 의도에 대한 직접적이고 총체적인 효과가 있음을 보여 주며, 그 효과는 인지된 사용 용이성 및 인지된 유용성을 통해 부분적으로 영향을 미치고 있음을 나타낸다. 통제

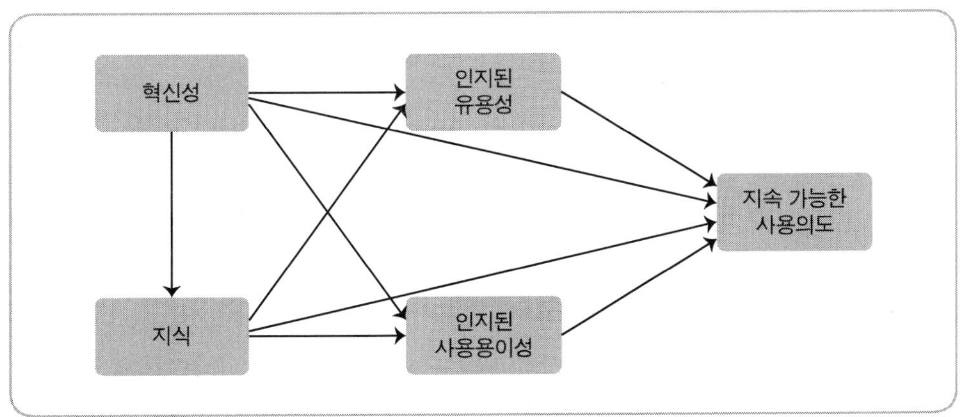

자료: Lin & Filieri (2015).

〈그림 8-6〉 온라인 체크인 서비스에 대한 고객 이용의도의 개념적 모형

변수 중 성별 및 인터넷 사용 빈도 같은 일부의 변수가 지속적 이용의도에 유의미한 영향을 미치지만 그 영향은 미미한 것으로 나타나고 있다.

인지된 유용성은 온라인 체크인 서비스에 대한 지속적인 의사결정에 큰 영향을 미치고 있으며 이전의 기술수용 모형의 연구와 일치하고 있다. 그러나 사용 편의성과 유용성에 대한 역할의 중요성은 항공편 수속과정에서 키오스크 이용에 대한 기존 연구 결과와 약간의 차이를 보이고 있다(Lu et al., 2009). 이러한 결과의 차이는 온라인 항공편 체크인이 공항 키오스크보다 편리하고 유용한 것으로 인식되기 때문으로 볼 수 있다. 후자의 기술을 채택하기 위해서는 고객이 공항까지 도착해서 키오스크를 찾아 체크인을 해야 하며 때로는 다른 사람들이 체크인을 하기까지 기다려야하지만, 온라인 체크인은 편안하게 가장 적합한 시간에 이용할 수 있어 편리성이 높게 인식되기 때문이다.

소비자의 혁신성과 주관적 지식은 지속의도에 직접적인 영향을 미치는 것으로 나타났으며 사용의 용이성을 부분적으로 중재함으로써 간접적인 효과를 얻을 수 있다. 인지된 유용성은 온라인 체크인 서비스에 대한 지속적인 의사를 나타내고 있다. 인식과 사용 용이성에 대한 소비자의 혁신성에 미치는 영향은 이전의 연구 결과와 유사하게 나타나고 있지만(Lu et al., 2005), 일반적인 혁신성과 소비자가 기술을 채택하는 것 사이에는 영향 관계가 없다는 연구와는 다르게 나타나고 있다(Liljander et al., 2006; Roehrich, 2004). 따라서 온라인 체크인의 관점에서 지속적인 이용의도를 예측하기 위해 주관적 지식과 함께 혁신성이 중요하게 직접적으로 영향을 미치고 있다.

따라서 항공사를 포함한 운송회사의 관리자는 재구매를 장려하기 위해 혁신적인 소비자를 구분하고, 대상자에 대한 주관적인 인지를 강화해야 한다. 온라인 여행커뮤니티의 회원뿐만 아니라 젊은층 고객은 새로운 기술의 수용이 빠르다. 따라서 항공사는 오피니언리더(일반적으로 고도로 혁신적인 개인으로 여겨짐)의 구분을 쉽게 할 수 있는 자체 가상 소비자 공동체를 개발할 필요가 있다.

혁신적 고객으로 확인되면 이들은 온라인 셀프서비스를 계속 사용할 것이고, 티켓과 온라인 체크인을 할 때마다 추가 마일리지 보너스 제공과 같은 인센티브를 통해 셀프서비스 이용 혜택 및 유용성에 대한 지식을 전파할 수 있다. 이러한 인센티브는 인지된 유용성에 관한 온라인 입소문과 온라인 항공편 체크인의 용이성을 향상시킬 수 있다.

또한 주관적인 지식의 지속성이 중요하기 때문에 온라인 서비스 디자이너는 고객이 '라이브 채팅'기술 지원, 비디오 데모 자습서 및 전자 설명서와 같이 자신의 지식을 만들고 전파하는데 도움이 되는 사용자 지원도구를 구현할 수 있다. 한편, 항공사는 혁신적인 고객에게 최상의 사용자 생성 콘텐츠 상 및 비디오 경쟁 개최와 같은 자체 버전의 '사용자 지원' 콘텐츠를 제작하거나 월간 상위 우수 전문가 사용자 및 콘텐츠 기고자 상을 수립하여 독려 할 수 있다. 이를 통해 혁신적인 소비자에 대한 지식을 수집하고 활용할 수 있다. 인지된 유용성과 사용의 중개 역할은 온라인 서비스 디자인이 온라인 서비스 프로세스를 단순화하는 동시에 사용자에게 더 많은 가치를 추가하는 것을 목표로 한다는 것을 인식해야 한다.

8.4 초과예약과 고객인식

8.4.1 초과예약 전략 분석

서비스 산업의 특징 중 하나는 제품/서비스(예: 항공권 및 호텔 객실)의 소멸성이다. 소멸하기 쉬운 제품은 유형 자산과 크게 두 가지 측면에서 다르다. ① 소멸하기 쉬운 제품은 일반적으로 고정비가 높고 변동비가 작기 때문에 제품당 한계이익이 상당히 증가한다, ② 미판매된 서비스 제품은 잔여가치가 0이며 향후 사용을 위해 재고로 저장할 수 없다. 결과적으로, 특정 기간 내에 서비스가 완전히 소비되지 않으면 서비스 제공업체는 판매되지 않은 제품이나 서비스로부터 수익 손실을 입게 된다.

서비스 제공업체는 동적 가격결정, 시장세분화 및 초과예약 등의 전략을 채택하여 유한한 용량을 최대한 활용하거나 점유율을 극대화할 수 있다. 이러한 전략 중에서 서비스 용량을 초과하여 예약이 제공되는 초과예약(overbooking)은 서비스 산업에서 흔히 볼 수 있는 취소 및 예약부도(cancelations & no-shows)로 인한 자원유실을 방지하기 위해 널리 적용된다.

초과예약은 서비스 제공업체가 유한한 용량의 자원을 활용하는 데 도움이 되지만, 예약된 고객 중에서 서비스를 받기 위해 도착한 고객 수가 용량을 초과하면 일부 고객에 대한 서비스가 제공될 수 없기 때문에 이 전략은 양날의 칼이 될 수도 있다. 이 같은 서비스 거부는 고객에게 끔찍한 경험이 된다 . 서비스 제공업체에서 고객을 거절할 수밖에 없는 상황에서는 불만과 경제적 손실이 초래된다.[2]

[2] 예를 들어, 2011년 6월 24일에 중국 남방항공을 통해 사전에 항공권을 예약한 13명의 승객은 초과예약으로 공항에 도착할 때 3좌석만 남아있었다. 승객들은 항공사가 합의를 파기하였다는 느낌을 받았기 때문에 사업자는 추가 운임 없이 승객을 위해 다른 항공편을 제공하고, 항공권 운임의 50%를 환불하고 다음 항공편을 위해 대기하는 동안 숙박시설을 제공하였다.

서비스 이용을 거절당한 고객이 서비스 제공업체로부터 보상을 받을 수도 있지만, 그러한 보상은 일정 차질의 결과에 비해 거의 무시할 정도로 작을 수 있다. 예를 들어, 비행편을 놓친 사업자는 업무 계획을 포기하거나 중요한 회의를 놓치게 되며, 이로 인해 큰 손실이 발생할 수 있다. 결과적으로 초과예약 결정은 서비스 제공업체의 명성과 수익에 해를 끼칠 뿐만 아니라 고객에게 막대한 손실을 가져올 수 있다. 따라서 서비스 제공업체는 수익을 높이기 위해 적절한 초과예약 전략을 개발해야 하며 고객은 서비스 거부를 피하기 위해 이러한 전략을 이해해야 한다.

서비스 공급자의 최적 초과예약 한계는 거부된 고객에게 지불하는 금전적 보상 수준에 따라 변화한다. 높은 금전적 보상은 고객이 예약을 요구할 때 거부되는 서비스의 가능성을 낮추게 된다. 고객은 발표된 서비스 제공업체의 불이익 규정에 따라 거부된 서비스의 가능성을 예상한 다음 일정이 결정되면 가장 바람직한 서비스 공급자를 선택한다. 서비스 제공업체는 서비스 제공을 보장하기 위해 고객에게 보상금을 제시해야 한다.

많은 연구에서 서비스 제공업체가 적절한 초과예약 수준을 설정하고 수익경영에 이러한 전략을 적용하는 방법을 조사하였고, 초과예약이 수익경영을 위한 효과적인 비가격경쟁 도구임이 확인되었다. 대부분의 초과예약 모형에서 실제 서비스받기 위해 나타난 수요는 초과예약 수준과 출현율의 곱으로 가정하고 있다. 그러나 도착한 고객의 수가 수용 인원을 초과하면 초과예약의 과도한 판매로 서비스 거절이 발생할 수 있다.

항공사는 탑승이 거부된 승객 수를 줄이기 위한 내부 인센티브를 운영하고 있다. 탑승 거부는 다양한 요인에 의해 발생한다. 즉, 배상 금액, 예약부도 예측, 탑승률 및 항공사의 출발일 운영정책과 관련된 정확성, 규모 및 변동성의 영향을 받고 있다. 또한 승객의 서비스 품질 불만과 항공사의 탑승 거부가 큰 상관관계가 있음이 나타나고 있다. 초과예약으로 인해 탑승이 거부된 고객은 불만을 가질 것이고 이는 결국 수익경영의 긍정적인 효과를 방해하는 것으로 나타나고 있다(Lindenmeier & Tscheulin, 2008). Hannigan (1980)는 취소된 예약의 부작용을 더 잘 이해하기 위해 여행업계에서 소비자 불만의 원인, 특성 및 크기를 탐구하였고, 입소문을 통한 부정적 홍보를 방지하기 위해 서비스 제공업체는 소비자의 구전(word of mouth)에 의한 부정적인 영향을 최소화하는 노력이 필요함을 제시하였다.

초과예약 상황에서 보상 수준을 결정할 때 항공사는 승객의 임시비용을 고려해야 하며 보상이 요구사항을 충족시킬 수 있도록 해야 한다. 또한, 초과예약 관행의 적법성을 검토하고 거부당한 손님들의 불만을 회복시키기 위한 편의시설을 제공해야 한다. 초과예약 현상을 분석한 대부분의 연구에서는 제한된 자원의 완전한 활용을 달성하고 더 높은 수익을 얻거나 거부된 서비스의 부정적인 영향을 최소화하기 위해 것으로 서비스 제공자의 관점에서 분석되었다. 따라서 고객의 관점에서 초과예약 전략으로 인한 서비스가 거부된 경우에 대한 효과도 분석되어야 한다.

서비스 제공업체(예: 항공사 또는 호텔)와 유통을 담당하는 온라인 여행사(OTA)를 고려해 보자. 서비스 제공업체는 OTA의 온라인 마케팅 시스템뿐만 아니라 자체 유통경로를 통해 동일한 가격의 단일 제품을 판매하는 것을 가정한다. 총공급량은 범위내에서 판매는 OTA와 협력하여 서비스 제공업체의 호스트에서 예약하는 T-고객과 OTA의 웹사이트에서 예약하는 W-고객으로 구분한다.

수요는 판매가격의 함수로 나타낼 수 있으며 서비스 제공자는 OTA가 판매하는 각 제품에 대해 수수료를 지불하는데, 수수료는 일반적으로 제품 판매가격의 비율로 지불된다. 따라서 더 많은 수익을 얻기 위해 OTA는 더 많은 매출을 만들려고 노력하게 된다. 따라서 OTA 웹사이트에서 판매되는 W-고객의 수요는 OTA의 노력이 많으면 증가하고 제품의 판매 가격이 높으면 감소하게 된다.

일부 고객은 예약을 취소하거나 혹은 서비스 제공자에게 알려주지 않고 예약부도를 발생시킨다. 서비스 제공사업자는 수익을 유지하기 위해 해지와 예약부도로 인해 발생하는 유휴 자원 상태를 방지하기 위해 초과예약 한계를 사용하는 초과예약 전략을 채택한다.

초과예약은 과다 판매로 이어질 수 있으며 고객에게 서비스가 거부될 수 있다. 서비스 거부가 불가피해지면 서비스 제공업체는 거부된 고객을 위해 모든 조치를 취해야한다. 실제로, 호텔은 거부된 예약고객을 고급 객실로 업그레이드하거나, 무료 숙박을 제공하거나 다른 유사한 호텔로 이전한다. 거부된 예약고객에 대한 보상으로 현금 보상이 다른 보상 유형보다 훨씬 높은 만족도를 나타낸다는 연구 결과도 있다. 이러한 모든 조치는 사업자의 명성을 회복하고 비즈니스 지속성을 보장하기 위해 광범위하게 운영되고 있다.

예약고객의 서비스 거부가 발생하면 평판 손실뿐만 아니라 서비스 제공업체에 대한 금전적 손실이 동시에 발생한다. 예약고객(T-고객 및 W-고객)을 포함한 고객 수가 초과예약 한계 보다 적은 경우 서비스 제공업체는 모든 예약요청을 수락한다. 또한, 서비스 제공업체는 최대 초과예약 한계까지 예약을 받을 수 있다. 실제 서비스를 받기 위해 도착한 고객 수가 목표 날짜의 예상 고객 수를 초과하면 서비스 거부가 발생하고, 이 때 거부된 고객에게 일정한 보상을 서비스 제공업체에서 제공한다. 서비스 제공업체는 예약한 모든 고객이 도착하여 고객을 모두 수용할 수 없을 때 W-고객에게 우선적으로 고려한다. 즉, 서비스 제공업체가 즉각적인 수익을 얻는 대신 OTA와의 장기적인 협력관계를 유지하려고 하는 것으로 인식될 수 있다.

서비스 공급자는 최적의 초과예약 한계 및 판매가격을 결정한다. 판매가격의 일정비율은 OTA 수수료가 되고, OTA는 수수료에 따라 최적의 노력 수준을 결정한다. 이벤트 순서는 다음과 같이 설명된다. ① 서비스 공급자는 최적의 초과예약 한계와 판매가격을 결정하고 OTA의 수수료율을 결정한다, ② OTA는 실현되는 단위 수수료에 따라 노력 수준을 결정한다, ③ 서비스 제공업체와 OTA가 예약을 수락하고 모든 요구가 목표 날짜에 실현된다, ④ 서비스 제공업체는 서비스가 거절된 고객을 회유하고 도착 고객 수가 용량을 초과하면 금전적 보상을 제공한다.

물론, 서비스 제공업체와 OTA는 자신의 기대 이익을 극대화하기 위한 의사결정을 실시한다. OTA는 수수료가 통보된 후 최적의 노력 수준을 결정하고, 서비스 공급자는 최적의 초과예약 수와 제품의 판매가격을 결정한다. 제품의 판매가격을 감안할 때 단위 수수료 금액을 예상할 수 있고, OTA는 예상이익을 극대화하기 위해 필요한 노력 수준을 결정하게 된다.

OTA의 노력 수준이 판매가격과 밀접한 관련이 있다. 즉, 판매가격 상승은 고정 수수료율이 q이므로 수수료를 높인다. 따라서 OTA는 더 많은 판매를 창출하기 위해 더 많은 노력을 기울일 것이다. OTA가 주어진 판매가격 p에 반응하여 노력수준을 선택하는 것을 고려하면, 서비스 제공자는 자신의 기대 초과이익을 최대화하기 위해 초과예약 및 판매가격을 결정하게 된다.

8.4.2 예약된 고객의 서비스 거부확률

서비스 제공업체는 초과예약 전략을 적용하여 점유율과 수익을 높인다. 그러나 초과예약을 받으면 서비스를 받기 위해 도착한 고객 수가 사용 가능한 용량을 초과하면 서비스가 거부될 수 있다. 이러한 서비스 거부는 중요한 회의를 놓치고 업무 계획을 다시 세우는 것과 같이 거부된 고객에게 큰 영향을 미치게 된다.

금전적 보상이 최적 초과예약 한계에 중요한 영향을 미친다. 서비스가 거부된 고객에게 지급되는 금전적 보상이 증가함에 따라 서비스 제공업체는 평판과 금전적 손실을 피하기 위해 초과예약을 줄이게 된다. 금전적 보상과 함께 서비스 거부 확률이 감소하는 것은 고객이 높은 보상액을 누리고 있다는 것을 나타낸다. 금전적 보상이 증가함에 따라, 서비스 제공자는 더 낮은 초과예약 한계(overbooking pad)를 설정하고 보다 높은 확률로 모든 예약요청을 수용할 것이다. 금전적 보상이 증가함에 따라 서비스 제공업체는 서비스 거부된 고객에 의해 더 큰 매출 손실에 직면하게 된다. 따라서 서비스 공급자는 서비스가 거부된 고객 수 및 거부비율을 줄이기 위해 더 낮은 초과예약 한계를 설정하게 된다.

이 같은 결과는 다음과 같은 의미를 갖는다.

첫째, 서비스 제공업체는 실현된 고객 서비스 수준에 따라 초과예약 결정을 조정할 수 있다. 특히 실현된 고객 서비스 수준이 예상보다 낮을 때 더 낮은 초과예약 한계를 설정해야 한다. 그렇지 않으면 서비스 제공업체는 더 높은 초과예약 한계를 설정하여 점유율을 높여야 한다.

둘째, 고객은 서비스 제공업체가 발표한 금전적 보상을 관찰함으로써 예약된 서비스를 이용할 확률을 추정할 수 있다. 예를 들어 금전적 보상이 판매가격 보다 두 배 큰 경우 서비스가 거부될 예상확률은 금전적 보상이 약속되지 않은 경우에 비해 20% 수준으로 나타나고 있다. 또한 약속된 금전적 보상이 판매가격의 5배인 경우 고객은 예약된 서비스를 99.9%의 확률로 이용할 수 있다. 따라서 최적의 초과예약 수, 예상 거부고객 수 및 예상 거부비율은 모두 금전적 보상과 함께 감소하는 반면 고객 서비스 수준은 금전적 보상과 함께 증가하는 것으로 나타나고 있다.

8.4.3 전략적 시사점

초과예약 전략은 서비스 제공업체가 유한한 용량의 활용도를 높이는 데 도움이 되지만, 실제 해지 및 예약부도가 예상수준에 미치지 못할 때나 서비스를 받기 위해 도착한 고객 수가 가용 용량을 초과하는 경우에도 서비스 거부가 발생할 수 있다. 서비스 거부는 일부 거부된 고객에게 큰 손실을 가져다 줄뿐만 아니라 서비스 제공업체의 명성과 수익을 저해한다.

서비스 공급자의 최적 초과예약 한계는 서비스가 거부된 고객에게 지급되는 공시된 금전적 보상과 함께 감소한다. 높은 금전적 보상은 고객이 예약된 서비스를 이용할 확률이 높아진다. 약속된 금전적 보상이 판매가격보다 훨씬 높은 경우 서비스 제공업체가 모든 예약요청을 승인할 확률이 높지만, 금전 보상이 0일 때 모든 예약요청을 승인할 확률이 낮게 나타난다.

고객 서비스 수준은 서비스 제공업체의 서비스 품질을 평가하는 기준 중 하나이다. 따라서 서비스 제공업체는 실현된 고객 서비스 수준에 따라 초과예약 한계를 조정해야 한다. 특히 초과예약 한계하에서 고객 서비스 수준이 예상보다 낮으면 서비스 제공업체는 다음 판매기간에는 초과예약이 낮아야 한다. 그렇지 않은 경우 더 높은 초과예약 한계의 설정이 점유율을 높일 수 있다.

Toh & Dekay(2002)는 예약을 할 때 예약부도 확률을 줄이기 위해 예약부도 벌과금에 대한 정보를 고객에게 제공해야 한다고 제안하였다. 그러나 많은 연구에서는 서비스 제공자들이 고객예약이 허용될 것이라는 것을 보증하기 위해 거부된 고객들에게 높은 보상을 제공하는 것을 공지하는 것이 필요하다고 제안하고 있다. 고객은 거래를 하기 전에 서비스 제공업체가 발표한 탑승 거부에 대한 금전적 보상에 따라 탑승이 거부될 확률을 추정할 수 있다. 탑승이 거부된 고객에 대한 금전적 보상의 가치가 판매가격의 5배인 경우 고객은 예약된 서비스를 이용할 확률이 99.9%인 것으로 나타났다. 이러한 방식으로 고객은 예약을 보장하고 일정을 유지할 수 있는 서비스 제공업체를 선택할 수 있다.

참고문헌

Admetrics, 2013. Press Release.

Agarwal, R., Karahanna, E. (2000). Time flies when you're having fun: cognitive absorption and beliefs about information technology usage. MIS Quarterly 24(4), 665-694.

Amaruchkul, K., Sae-Lim, P. (2011). Airline overbooking models with misspecification. Journal of Air Transport Management, 17, 143-147.

Aydin, N., Birbil, S.I., Frenk, J., Noyan, N. (2012). Single-leg airline revenue management with overbooking. Transportation Science 47, 560-583.

Bigne, E., Hernandez, B., Ruiz, C., Andreu, L. (2010). How motivation, opportunity and ability drive online airline ticket purchases. Journal of Air Transport Management, 6(6), 346-349.

Borenstein, S. (2010). An Index of Inter-city Business Travel for use in Domestic Airline Competition Analysis. UC Berkeley,

Bruner II, G.C., Kumar, A. (2000). Web commercials and advertising hierarchy-of effects. Journal of Advertisement Research, 40(1/2), 35-42.

Brunger, W.G. (2010). The impact of the Internet on airline fares: the 'Internet price effect'. Journal of Revenue and Pricing Management, 9(1/2), 66-93.

Brynjolfsson, E., Dick, A.A., Smith, M.D. (2010). A nearly perfect market? Differentiation vs. price in consumer choice. Quantitative Marketing Economics, 8, 1-33.

Buhalis, D. (2004). e-Airlines: strategic and tactical use of ICTs in the airline industry. Information Management, 41(7), 805-825.

Chandon, P., Wansink, B., Laurent, G. (2000). A benefit congruency framework of sales promotion effectiveness. Journal of Marketing, 64(4), 65-81.

Chang, L.-Y., Hung, S.-C. (2013). Adoption and loyalty toward low cost carriers: the case of Taipei-Singapore passengers. Transportation Research, 50, 29-36.

Chatwin, R.E. (1996). Multi-period airline overbooking with multiple fare classes. Naval Research Logistics, 43, 603-612.

Chatwin, R.E. (1999). Continuous-time airline overbooking with time-dependent fares and refunds. Transportation Science, 33, 182-191.

Coughlan, J., et al.(1999). Airline overbooking in the multi-class case. Journal of Operational Research Society, 50, 1098-1103.

Crespo-Almendros, E., Barrio-García, S.D. (2016). Online airline ticket purchasing: Influence of online sales promotion type and Internet experience. Journal of Air Transport Management, 53, 23-34.

Dabholkar, P.A. (1996). Consumer evaluations of new technology-based self-service options: an investigation of alternative models of service quality. International Journal of Research in Marketing, 13(1), 29-51.

Dana, J. (1998). Advance purchase discounts and price discrimination in competitive markets. J. Polit. Economics, 106 (2), 395-422.

Dana, J. (1999)a. Using yield management to shift demand when the peak time is unknown. RAND Journal of Economics, 30(3), 456-474.

Dana, J. (1999)b. Equilibrium price dispersion under demand uncertainty: the roles of costly capacity and market structure. RAND Journal of Economics, 30(4), 632-660.

Davis, F.D. (1989. Perceived usefulness, perceived ease of use, and user acceptance of information technology. MIS Quarterly, 13(3), 319-340.

Davis, F.D., Bagozzi, R.P., Warshaw, P.R. (1989). User acceptance of computer technology: a comparison of two theoretical models. Management Science, 35(8), 982–1003.

Escobar-Rodríguez, T., Carvajal-Trujillo, E. (2013). Online drivers of consumer Purchase of website airline tickets. Journal of Air Transport Management, 32, 58-64.

Filieri, R. (2015). What makes online reviews helpful? A diagnosticity-adoption framework to explain informational and normative influences in e-WOM. Journal of Business Research, 68(6), 1261-1270.

Forrester Consulting, 2012. The Impact of Online Coupons and Promotion Codes.

Forrester Consulting, 2014. The State of Digital Coupons.

Gale, I.L., Holmes, T.J. (1992). The efficiency of advance-purchase discounts in the presence of aggregate demand uncertainty. International Journal of Industrial Organization, 10(3), 413-437.

Gallego, G., Phillips, R. (2004). Revenue management of flexible products. Manuf. Service Operations Management, 6(4), 321-337.

Hannigan, J.A. (1980). Reservations cancelled: consumer complaints in the tourist industry. Ann. Tourism Research, 7, 366-384.

Hess, S., Adler, T., Polak, J.W. (2007). Modelling airport and airline choice behaviour with the use of stated preference survey data. Transportation Research Part E, 43(3), 221-233.

Hirunyawipada, T., Paswan, A.K. (2006). Consumer innovativeness and perceived risk: implications for high technology product adoption. Journal of Consumer Marketing, 23(4), 182-198.

Hotle, S.L., Garrow, L.A. (2014). Competitor pricing and multiple airports: their role in customer choice. Transportation Research Record 2400, 21-27.

Hotle, S.L., Castillo, M., Garrow, L.A., Higgins, M.J. (2015). The impact of advance purchase deadlines on airline consumers' search and purchase behaviors. Transportation Research Part A, 82, 1-16.

IAB. (2013). IAB Internet Advertising Revenue Report.

IATA. (2011). Vision 2050.

Iníguez, T., Plumez, M., Latorre Martinez, M.P. (2014). Ryanair and Spain: air connectivity and tourism from the perspective of complex networks. Tourism Management Studies, 10(1), 46-52.

Ivanov, S.H. (2015). Optimal overbooking limits for a hotel with three room types and with upgrade and downgrade constraints. Tourism Economics, 21, 223-240.

Jackson, J.D., Yi, M.Y., Park, J.S. (2013). An empirical test of three mediation models for the relationship between personal innovativeness and user acceptance of technology. Information Management, 50 (4), 154-161.

Jerath, K., Netessine, S., Veeraraghavan, S.K. (2010). Revenue management with strategic customers: last-minute selling and opaque selling. Management Science, 56(3), 430-448.

Jiang, Y. (2007). Price discrimination with opaque products. Journal of Revenue and Pricing Management, 6(2), 118-134.

Johnson, E.J., Moe, W.W., Fader, P.S., Bellman, S., Lohse, G.L. (2004). On the depth and dynamics of online search behavior. Management Science, 50(3), 299-308.

Karaesmen, I., Van Ryzin, G. (2004). Overbooking with substitutable inventory classes. Operations Research, 52, 83-104.

Kasilingam, R.G. (1997). An economic model for air cargo over booking under stochastic capacity. Computers & Industrial Engineering, 32, 221-226.

Klerck, D., Sweeney, J.C. (2007). The effect of knowledge types on consumer-perceived risk and adoption of genetically modified foods. Psychological Marketing, 24(2), 171-193.

Klophaus, R. (2005). Frequent flyer programs for european low-cost airlines: prospects, risks and implementation guidelines. Journal of Air Transport Management, 11(5), 348-353.

Koide, T., Ishii, H. (2005). The hotel yield management with two types of room prices, overbooking and cancellations. International Journal of Production Economics, 93, 417-428.

Kokkinou, A., Cranage, D.A. (2013). Using self-service technology to reduce customer waiting times. International Journal of Hospital. Management, 33, 435-445.

Lan, Y., Ball, M.O., Karaesmen, I.Z. (2011). Regret in overbooking and fare-class allocation for single leg. Manuf. Serv. Operations Management, 13, 194-208.

Lassar, W.M., Manolis, C., Lassar, S.S. (2005). The relationship between consumer innovativeness, personal characteristics, and online banking adoption. International Journal of Bank Marketting, 23(2), 176-199.

Li, M.Z.F. (2001). Pricing non-storable perishable goods by using a purchase restriction with an application to airline fare pricing. European Journal of Operational Research, 134(3), 631-647.

Liljander, V., Gillberg, F., Gummerus, J., van Riel, A. (2006). Technology readiness and the evaluation and adoption of self-service technologies. Journal of Retails Consumer Service, 13(3), 177-191.

Lin, Z., Filieri, R. (2015). Airline passengers' continuance intention towards online checkin services: The role of personal innovativeness and subjective knowledge. Transportation Research Part E, 81, 158-168.

Lindenmeier, J., Tscheulin, D.K. (2008). The effects of inventory control and denied boarding on customer satisfaction: the case of capacity-based airline revenue management. Tourism Management, 29, 32-43.

Lu, J., Chou, H.-Y., Ling, P.-C. (2009). Investigating passengers' intentions to use technology-based self check-in services. Transportation Research Part E, 45(2), 345-356.

Mantin, B., Koo, B. (2010). Weekend effect in airline pricing. Journal of Air Transport Management, 16, 48-50.

McAfee, R.P., te Velde, V. (2006). Dynamic pricing in the airline industry. In: Hendershott, T. (Ed.), Handbook of Economics and Information Systems. Elsevier, Amsterdam, 527-570.

Meuter, M.L., Bitner, M.J., Ostrom, A.L., Brown, S.W. (2005). Choosing among alternative service delivery modes: an investigation of customer trial of self service technologies. Journal of Marketing, 69(2), 61-83.

Meuter, M.L., Ostrom, A.L., Roundtree, R.I., Bitner, M.J. (2000. Self-service technologies: understanding customer satisfaction with technology-based service encounters. Journal of Marketing, 64(3), 50-64.

Mumbower, S., Garrow, L.A., Higgins, M.J. (2014). Estimating flight-level price elasticities using online airline data: a first step towards integrating pricing, demand, and revenue optimization. Transportation Research Part A, 66, 196-212.

Nielsen Company. (2013). Nielsen News.

Noone, B.M., Lee, C.H. (2011). Hotel overbooking: the effect of overcompensation on customers reactions to denied service. Journal of Hospitality Tourism Research, 35, 334-357.

Novak, T.P., Hoffman, D.L., Yung, Y. (2000). Measuring the customer experience in online environments: a structural modelling approach. Marketing Science, 19(1), 22-42.

Pedersen, P.E., Nysveen, H. (2005). Search mode and purchase intention in online shopping behaviour. International Journal of Internet Marketing, 2(4), 288-306.

Pikkarainen, T., Pikkarainen, K., Karjaluoto, H., Pahnila, S. (2004). Consumer acceptance of online banking: an extension of the technology acceptance model. Internet Research, 14(3), 224-235.

Popescu, A., Keskinocak, P., Johnson, E., LaDue, M., Kasilingam, R. (2006). Estimating air-cargo overbooking based on a discrete show-up-rate distribution. Interfaces, 36, 248-258.

Proussaloglou, K., Koppelman, F.S. (1999). The choice of air carrier, flight, and fare class. Journal of Air Transport Management, 5(4), 193-201.

Puller, S.L., Taylor, L.M. (2012). Price Discrimination by Day-of-week of Purchase: Evidence from the U.S. Airline Industry. Working Paper at Texas A&M University.

Reisenwitz, T., Iyer, R., Kuhlmeier, D., Eastman, J. (2007). The Elderly's Internet usage: an updated look. Journal of Consumer Marketing, 24(7), 406-418.

Roehrich, G. (2004). Consumer innovativeness: concepts and measurements. Journal of Business Research, 57(6), 671-677.

Rogers, E.M. (1995). Diffusion of Innovations. Free Press, New York.

Rothstein, M. (1971). An airline overbooking model. Transportation Science, 5, 180-192.

Rothstein, M. (1974). Hotel overbooking as a markovian sequential decision process. Decision Science 5, 389-404.

Ruiz-Mafe, C., Sanz-Blasa, S., Aldas-Manzano, J. (2009). Drivers and barriers to online airline ticket purchasing. Journal of Air Transport Management, 15(6), 294-298.

Sanchez, M.J., Villarejo, A.F. (2004). La Calidad de Servicio Electronico: Un Analisis de los Efectos Moderadores del Comportamiento de Uso de la Web. Cuad. Economics Direccion la Empresa, 21, 121-152.

Schütz, H.J., Kolisch, R. (2013). Capacity allocation for demand of different customer product-combinations with cancellations, no-shows, and over booking when there is a sequential delivery of service. Annal of Operations Research, 206, 401-423.

Smith, B.C., Darrow, R., Elieson, J., Guenther, D., Rao, B.V., Zouaoui, F. (2007). Travelocity becomes a travel retailer. Interfaces, 37(1), 68-81.

Stanforth, N.F., Lennon, S.J., Moore, S. (2000). Perceived risk and purchase intent associated with television shopping. Front. Direct Interact. Mark. Research Proc., 5, 53-64.

Subramanian, J., Stidham Jr., S., Lautenbacher, C.J. (1999). Airline yield management with overbooking, cancellations, and no-shows. Transportation Science, 33, 147-167.

Toh, R.S. (1985). An inventory depletion overbooking model for the hotel industry. Journal of Travel Research, 23, 24-30.

Toh, R.S., Dekay, F. (2002). Hotel room-inventory management: an over booking model. Cornell Hotel Restaurant Adm. Q., 43, 79-90.

Wang, C., Harris, J., Patterson, P. (2013). The roles of habit, self-efficacy, and satisfaction in driving continued use of self-service technologies: a longitudinal study. Journal of Service Research, 11(4), 407-428.

Weatherford, L.R., Bodily, S.E. (1992). A taxonomy and research overview of perishable-asset revenue management: yield management, over booking, and pricing. Operations Research, 40, 831-844.

Wittman, M.D. (2014). Are low-cost carrier passengers less likely to complain about service quality? Journal of Air Transport Management, 35, 64-71.

Yu, S.-F. (2008). Price perception of online airline ticket shoppers. Journal of Air Transport Management, 14(2), 66-69.

Zhang, J., Fang, X., Sheng, O. (2007). Online consumer search depth: theories and new findings. Jounal of Management Inform. Systems, 23(3), 71-95.

9장

항공사 사업운영의 변화

9.1 항공사 부가서비스의 진화

9.1.1 부가서비스 개발 배경

항공산업의 발전에도 불구하고 항공사의 수익성은 지속적으로 하락하고 있다(Fallert, 2012; Wittmer et al., 2012; 윤문길 등, 2016). 항공자유화와 항공산업 규제 완화의 추세가 전 세계적으로 확산되면서 새로운 항공사의 시장진입으로 항공산업의 경쟁환경이 급격히 변화되고 있다. 공급증대와 경쟁의 확대는 운임의 인하 등으로 소비자의 편익은 증대시켰으나, 항공사의 수익성은 악화시켰다. 따라서 전통적인 비즈니스 모형을 기반으로 하는 기존의 사업형태에 변화가 나타나게 되었고, 저비용 항공사를 시작으로 서비스 분할을 기반으로 하는 다양한 부가서비스를 개발하게 되었다(Vinod and Moore, 2009; Cleaz and Mercier, 2011; Garrow et al., 2012; 윤문길 등, 2016).

정보기술의 발달과 개인의 정보탐색 수준의 향상으로 기존의 서비스 상품에 대한 이용행태가 변화되고 있고, 서비스 사업자 역시 소비행태 변화에 맞춰 소비자 중심의 혁신적인 서비스 상품을 개발하여 제공하고 있다. 대표적으로 기존 항공사는 항공권 하나로 항공여행에 필요한 서비스를 포괄적으로 제공해 왔다. 그러나 시장환경의 변화에 따라 항공운송과 관련된 핵심 서비스만을 기본으로 제공하고, 기타 서비스는 고객의 편의에 따라 선택적으로 구매할 수 있도록 변화되고 있다(Ratliff & Gallego, 2012; Wittmer et al, 2012; 박광식, 2017).

기존의 항공사에서는 전통적으로 항공여행에 필요한 서비스를 모든 고객에게 포괄적으로 제공하면서 동일한 운임을 받아 왔다. 그러나 저비용 항공사에서는 항공여행에 필요한 핵심적인 서비스(안전한 공항 간의 운송)를 제외한 모든 서비스를 고객의 선호도에 맞춰 선택할 수 있도록 하면서 다양한 부가서비스로 판매하고 있다. 대표적인 부가서비스로 선호좌석 배정, 비상구좌석 배정, 우선탑승, 신속수하물 처리, 전용 체크인 서비스, 무료 위탁수하물 등을 들 수 있다(한도희·윤문길, 2013; 윤문길 등, 2016; 박광식, 2017).

이 같은 서비스는 기존의 항공사에서는 지불한 항공운임 내에서 모두 무상으로 제공되는 서비스들이었다. 그러나 저비용 항공사에서는 이 같은 부가적인 서비스를 고객의 필요에 따라 선택적으로 구매하도록 하면서, 공항 간 운송인 핵심서비스를 매우 저렴하게 판매하면서 고객을 유인하고 있다. 이 같은 부가서비스는 항공사의 수익성에 기여하는 정도가 높아 많은 연구가 진행되고 있다(Cleaz & Mercier, 2011; Fallert, 2012; Garrow

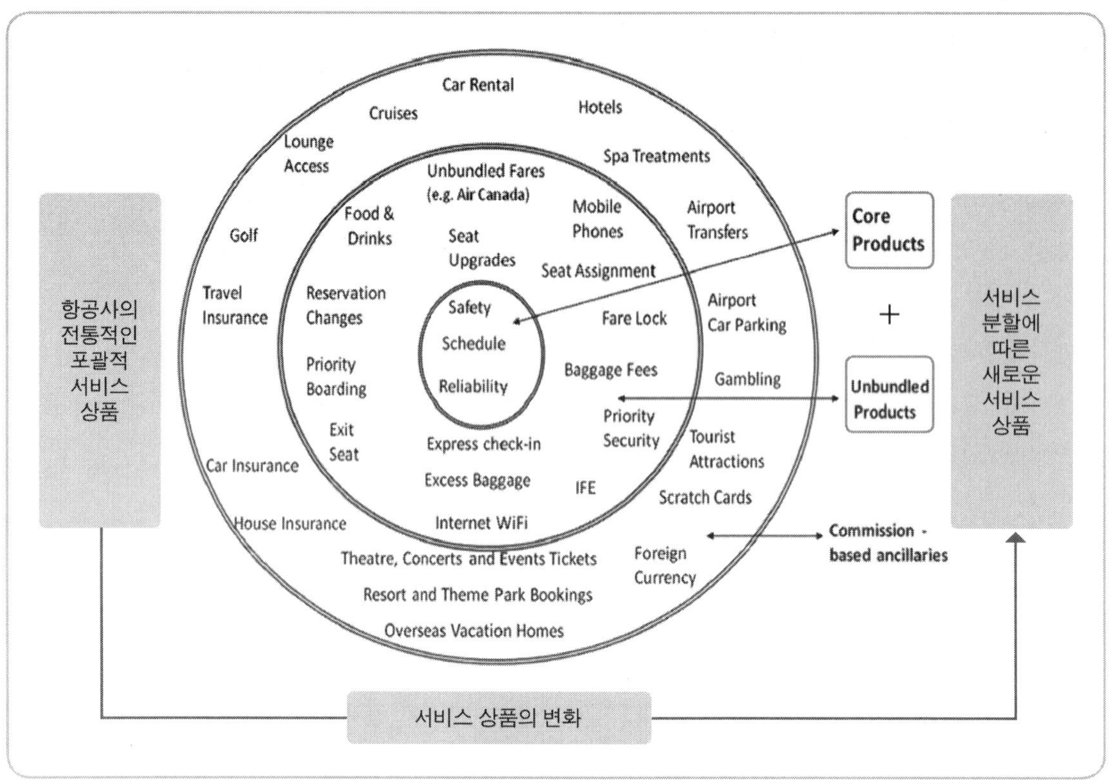

자료: Fallert (2012).

〈그림 9-1〉 항공사 서비스 상품 구성의 변화 사례

et al., 2012; 한도희·윤문길, 2013; 임재욱·윤문길, 2016). 항공사에서 제공하는 다양한 부가서비스에 대한 사례는 임재욱·윤문길(2016), 박광식(2017) 연구에서 찾아볼 수 있다.

소멸성 자산의 특성을 갖는 서비스 상품의 경우 생산시점(서비스 제공시점)에서 최대의 매출이 이루어져야 한다. 따라서 핵심서비스를 저렴하게 제공함으로써 낮은 가격의 수요를 유인하고, 기타 서비스를 부가서비스로 판매하여 선택적으로 구매할 수 있도록 하고 있다. 즉, 고객 요구수준에 따른 차별화를 통하여 매출을 확대할 수 있게 된다. 최근 들어 항공산업에서 이와 같은 부가서비스 판매가 전체 매출의 38%까지 달하는 것으로 나타나고 있어(IdeaWorks, 2015) 그 중요성이 더욱 부각되고 있다.

부가서비스의 중요성은 해당 서비스 제공에 비용이 거의 발생하지 않는다는 것이다. 포괄적인 서비스를 분할하는 과정에서 핵심서비스를 제외한 대부분의 서비스는 무형적인 것이 대부분이다. 일부의 서비스에서 비용이 발생하지만 매우 적으며 대부분은 별도의 비용이나 자원이 소요되지 않는 서비스이다. 따라서 이 같은 부가서비스의 매출은 대부분 순이익이 되기 때문에 수익성 향상에 중요한 역할을 하고 있어, 많은 항공사에서 다양한 부가서비스 개발을 시도하고 있다.

9.1.2 부가서비스 상품 유형

항공사의 부가서비스 개발은 두 가지 방향 — 서비스 분할 및 재결합, 프로세스 재설계 — 로 추진되고 있다. 저비용 항공사를 중심으로 초기 부가서비스 개발은 주로 서비스 분할 및 재결합을 중심으로 시도되었다. 기존의 포괄적 서비스를 개별 서비스로 세분화하고 개별 서비스에 대한 가치평가, 고객 수용의도 등을 고려하여 유상서비스로 개발하게 되었다. 그러나 최근 들어 서비스 분할 및 재결합에 의한 부가서비스만으로는 수익성 제고에 한계를 느끼고, 프로세스 혁신과 재설계를 통한 부가서비스 개발을 시도하고 있다. 특히, 프로세스 재설계는 기존 항공여행 과정에 나타나는 거래과정에서 고객이 가치를 느끼는 부문을 유상으로 판매하기 때문에, 비용이 거의 발생하지 않으면서 매출을 증대시킬 수 있어 수익개선에 큰 기여를 할 수 있다.

(1) 서비스 분할 및 재결합

부가서비스는 포괄 서비스에 포함된 개별 서비스를 분할하여 개별 상품으로 판매하는 것을 나타내기도 하지만, 이들 개별 서비스를 고객의 요구수준에 따라 일부를 묶음화한 서비스 상품도 포함하고 있다. 즉, 포괄적 서비스를 핵심 서비스와 부가서비스로 분할하고, 분할된 부가서비스를 개별 서비스 또는 개별 서비스의 집합으로 제공하는 부가서비스 상품이다. 예를 들어, 항공사의 '선호좌석'과 '신속수하물'의 묶음 서비스 상품, 호텔의 '사전예약'과 '프리미엄 클럽 이용'의 묶음 서비스 상품, 여행사의 '동반자 구매'와 '사전구매' 묶음상품 등 다양한 형태의 묶음상품이 개발되고 있다(Fallert, 2012; Wittmer et al., 2012). 항공산업에서는 이 같은 묶음상품에 브랜드를 붙여 브랜디드 운임상품(Branded Fare Product)으로 판매하고 있다(Cleaz & Mercier, 2011; Fiig et al., 2012; Ratliff & Gallego, 2012, 2013; Vinod & Moore, 2009).

브랜디드 운임상품은 고객이 분할된 개별 서비스를 선택적으로 구입하는 불편을 줄이기 위해 특정한 개별 서비스를 묶음으로 제공하는 상품이다. 항공여행을 하는 고객은 대체로 시간을 중시하거나(시간절감형), 편의성을 추구하거나(편의추구형), 기능적 서비스 이용(기능추구형)으로 구분해 볼 수 있다.

시간절감형은 공항에서의 대기시간을 줄이는 것을 선호하는 것으로 전용 체크인, 우선탑승, 신속수하물 등의 서비스가 포함된다. 편의추구형은 공항라운지 이용, 넓은 좌석 간격, 신속수하물, 초과위탁수하물 등의 서비스가 포함된다. 기능추구형은 공항 및 기내 Wifi, 기내 오락서비스 등 기능적인 편리성을 제공하는 서비스가 포함된다.

따라서 고객 유형별로 개별 서비스의 선호수준을 분석하여 적절한 묶음 서비스를 구성하고 여기에 서비스 브랜드를 명명하여 상품으로 판매하고 있다. 이 같은 브랜디드 운임상품은 개별 서비스를 구입하는 경우에 비해 저렴하게 이용할 수 있어 이용자 입장에서는 경제적인 서비스가 된다. 저비용 항공사를 중심으로 기본 운송서비스를 저렴하게 판매하고, 기타 서비스를 개별 서비스 또는 묶음 서비스로 판매하는 브랜디드 운임이 일반화되고 있고 수익성 개선에 큰 기여를 하는 것으로 나타나고 있다.

따라서 기존 항공사의 경우에도 운임클래스를 유사한 속성을 포함하는 클래스로 그룹화하여 판매하는 운임그룹 상품을 도입하고 있다. 운임그룹 상품은 브랜디드 운임과는 포함된 속성이 다르지만, 전통적인 운임클래스 상품의 이용제약과 구매조건이 유사한 운임상품으로 구성하여 상품을 차별화하고 있다. 운임그룹 상품을 구성하는 경우 대부분 사전구매 기간, 환불수준, 추가수하물 제약 등으로 차별화하고 있다.

(2) 프로세스 재설계 (Re-designing Process)

항공산업을 포함하는 호텔, 공연산업 등 서비스 산업에서는 혁신을 통해 새로운 서비스 상품을 지속적으로 개발하고 있다. 즉, 서비스 제공과정의 재설계를 통해 고객에게 가치를 제안할 수 있는 부가서비스 상품을 개발하고 있다. 따라서 구매절차 또는 서비스 이용과정의 재설계를 통해 고객에게 편익을 줄 수 있는 과정을 도출하여 유상 서비스 상품으로 개발하는 시도가 나타나고 있다. 프로세스 재설계를 통한 대부분의 상품은 고객이 선택할 수 있도록 옵션상품 형태로 개발되고 있다.

- 구매유예 옵션(Purchase Delay option): 항공권 예약 이후 일정기간 상품구매를 연기해 주는 옵션이다. 일정 기간 이후 구매하지 않는 경우에는 구매포기로 간주하고 예약을 취소한다.
- 회수가능 옵션(Callable option): 항공권을 구매한 고객에 대하여 항공사가 일정한 시간 내에 항공권 회수를 요청하는 경우 예약된 항공권을 반납하게 된다. 이 경우 항공권을 반납한 고객은 항공사로부터 적정수준의 보상을 받게 되지만, 계획된 전체 항공여정을 취소해야 한다. 콜백(Call-back) 상품으로도 불린다.
- 바이백 옵션(Buy-back option): 회수가능 옵션과 같이 항공권을 구매한 고객에 대

하여 항공사가 일정한 시간 내에 회수를 요청할 수 있다. 이때 고객은 항공사의 항공권 회수 요청에 대하여 수락 또는 거절을 선택할 수 있다. 만일 항공사의 회수 요청을 수락하는 경우에 고객의 예약은 취소되고 고객은 항공사로부터 적정한 보상을 받게 된다. 그러나 고객이 항공사의 항공권 회수 요청을 거절하는 경우, 고객의 해당 항공권 사용하여 정상적인 여정을 계획할 수 있다.

- 사전 할인 공지 옵션(Pre-announcement discount option): 항공권 판매 시점에 일정시간 이후에 판매할 할인가격을 사전에 공지한다. 즉, 항공권 판매를 시작하여 일정 시점이 지나면, 남아 있는 좌석을 기반으로 사전에 공지한 할인 가격으로 판매하는 방식이다. 이 경우 일정 시점 이후에 남겨진 좌석이 있는 경우에는 항공권을 보다 더 저렴하게 구입할 수 있다. 반면에, 저렴한 항공권을 구입하기 위해 일정시점까지 기다렸지만, 좌석의 여유가 없어 구매가 불가능할 가능성도 고려되어야 한다.
- 업그레이드 옵션(Up-grade option): 항공권 구입 후, 출발시점에서 상위 등급 운임상품의 좌석에 여유가 있는 경우 추가비용 없이 상위 등급 운임상품을 이용할 수 있는 옵션상품이다. 이때 구입한 항공권의 운임등급과 무관하게 전체 운임등급으로 업그레이 가능한 경우(Full Cascading)와 일부 운임등급으로 만 제한적으로 업그레이드를 허용(Limited Cascating)하는 경우로 구분할 수 있다. 업그레이드는 상위 운임상품으로 구입을 유도하는 업셀링(Up-selling)과는 구분된다. 최근에 업그레이드를 유상으로 판매하는 유상 업그레이드 옵션(Payable Upgrade option) 상품도 제안되고 있다 (윤문길, 2018).

프로세스 재설계를 통한 부가서비스로 구매유예 옵션상품과 회수가능 옵션상품이 많은 관심을 받고 있다. 대부분의 항공사에서는 전자발권 시스템이 도입된 이후 항공권 예약과 동시에 구매가 이루어져 왔다. 예약 후 구매하지 않는 고객으로 인한 수익 손실을 방지하기 위해 것으로 볼 수 있다. 그러나 최근 일부 항공사에서는 예약 확정 후 추가 비용을 지불하면 일정기간 동안 구매를 유예할 수 있도록 하는 상품을 제공하고 있다. 즉, 저렴한 가격의 항공권을 구입하고 싶지만, 아직 일정이 확정되지 않은 경우 우선 저렴한 항공권을 예약하고 이후 일정 확정이 되면 그때 구매여부를 결정할 수 있도록 하는 것이다. 고객은 구매유예 기간까지 실제 구매하지 않는 경우는 구매유예를 위해 지불한 비용만큼 손실이 발생하지만, 구매유예 시기에 일정확정으로 실제 구매하게 될 때에는 사전에 예약된 저렴한 가격으로 항공권을 구매할 수 있게 된다.

항공권 예약 이후 일정기간 구매를 유예하게 되면 항공사는 좌석판매에 대한 불확

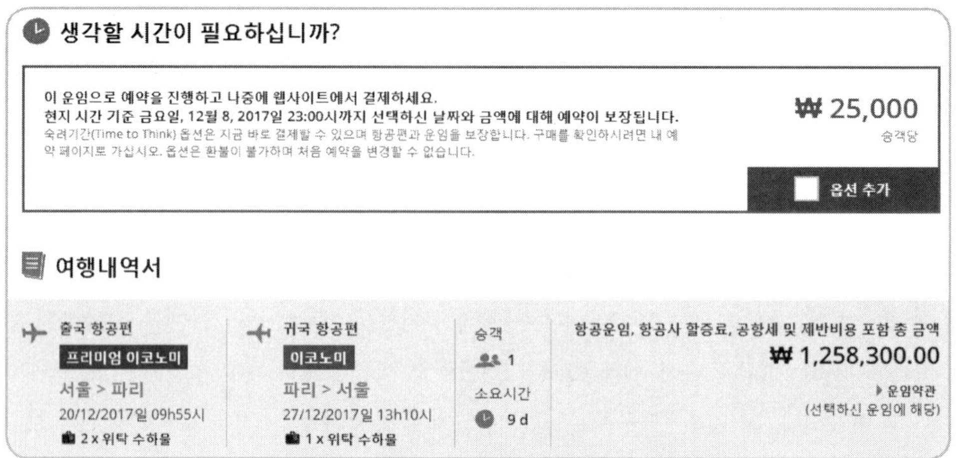

〈그림 9-2〉 에어프랑스의 구매유예 상품 예

실성이 증가하지만, 고객은 여행일정에 대해 보다 많은 일정을 고려할 수 있게 된다. 물론, 구매유예 기간에 가격변동이 없을 수 있지만, 일반적으로 출발시점이 다가옴에 따라 낮은 가격의 항공권은 매진이 될 수 있어 항공권 가격은 인상된다.

에어프랑스, KLM항공, 루프트한자항공 등에서는 항공권 예약 후 일정 비용을 지불하면 항공권 구매까지 일정기간 구매를 유예해 주는 상품을 판매하고 있다(그림 9-2). 2018년 국내시장을 기준으로, 에어프랑스의 경우 예약 후 25,000원을 지불하면 48시간 구매유예를 허용하고, 루프트한자의 경우 40,000원을 지불하면 48시간 구매유예를 보장해주고 있다. 즉, 환불불가 조건의 매우 저렴한 항공권은 구매 이후 일정 변경 등으로 이용하지 못하는 경우는 전액 환불을 받지 못하게 된다. 따라서 우선 저렴한 가격의 항공권에 대한 예약을 한 이후, 구매유예 옵션을 예약하고 일정기간 이후에 최종 구매 여부를 결정할 수 있도록 하는 부가서비스를 판매하고 있다.

구매유예 옵션 상품은 여행사 또는 여행보험에서 판매하는 환불보장 보험과 유사한 특징을 가지고 있다. 그러나 환불보장 보험은 최종적으로 항공여행 출발시점에서 항공서비스 이용 여부에 따라 보상여부를 결정하는 것으로 항공사와는 무관한 상품이다. 그러나 구매유예 옵션 상품은 일정기간까지만 좌석예약을 보장하면서 구매를 유예하고, 일정 시간 이후에는 구매옵션을 행사하여 항공권을 구매하거나 또는 구매옵션을 포기하여 항공권을 구매하지 않거나 하게 된다(Aydin et al., 2015).

9.2 수익경영 체계의 변화

9.2.1 수익경영 발전의 전환점

수익경영은 항공사를 포함하는 소멸성 자산을 다루는 서비스 산업에서 보유한 자원의 최적 활용을 통한 수익을 극대화하기 위한 핵심적인 수단이다. 수익경영은 초과예약을 관리하기 위한 수익관리에서 출발하여 많은 진화를 거쳐 발전되어 왔다. 그 같은 배경에는 정보기술의 발전에 따른 상품세분화와 시장세분화, 고객의 이용행태 변화에 따른 자원 통제 방법의 변화, 수요의 변화에 따른 상품 재설계 등이 변화의 동인으로 자리하고 있다.

지난 40여 년간 항공산업에서 커다란 발전을 해 온 수익경영은 항공사의 비즈니스 모형이 변화되면서 새로운 변혁이 필요하게 되었다. 즉, 기존의 포괄 서비스를 제공하는 항공사 중심의 상품으로부터 필요한 서비스를 선택적으로 구입하는 고객 중심의 선택상품으로 항공사의 상품이 변화됨으로써, 기존의 수익경영 방식은 더 이상 효과를 기대하기 어렵게 되었다. 항공사를 중심으로 발전해 온 수익경영 개념은 여러 단계의 전환점을 거쳐 발전하였고 총 10개의 전환점으로 나타낼 수 있다(Yeoman & McMahon-Beattie, 2017).

- 전환점 1: 기대한계수익(Expected Marginal Revenue) 개념의 등장. Littlewood(1972)는 두 개의 운임 수준에 대하여 주어진 좌석 자원 범위 내에서 최대의 수익을 얻을 수 있도록 각 운임 수준에 배분할 좌석 결정을 최적화 할 수 있는 모형을 제시하였다. 단일 구간 항공편에 대하여 두 운임 수준에 대한 수요예측을 기반으로 항공편 출발시점의 수익이 최대가 될 수 있는 최적 좌석 배분 방법을 제시하였다.
- 전환점 2: 기대한계좌석 수익(Expected Marginal Seat Revenue) 모형의 개발. Littlewood(1972)의 기대수익 개념은 두 운임 수준에 대한 좌석배분 방법을 제시해 주고 있다. 그러나 실제 항공사에서는 두 개 이상의 운임 수준이 운영되고 있어 기대수익 개념을 적용하기 어려웠다. Belobaba(1987)는 이 같은 문제점을 고려하여 3개 이상의 운임 수준에서도 효과적으로 좌석을 배분할 수 있도록 Littlewood (1972)의 모형을 확장한 기대한계좌석 수익(EMSR) 모형을 제시하였다. 기대한계좌석 수익 개념은 이후에 많은 연구자에 의해 보완되어 지금도 많은 수익경영시스템에서 기본 모형으로 채택되고 있다.
- 전환점 3: 미국 항공산업의 규제 완화. 항공산업 규제 완화법(1978년)으로 미국 내

항공사들은 정부의 규제시스템 제약에서 벗어나 보다 자유로운 환경에서 다양한 영업활동을 할 수 있게 되었다. 이에 따라 새로운 항공사들이 시장에 진입하면서 기존 항공사들은 경쟁력 유지를 위한 혁신적인 노력을 시도하였고, 이 같은 시도의 하나가 수익경영시스템의 개발과 운용이었다.

- 전환점 4: 출발지-도착지(O&D) 단위의 수익경영 개념의 등장. 수익경영 대상 노선이 단일 구간에서 출발지와 도착지(O&D) 단위로 발전한 수익경영 개념의 등장이다. 연결편을 제공하지 않는 항공사는 단일구간의 좌석통제만으로도 수익 최대화를 꾀할 수 있다. 그러나 항공규제 완화 이후 등장한 허브-스포크 노선에서는 다양한 네트워크 노선이 존재하고 있어, 단일 구간의 수익 최적화가 항공사가 운항하는 전체 노선에서의 수익 최적화를 보장할 수 없게 된다. 따라서 출발지-목적지 단위의 수익경영 모형을 통한 좌석배분 및 통제는 항공사 수익경영의 발전에 큰 변화를 가져왔다.
- 전환점 5: 운임그룹(fare family) 상품의 도입. 기존 항공사에서 운영하는 예약클래스는 이용조건 및 구매조건 등의 제약을 부과한 상품으로 포괄적인 서비스를 제공하고 있다. 그러나 저비용 항공사를 중심으로 선택상품이 도입되면서 브랜디드 운임상품이 도입되었고, 기존 항공사에서는 이에 대한 대응으로 운임그룹 상품을 도입하기 시작하고 있다. 운임그룹 상품은 이용고객의 특성이 기존 예약클래스 상품과 다르고, 판매가격과 실제 수익기여도가 다르기 때문에 기존의 수익경영시스템을 적용하는 것이 한계가 있다. 운임그룹 상품은 항공시장의 진화에 따라 등장한 것으로 운영이 확산 되고 있고, 따라서 수익경영의 개념이 새롭게 정립되고 새로운 방법이 개발되고 있다.
- 전환점 6: 정보기술의 발전. 정보기술의 진보는 컴퓨터 처리 능력의 향상을 가져와 항공사 네트워크 최적화 문제를 복잡한 알고리즘을 이용하는 모의실험을 용이하게 한다. 따라서 수익경영과 관련된 수요예측, 분석, 좌석배분 및 예상매출 분석을 위한 모의실험 등을 지원함으로써 수익경영의 이용확산과 성과 증대에 기여하고 있다.
- 전환점 7: 저비용 항공사의 출현. 저비용 항공사는 단일 구간과 허브-네트워크 구간을 모두 운영하면서 기존 항공사보다 더 낮은 운임과 더 적은 이용제약을 고객에게 제공하고 있다. 저비용 항공사의 상품전략은 기존 항공사의 전통적 운임상품에 대한 변화를 가져왔고, 따라서 새로운 형태의 수익경영 모형에 대한 필요성이 증대되고 있다.
- 전환점 8: 동적 가격결정(dynamic pricing). 기존의 항공사에서 운영하는 대부분의 수익경영시스템은 주어진 자원의 최적배분과 좌석통제를 통한 매출 극대화에 초점이 맞춰져 있다(Fiig et al., 2015). 그러나 시장 수요의 변동에 따라 적절한 수요를 유인하

기 위해서는 탄력적인 가격정책으로 매출을 유도할 필요가 있다. 특히, 저비용 항공사의 낮은 운임에 대응하기 위해 적절한 가격정책이 탄력적으로 운영될 필요가 있다.

- 전환점 9: 소비자 및 가격 투명성. 인터넷의 확산과 정보검색 기술의 진화로 새로운 형태의 가격검색과 비교가 용이하게 되었다. 많은 온라인 여행사에서 전 세계 항공권 가격 비교가 가능하게 되었고, 별도로 항공권 검색과 비교가 가능한 특화된 사업자가 웹사이트를 통해 고객에게 이 같은 정보를 제공하고 있다. 따라서 항공권 가격 비교를 통해 가격투명성이 높아지면서 고객의 항공권 구매 행동이 변화가 나타나고, 이에 따라 기존의 수요 패턴의 변화가 나타나고 있다. 따라서 수익을 증대하기 위해 새로운 형태의 고객 수요분석 및 추정 방법 등이 개발되어야 하고 고객기반의 수익경영 모형이 개발되고 있다.
- 전환점 10: 가격 책정 역량. 경쟁우위와 확실한 성과를 달성하기 위해서는 전술적인 측면뿐만 아니라, 전략적인 차원에서도 조직 내부의 가격책정 역량이 중요해 지고 있다. 동적 가격결정뿐만 아니라 시장의 변화에 따른 가격결정의 복잡성이 증가하고 있다. 따라서 많은 항공사에서는 경쟁 사업자의 가격정책 분석과 시장의 수요변화를 분석하여 적정 가격을 결정하기 위한 역량개발에 노력해 왔다.

지난 40여 년 동안 항공사 수익경영에 대한 이론과 실무적인 분야에 대한 연구가 진행되면서 항공사의 수익경영 부문은 큰 발전을 이루어 왔다. 이 같은 발전은 10개의 큰 전환점을 기점으로 발전이 이루어져 왔지만, 아직도 항공시장에 대한 변화가 지속되고 있어 항공사 수익경영 부문에 대한 이론 개발과 변화가 지속될 것이다. 따라서 항공사는 이 같은 변화 추세를 고려하여 효과적인 수익경영 전략을 마련해야 한다.

9.2.2 수요관리

서비스 산업은 부가가치 창출과 고용효과 측면에서 국가적으로 매우 중요한 산업으로 인식되고 있어 효율성과 수익성 증대를 위한 많은 연구가 국내외에서 이루어져 왔다. 대부분의 서비스 상품은 서비스 제공 이전에 예약판매를 통해 수요를 확보하고, 서비스 생산과 동시에 고객에게 제공하는 특성을 갖는다. 따라서 예약시점과 서비스 제공시점 사이에 상당한 기간이 존재하고 있고, 이 기간 동안 발생하는 수요의 불확실성과 고객의 소비행태의 변동성 때문에 서비스 생산 시점에서 최대의 매출을 달성하기 위해 적절한 자원통제와 가격정책이 요구된다(Talluri & van Ryzin, 2005; 윤문길 등, 2017). 특히, 많은 서비스 산업의 상품이 재고로서 저장할 수 없는 소멸성 자산이므로 서비스 생산과 동시에 최대의 매출이 이루어질 수 있도록 하는 수익경영(Revenue Management) 분야에서 다양한 연구가 진행되어 왔다(an Ryzin, 1999; 윤문길 등, 2017).

항공사의 수익경영은 근본적으로 미래 발생할 수요의 정확한 추정이 어렵기 때문에 나타난 통제방법이다. 즉, 항공기 출발시점까지 발생할 운임상품별 수요를 정확히 알 수 있다면 복잡한 모형의 개발 없이 높은 가격부터 좌석이 매진될 때까지 순차적으로 판매하는 것으로 최대 매출 성과를 달성할 수 있다. 그러나 미래 발생할 수요를 정확히 추정하는 것이 어려워 복잡한 과정을 거쳐 예측 및 최적화 과정을 적용하게 된다.

전통적으로 미래 발생할 수요가 불확실 한 경우에 적절한 수요관리를 통해 수익을 높이기 위한 방법으로 몇 가지 대안이 제시되고 있다.

- 대기예약: 대기예약은 대체로 낮은 운임으로 구매하려는 고객이 낮은 운임이 매진된 경우에 고려될 수 있다. 대기예약은 항공편 출발에 임박하여 높은 운임 수요가 충분히 발생하지 않아 여유 좌석이 생기는 경우에 신속하고 효과적으로 판매를 보장할 수 있는 방법이다. 그러나 높은 운임 구매고객의 일부가 대기예약을 통해 낮은 운임으로 이용할 수 있어 매출감소가 발생할 수 있는 위험도 있다.
- 초과예약: 예상하지 못한 높은 운임 수요가 발생되는 경우에 항공사는 높은 운임 고객을 위해 낮은 운임으로 예약한 고객에게 탑승 거부를 고려하여 초과예약을 할 수 있다. 이 경우 탑승 거부된 고객에게는 적정수준의 보상이 제공되어야 한다.
- 대체편 제공: 항공사는 예상한 높은 운임 수요가 공급좌석을 초과하는 경우 낮은 운임 예약고객을 대체 항공편으로 유도하고, 일정 수준의 보상을 제공하는 방법이다.
- 유연한 운항편: 유연한 운항편은 고객이 동일한 목적지로 향하는 항공편 세트에 예약하고, 항공사는 고객이 예약한 항공편 세트 중에서 예약수준을 고려하여 실제로 탑승할 항공편을 자유롭게 선택할 수 있다.
- 최종할인(Last minute discount): 일반적으로 항공권을 나중에 예약하는 고객이 일찍 예약하는 고객보다 가격에 덜 민감한 경향이 있기 때문에 항공사의 항공권 가격은 출발 시점에 가가워질수록 높아지느 특성이 있다. 그러나 점점 더 많은 항공사가 출발 임박 시점에 판매되지 않은 좌석을 판매하기 위해 최종할인을 사용하고 있다.
- 경매: 해당 항공편에 대하여 최대의 가격을 지불하는 고객에게 예약을 보장하는 것이다. 실제 시장 수요에 따라 가격이 결정되지만, 전체 매진 시점 또는 항공편 출발시점까지 예약과정이 진행된다.

이러한 방법은 어느 것도 불확실한 미래 수요를 관리하는 방법으로 완벽하지 않다. 대기예약과 초과예약 고객의 관리는 운영 복잡성을 가중시키고 비행지연을 발생시킬 수 있다. 초과예약은 고객들에게 인기가 없다. 대체편 제공은 항공편을 기꺼이 바꾸려는 승객을 찾는 것을 필요로 한다. 유연한 항공편은 여행하는 실제 여정에 다소 무관심한 고객에게만 효과적이다. 최종할인은 높은 운임의 매출을 감소시키는 위험이 있고, 고객들이 일찍 예약하기 보다는 기다리도록 훈련시킬 수 있다. 경매는 시행하는 것이 현실적으로 어려움이 있다.

9.2.3 고객기반 상품설계와 수익경영

(1) 수익경영 대상 상품의 변화

고객기반 상품은 대부분 부가서비스 형태로 나타나고 있다. 항공사의 비즈니스 모형이 진화되면서 나타난 다양한 부가서비스 상품은 고객에게는 선택의 폭을 넓히는 계기가 되지만 항공사에게는 부가수익을 통한 수익개선의 과제가 남겨졌다. 선호좌석 배정, 우선탑승, 신속 수하물 처리 등과 같이 가용자원이 소비되지 않는 부가서비스에 대한 자원통제 및 가격결정 모형은 아직 개발되지 않고 있다. 뿐만 아니라, 구매유예 옵션 상품, 회수가능 옵션상품 등의 프로세스 재설계 상품에 대해서도 일부 수익 최대화 문제만 탐색적으로 시도되고 있다.

서비스 산업에서 변화와 혁신이 지속되면서 전통적 접근방법으로는 새롭게 출현하는 부가서비스를 고려한 수익 최대화 문제를 해결할 수 없다. 서비스 상품 구성체계가 근본적으로 변화했기 때문이다. 따라서 기존의 접근 방법을 근사적으로 활용하기 위한 연구(Fiig et al., 2012)가 시도되고 있으나 근본적인 해결방법은 아직 개발되지 않고 있다. 항공사 사례에서 21 세기에는 항공사 서비스 상품이 변화되어 선택이론 기반의 수익 극대화 모형이 적용되는 시대가 될 것으로 예상되고 있다(Vinod & Moore, 2009). 따라서 기존의 포괄적 서비스 상품을 기반으로 하는 최적화 방법이 아니라, 다양한 부가서비스가 포함된 복잡한 서비스 상품에 대한 예측방법과 최적화 방법이 개발되어야 한다.

서비스 산업에서 수익증대를 위한 다양한 혁신적인 부가서비스 상품이 개발되면서 전통적 방식의 수익경영 접근 방법은 더 이상 수익을 증대하기 위한 효과적인 방법이 되지 못하고 있다. 전통적으로는 포괄적 서비스를 제공하는 묶음 서비스 상품을 대상으로 자원통제 및 가격결정 문제를 다루어 왔다(Chiang et al., 2007; 윤문길·이휘영, 2005). 그러나 다양한 부가서비스가 개발되어 제공되는 환경에서는 부가서비스의 특성에 따라

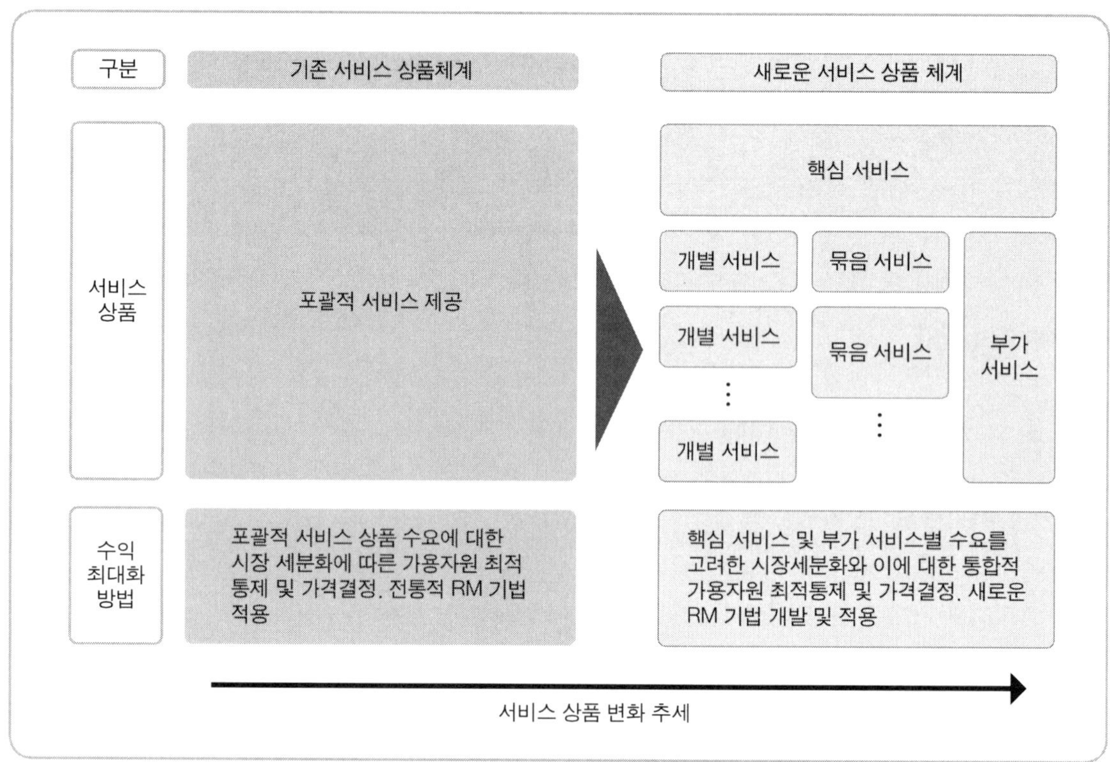

〈그림 9-3〉 서비스 상품의 변화추세와 수익 최대화 방법의 변화

가용자원의 소요량과 고객의 지불의사가 차이가 나기 때문에, 더 이상 전통적인 접근 방법으로는 수익증대에 효과적이지 못하게 되었다. 이와 같이 서비스 산업에서 부가서비스가 지속적으로 개발되는 환경에서는 전통적인 수익경영 접근방법이 더 이상 효과적인 수단으로 활용될 수 없게 된다.

(2) 부가서비스와 수익기여도

포괄 서비스 상품에 적용되는 좌석배분 방법은 핵심 서비스 상품과 부가서비스 상품으로 구분되는 환경에서는 부분적으로 활용될 수 있지만, 근본적으로 상품 속성이 변화되었기 때문에 새로운 방법으로 관리되어야 한다. 항공사의 사례에서 부가서비스 상품을 고려한 새로운 상품인 묶음 서비스 상품군에 대한 좌석배분 및 통제 연구가 시도되고 있지만(Fiig et al., 2010, 2012; Ratliff & Gallego, 2013; Walczak & Kambour, 2014) 아직 효과적인 방법은 제시되지 못하고 있다. 특히, 부가서비스의 일부는 자원배분에 영향을 미치고 있음에도 이에 대한 고려가 미흡한 실정이다.

일반적으로 낮은 운임의 상품에는 기본적인 서비스만 포함된다. 따라서 높은 운임 상품을 구입한 고객에 비하여 부가서비스 구입 가능성이 높게 나타난다. 따라서 좌석배분 및 통제시에 단순히 예약클래스 상품의 가격만을 고려해서는 안되고, 부가서비스 구매가능성을 고려한 순 수익기여도를 고려하여야 한다.

예를 들어 〈표 9-1〉과 같이 B1, B2 두 개의 운임상품을 고려해보자. 판매운임은 B1이 B2에 비하여 1.67배 높게 나타나지만, B2의 경우 필요한 부가서비스 구입이 많아 실제 총수익에의 기여도에서는 B1이 B2에 비해 단지 1.22배 더 높게 나타나고 있다. 따라서 판매운임에서 1.67배의 운임차이를 고려한 좌석배분은 높은 부가수익을 창출하는 낮은 운임상품에 상대적으로 적은 좌석이 배분된다. 이에 따라 부가서비스 판매를 통한 수익 창출을 과도하게 배제하는 결과를 가져올 수 있다.

〈표 9-1〉 항공사 수익기여도 예시

예약클래스	판매운임 (천원)	평균 부가서비스 구입액 (천원)	총수익 (천원)
B1	100 (1.67)	10	110 (1.22)
B2	60 (1.00)	30	90 (1.00)

항공사의 자산은 소멸성 자산이므로 항공사는 비행편마다 최대의 매출을 이룰 수 있도록 다양한 수준의 수익경영 모형을 적용하고 있다. 수익경영이 추구하는 목적이 항공기 좌석 점유율의 극대화가 아닌 매출 극대화이므로 매 항공편의 예약클래스의 좌석 통제뿐만 아니라 부가수익 매출도 동시에 고려해야 한다.

(3) 부가서비스와 수익경영체계

개별 부가서비스에 대한 매출증대를 위한 자원통제 및 가격결정 문제에 대한 연구도 항공산업 중심으로 단편적인 연구가 시도되고 있다. 항공산업의 경우에 부가서비스 상품에 대한 수익경영 연구는 아직 많은 연구가 진행되고 있지 않지만, Aydin et al.(2015)이 구매유예 옵션 상품 판매에 대한 탐색적 연구를 시작하였다. 구매유예 옵션 상품은 고객이 옵션을 구매한 날로부터 일정 기간 까지만 예약을 보장하면서 구매를 유예할 수 있다. 일정 시간이 지나면 구매옵션을 행사하여 항공권을 구매하여야 하며 구매옵션을 포기할 경우 항공권을 구매하지 않게 된다(Aydin et al., 2015).

항공사에서는 구매유예 옵션의 판매가 추가적인 수익으로 연결될 수 있지만, 일정 기간 이후 구매유예 옵션을 모두 행사하는 경우 이후에 발생할 높은 운임 상품 수요를 판매하지 못해 수익손실이 발생할 수 있게 된다. 특히, 이 같은 구매유예 옵션 상품은 대부분 낮은 운임 상품에서 주로 판매되기 때문에 항공사에서는 구매유예 옵션 상품을 판매할 경우 높은 운임 상품 판매를 보호하기 위한 좌석통제를 동시에 고려해야 한다.

Aydin et al.(2015)은 Subramanian et al.(1999)의 동적계획법 모형을 기반으로 구매유예 옵션 상품에 대한 좌석통제 최적화 모형을 제시하였다. 예약과정과 구매유예 옵션 구입과정이 상호 독립이라고 가정하고 동적계획법을 통하여 매 시점 예약요청에 대하여 최종시점까지의 최대 수익이 보장되는 예약허용 여부를 결정할 수 있음을 제시하였다. 이는 Subramanian et al.(1999)의 동적 좌석배분모형에서 제시한 개념을 구매유예 옵션상품에 확장하여 적용한 것으로 볼 수 있다. 그러나 Aydin et al.(2015)의 모형에서는 Subramanian et al.(1999)의 연구에서와 동일하게 특정시점 각 예약클래스별 예약발생 확률을 추정하는 것이 매우 어렵기 때문에 현실적으로 적용하는 데 한계가 있다.

구매유예 옵션은 항공사가 부가서비스로 도입하여 추가적인 수익을 얻을 수 있는 수단임과 동시에, 고객에게 보다 많은 선택권을 제공하기 위한 것이다. 구매유예 옵션을 고려한 항공사 좌석배분 문제에서는 구매유예 옵션 가격과 유효기간에 따라 고객의 소비 행태가 다르게 나타난다(Aydin et al., 2015). 옵션 가격이 상대적으로 저렴한 경우에는 구매유예 옵션 구입이 많아질 것이고, 구매유예 옵션 유효기간이 긴 경우에는 옵션 구매 가능성이 높게 될 것이다. 또한, 구매유예 옵션을 구입한 경우에도 옵션 가격이 상대적으로 저렴한 경유에는 옵션행사를 포기할 가능성이 높으며, 유예기간이 긴 경우에는 옵션을 행사할 가능성이 높게 될 것이다. 따라서 구매유예 옵션을 고려하는 경우의 좌석배분 문제는 판매하는 예약클래스 수준과 구매유예 옵션의 유형에 따라 서로 다른 모형이 개발되어야 한다.

Gallego et al.(2008)은 회수가능 옵션상품에 대한 수익경영 문제를 연구하였다. 항공사는 높은 운임 수요가 불확실할 때 수익을 증대하기 위한 방법으로 회수가능 옵션 항공권을 판매할 수 있다. Gallego et al.(2008)은 수요 발생 상황에 따라 사업자가 이미 판매한 서비스 상품을 회수할 수 있는 회수가능 옵션 상품에 대한 가격결정 문제를 다루었다. 그러나 회수 대상 고객의 경우 서비스 이용이 불가능하여 서비스 이용공정성의 문제를 내포하고 있다.

최근에 브랜디드 운임상품의 등장과 부가서비스의 도입으로 항공사의 수익경영 모형에 대한 변화가 나타나게 되었다. 예약클래스 중심의 좌석배분 방식이 운임상품 중심의 좌석배분으로 변화되면서 기존 좌석배분 모형에도 변화가 필요하게 되었다. 브랜디드 운임상품에 대한 좌석배분 연구가 시도되고 있지만(Fiig et al., 2010, 2014; Gellago et al., 2015) 아직 효과적인 방법은 제시되지 못하고 있다. 특히, 다양한 부가서비스의 일부는 좌석배분에 영향을 미치고 있음에도 이에 대한 고려가 미흡한 실정이다.

서비스 분할 및 재결합으로 만들어지는 부가서비스 또는 프로세스 재설계를 통한 부가서비스는 고객의 선택권을 높여 저렴하고 합리적으로 항공서비스를 이용할 수 있도록 하는 고객기반의 상품이다. 이 같은 상품은 단순한 항공권 가격에 기반한 수익경영 방식에서 탈피하여, 고객선택 행동에 따른 수익경영 방식으로의 변화를 요구하고 있다. 고객기반 상품을 판매하기 위해서는 고객의 선택행동에 대한 특성이 실제 좌석배분과 통제에 큰 영향을 미치고, 궁극적으로 매출에 영향을 미치게 된다. 이 같은 고객특성은 일시적 시장분석을 통해 얻을 수 있는 것이 아니라 중장기적인 시장분석 및 고객행태 분석을 통해 조사되고 분석되어야 한다.

항공시장이 소비자 중심으로 급격히 변화되고 있다. 특히, 저비용 항공사의 등장으로 소비자 중심의 운임 상품이 개발되면서 서비스 분할 상품이 개발되고 있다. 저비용 항공사는 초기 개별 서비스 상품(a-la-carte, 개별 서비스) 판매에서 재묶음을 통한 브랜디드 운임 상품으로 비즈니스 모형을 진화시키고 있다. 브랜디드 운임상품은 대체로 3~4개의 상품을 설계하고 대부분, 구입조건, 지상서비스, 객실서비스의 차별화를 통하여 상품 차별화를 시도한 상품이다. 주로 저비용 항공사를 중심으로 도입되었고, 불필요한 서비스를 제공하지 않음으로써 항공여행을 보다 저렴하게 제공하여 새로운 항공 수요를 창출하고 있다. 브랜디드 운임상품에서는 기존의 예약클래스 중심의 자원통제 및 가격결정 방식은 적용할 수 없고 새로운 접근 방법이 요구된다.

인터넷과 정보기술 활용이 능숙한 세대가 소비시장의 주류로 부각되면서 소셜 네트워킹을 통해 소비자의 반응행동이 매우 동적이고 다양하게 나타난다. 따라서 새로운 고객 분석 시스템과 이를 기반으로 하는 RM 부문의 혁신이 요구되고 있다(Vinod & Moore, 2009; Fiig et al., 2015).

다양한 저비용 사업자가 등장하여 적정수준의 서비스를 저렴한 비용으로 제공하면서 기존사업자와 저비용사업자의 새로운 게임이 시작되고 있다(Benman, 2015; Fageda et al., 2015). 즉, 항공업계는 정체된 수익구조를 개선하기 위한 방안으로 기존의 비즈니스 모형을 혁신하여 소비자 중심의 상품설계 및 가격결정 문제를 활발히 연구하고 있다.

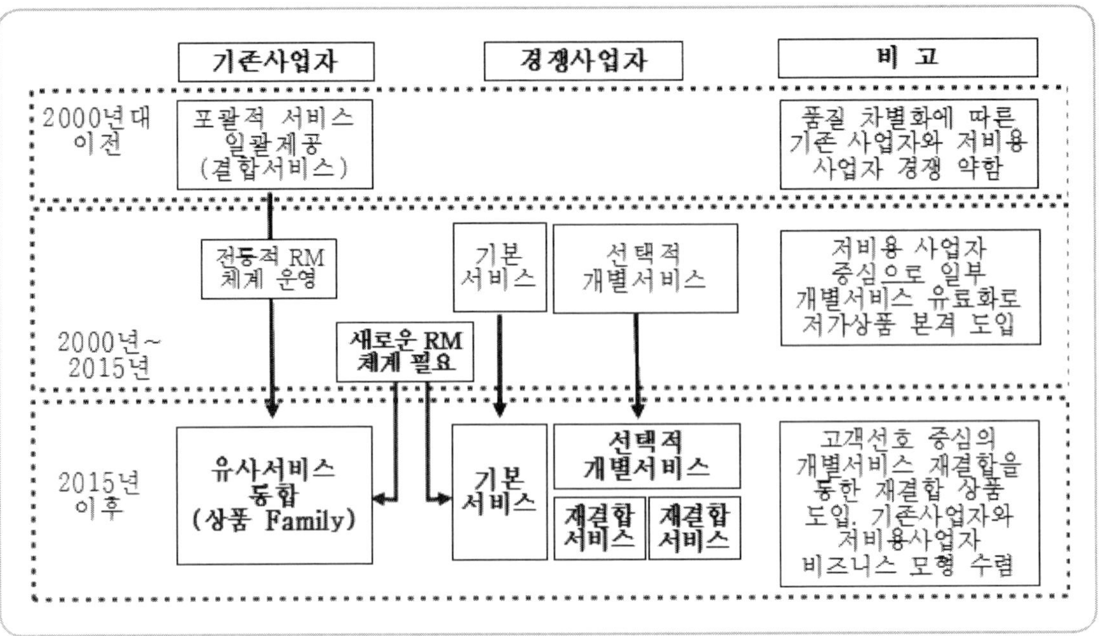

〈그림 9-4〉 항공서비스 상품의 발전와 RM의 진화

항공사의 사례에서 부가서비스 상품을 고려한 새로운 상품인 묶음 서비스 상품군에 대한 자원배분 연구가 시도되고 있지만(Fiig et al., 2010, 2012; Ratliff & Gallego, 2013; Walczak & Kambour, 2014) 아직 효과적인 방법은 제시되지 못하고 있다. 특히, 부가서비스의 일부는 자원배분에 영향을 미치고 있음에도 이에 대한 고려가 미흡한 실정이다.

많은 항공사에서 다양한 부가서비스를 도입하고 있는데, 최적화 모형의 개발은 수익 증가에 기여할 수 있지만 더욱 중요한 것은 부가서비스 유형에 따른 고객의 구매특성을 사전에 조사하여 분석하는 것이다. 이를 기반으로 다양하게 진화되는 부가서비스를 포함한 수익기여도를 중심으로 하는 수익경영 체계를 구축해야 한다.

9.3 프리미엄 이코노미 상품에 대한 지불의사

항공사는 다양한 부가서비스 개발을 통해 새로운 수익원을 찾고 있다. 서비스 분할 및 프로세스 재설계를 통한 부가서비스 상품 개발과 함께 객실 등급의 차별화에 따른 수익원 개발에 나서고 있다. 전통적으로 대형 기존 항공사는 일등석, 비즈니스석, 일반석의

3개 객실 등급으로 운영하여 왔다. 그러나 높은 가격 등으로 일등석 및 비즈니스석의 실제 수익기여도는 상당히 낮은 것으로 나타나고 있어 많은 항공사에서 일등석을 없애는 추세가 나타나고 있다. 물론, 기술개발은 비즈니스석의 수준이 예전의 일등석 수준보다 높아졌기 때문에 고객이 더 비싼 일등석을 구매할 동인을 잃었기 때문이기도 하다.

그러나 비즈니스석과 일반석의 높은 가격차이로 고객이 비즈니스석을 이용하는 것은 쉽지 않지만, 비즈니스석 수준의 좌석 편의성을 추구하는 고객이 증가하기 시작하였다. 특히, 항공서비스 이용이 확대되면서 항공여행 경험이 많은 고객 중심으로 이 같은 요구가 증가하였다. 이 같은 고객의 요구를 반영한 상품이 프리미엄 이코노미 상품이다.

프리미엄 이코노미 상품은 비즈니스석과 일반석의 중간정도 수준의 좌석등급으로, 기내식음료 등의 서비스는 일반석과 동일하나 좌석간격 및 넓이 등에서는 비즈니스석 보다는 낮은 수준이지만 일반석 보다는 높은 수준을 제공하는 것이다. 1992년 EVA 항공이 세계 최초로 프리미엄 이코노미 상품을 도입한 이래 항공사 수익개선의 효과적인 상품으로 많은 항공사에서 운영되고 있고, 다양한 항공사에서 다양한 이름과 브랜드로 운영되고 있다. 예를들어, EVA 항공은 Elite 클래스/Evergreen 디럭스 클래스, China Air는 Economy Extra로 판매하고 있다.

프리미엄 이코노미 클래스는 비즈니스 이용고객에 효과적인 것으로 알려지고 있고, 좌석편의를 위해 비용 지불 의사가 있는 고객을 유인하는 데 효과가 있었음이 입증되었으며 수익성 개선에 효과적인 것으로 분석되었다. Lee & Luengo-Prodo(2004)는 유나이티드항공의 프리미엄 이코노미 프로그램이 평균수익을 향상시키는 효과가 있음을 확인하였다. Doganis(2010) 역시 프리미엄 이코노미 상품이 수익성 개선에 기여했음을 확인하였다. Cindy & O'Connell(2015)은 프리미엄 이코노미 상품이 장거리 노선에서 중요함을 확인하였다. 프리미엄 이코노미 상품은 항공사의 자체 경쟁력을 증진시킬 수 있을 뿐만 아니라 지속적으로 탑승률과 수익성 제고에 기여하고 있는 것으로 확인 되고 있다.

장거리 노선에서 고객은 적정한 수준의 좌석의 편안함과 다양한 서비스를 경험하기를 원하고 있다. 일반석을 이용하면서 좌석의 불편함을 느끼지만 비즈니스 클래스 운임을 지불할 의사가 없는 고객에게는 프리미엄 이코노미 상품이 최선의 대안이 될 수 있다. Hogon-Duprat & O'Connell (2015)은 프리미엄 이코노미 좌석은 일반석 생산비용에 비해 약 1.6배 비싸지만, 생산비용 대비 2.3배의 수익을 창출하는 것으로 분석하였다.

프리미엄 이코노미 상품에 대한 구입의사에 대한 대만 시장의 분석 결과, 단거리 고객의 44.8%, 중거리 고객의 31.3%, 장거리 고객의 29.9%는 구입의사가 없는 것으로 나타났다. 즉, 프리미엄 이코노미 상품은 중단거리 보다는 장거리 시장에서 고객이 긴 비행시간 동안의 좌석 편안함에 대해 높은 가치를 인지하는 것으로 볼 수 있다.

일반석 이용 고객이 프리미엄 이코노미 상품을 이용할 경우 얼마의 비용을 지불할 것인가? 대만에서 프리미엄 이코노미 운임 수준은 일반석 대비 거리에 따라 10%~30% 높은 수준으로 판매되고 있다. 프리미엄 이코노미 상품은 위탁수하물 탁송 제한도 완화시켜주고 있다. 여행 거리가 짧아지면 비행시간도 짧아져 프리미엄 이코노미 상품의 구입가능성은 낮아지게 된다. 즉, 여행거리가 프리미엄 이코노미 상품 구입의 중요한 요인이 된다. Kuo & Jou (2017)는 장거리 노선에서의 프리미엄 이코노미 상품에 대한 지불의사는 $461로 중거리 ($330) 또는 단거리 ($89) 보다 높게 나타나고 있고, 이는 각각 왕복운임의 20%, 23%, 28%에 해당한다.

프리미엄 이코노미 상품의 구매의도에서 좌석 간격과 넓이는 긍정적인 영향을 주지만, 이용경험이 없거나 이용에 따른 편안함에 대한 확신의 부족은 부정적인 영향을 미치고 있다. 따라서 프리미엄 이코노미 상품은 중장거리 노선에서 수익개선에 기여할 수 있으며, 비즈니스 목적의 항공여행 경험이 많은 고객에게 효과적인 것으로 나타나고 있다. 따라서 중장거리를 운항하는 항공사는 이용고객의 특성을 분석하여 프리미엄 이코노미 상품을 도입하는 것이 효과적이다. 이 과정에서 위탁수하물 추가 허용, 추가적인 부가서비스 제공 등을 통하여 고객의 인지가치를 높이는 것이 중요하다.

참고문헌

박광식 (2017). 항공사 부가서비스 개발 추세에 대한 탐색적 연구. 한국항공경영학회지, 15(1), 65-82.

송윤숙·이휘영·윤문길 (2008). 항공사 패키지 여행 단체수요의 좌석할당 문제. 경영과학, 25(1), 93-106.

윤문길·이휘영 (2003). 요금수준간 수요의 이동을 고려한 항공사 수익경영 모형. 한국항공경영학회지, 1(1), 27-38.

윤문길·이휘영 (2005). 항공사 수익경영모형에 관한 조사 연구. 한국경영과학회지, 30(2), 41-62.

윤문길·이휘영·박학진 (2017). 수익경영: 항공산업으로부터의 확장. 한경사, 서울.

윤문길·이휘영·윤덕영·이원식 (2011). 글로벌 항공운송서비스 경영, 한경사, 서울.

윤문길·한도희·임재욱·이휘영 (2016). 항공산업 혁신과 과제. 한경사, 서울.

임재욱·윤문길 (2016). 국내 항공사 부가서비스에 대한 고객행동에 관한 탐색적 연구. 한국항공경영학회지, 14(1), 57-73.

임재욱 (2015). 항공사 수요창출 전략에 관한 연구-항공정책 및 비즈니스 모형 재설계 중심으로. 한국항공대학교 경영학과 박사학위 논문.

한도희·윤문길 (2013). 저비용 항공사 운용 및 특성에 대한 기존 연구의 고찰과 연구과제. 한국항공경영학회지, 11(1), 27-60.

Aydin, N., Birbil, S.I., Topalogui, H. (2015). Delayed Purchase Options in Single-Leg Revenue Management," Forthcoming in Transportation Science, https://doi.org/10.1287/trsc.2015.0643.

Belobaba, P., Surges, V. (2012). Fare family RM in competitive markets. Presented at AGIFORS YM Study Group Meeting, Barcelona, Spain, 2012.

Belobaba, P. (1987). Airline Yield Management: An Overview of Seat Inventory Control. Transportation Science, 21, 63-73.

Belobaba, P. (1989). Application of a probabilistic decision model to airline seat inventory control. Operations Research, 37, 183-197.

Chiang, W.C., Chen, J.C.H., Xu, X. (2007). An overview of research on revenue management: current issues and future research. International Journal of Revenue Management, 1(1), 97-128.

Cleaz, R. and Mercier, A. (2011). Fare families in the air transportation industry : Analyzing a concrete example. Presented at INFORMS Annual Meeting, Charlotte, NC, 2011.

Fallert, S. (2012). Ancillary Revenues in Air Transport – Gain and Pain. Trends and Issues in Global Tourism 2012, 145-150.

Feng, Y., Xiao, B. (2001). A dynamic airline seat inventory control model and its optimal policy. Operations Research, 49(6), 938-949.

Fiig, T., Isler, K., Hopperstad, C., Olsen, S. (2012). Forecasting and optimization of fare families. Journal of Revenue and Pricing Management, 11(3), 322–342.

Garrow, L.A., Hotle, S., Mumbower, S. (2012). Assessment of product debundling trends in the US airline industry: Customer service and public policy implications. Transportation Research Part A, 46, 255–268.

IdeaWorks. (2015). The cartrawler yearbook of ancillary revenue.

Littlewood, K. (1972). Forecasting and control of passenger bookings. Proceedings of the Twelfth Annual AGIFORS Symposium, Nathanya, Israel, 1972.

McGill, J.I., van Ryzin, G. (1999). Revenue Management: Research Overview and Prospects. Transportation Science, 33, 233-256.

Ratliff, R., Gallego, G. (2012). Branded fares product design and pricing. AGIFORS RM Study Group, Barcelona, Spain, 2012.

Subramanian, J., Stidham Jr., S., Lautenbacher, C.J. (1999). Airline Yield Management with Overbooking, Cancellations, and No-Shows. Transportation Science, 33, 147-167.

Talluli, K.T., van Ryzin, G. (2005). The theory and practice of revenue management, Springer, New York.

Vinod, B., Moore, K. (2009). Promoting branded fare families and ancillary services : merchandising and its impacts on the travel value chain. Journal of Revenue and Pricing Management, 8(2/3), 174-186.

Walczak, D., Kambour, E. (2014). Revenue management for fare families with price-sensitive demand. Journal of Revenue and Pricing Management, 13, 1-18.

Wittmer, A., Gerber, A., Boksberger, P. (2012). The future of ancillary service fees in air travel - an exploratory investigation of budget air travelers. International Journal of Aviation Management, 1(4), 231-241.

Yoon, M.G., Lee, H.Y., Song, Y.S. (2012). Linear approximation approach for a stochastic seat allocation problem with cancellation & refund policy in airlines. Journal of Air Transport Management, 23, 41-46.

Yoon, M.G., Lee, H.Y., Song, Y.S. (2017). Dynamic pricing & capacity assignment problem with cancellation and mark-up policies in airlines. Asia Pacific Management Review, 22(2), 97-103.

Zhao, W., Zheng, Y.-S. (2001). A Dynamic Model for Airline Seat Allocation with Passenger Diversion and No-shows. Transportation Science, 35, 80-98.

| 찾아보기 |

| 저자 소개 |

윤문길

한국항공대학교 학사

한국과학기술원 경영과학 석사 및 박사

KAIST 테크노경영대학원 대우교수

미국 IBM T.J. Watson 연구소 객원연구원

미국 오하이오 주립대학, 일본 오사카 대학, 영국 부르넬 대학 객원교수

호주 연방과학산업연구소(CSIRO) 객원연구원

한국경영과학회 회장

한국항공경영학회 회장

현) 한국항공대학교 경영학부 교수

현) 한국항공전략연구원 원장

저서: 항공운송서비스 개론, 한경사, 2017
수익경영, 한경사, 2017
항공산업 혁신과 과제, 한경사, 2016
글로벌 항공운송서비스경영, 한경사, 2011

한도희

서강대학교 경영대학원 경영학 석사

한국항공대교 대학원 경영학 박사

한국휴렛팩커드(유) 부사장 역임

㈜티웨이항공 부사장 역임

현) 성결대학교 교수

현) 한국항공경영학회 이사

현) 한국항공전략연구원 연구위원

저서: 항공운송서비스 개론, 한경사, 2017
항공산업 혁신과 과제, 한경사, 2016
글로벌 항공운송서비스경영, 한경사, 2011

임재욱

MIT 경영대학원 MBA

한국항공대학교 경영학 박사

대한항공

현) 수원과학대학교 항공관광과 교수/학과장

현) 한국항공경영학회 이사

현) 한국항공전략연구원 연구위원

저서: 항공운송서비스 개론, 한경사, 2017
항공산업 혁신과 과제, 한경사, 2016

이휘영

연세대학교 경제학 석사

한국항공대학교 경영학 박사

대한항공 근무

서울특별시 교육청 교육과정 심의위원

인천광역시 교육청 전문계고 자문위원

현) 인하공업전문대학 항공경영과 교수

현) 한국항공경영학회 이사 및 학회지 편집위원

현) 한국관광·레저학회 이사

현) 한국항공전략연구원 연구위원

저서: 항공운송서비스 개론, 한경사, 2017
수익경영, 한경사, 2017
KALIS를 활용한 항공여객 실무론, 기문사, 2012
글로벌 항공운송서비스경영, 한경사, 2011